Reisepraktisches
Geschichte

Zwischen Antalya und Side

Zwischen Side und Alanya

Zwischen Alanya und Anamur

Zwischen Anamur und Silifke

Zwischen Silifke und
der Çukurova

Durch die Çukurova

Durch das Hatay

Kappadokien

Text & Recherche: Michael Bussmann, Gabriele Tröger
Lektorat: Ralph-Raymond Braun, Carmen Wurm (Überarbeitung)
Redaktion und Layout: Claudia Hutter
Fotos: Michael Bussmann, Gabriele Tröger (außer: Kapadokya Balloons: S. 229, Kano Rafting S. 95 und Bernd Böhner: S. 171)
Karten: Carlos Borrell, Judit Ladik, Gábor Sztrecska, Inger Holndonner
Covergestaltung: Karl Serwotka
Covermotive: oben: Tuffsteinlandschaft Kappadokien
unten: Strand bei Side

Danksagung

Ein herzlicher Dank für die vielen wertvollen Tipps gilt den Lesern: Sieglinde und Walter Seibold (Rheinzabern), Wolfram Faber (Stuttgart), Manfred Fuchs (March), Ivonna Balgova (Berlin), Frederic Heisig und Julia, Ludwig Clauss (A-Kössen), Irene Kittenberger (Österreich), Oliver Domeier (München), Dörthe Esmeier, Heinrich und Luise Kodré (A-Linz), Christoph Herwig (Essen), Elke Grund, Susanne Alpers, Sigrid von Borcke (Dortmund), Heinz und Hanne Haldenmayr, Jens-Ulrich Gross, Barbara Feldbrach, Wilfried Bonzio, Günther Bähringer, Otmar Wolpert (Schifferstadt), Markus Wenger, Michael Hofmeier, Gisela Engel und Heinz Burger (München), Margarete Belfanti (A-Tullnerbach), Petra Rosky und Ulrich Beck, Peter Dietrich, Oliver und Lisa (Wien), Dietrich Scheiter (Leipzig), Ralph-Raymond Braun, Susanne Alpers, Daniel Strayle, Inge Malcherczyk (Humptrup), Lothar Gerner (Nienburg) und Jörg Jennen.

ISBN 978-3-89953-491-7

3. komplett überarbeitete und aktualisierte Ausgabe 2009

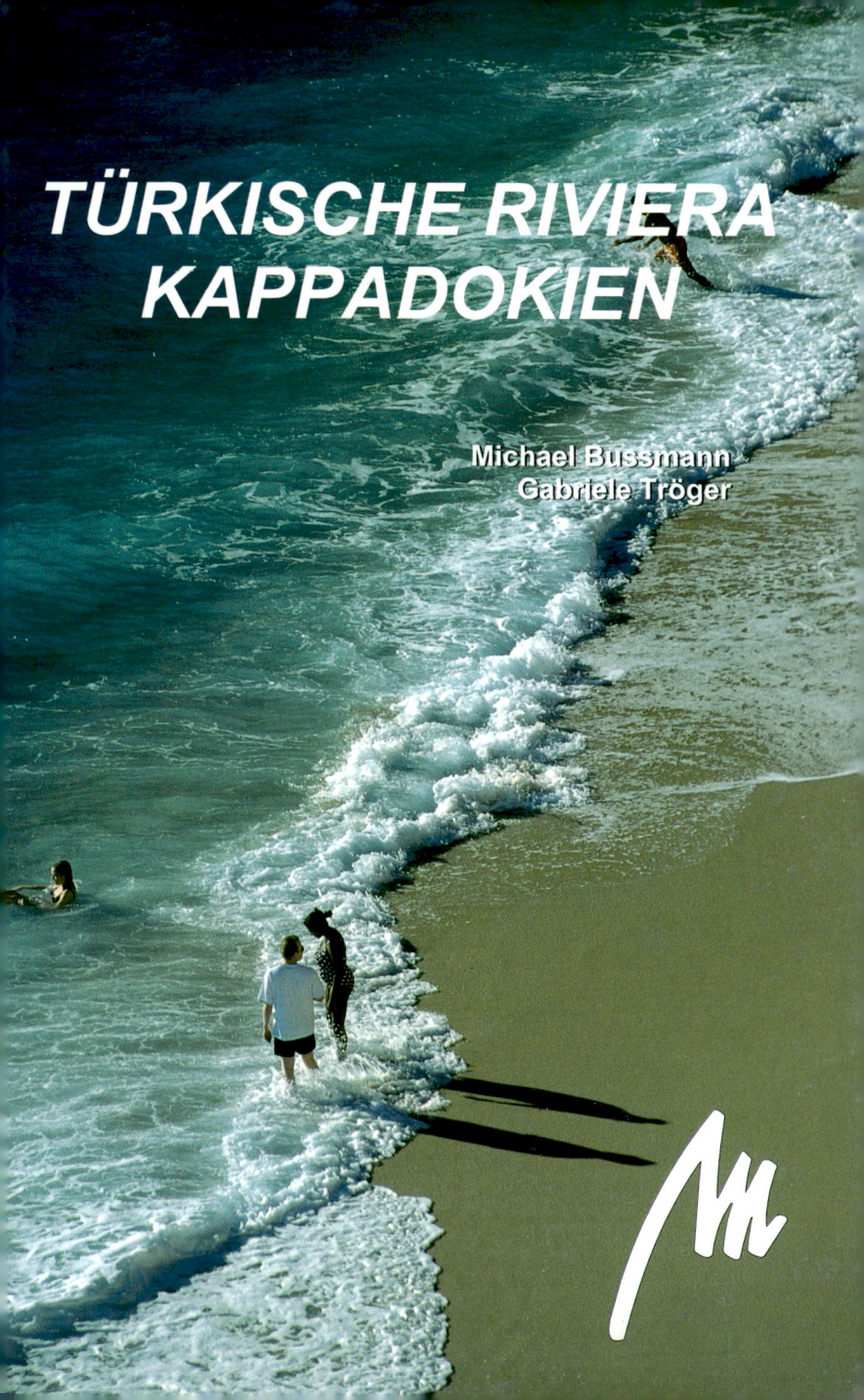

TÜRKISCHE RIVIERA
KAPPADOKIEN

Michael Bussmann
Gabriele Tröger

INHALT

Kappadokien 196

Der Weg ist das Ziel – Routen nach Kappadokien 246

Zeichenerklärung für die Karten und Pläne

Autobahn	Windmühle	Information
asphaltierte Verbindungsstraße	Schloss/Burg	Post
asphaltierte Straße	Kloster/Kirche	Museum
Nebenstraße	Moschee	Parkplatz
Grünanlage	Flughafen/-platz	ärztliche Versorgung
Berggipfel	Bushaltestelle	Reisebüro
Aussicht	Taxistandplatz	Wechselstube
Weinanbau		
Campingplatz		

Kartenverzeichnis

Alles im Kasten

Türkische Riviera – Kappadokien

Reisepraktisches

In der kilikischen Einsamkeit

Urlaub zwischen Meer und Tuff

Zwischen Antalya und Antakya erwarten Sie die exklusivsten Clubanlagen, die längsten Strände und die heißesten Sommer der Türkei. Egal aber, wo und wie Sie dort Ihren Urlaub verbringen – krönen Sie ihn mit einem Ausflug in die bizarre Mondlandschaft Kappadokiens!

850 km liegen zwischen der modernen Großstadt Antalya und dem arabisch geprägten Antakya nahe der syrischen Grenze. Wer sie abfährt, erlebt die Türkei als Verkleidungskünstlerin: Sandstrände mit gepflegten Sonnenschirmreihen werden zu zerlappten Steilküsten, fruchtbare Ebenen zu schroffen Berglandschaften, vom Wohlstand verwöhnte Großstädter zu bescheidenen Bauern und unendliche Baumwollfelder zu weiten Bananenplantagen. Die meisten Türkeibesucher lernen jedoch nur den Küstenabschnitt zwischen Antalya und Anamur kennen, den findige Tourismusmanager „Türkische Riviera" tauften. Den Vergleich mit dem italienischen Pendant braucht er nicht zu scheuen: Die türkische Riviera bietet goldene Sandstrände vor türkisgrünem Meer und dazu mit über 300 Sonnentagen einen fast ewigen Sommer. Leider werden heute weite Abschnitte von Hotelkonglomeraten im Costa-Brava-Stil gesäumt. Garanten für gelungene Ferienwochen sind hier für viele Urlauber die wie Hochsicherheitstrakte abgeriegelten All-inclusive-Anlagen, teils so groß, dass eine Kleinstadt in sie hineinpassen könnte. Infolge des Ansturms der sonnenhungrigen Massen mutierten Fischerdörfer wie Side zu umtriebigen Basar- und Vergnügungsmeilen. Und Alanya ist mittlerweile ein perfektes Beispiel dafür, dass Ballermann-Stimmung auch in der Türkei zu finden ist.

Wer einfach nur preiswerte Erholung sucht, ist an der Riviera bestens aufgehoben. Wer die Türkei kennen lernen will, eher nicht. Doch auf ursprünglich-ländliches Anatolien trifft man schnell, wenn man seinen Liegestuhl zusammenklappt und

Naturwunder Kappadokien

losmarschiert. Das Hinterland des *Akdeniz*, des „Weißen Meeres", wie die Türken das Mittelmeer im Gegensatz zum Schwarzen Meer nennen, ist enorm abwechslungsreich. In der wilden Bergwelt des Taurus, dessen Gipfel oft noch bis in den Mai schneebedeckt sind, laden geheimnisvolle Ausgrabungsorte zur Erkundung ein. Dazwischen findet man verschwiegene Dörfer, wo unverfälschte türkische Gastfreundschaft dem Werbeslogan der Fremdenverkehrsämter „Urlaub bei Freunden" keinen Hohn spricht.

Ein ganz besonderes Bonbon ist ein Ausflug nach Kappadokien. Allein die Anreise kann dabei schon zum Erlebnis werden. Planen Sie auf jeden Fall mehrere Tage ein, um dieses landschaftliche und kulturhistorische Gesamtkunstwerk entdecken zu können.

Die Highlights ...

... für Liebhaber schöner Strände

Sonne, Sand und Meer – die Voraussetzungen zum Baden, Strandwandern und Burgenbauen sind zwischen Antalya und Kızkalesi ideal. Nicht umsonst buchen jährlich Millionen Urlauber die Türkische Riviera. Abseits der touristischen Hot Spots findet man aber auch noch ruhige Küstenabschnitte. Im Folgenden eine kleine Auswahl der schönsten Strände:

Konyaaltı: Der Hausstrand von Antalya lädt zum Beachclubbing ein. Hier räkelt man sich auf coolen Bodenkissen mit der Caipirinha in der Hand oder chillt in Hängematten, während der DJ für relaxten Beat sorgt.

Belek: Den kilometerlangen Strand von Belek, mal fein- und mal grobsandig, meist flach ins Meer verlaufend, säumen duftende Pinien-, Eukalyptus- und Kiefernwälder. Mondäne Resorthotels verstecken sich darin – keine Adresse für Individualtouristen.

Titreyengöl: Der Strand der Feriensiedlung gehört zu den besten rund um Side, ist allerdings ebenfalls nur Pauschalurlaubern zu empfehlen.

Aytap: Hier bilden die Ruinen der antiken Stadt Iotape ein bizarres Panorama für ein stilles Badevergnügen. Winzige Sandbuchten glitzern zwischen den Felsen. Östlich von Alanya.

Raues Kilikien: Zwischen Gazipaşa und Silifke erstreckt sich einer der schönsten Abschnitte der türkischen Küste mit etlichen verschwiegenen Buchten. Der große touristische Rummel herrscht hier nicht, zuweilen gibt es nur ein paar wenige Unterkünfte

hinter den Stränden. So manche Bucht muss man sich auch erst verdienen – denken Sie an festes Schuhwerk!

Kızılot: Zwar steht schon das eine oder andere Clubhotel, doch der 7 km lange Strand beim gleichnamigen Örtchen bietet noch genügend Plätze an der Sonne abseits organisierter Badefreuden.

Anamur: Die kilometerlangen Strände rund um den südlichsten Punkt der türkischen Küste sind ausgesprochen kinderfreundlich. Strandwanderungen führen zu den Überresten des antiken Anamurium oder zur Bilderbuchburg Mamure Kalesi.

... für Archäologie- und Kulturinteressierte

Wieder aufgerichtete Säulenstraßen, überwucherte Brunnenanlagen, verblasste Fresken und zersplitterte Mosaike erzählen die Geschichte Pamphyliens, Kilikiens und Kappadokiens. Etliche überaus imposante Ruinenstätten der Antike befinden sich in Ihrem Reisegebiet, hinzu kommen die stummen Zeugen des kleinasiatischen Christentums. Die Highlights im Überblick:

Termessos: Eine Ruinenstätte im Nationalpark Güllük Dağı. Das grandios gelegene Theater lohnt allein wegen seiner atemberaubenden Aussicht einen Besuch. Zu den

Päuschen in Ayatekla

Überresten der schwer zugänglichen Stadt, die Alexander der Große gar für uneinnehmbar hielt, kämpft man sich heute durch Dornen und Gestrüpp.

Aspendos war eine der bedeutendsten Städte Pamphyliens – Bauten aus hellenistischer, römischer und byzantinischer Zeit erinnern daran. Das besterhaltene römische Theater Kleinasiens wird bis heute mit Leben erfüllt – regelmäßig finden hier Festspielaufführungen statt.

Perge liegt in Nachbarschaft zu Aspendos. Auch hier befindet sich ein Superlativ: eines der größten antiken Stadien Kleinasiens. Die Sarkophage der Nekropole kann man leider nicht mehr vor Ort besichtigen – sie stehen im Archäologischen Museum von Antalya, dessen Besichtigung ebenfalls zu den Highlights gehört.

Side ist ein einzigartiges Freilichtmuseum. Die Überreste der antiken Stadt sind über eine weit ins Meer vorspringende Landzunge verstreut. Manche verstecken sich in der pittoresken Landschaft aus Buschwerk und Dünen hinter dem Strand.

Mamure Kalesi: Die Bilderbuchburg von Anamur stammt aus der Zeit, als Männer noch Ritter waren. Sie ist die größte und besterhaltene mittelalterliche Festungsanlage der türkischen Küste – auch für Kinder ein Traum.

Kappadokien: Wenn Menschen zu Maulwürfen werden, hinterlassen sie unterirdi-

sche Städte, Höhlenkirchen und dergleichen mehr. Zu den Highlights der Tufflandschaft zählen das Höhlendorf Zelve,
das unterirdische Labyrinth von Derinkuyu
und das Göreme Open Air Museum, dessen Felskapellen zum Weltkulturerbe deklariert wurden.

Mosaikmuseum von Antakya: Eines der
angesehensten seiner Art in der Welt, dafür
liegt es aber auch am Ende der Welt, kurz
vor der syrischen Grenze. Wer sich dahin
aufmacht, bekommt als lose Dreingabe ein
sympathisches Multi-Kulti-Städtchen, wo
Türken und Araber, Muslime und Christen
in friedlicher Nachbarschaft leben.

... für Landschafts- und Naturgenießer

Das herbe Bergland des Lykischen und
Kilikischen Taurus mit Gipfeln weit
über 3000 m lockt mit eindrucksvollen
Schluchten, die von tosenden Flüssen
im Laufe der Jahrtausende ins Gestein
gegraben wurden, dazu mit kargen
Hochebenen und weiten Kiefernwäldern. Wer sein Urlaubsgebiet per pedes
erkunden will, hat auf dem „St Paul
Trail" (→ S. 23) Gelegenheit. Andernorts sollte man eine gute Orientierung
mitbringen, denn markierte Wanderwege sind an der Riviera eher die Ausnahme – anders der Sachverhalt mittlerweile in Kappadokien.

Köprülü-Kanyon-Nationalpark: Die gleichnamige Schlucht ist eine Herausforderung
für Rafter, die einsame Bergwelt für Wan-
derer. Den Gipfel des 2504 m hohen Bozburun Dağı erreicht man von Selge in etwa
5 Std. – gute Kondition und einen kompe-
tenten Führer vorausgesetzt.

Karatepe-Nationalpark: Das beliebte Naherholungsgebiet nordöstlich der Çukurova
wird von Kiefern- und Eichenwäldern beherrscht. Hier kann man nicht nur spazieren
gehen und picknicken, sondern auch eine
hethitische Burganlage besichtigen.

Ihlara-Schlucht: Der „Grand Canyon der
Türkei" liegt in der kappadokischen Peripherie und ist ein landschaftliches Grandio-
sum. Eine Wanderung hindurch, vorbei an
einer Vielzahl von Höhlenkirchen, kann zum
Highlight Ihres Türkeiaufenthaltes werden.

*An der Peripherie
Kappadokiens bei Güzelyurt*

Vogelbeobachtungen können Sie im Akgöl-
Nationalpark bei Silifke unternehmen, in der
Schwemmlandebene der Çukurova und im
Sultan-Sazlığı-Nationalpark bei Niğde. Ornithologen kommen vor allem im Winter auf
ihre Kosten, wenn nordeuropäische Zugvögel Urlaub in der Türkei machen oder einen
Zwischenstopp auf dem Weg in noch wär-
mere Gefilde einlegen.

Anavarza: Pflücken Sie Sonnenblumen vor
der Traumkulisse dieser armenischen Zitadelle oder steigen Sie auf den Burgberg –
er verspricht tolle Aussichten.

Binbirkilise: In der Einöde nördlich von Karaman, auf einer Anhöhe inmitten einer weiten Ebene, verstecken sich die Binbirkilise,
die „1001 Kirchen". Die Anzahl der byzantinischen Kirchenruinen ist zwar märchenhaft
übertrieben, das Gebiet zu durchstreifen
aber ein Erlebnis.

Land und Leute unterm Halbmond – die Türkei in Fakten und Zahlen

Offizieller Name: Türkiye Cumhuriyeti (Republik Türkei).

Geographie: Mit einer Fläche von 779.452 km² ist die Türkei gut zweimal so groß wie Deutschland. 3 % der Fläche gehören zum europäischen Kontinent, der Rest – allgemein als Anatolien bezeichnet – zu Asien. Der höchste Berg ist der Ararat (Ağrı Dağı, 5165 m ü. d. M.) ganz im Osten des Landes.

Politisches System: Die Türkei ist eine parlamentarische Demokratie. Die Amtszeit des Präsidenten, seit 2007 Abdullah Gül, beträgt 5 Jahre. Die Nationalversammlung (Parlament) ist die Legislative und besteht aus 550 Sitzen. Die vorgezogenen Wahlen 2007 brachten der regierenden konservativen AKP eine Mehrheit von 341 Sitzen. Die beiden Oppositionsparteien sind die sozialdemokratische CHP und die nationalistische MHP. Alle anderen Parteien scheiterten an der 10 %-Hürde. Die Legislaturperiode beträgt 4 Jahre. Ministerpräsident ist seit 2003 Recep Tayyip Erdoğan (AKP). Der Laizismus (Trennung von Religion und Staat) ist in der Verfassung verankert.

Wirtschaft: Die Türkei erlebte in den letzten Jahren einen Wirtschaftsboom mit Wachstumsraten zwischen 5 und 10 %. Nach Erhebungen der OECD gehört die Türkei mittlerweile zu den 20 größten Volkswirtschaften der Welt. Sorge in Bezug auf das gesamtwirtschaftliche Gleichgewicht bereitet jedoch die angespannte Haushaltslage. Die Bilanz könnte besser ausfallen, wenn von zehn Erwerbstätigen nicht nur einer Steuern zahlen würde. Die jährliche Inflationsrate besserte sich in den letzten Jahren außerordentlich: 2001 betrug sie noch 54 %, 2004 wurde – erstmals seit 30 Jahren – ein Wert unter 10 % erreicht, für die Zukunft werden aber wieder Werte im unteren zweistelligen Bereich prognostiziert. Die Arbeitslosigkeit wurde zuletzt mit 9,9 % angegeben, das jährliche Pro-Kopf-Einkommen mit – je nach Quelle – zwischen 5000 und 9300 €. Angaben dieser Art lassen sich aufgrund der beträchtlichen Schattenwirtschaft nicht exakt ermitteln. 2008 mussten als Bruttomindestlohn 608 YTL (ca. 340 €) gezahlt werden. Auf das ganze Land bezogen, trägt zum BIP die Landwirtschaft, in der 40 % aller Erwerbstätigen ihr Auskommen finden, nur 11 % bei, die Industrie 25 %, der Bausektor 4,5 % und der Dienstleistungssektor 59,5 %.

Militär: Die Streitkräfte zählen 515.000 Mann und gehören so zu den größten der Welt. Der Anteil der Militärausgaben am BSP beträgt rund 5 % (in Deutschland ca. 1,5 %). Gründe dafür sind der Krieg gegen kurdische Rebellen im Osten des Landes und waren lange Zeit das Kräftemessen mit Griechenland.

Bevölkerungsstruktur: 2008 hatte die Türkei annähernd 73 Mio. Einwohner (1960: 28 Mio.), das Durchschnittsalter beträgt 28 Jahre (in Deutschland 42 Jahre).

Bevölkerungsgruppen: 85,7 % Türken, 10,6 % Kurden, 1,6 % Araber, 2,1 % Armenier, Griechen, Lasen, Tscherkessen, Georgier und muslimische Bulgaren.

Gesundheit/Soziales: Auf 723 Einwohner kommt ein Arzt. Die Lebenserwartung liegt für Frauen im Durchschnitt bei 73 Jahren, für Männer bei 68 Jahren. Eine Rentenversicherungspflicht gibt es nicht, ebenso keine Arbeitslosenversicherung.

Bildung: Es existiert eine achtjährige Schulpflicht. Das Gymnasium dauert vier Jahre. Ein Drittel aller Schulabgänger beginnt ein Hochschulstudium. Die Analphabetenrate schätzt man bei Frauen auf ca. 18 %, bei Männern auf ca. 6 %. Dabei herrscht jedoch ein starkes Ost-West-Gefälle: Im Westen sind vorwiegend ältere Menschen betroffen, im Osten auch Kinder; Kinderarbeit ist dort noch gang und gäbe. Man schätzt, dass rund 600.000 schulpflichtige Mädchen keine Schule besuchen. Dennoch: Ein Drittel aller Studierenden sind Frauen (→ Frauen, S. 37).

Medien und Pressefreiheit: Eine Vielzahl staatlicher und privater Radio- und TV-Sender, dazu Tages- und Wochenzeitungen prägen die Medienlandschaft. Die Pressefreiheit ist zwar in der Verfassung verankert, doch in der türkischen Gesetzgebung finden sich Paragraphen, die sich nicht mit dem Recht auf freie Meinungsäußerung vertragen, so z. B. der Maulkorb-Paragraph 301 des Strafgesetzbuchs („Herabwürdigung der türkischen Nation"), der fast willkürlich gegen jede Kritik am Staat auslegbar ist. Auch Atatürk darf nicht beleidigt oder veräppelt werden (Paragraph 5816) – ein Grund, weswegen die Internetplattform Youtube in der Türkei immer wieder gesperrt wird. Zu deutsch- und englischsprachigen Zeitungen → S. 51.

Religion: 99 % der türkischen Bevölkerung bekennen sich zum Islam. Den verbleibenden Rest stellen Juden sowie armenische, syrisch- und griechisch-orthodoxe Christen.

Anreise

Das Gros aller Türkeibesucher reist bequem mit dem Flugzeug an. In ungefähr drei Stunden sind Büroalltag und die nervenden Nachbarn vergessen. Der Zielflughafen für Rivieraurlauber ist **Antalya (AYT)**. Abflugmöglichkeiten dahin bestehen von allen größeren deutschen, schweizerischen und österreichischen Flughäfen. **Adana (ADA)** in der Çukurova wird im Vergleich zu Antalya nur von wenigen internationalen Fluggesellschaften angesteuert. Der Flughafen **Alanya** bei Gazipaşa soll seit Jahren eröffnet werden, ob er aber jemals im internationalen Flugplan einer Airline auftauchen wird, ist fraglich (→ Kasten, S. 128). Zum Zeitpunkt der Drucklegung gab es noch nicht einmal innertürkische Flüge dorthin. Der Flughafen **Hatay (HTY)** wird bislang nur von der THY (von Istanbul und Ankara) und Pegasus (von Nordzypern) angesteuert.

Eine Überlegung wert ist stets ein Gabelflug – hin z. B. nach Antalya, zurück von Kappadokien. Die Zielflughäfen für Kappadokien sind **Kayseri (ASR)** und **Nevşehir (NAV)** bei Gülşehir.

Welche Dokumente Sie für die Einreise in die Türkei benötigen, erfahren Sie unter „Wissenswertes von A bis Z/Reisepapiere" auf S. 47.

Airlines im Internet

Air-Berlin: www.airberlin.de, **Anadolu Jet**: www.anadolujet.com, **Atlasjet**: www.atlasjet.com, **Austrian Airlines**: www.aua.com, **Blue Wings**: www.bluewings.com, **Condor**: www.condor.de, **Edelweiss Air**: www.edelweissair.ch, **Freebird**: www.freebirdairlines.com, **Germanwings**: www.germanwings.de, **IZ Air**: www.izair.com.tr, **Niki**: www.flyniki.com, **Öger**: www.flyoeger.com, **Onur Air**: www.onurair.com.tr, **Pegasus**: www.flypgs.com, **Sun Express**: www.sunexpress.de, **Swiss**: www.swiss.com, **THY**: www.turkishairlines.com, **TUIfly**: www.tuifly.com.

Nur-Flug-Angebote sind ideal für alle, die auf eigene Faust unterwegs sein wollen. Um nicht nur zu erfahren, was, wann, wie und wo angeboten wird, sondern auch noch, was am preiswertesten ist, kommt man um einen Gang ins Reisebüro und (!) einen Blick ins Internet kaum herum. Es lohnt zu vergleichen: Nicht jedes Angebot, das Sie im Internet finden, können Sie auch über ein Reisebüro buchen, den umgekehrten Sachverhalt gibt es aber auch, und das sehr oft. Zuweilen recht preiswert sind auch sog. Fly & Drive-Angebote, bei denen man für einen Aufpreis noch einen Mietwagen am Flughafen bekommt.

Informationen zu den Flughäfen im Reisegebiet (Geldwechsel, Transfer, Autoverleiher usw.) für **Antalya** auf S. 64, für **Adana** auf S. 126, für **Hatay** auf S. 187, für **Nevşehir** und für **Kayseri** auf S. 198. Aktuelles zum Flughafen **Alanya** erfahren Sie ggf. in den Reise-News unseres Verlages auf www.michael-mueller-verlag.de.

● *Preise* Je nach Saison und Sondertarif müssen Sie bei den meisten Airlines mit Preisen zwischen 275 und 550 € für einen Hin- und Rückflug rechnen. Sie können natürlich auch viel mehr bezahlen (z. B. in der Business Class), aber auch viel weniger (z. B. mit Low-Cost-Airlines, die Flüge nach Antalya zuweilen bereits ab 20 € anbieten). Last-Minute-Tickets bekommt man ab 50 € (one-way) inkl. aller Gebühren.

Pauschalangebote: Um im Dschungel der Saison- und Sonderarrangements die besonders günstigen zu erhaschen, sollte man sich ebenfalls möglichst vielseitig informieren – die Veranstalter haben für ein und dieselbe Leistung z. T. erheblich unterschiedliche Preise. Im Reisegebiet werden in erster Linie große Hotels und All-inclusive-Anlagen rund um Antalya, Alanya und Side vermittelt. Ausflüge wie nach Kappadokien kann man meist gleich mitbuchen. Die Türkeispezialisten haben auch Tauch-, Wander- und Radreisen im Programm, zudem offerieren sie auch kleine, familiäre Hotels. Wenn Sie sich für ein Last-Minute-Pauschalarrangement entscheiden, lassen Sie sich am besten den Katalog mit dem regulären Angebot zeigen – einige findige Geschäftemacher bieten nämlich reguläre Reisen als „Last-Minute-Schnäppchen" an. Vorsicht zudem vor gewonnenen Reisen oder unglaublich günstigen „Specials"! Kein Veranstalter oder Hotelier hat etwas zu verschenken.

Transport von Gepäck und Sportgeräten: Die Freigepäckgrenze für Flüge in die Türkei liegt für gewöhnlich bei 20 kg pro Person und ist auf dem Flugschein vermerkt. Wer jedoch Business anstatt Tourist Class fliegt, länger als 28 Tage vor Ort bleibt oder in Besitz einer Kundenkarte der Airline ist, darf meist 30 kg mitnehmen. Für Übergepäck berechnen die meisten Airlines 5–10 € pro Kilo (bei kleinen Überschreitungen wird i. d. R. ein Auge zugedrückt).

Die Gebühren und Freigewichtsgrenzen für Sportgeräte unterscheiden sich von Gesellschaft zu Gesellschaft z. T. erheblich. Bei den einen geht das Fahrrad, die Golf- oder Tauchausrüstung bis 15 kg umsonst mit, andere verlangen dafür Gebühren zwischen 30 und 150 €. Rechtzeitige Anmeldung und sachgerechte Verpackung sind obligatorisch.

Rail & Fly: Egal ob Sie ein Nur-Flug-Angebot wahrnehmen oder ein Pauschalarrangement, oft ist das Zugticket zum Airport bereits inbegriffen oder gegen ein geringes Aufgeld erhältlich.

Weitere Anreisemöglichkeiten

Mit dem eigenen Fahrzeug: Dafür benötigen Sie einen Reisepass, eine grüne Versicherungskarte und Fahrzeugpapiere, die auf Ihren Namen ausgestellt sind. Lassen Sie sich zudem von Ihrer Kfz-Versicherung schriftlich bestätigen, dass Sie auch einen Versicherungsschutz für den asiatischen Teil der Türkei haben.

Es stehen zwei Routen zur Auswahl: Die eine führt über den Balkan, die bequemere zweite über Italien mit anschließender Fährpassage. Auf der **Balkanroute** müssen Sie bei der Fahrt durch Bulgarien und Serbien mit schikanierenden Grenzbeamten und mit falschen und echten Polizisten, die die Hand aufhalten, rechnen. Die Fahrzeit von z. B. Frankfurt nach Antalya (2959 km) beträgt ca. 37 Std. (ohne Pausen), hinzu kommen 10–20 Std. Wartezeit an den Grenzen, falls Sie zur Hauptreisezeit der Auslandstürken unterwegs sind. Eine Alternative auf dieser Route bildet der *Optima-Express*, ein Autoreisezug der Kategorie „Holzklasse" von Villach (Österreich) nach Edirne (Türkei; europäischer Teil).

Wer sich hingegen für die **Italienroute** mit Fährpassage entscheidet, sollte für die Hauptferienzeit früh buchen, zumal 2008 nur noch *Marmara Lines* als einzige Fährgesellschaft zwischen Italien und der Türkei fungierte. Als Abfahrtshäfen in Italien stehen Ancona und Brindisi zur Auswahl. Zielhafen in der Türkei ist ausschließlich Çeşme bei İzmir. Alternativ zur teuren Fährpassage direkt in die Türkei besteht die Möglichkeit, eine Fähre nach Igoumenítsa (Griechenland) zu nehmen

Wenn Karten versagen – die Frage nach dem Weg

und von dort über Land in die Türkei weiterzureisen. Zig Fährgesellschaften machen sich hierbei Konkurrenz, u. a. *Anek Lines* (www.anek.gr) und *Minoan Lines* (www.minoan.gr). Von Franfurt nach Ancona (1087 km) benötigen Sie ca. 11 Std., nach Brindisi (1660 km) ca. 15 Std., und von Çeşme nach Antalya (rund 530 km) weitere 9 Std.

● *Preise/Dauer Optima-Express* Dauer laut Optimatours 31 Std., laut Leserzuschriften ca. 40 Std. Pro Person einfach ab 126 €, Auto ab 249 €, Motorrad ab 157 €. Information in jedem türkischen Reisebüro oder direkt bei Optimatours, Karlsstr. 58, 80333 München, ✆ 089/548800111, www.optimatours.de.

● *Preise/Dauer Marmara Lines* **Ancona – Çeşme**, Fahrtdauer ca. 55 Std., einfache Passage in der HS pro Person ab 205 € (Pullmannsitz, inkl. Frühstück, retour ab 350 €), Motorrad 75 € (hin/zurück 136 €), Pkw bis 5 m ohne Fahrer 230 € (hin/zurück 394 €). **Brindisi – Çeşme**, Fahrtdauer 30–35 Std. Die Tarife liegen ca. 20 % unter denen von Ancona. Marmara Lines fährt von Anfang Mai bis Ende Okt. 1-mal wöchentlich.

Information bei RECA-Handels-GmbH, Neckarstr. 37, D-71065 Sindelfingen, ✆ 07031/866010, www.marmaralines.com.

Egal ob mit dem eigenen Fahrzeug, der Bahn oder dem Bus: Erkundigen Sie sich vor Reiseantritt über die Einreiseformalitäten der Transitländer, z. B. unter www.auswaertiges-amt.de, www.bmaa.gv.at bzw. www.eda.admin.ch.

Mit dem Bus: Die *Deutsche Touring GmbH/Eurolines* (www.touring.de) bietet ganzjährig Fahrten von verschiedenen deutschen Städten nach İstanbul an. Zwischen Österreich und İstanbul verkehren Busse der Gesellschaft *Varan* (www.varan.com.tr). Zuletzt führten die Fahrten von Österreich über den Balkan (30–40 Std.), die von Deutschland über Italien, wo es mit der Fähre nach Griechenland und von dort auf dem Landweg weiter nach İstanbul ging (Dauer 50–60 Std.). Einen Linienbusverkehr von der Schweiz in die Türkei gibt es nicht. Je nach Abfahrtsort

Unterwegs im Hinterland

bewegen sich die Preise für ein Retourticket zwischen 170 und 260 € zzgl. eventueller Fährgebühren. Endstation ist in İstanbul der *Büyük İstanbul Otogarı* (Großer İstanbuler Busbahnhof), von wo regelmäßige Busverbindungen zu allen Zentren der Südküste (z. B. nach Antalya, Dauer ca. 12 Std.) bestehen.

Mit der Bahn: Wer mit dem Zug in die Türkei reisen will, muss tief in die Tasche greifen, sofern er ein Ticket für die gesamte Strecke im Heimatland bucht – kalkulieren Sie mit dem Doppelten des Bustickets. Infos unter www.bahn.de, www.sbb.ch und www.oebb.at. Billiger wird es, wenn Sie in jedem Land das Ticket einzeln kaufen. Von Wien bis nach İstanbul sind Sie ca. 38 Std. unterwegs, von Zürich ca. 56 Std. Von Deutschland führen die Verbindungen i. d. R. über München (von da noch ca. 43 Std.) und Salzburg nach Wien und von dort weiter über Budapest, Belgrad und Sofia (zuweilen auch über Bukarest) zum İstanbuler Bahnhof Sirkeci auf der europäischen Seite. Von dort gelangen Sie mit der Fähre zum Bahnhof Haydarpaşa auf der asiatischen Seite, von wo Sie in ca. 19 Std. Adana an der Südküste erreichen. Infos unter www.tcdd.gov.tr.

Unterwegs

Mit dem Auto oder Motorrad

Ein eigenes Fahrzeug macht das Reisen an der türkischen Südküste und durch Kappadokien unkompliziert. Vorsicht ist jedoch geboten. Denn so kämpferisch und stolz, wie die Türken einst auf ihren Steppenpferden bis nach Wien jagten, so selbstbewusst geben sich ihre Ur-Ur-Ur-Enkel heute im Straßenverkehr. Nur der Kampfschrei wird durch die Hupe ersetzt. Doch trotz der leicht chaotischen Verhältnisse auf türkischen Straßen – Sorgen brauchen Sie keine zu haben. Mit etwas Selbstvertrauen werden Sie die Sache meistern. Türkeineulingen empfehlen wir jedoch nicht, unmittelbar nach der Ankunft am Flughafen von Antalya mit dem Mietwagen im engen Gassenwirrwarr der Altstadt auf Zimmersuche zu gehen. Nehmen Sie besser ein Taxi und lassen Sie sich die Wagenschlüssel einen Tag später aushändigen.

Besondere Hinweise

- Von **Nachtfahrten** sollte man absehen. Gefahr droht durch mangelhaft beleuchtete Lkws und Pkws, durch unvorhersehbare Schlaglöcher und nur mit Steinen abgesicherte Baustellen. Dazu kommen allzu sorglose Fußgänger.
- Stehen Sie an einer roten **Ampel** in der ersten Reihe, schauen Sie unbedingt nochmals nach rechts und links, wenn das Licht auf Grün springt. Nicht alle Verkehrsteilnehmer interessieren sich für das Farbenspiel.
- Drücken Sie auf die Hupe: vor dem Überholen (egal ob Fahrradfahrer oder Lkw), vor unübersichtlichen Kurven, wenn Kinder am Straßenrand spielen etc.! Mit der Hupe fordert man auch die Vorfahrt ein! Nur nicht schüchtern sein.
- Vorsicht vor **Rollsplitt**, insbesondere auf Neubaustrecken. Tausende von Frontscheiben gehen dadurch jährlich zu Bruch. Halten Sie hier zu Lkws einen großen Abstand!
- Um die Raserei einzudämmen, werden häufig **Radarkontrollen** durchgeführt, zudem wurden in den letzten Jahren an Ortseinfahrten und in Wohngebieten vielfach **Bodenwellen** geschaffen. Für Ortsunkundige sind sie oft heimtückisch, denn i. d. R. macht weder ein Schild auf sie aufmerksam, noch sind sie – bis auf größere Ölflecken – farblich markiert.
- **Verkehrsschilder – Was heißt was? Bozuk satıh** – schlechte Wegstrecke; **Dikkat** – Achtung bzw. Vorsicht; **Dur** – Stop; **Düşük banket** – unbefestigte Straße; **Kaygan yol** – glatte Fahrbahn; **Otopark** – Parkplatz; **Park yapılmaz** – Parken verboten; **Şehir merkezi** – Stadtmitte; **Tamirat** – Straßenarbeiten; **Taşıt geçemez** – Durchfahrt verboten; **Yavaş** – langsam fahren; **Yasak** – verboten.

Mietfahrzeuge: Pkws werden in den Touristenzentren fast an jeder Ecke verliehen, das Angebot an Mopeds, Motorrädern und Fahrrädern ist dagegen bescheiden. Wer ein Fahrzeug mieten will, muss seinen Führerschein und Pass oder Personalausweis vorlegen. Manche Anbieter verleihen nicht an Personen, die älter als 65 Jahre sind, andere setzen voraus, dass der Fahrer mindestens 21 oder sogar 23 Jahre alt ist und seit mindestens einem Jahr den Führerschein besitzt. Der billigste und zugleich durstigste Leihwagen ist der Fiat 131, der in der Türkei *Şahin* heißt (haben nur noch unseriöse Verleiher im Programm). Da die Treibstoffpreise rund 20–30 % über denen in Deutschland liegen, können sich die Mehrausgaben für ein moderneres und sparsameres (am besten Diesel schluckendes) Fahrzeug schnell amortisieren.

• *Verkehrsvorschriften* **Höchstgeschwindigkeit** in Ortschaften 50 km/h, außerhalb 90 km/h (mit Anhänger oder mit dem Motorrad 70 km/h, mit dem Wohnmobil 80 km/h). Auf Autobahnen für Pkw 120 km/h (mit Anhänger oder mit dem Motorrad 80 km/h, mit dem Wohnmobil 90 km/h). Die **Promillegrenze** für Fahrer von Pkws ohne Anhänger liegt bei 0,5, ansonsten herrscht absolutes Alkoholverbot (auch für Motorradfahrer). **Mobiltelefone** dürfen während der Fahrt nur mit einer Freisprechanlage benutzt werden.

• *Tanken* Tanken ist kein Problem, das Tankstellennetz ist sehr gut ausgebaut. Die Farbkennzeichnung der Kraftstoffe an den Zapfsäulen entspricht der daheim, Bleifrei heißt *kurşunsuz*, Diesel entweder *dizel* oder *motorin*.

• *Preise für Mietfahrzeuge* Die lokalen Verleiher sind i. d. R. erheblich billiger als die großen internationalen Ketten. Je nach Saison bezahlen Sie bei den Kleinanbietern 20–40 € pro Tag. Den Preisvorteil erzielen die lokalen Verleiher durch einen älteren und meist weniger gepflegten Fuhrpark. Die

Preise der renommierten Verleiher unterscheiden sich wenig, je nach Saison muss man pro Tag mit 40–80 € für das günstigste Modell rechnen. Egal wo, i. d. R. sind alle Kilometer frei. Etwas preiswerter ist es, wenn man bereits von zu Hause aus wochenweise bucht, eventuell gleich in Verbindung mit dem Flugticket. Die Preise für **Motorräder** beginnen bei ca. 30 €/Tag, für **Motorroller** bei 20 €/Tag und für **Mopeds** bei 15 €/Tag. Nicht alle Verleiher akzeptieren Kreditkarten, bei manchen Verleihern ist hingegen der Besitz einer Kreditkarte Voraussetzung, andere verleihen nur gegen Vorkasse.

> Ein empfehlenswerter Autoverleiher ist die **Agentur Say** mit Hauptsitz in Antalya (→ S. 68). 1a-Service (deutschsprachig und deutschsprachige Verträge), gepflegter Fuhrpark, sehr gute Versicherungsleistungen, Kindersitze, Übergabe des Fahrzeugs auch am Flughafen möglich oder kostenloser Flughafentransfer. Büro in der Altstadt von Antalya, Mescit Sok. 37, ✆ 0242/2430923 (24-Std.-Service unter ✆ 0532/2645054), www.say-autovermietung.de. Dazu Partneragenturen an der gesamten Südküste und Buchungsmöglichkeit in Deutschland (Info und Reservierung in Nürnberg, ✆/✉ 0911/686266).

• *Kleingedrucktes* Achten sollte man auf den vertraglich festgelegten **Versicherungsschutz**, insbesondere auf den Eigenanteil im Schadensfall. Auch bei Vollkasko sind meist Unterbodenschäden und Reifenpannen nicht mitversichert. Die großen, international operierenden Verleiher untersagen i. d. R. das Verlassen von asphaltierten Straßen, d. h. viele Buchten und Ausgrabungsstätten dürfen Sie theoretisch nicht ansteuern.

• *Unfall* Sollten Sie in einen Unfall verwickelt werden, muss die Polizei gerufen werden (für die Schadensklärung ist ein Polizeiprotokoll erforderlich). Unterschreiben Sie keine Protokolle, die Sie nicht lesen können, oder vermerken Sie auf dem Protokoll, dass Sie es nicht lesen konnten. Der gelegentlich zu hörende Rat, nach einem Unfall mit Personenschaden nicht zu halten, sondern wegen drohender Lynchjustiz Gas zu geben bis zur nächsten Polizeistation, ist schlichtweg Quatsch. Das wäre Fahrerflucht und unterlassene Hilfeleistung und hat schlimmere Folgen als die Unannehmlichkeiten am Unfallort.

• *Pannenhilfe* Keine Sorge, man lässt Sie nicht im Regen stehen, die Türken sind sehr hilfsbereit. Fragen Sie nach dem **Oto Sanayi**, eine Ansammlung von Werkstätten, meist an den Ein- oder Ausfallstraßen der größeren Ortschaften.

Mit dem Bus

Die Zahl der Busgesellschaften, die das im ganzen Land dichte Netz bedienen, ist nahezu unüberschaubar, die Preisunterschiede sind gering. Bei den meisten Gefährten handelt es sich um moderne Mercedes- oder Mitsubishibusse, die in der Türkei in Lizenz hergestellt werden. Zum Standard gehören Klimaanlage (Pulli mit in den Bus nehmen!), Video und getönte Scheiben. Toiletten gibt es nicht immer, bei renommierten Unternehmen wie *Metro, Ulusoy, Uludağ, Kamil Koç, Pamukkale* oder *Varan* aber i. d. R. schon. Bei diesen Busgesellschaften bekommen Sie für Ihr verstautes Gepäck auch einen Jeton, mit dem Sie es am Ende der Fahrt wieder einlösen können, im Ganzen eine recht zuverlässige Sache. Unterwegs betreut ein meist jugendlicher Steward oder eine Stewardess die Passagiere. Kostenlos verteilt werden Kekse und Getränke sowie eine türkische Kölnischwasser-Variante *(kolonya)* für verschwitzte und verklebte Handflächen. Rauchen ist in den Bussen verboten, im Abstand von ungefähr zwei Stunden wird jedoch eine Pause eingelegt. Die im Reiseteil angegebenen Fahrzeiten dienen nur der groben Orientierung und beziehen sich auf die Angaben der größeren Busunternehmen. Kleinere, oft lokale Busgesellschaften, die einer Bummelbahn gleich in unzähligen Orten unterwegs halten, brauchen oft länger. Weitere Informationen zum Reisen mit dem Bus finden Sie unter „Verbindungen" bei den jeweiligen Städten.

● *Preise* Durchschnittlich werden pro km 3,5–4,5 Cent gezahlt, bei Nobelfirmen etwas mehr. Eine Fahrt von Antalya nach Nevşehir kommt demnach auf rund 20 €. Mit der Buchung ist eine Platzreservierung verbunden, auf die Sie Einfluss nehmen können, indem Sie auf dem Plan den gewünschten Sitz bestimmen – die vorderen sind i. d. R. die besseren, jedoch auch meist dem Zigarettenrauch der Busfahrer (er ist der einzige, der rauchen darf) ausgesetzt!

● *Busbahnhöfe* Die türkischen Busbahnhöfe *(otogar, terminal* oder *garaj)* entsprechen in Funktion und Ausstattung (WC, Wartesäle, Kioske, Restaurant, Geschäfte) unseren Zugbahnhöfen. Falls es keine offizielle Gepäckaufbewahrung gibt, können Sie Ihre Siebensachen i. d. R. am Schalter Ihrer Busgesellschaft abstellen. Meist liegen die Busbahnhöfe einige Kilometer außerhalb des Zentrums, sind jedoch gewöhnlich mit öffentlichen Stadtbussen oder Dolmuşen erreichbar. Renommierte und vor Ort ansässige Gesellschaften bieten zudem oft einen Zubringerservice mit Kleinbussen vom und ins Zentrum. Kleinere Orte verfügen häufig nur über eine Ansammlung von schlichten Büros im Zentrum. In diesen Fällen gehen die Busse von dort ab oder halten kurz an der Umgehungsstraße.

● *Hinweis* An größeren Busbahnhöfen arbeiten Schlepper für diverse Busgesellschaften und werden versuchen, Sie mit irgendwelchen Argumenten an den einen oder anderen Schalter zu führen. Gehen Sie nicht darauf ein! Vergleichen Sie in Ruhe Abfahrtszeiten und Preise!

Achtung, Abfahrt: Gestartet wird pünktlich bis 5 Min. zu früh!

Mit dem Dolmuş (Sammeltaxi)

Das Sammeltaxi zählt im innerstädtischen Verkehr und auf Fahrten zwischen den Küstenorten zu den wichtigsten Verkehrsmitteln. *Dolmuş* heißt auf Deutsch so viel wie „voll besetzt" – und nennt das wesentliche Kennzeichen der Sammeltaxis, denn ein Dolmuş fährt in aller Regel erst dann ab, wenn alle Plätze belegt sind. Als Dolmuş verkehren Kleinbusse in der Größenordnung eines Ford Transit. Zu erkennen sind sie an ihrem Schild auf dem Dach oder an einer Tafel hinter der Windschutzscheibe, die das Fahrtziel angibt. In Städten gibt es separate Dolmuş-Bahnhöfe für Verbindungen in die Region und Haltestellen auf bestimmten Routen. Auf dem Land kann man ein Dolmuş aber auch per Handzeichen stoppen und irgendwo unterwegs zusteigen.

● *Preise* Die Preise liegen im Stadtverkehr etwas höher als bei den Bussen, auf längeren Strecken etwas darunter. Bezahlt wird während der Fahrt. Sofern die Tarife nicht aushängen, ist es ratsam, sich an den Beträgen der Mitreisenden zu orientieren, wenn man keinen Touristenzuschlag zahlen will. Längere Routen sind in Teilstücke gegliedert. Sie zahlen nur den Abschnitt, den Sie mitgefahren sind.

Weitere Verkehrsmittel

Taxi: Ein *Taksi* findet man in den Touristenzentren an jeder Ecke. Die Tarife für längere Fahrten zu den umliegenden Sehenswürdigkeiten sind meist in verschiedenen harten Währungen auf einer Tafel angeschrieben. Für Fahrten innerhalb der Städte wählt man am besten ein Taxi mit Taxameter oder handelt den Preis im Voraus aus.

Achtung Manchmal drücken Taxifahrer beim Taxameter „versehentlich" auf den Knopf, der zum teureren Nachttarif abrechnet. Tagsüber muss auf dem Display *gündüz* erscheinen (*gündüz* = tagsüber; *gece* = Nacht).

Bahn: Entlang der türkischen Riviera fahren keine Züge. Anders in der Çukurova und im Hatay, hier gibt es einen Schienenstrang von Mersin über Adana nach İskenderun bzw. Osmaniye. Zudem kann man von Adana per Zug nach

Boğazköprü (15 km westlich von Kayseri, nahe Kappadokien) gelangen. Zugfahren ist extrem billig, dauert aber auch extrem lang: z. B. kostet eine Fahrkarte von İstanbul nach Tatvan, also durchs ganze Land (ca. 1700 km, 41 Std.!), nicht mehr als etwas über 21 €. Infos zur türkischen Bahn auf www.tcdd.gov.tr.

Fährschiff: Es verkehren seit Jahren keine Schiffe mehr entlang der Südküste. Fährverbindungen nach Zypern bestehen bislang von Mersin, Alanya und Taşucu, vielleicht eines Tages auch von Antalya (→ Reiseteil).

Flugzeug: Alle nationalen Fluggesellschaften (wie THY, Atlasjet, Onur Air oder Anadolu Jet) nutzen İstanbul oder Ankara als Drehkreuze, d. h. wer z. B. vom Flughafen Hatay nach Antalya will, muss über İstanbul oder Ankara fliegen. Direktflüge zwischen den Ferienflughäfen an der Küste oder von dort nach Kappadokien gibt es bislang nur sehr wenige: Pegasus und Iz Air bedienen die Strecke Antalya – Adana, nur Pegasus die Strecke Adana – Kayseri und nur THY die Strecke Antalya – Kayseri. Vielleicht tut sich ja noch etwas bis zu Ihrem Besuch – bekanntlich ändert sich im Flugverkehr viel.

Fahrrad: Gibt es nicht allzu oft zu leihen – und wenn doch, dann meist in Kaufhausqualität. Wer Touren entlang der Südküste oder durch Kappadokien plant, bringt am besten sein eigenes Bike mit und dazu einen Helm (unglaublich, aber wahr: Pflicht!), denn der Radsport steckt hier noch in den Kinderschuhen. Empfehlenswert ist ein sog. *Dog Chaser*, der durch Hochfrequenztöne die Hunde der Hirten vom Leib hält. Bei Pannen helfen kombinierte Moped-Fahrrad-Werkstätten weiter (sofern keine exotischen Ersatzteile beigeschafft werden müssen).

Trampen ist aufgrund der niedrigen Preise für öffentliche Verkehrsmittel nicht verbreitet, aber grundsätzlich überall möglich. Allein reisende Frauen sollten davon absehen.

Unter Segel

Sportlich ambitionierte Segeltörns und sog. „Blaue Reisen", eine Art All-inclusive-Urlaub auf einer *Gulet*, einer schönen, aus Holz gezimmerten, dickbauchigen Jacht, werden entlang der türkischen Riviera so gut wie nicht angeboten. Dazu reist man an die Ägäis oder an die lykische Küste mit ihren vielen vorgelagerten Inseln.

Organisierte Ausflüge

Per Helikopter nach Kappadokien, mit dem Jeep ins Hinterland oder – wirklich empfehlenswert – mit dem Ausflugsboot in einsame Buchten: Zu Luft, zu Land und zu Wasser werden in allen touristischen Zentren unzählige Halbtages-, Tages- und Zweitagestouren zu den Sehenswürdigkeiten der näheren und weiteren Umgebung angeboten. Für alle, die die Planung und Durchführung eines Ausflugs nicht selbst in die Hand nehmen wollen, eine bequeme Art, mehr von der Türkei kennen zu lernen. Preislich rechnen sich solche Touren insbesondere für allein Reisende. Zu zweit kann man für das gleiche Geld schon oft einen Mietwagen nehmen. Der große Haken vieler Bustouren oder Bootsausflüge: Die Routen der meisten Veranstalter sind annähernd identisch, und so erleben viele Buchten oder Sehenswürdigkeiten für ein paar Stunden am Tag einen herdenartigen Ansturm. Was wo angeboten wird, erfahren Sie im Reiseteil unter den Stichworten „Organisierte Touren" und „Bootsausflüge".

• *Preise* Große Preisunterschiede gibt es zwischen den meisten Veranstaltern nicht. Sollte jedoch eine Tour erheblich billiger angeboten werden als beim Gros der Veranstalter, sind unter Garantie weitaus mehr Shoppingpausen mit Teppichknüpfvorführungen im Programm als sonst. Bei allem, was Sie kaufen, verdienen die Tourenanbieter mit. Das erklärt so manche Preise.

Wandern

Im Frühjahr und Herbst gibt es kaum eine schönere Art, die Südküste und Kappadokien zu entdecken. Im Sommer dagegen ist Wandern aufgrund der hohen Temperaturen, zumindest an der Küste, fast unmöglich. Markierte Wanderwege gibt es nur wenige, dafür aber unzählige Pfade, die sich fast immer zu einem Rundweg kombinieren lassen. Etwas Erfahrung und ein guter Orientierungssinn sind bei allen Touren vonnöten, denn exakte topographische Karten sind nicht erhältlich. Bringt man aber guten Willen, Ausdauer und Kondition mit, dann wird man mit einer Fülle von Naturschönheiten belohnt, seien es kleine versteckte Fjorde, tiefe Schluchten mit tosenden Flüssen oder auch ausgedehnte Blumenteppiche, auf die man vor allem im Frühjahr stößt. Für Wandern in Kappadokien → Kappadokien im Überblick, S. 198.

• *Gefahren am Wegesrand* Wirklich gemeine Köter am Wegesrand sind selten – wohl aber gibt es Hütehunde mit ausgeprägtem Beschützerinstinkt. In diesen Fällen tut ein *Dog Chaser* (→ Fahrrad) gute Dienste. Auch die meisten Schlangen sind harmlos und flüchten, wenn sich ein Mensch nähert, es gibt aber auch Vipern und die Taurische Bergotter, deren Biss gefährlich werden kann. Im Unglücksfall sollten Sie die Schlange, falls Sie sie nicht identifizieren können, töten (leichter gesagt als getan) und zum Arzt mitnehmen. Skorpionstiche sind dagegen zwar schmerzhaft, aber i. d. R. nicht lebensgefährlich. Um Bienenkörbe sollte man stets einen großen Bogen machen. Schützen Sie sich ferner vor Zeckenbissen, sie können das sog. Krim-Kongo-Fieber übertragen.

St Paul Trail – Auf Paulus' Spuren wandern

2003 wurde der St Paul Trail, ein rund 500 km langer Fernwanderweg, unter Leitung der Britin Kate Clow markiert. Er führt von Perge und Aspendos auf zwei verschiedenen Routen nach Adada, einer kleineren antiken Stätte im Landesinneren ca. 70 km hinter der Küste. Dort treffen sich beide Wege und verlaufen fortan gemeinsam über Eğirdir im westanatolischen Seengebiet zur Ruinenstätte Antiochia in Pisidien beim Landstädtchen Yalvaç (ca. 160 km vom Meer entfernt). Die Trekkingtour ist ein landschaftlicher Traum, aber auch überaus anstrengend, da man nahezu auf Meereshöhe startet und den Taurus überwinden muss. Doch keine Sorge, der Apostel Paulus hat die Strecke auf seinen Missionsreisen schließlich auch geschafft. Am Stück dauert die Tour fünf Wochen, man kann jedoch auch nur einzelne Abschnitte gehen. Unterkünfte sind auf der Strecke rar, ein Zelt ist vonnöten. Beste Zeit ist das Frühjahr. Im Sommer ist es zu heiß, im Herbst sind viele Quellen versiegt und man muss zusätzlich literweise Wasser schleppen. Detaillierte Infos zur Route (in Englisch) liefert das Handbuch „St Paul Trail" von Kate Clow und Terry Richardson, Upcountry (Verlag), 1. Auflage März 2004, ISBN 0-9539218-1-6, Infos auch unter www.lycianway.com.

Ein Insidertipp?

Übernachten

Das Angebot an Übernachtungsmöglichkeiten an der türkischen Riviera und in Kappadokien ist vielseitig. Von Hotels, bei denen im Whirlpool die Caipirinha gereicht wird, bis zu Absteigen, deren Toiletten man ohne Badeschuhe im Leben nie betreten würde, ist alles vorhanden.

Das Zimmerangebot ist gigantisch, jedoch ist nicht überall etwas für jeden dabei: An dem einen Strandabschnitt dominieren All-inclusive-Anlagen, anderswo kleine Pensionen oder einfache Mittelklassehotels. Das gilt für die Küste mehr als für Kappadokien – im Reiseteil erfahren Sie, was Sie wo erwartet. Das Preis-Leistungs-Verhältnis ist insgesamt gut, Handeln ist prinzipiell möglich, wird aber in kleinen Pensionen gewöhnlich nicht gerne gesehen. In Hotels der unteren Preisklasse und in vielen Pensionen müssen Sie sich darauf einstellen, dass es nicht immer heißes Wasser gibt oder die Armaturen nicht funktionieren. Zur türkischen Ferienzeit im Juli und August ist vor allem an Wochenenden in Urlaubsorten, die auch Türken gerne aufsuchen, eine Reservierung empfehlenswert.

> **Preise**: Die im Reiseteil angegebenen Übernachtungspreise beziehen sich auf die HS; Frühstück ist – wenn nicht anders angegeben – inbegriffen.

All-inclusive-Anlagen: Das Gros der All-inclusive-Anlagen im Reisegebiet liegt abseits der Städte in Nachbarschaft zu weiteren Resorthotels, die zusammen oft riesige künstliche Feriensiedlungen bilden. Die stilvollsten Anlagen finden Sie in Belek (→ S. 92) östlich von Antalya und in Titreyengöl (→ S. 107) bei Side. Die oft wie Hochsicherheitstrakte abgeriegelten Ferienanlagen, teils mit Kapazitäten von bis zu 2000 Betten, sind auf Individualreisende nicht eingestellt und daher vor Ort entweder gar nicht oder nur mit viel Aufwand zu buchen. Der Begriff „all inclusive" ist übrigens nicht eindeutig definiert, und so manches Hotel führt diese Bezeichnung, ohne sie eigentlich zu verdienen. Erkundigen Sie sich daher im Voraus, ob sämtliche gebotenen Aktivitäten im Preis inbegriffen sind. Und auch wenn alles „inclu-

Übernachten

sive" ist, ist das, was „inclusive" ist, nicht immer das Gleiche. Wird der O-Saft frisch gepresst oder als Chemiebrause serviert? Die Geiz-ist-geil-Mentalität vieler Urlauber, die für wenig Geld viel wollen, lässt die Qualität mehr und mehr sinken.

• *Preise* Die Walk-in-rate liegt nicht selten weit über dem Doppelten des Preises, den man bezahlt, wenn man pauschal bucht. Je nach Ausstattung, Service, Umfang des Büfetts, Sportangebot und Anzahl der Animateure 75–250 € pro Nacht und DZ.

Hotels: Wer seine Unterkunft nach der Anzahl der Sterne wählt, sollte bedenken, dass sich die Rubrizierung der Hotels durch das Ministerium für Kultur und Fremdenverkehr an der Ausstattung der Unterkünfte (Minibar, Fernseher, Aufzug, Restaurant, Klimaanlage usw.) orientiert und Kriterien wie Lage, Architektur, Sauberkeit oder Freundlichkeit des Personals unberücksichtigt lässt. Hinzu kommt, dass die Kategorisierung bisweilen längst nicht mehr den aktuellen Verhältnissen entspricht. Viele türkische Hotels sind aufgrund ihrer billigen Bauweise und Ausstattung nämlich oft schneller abgewohnt und im Wert gemindert, als die Rückstufung bei der Kategorisierung erfolgt. Das gilt insbesondere bei Drei-Sterne-Hotels. Boutiquehotels (s. u.) werden nicht nach Sternen kategorisiert.

Noch ein Hinweis: Pauschaltouristen werden von ihrer Reiseleitung zuweilen darauf hingewiesen, dass man besser nie außer Haus etwas essen oder trinken sollte, um Magenproblemen vorzubeugen. Das ist Humbug! Man will Sie mit solchen Aussagen nur an die Hotelbar binden, wo die Bierpreise weitaus höher sind als außerhalb der Anlage.

• *Preise* Erhebliche regionale Preisunterschiede. Gehobenere Hotels nehmen in der HS pro DZ ab 80 € aufwärts, EZ kosten 30–50 % weniger. Zwischen Sept. und Mai werden die Preise gesenkt, z. T. um 50 %! Kleine, einfache Hotels bieten DZ mit Du/WC ab ca. 25 €. Ein Zimmer in Billigabsteigen ohne Du/WC bekommt man pro Person ab 9 €.

Boutiquehotels: Dabei handelt es sich um kleine stilvolle Unterkünfte (oft auch als Pensionen vermarktet), die nicht selten in alten, restaurierten Natursteinhäusern oder osmanischen Stadtvillen untergebracht sind. Teils besitzen sie eine gepflegte Poolanlage, teils nur ein lauschiges Gärtchen. Bei der Unterkunftsauswahl für dieses Buch wurde ein besonderes Augenmerk auf Boutiquehotels gelegt. Die meisten findet man in Antalya und in Kappadokien. Aber Achtung: Nicht überall, wo „Boutiquehotel" draufsteht, ist auch Boutiquehotel drin! Einen guten Überblick über die schönsten Boutiquehotels des Landes gibt www.nisanyan.net (→ Internet, S. 40).

Preise Die Preise hängen zum einen von der Ausstattung ab, zum anderen sind sie extrem saisonabhängig: DZ in der NS ab 30 €, in der HS ab 60 €, EZ 30–50 % weniger.

Pensionen: Im Vergleich zwischen einfacheren Hotels und kleinen Pensionen sind Letztere meist die bessere Wahl, da sich ihre Betreiber in der Regel mehr um das Wohl der Gäste kümmern. Auch gegenüber manch vornehmem Hotel macht die Freundlichkeit vieler Pensionsbesitzer den fehlenden, nicht selten überflüssigen Luxus wett. Nicht jedermanns Sache sind jedoch sog. *Aile Pansiyonları* (Pensionen für Familien), die man vorrangig in türkisch geprägten Ferienorten wie Kızkalesi, in der Çukurova oder am Golf von İskenderun findet. Oft handelt es sich dabei um recht konservativ geführte, einfache Unterkünfte mit Gemeinschaftsküche, wo man an ausländischen, Bier trinkenden Travellern nicht sonderlich interessiert ist. Spartanisch ausgestattete, aber meist recht schön gelegene Zimmer, z. T. in Bungalows, vermieten zudem manche Campingplätze (s. u.).

Preise Es gibt erhebliche örtliche Preisunterschiede. Ein DZ mit Du/WC bekommt man für 20–50 €. Singles erhalten in der Regel ein DZ zum ermäßigten Preis.

Aparthotels: Zur Grundausstattung gehören Küchenzeile oder kleine Küche, Salon mit Couch und TV und – je nach Größe – ein oder mehrere Schlafräume. Aparthotels findet man nahezu in allen Ferienorten, wo die türkische Mittelschicht Urlaub macht, wie beispielsweise in Anamur und Kızkalesi.

Preise Die Preise der Aparthotels variieren naturgemäß nach Größe, Ausstattung und Ort erheblich. Ein Apartment für 4 Pers. bekommt man ab ca. 40 €/Tag.

Jugendherbergen: In der gesamten Türkei gibt es nur sehr wenige Jugendherbergen, nicht zuletzt deswegen, weil viele private Pensionen ordentliche und preiswerte Zimmer anbieten. Eine offizielle Jugendherberge findet man im Reisegebiet nicht. An der türkischen Riviera existieren auch keine hostelähnlichen Travellerherbergen, die für ein paar Euro Betten in Schlafsälen anbieten. Anders dagegen in Kappadokien, insbesondere in Göreme, wo sich Rucksackreisende aus aller Welt treffen.

Campingplätze: Die offiziellen, lizenzierten Campingplätze unterstehen der Kontrolle des Tourismusministeriums. Duschen (nicht immer warm), Camperküchen, Stromanschlüsse und Restaurants gehören zur üblichen Ausstattung. Preislich liegen diese Plätze nicht selten um etwa das Doppelte über den nicht lizenzierten Campingplätzen, deren sanitäre Einrichtungen (sofern vorhanden) häufig stark zu wünschen übrig lassen. Nette Plätze findet man rund um Anamur, in Kızılot östlich von Manavgat, im Hatay und in Kappadokien.

Manche Campingplätze vermieten neben Stellplätzen für Zelt und Wohnmobil auch **Bungalows**. Dabei handelt es sich meist um einfache Hütten ohne jeden Komfort; z. T. sind sie aber auch mit gefliestem Boden, Bad und WC, Terrasse usw. ausgestattet.

Gecampt werden darf manchmal auch auf diversen, von der Forstverwaltung ausgewiesenen **Picknickplätzen**. Sie sind mit Abfallkörben, Toiletten und Tischen, häufig auch mit bescheidenen Grillmöglichkeiten ausgestattet. **Wildcampen** kann aufgrund von neugierigen Dörflern und Polizeikontrollen zu einem nervigen Unterfangen werden.

● *Preise* Für 2 Pers. mit Wohnmobil oder Zelt sollte man je nach Ausstattung des Platzes mit 6–20 € rechnen.

● *Öffnungszeiten* Die meisten Campingplätze haben nur von Mai–Okt. geöffnet, die einfacheren schließen oft schon mit dem Ende der türkischen Sommerferien Mitte Sept. Großer Andrang herrscht lediglich im Hochsommer.

Essen und Trinken

„Der Imam ist in Ohnmacht gefallen", als er „Frauenschenkel" und den „Nabel der Dame" probieren sollte. „Dem Herrscher hat's gefallen", als man ihm den „Finger des Wesirs" servierte – mit den Namen türkischer Gerichte lassen sich ganze Dramen inszenieren. Sie deuten aber auch an, auf welche Tradition die Küche zurückgreift und mit wie viel Phantasie die Köche bei der Arbeit sind.

„Leben kommt aus dem Magen" heißt ein türkisches Sprichwort, das deutlich macht, welchen Stellenwert das Essen in der türkischen Kultur und Gesellschaft einnimmt. Dementsprechend besitzt die türkische Küche ein Niveau, das sich mit den besten Cuisines der Welt messen kann – zur Verwunderung jener, die bislang nur den *Döner Kebab* mit der Türkei in Verbindung bringen können. Grundlage der Gerichte ist in der Regel frisches Gemüse, darunter Sorten, die in Mitteleuropa

Badefreuden bei den Ruinen von Iotape

eher unbekannt oder vergessen sind, z. B. Kichererbsen *(nohut)*, Okraschoten *(bamya)*, Rauke *(roka)* oder Portulak *(semizotu)*. Anders bei den Kräutern und Gewürzen: Verwendet werden keinesfalls geheimnisvolle orientalische Exoten, sondern in erster Linie die uns vertrauten Klassiker wie Pfeffer, Paprika oder Petersilie. Auch Knoblauch kommt zum Zuge, aber bei weitem nicht in dem Maß, wie es sich mancher vorstellt.

Wo isst man?

In den großen Touristenzentren gibt es vom Chinarestaurant über die italienische Pizzeria bis zum bayerischen Biergarten alle erdenklichen Lokalitäten. Bei den türkischen Speiselokalen unterscheidet man in der Hauptsache zwischen Lokanta und Restoran.

Lokanta: Hier isst man, um satt zu werden, nicht um seine Verlobte auszuführen. Lokantas sind an jeder Ecke zu finden, sind einfach, gut und günstig: Ab 3,50 € is(s)t man dabei. Die Innenausstattung gibt sich mit gekachelten Wänden und kaltem Neonlicht äußerst spartanisch. Das vorgekochte Essen wird in Vitrinen warm gehalten, Sie können wählen zwischen Fleisch- und Gemüsegerichten, Suppen und Eintöpfen. Je besser die Lokanta besucht ist, desto frischer sind i. d. R. die Speisen. Lokanta-Varianten gibt es viele: Je nachdem, worauf sich eine Lokanta spezialisiert hat, heißt sie auch *kebapçı*, *köfteci* oder *pideci*. Beim *işkembeci* bekommt man Kuttelflecksuppe und andere Innereien. Die meisten Lokantas haben keine Alkohollizenz.

Tipping-Tipps: In einfachen Lokantas wird kein Trinkgeld erwartet, wohl aber in Restaurants. Ist der Service noch nicht in der Endsumme verrechnet, was in gehobeneren Restaurants und Touristenlokalen durchaus vorkommt, gibt man etwa 10 Prozent. In Lokalen, die keine Speisekarten haben und in denen auch die Preise nicht aushängen, ist es ratsam, sich vor dem Bestellen nach den Preisen zu erkundigen – Schlitzohren unter den Kellnern gibt es einige.

Restoran/Restaurant: Restaurants haben i. d. R. eine Alkohollizenz, die gediegenere Innenausstattung, den besseren Service und so auch die höheren Preise. Nur die Küche unterscheidet sich nicht immer von jener der einfachen Lokantas, das gilt insbesondere für Mittelklasserestaurants. Eine volle Mahlzeit mit einem Getränk beginnt dort bei ca. 6 €. Nach oben sind keine Grenzen gesetzt: Wer sein Candlelight-Dinner in einem eleganten Lokal am Meer genießt, bezahlt schnell 20 € und mehr pro Person (ohne Wein). Auch Fischlokale gehören zu den gehobeneren Restaurants, für ein komplettes Menü sollte man mit 20–30 € pro Person rechnen. Auf sog. Ocakbaşı-Restaurants trifft man vor allem in der Çukurova und im Hatay. *Ocakbaşı* heißt „am Herd" – treffender wäre jedoch „am Grill", denn Mittelpunkt dieser Lokale ist ein großer Holzkohlengrill, wo die Rostspezialitäten direkt vom Feuer serviert werden.

Was isst man?

Frühstück: Zu einem traditionellen türkischen Frühstück *(kahvaltı)* werden Weißbrot, Marmelade, Ei (meist hart gekocht), Oliven, Gurken, Tomaten, Butter und Schafskäse gereicht. Letzteren genießen Türken zusammen mit Honig auf dem Brot. Dazu trinkt man Tee. Filterkaffee ist nicht üblich, wer will, bekommt Nescafé oder verwandte Surrogate. Türken essen als Brotaufstrich auch *pekmez* (eingedickter Traubensaft) mit *tahin* (Sesammus) zum Frühstück – sehr empfehlenswert! In den großen Hotels der Touristengebiete erwartet Sie am Morgen auch ein europäisches Frühstück – je nach Hotelkategorie als üppiges Büfett oder in der Magervariante mit Kaffee, Konfitüre, Schmelzkäse und Ei.

Vorspeisen: Wählen Sie zwischen pikanten Joghurtcremes *(haydari)*, würzigen Gemüsepürees *(ezme)*, kaltem Gemüse in Olivenöl *(zeytinyağlı)*, gefüllten Weinblättern *(yaprak dolması)*, Melone mit Schafskäse *(peynirli karpuz)* und ähnlichen Köstlichkeiten. *Meze* nennen die Türken solche Vorspeisen, die in Vitrinen zur Auswahl stehen. In besseren Restaurants bereichern auch Fisch und Meeresfrüchte wie *tarama* (rosafarbene Rogenpaste mit Zitrone) oder Krabben *(karides)* die Mezetabletts. Außerdem gibt es hier kalte Leckereien mit Fleisch wie z. B. Hühnchensalat *(tavuk salatası)*. Sie können auch auf den Hauptgang verzichten und nur Vorspeisen ordern; in vielen Restaurants ist das kein Problem. Dazu wird stets – wie zu allen Gerichten – frisches Weißbrot *(ekmek)* gereicht.

Suppen nehmen die Türken als Vorspeise außerhalb der eigenen vier Wände eher selten zu sich. Man isst sie als Frühstücksersatz, zwischendurch oder nach durchzechten Nächten. Viele Schnapsnasen schwören auf die Alka-Seltzer-Wirkung von Kuttelflecksuppe *(işkembe çorbası)* – nicht jedermanns Geschmack. Wer dennoch als Vorspeise eine warme Suppe vorzieht, sollte die herzhafte Linsensuppe *(merçimek çorbası)* probieren.

Fleischgerichte: Am beliebtesten sind *kebap* und *köfte*. *Kebap* ist der Oberbegriff für Fleischgerichte jeglicher Art (in der Regel Lamm, manchmal auch Kalb und Geflügel), die gegrillt, geschmort, gebraten oder gebacken sein können. Zu *döner kebap* braucht wohl nichts mehr gesagt zu werden. Beim *şiş kebap* handelt es sich um einen zarten, auf Holzkohleglut gerösteten Fleischspieß, zu dem als Beilage gewöhnlich Reis oder Bulgur (Weizengrütze) gegessen wird. Beim *patlıcan kebap* wird der Spieß mit Hackfleisch und Auberginen bestückt. *Bursa Kebap* (oft auch *İskender Kebap* genannt) verdient seinen Namen nur dann, wenn Dönerfleisch zusammen mit Joghurt und Tomatensoße auf geröstetem Fladenbrot angerichtet wird. Beim *tandır kebap* werden Hammelstückchen im geschlossenen Topf geschmort. Kosten Sie auch den *Adana Kebap*, einen scharf gewürzten Hackfleischspieß, der in der

Beim Fischessen in Narlıkuyu

Çukurova am besten schmeckt. Unbedingt probieren sollte man das vielerorts angebotene *güveç*, zartes Schmorfleisch mit Gemüse im Tontopf. Oder *saç kavurma:* Geschnetzeltes Fleisch wird in einer flachen Blechpfanne (türk. *saç* = Blech) zusammen mit Tomaten, Peperoni und Zwiebeln im eigenen Fett gebraten.

Unter die Bezeichnung *köfte* fallen frikadellenähnliche Hackfleischgerichte aus Hammel, Lamm oder Rind (gebraten oder gegrillt). Die leckeren „Frauenschenkel" *(kadınbudu)*, die mit Reis und Zimt verfeinert und anschließend paniert werden, haben ihren Namen übrigens von der Form der Frikadelle.

Türken lieben zudem Innereien wie gebratene Leber *(ciğer)* oder Nieren *(böbrek)*. Als Innereiensnack wird an vielen Straßenecken *kokoreç* angeboten: gegrillte Därme, die mit Zwiebel und Tomate ins Brot kommen (mancherorts auch *boklu sandviç,* „Sandwich mit Scheiße" genannt). Nebenbei haben Sie auch noch die Möglichkeit, eine Vielzahl anderer Kuriositäten zu probieren, z. B. gegrillte Schafshoden *(koç yumurtası)*, gedünstete Schafsköpfe *(kelle)* oder gekochte Hammelfüße *(paça)*.

> **Hinweis**: Je weiter Sie nach Osten bzw. Südosten fahren, desto schärfer und arabisch beeinflusster wird die Küche! Wundern Sie sich also nicht, wenn man Ihnen den Salat im Hatay mit scharfem Paprikapulver serviert.

Fischgerichte: An Meeresfischen werden häufig Seebarsch *(levrek)*, Steinbutt *(kalkan)*, Mittelmeermakrele *(kolyos)*, Goldbrasse *(çipura)*, Makrele *(uskumru)* und fangfrische Sardinen *(sardalya)* angeboten. Auch Thunfisch *(palamut* oder *orkinos)* kann in verschiedenen Zubereitungsarten genossen werden. Oktopus *(ahtapot)* und Calamari *(kalamar)* finden auch in leckeren Vorspeisensalaten Verwendung. Unter den Süßwasserfischen ist insbesondere die Forelle *(alabalık)* sehr beliebt, im Hinterland gibt es viele auf Forellen spezialisierte Restaurants.

Gemüsegerichte: Gemüse *(sebze)* ist weniger Beilage als vielmehr die Grundlage türkischer Gerichte. Die Auswahl an Schmortöpfen, Aufläufen und Eintöpfen ist riesig. Beliebt sind insbesondere die Dolma-Gerichte. Dabei handelt es sich um gefüllltes Gemüse, z. B. mit Reis und Hackfleisch gefüllte Zucchini *(kabak dolması)* oder Paprikaschoten *(biber dolması)*. I. d. R. wird dazu Joghurt gegessen. Ebenfalls schmackhaft sind diverse Eintöpfe wie *kıymalı ıspanak* (Spinat mit Hackfleisch). Ein Genuss sind aber auch Kichererbsen *(nohut)* oder Okraschoten *(bamya)* mit Lamm. Achtung: Vielfach schwimmt das Essen in Olivenöl – auf Mägen, die dergleichen nicht gewöhnt sind, kann dies die gleiche Wirkung wie eine gehörige Dosis Rizinusöl haben.

Süßspeisen und Obst: Eine der beliebtesten Süßspeisen *(tatlı)* ist *baklava*, ein Gebäck aus mehreren Teigschichten, zwischen die Mandeln und Pistazien eingestreut sind. Die kleinen Rechtecke werden mit einem Sirup aus Zucker, Zitronensaft und Honig übergossen. Genauso süß und klebrig ist *helva*, eine Kalorienbombe aus Weizenmehl, Sesamöl, Honig und Zucker. Unserem Geschmack vertrauter sind Mandelpudding *(keşkül)* oder Milchreis *(sütlaç)*. Experimentierfreudige sollten einmal *aşure* probieren, eine gallertartige Süßspeise, die, in bester Qualität zubereitet, mehr als 40 Zutaten enthalten muss, darunter Rosenwasser, Nüsse, Zimt und sogar Bohnen. Der Legende nach wurde sie auf der Arche Noah kreiert – man schüttete alle Speisereste zusammen und kochte sie auf. Ähnlich seltsam liest sich die Zusammensetzung von *tavuk göğüsü:* Hier werden klein gehackte Hühnerbrust, Reismehl, Milch und Zucker verarbeitet. All das und noch viel mehr bietet der *muhallebici* an, eine Art Süßspeisenschnellimbiss.

Auch mit Obst *(meyve)* schließt man gerne eine Mahlzeit ab. Je nach Jahreszeit werden Melonen, Feigen, Trauben, Pfirsiche, Kirschen, Erdbeeren, Granatäpfel oder Zitrusfrüchte serviert. Gründlich waschen!

Snacks: Nahezu eine komplette Mahlzeit ersetzt *börek*, eine blätterteigähnliche Strudelspezialität, die mit Hackfleisch, Spinat oder Schafskäse gefüllt wird. Mit ähnlichen Zutaten belegt man die *pide*, ein knuspriges Teigschiffchen. Eine Kostprobe wert ist auch *lahmacun*, die türkische Pizza mit Hackfleisch und Kräutern. *Mantı* nennen sich die türkischen Ravioli, die so klein sein sollen, dass 30 davon auf einen Löffel passen. Man isst sie mit Knoblauchjoghurt, zerlassener Paprikabutter und Minze. Unübersehbar sind die *Simit*-Verkäufer; ihre Sesamkringel sind in der Früh am knusprigsten. Oft sieht man zudem Frauen *gözleme* zubereiten, eine Art Pfannkuchen, der auf verschiedene Arten süß oder herzhaft gefüllt wird. Und: Kosten Sie *kumpir*, wenn sich die Möglichkeit ergibt. Die gefüllten Riesenkartoffeln stopfen für etliche Stunden.

Ein guter Aussichtspunkt

Die Türkei für Vegetarier

Ein müdes Lächeln ist alles, was der gewöhnliche Türke einem Vegetarier entgegenbringt: Denn wer freiwillig auf so leckere Dinge wie *şiş kebap, köfte* oder Kuttelflecksuppe verzichtet, muss krank sein – oder verrückt. Doch keine Sorge: Auch ohne Fleisch kann man in der Türkei Köstlichkeiten genießen. Das Gros der Vorspeisen ist rein vegetarisch, zudem warten schmackhafte Gemüseeintöpfe, sämige Suppen, Salate und gefüllte Teiggerichte auf ihre Entdeckung. Um keine bösen Überraschungen zu erleben, vergewissern Sie sich am besten mit „Etsiz mi?" („Ist das ohne Fleisch?", gesprochen: „Ätsis mi?") und bekräftigen Ihre Frage mit „Et yemiyorum" („Ich esse kein Fleisch", gesprochen: „Ät jämijorum").

Was trinkt man?

Softdrinks: Ob *Pepsi* oder *Coke,* überall werden die auch bei uns bekannten Marken angeboten. Zum Essen wird oft Wasser (su) auf den Tisch gestellt. Kommt es aus der Leitung, sollten Sie darauf verzichten. Empfehlenswert sind frisch gepresste Fruchtsäfte *(meyve suyu). Ayran* ist ein erfrischendes Mixgetränk aus Joghurt, Salz und kaltem Wasser, das ein wenig an Buttermilch erinnert.

Heißgetränke: Das türkische Nationalgetränk ist der *çay.* Der gute schwarze Tee aus den Plantagen der Schwarzmeerküste wird zu jeder Gelegenheit getrunken. Ob beim Frühstück, bei Geschäftsbesprechungen, im Teppichladen oder beim Friseur – nirgends fehlen die kleinen bauchigen Gläser. *Elma çayı* nennt sich der unter Touristen sehr beliebte Apfeltee.

Türkischen Mokka *(Türk kahvesi),* den man entweder süß *(şekerli),* mittelsüß *(orta şekerli)* oder ohne Zucker *(sade)* bestellt, trinkt man für gewöhnlich nach einem üppigen Essen. Wer auf Krümel zwischen den Zähnen wenig Wert legt, bestellt *Neskafe.* In schickeren Cafés bekommen Sie auch Cappuccino, Espresso oder Latte Macchiato.

Alkohol: Beliebt ist vor allem der Rakı, ein ca. 45-prozentiger Anisschnaps, der geschmacklich dem griechischen Ouzo ähnelt. Die Türken trinken ihn mit Eis und Wasser verdünnt aus schmalen, hohen 0,2-Liter-Gläsern. Er erhält dann eine milchig-trübe Färbung und wird nicht zuletzt deswegen auch „Löwenmilch" genannt. Rakı gilt als Magenelixier und Heilmittelchen gegen alle möglichen Beschwerden – zum Wohl des Landes werden daher jährlich 70 Millionen Liter abgefüllt. Hochgeschätzt ist die Marke „Tekirdağ". Guter Rakı unterscheidet sich von minderwertigem dadurch, dass er am Glasrand einen Film zieht.

Neben Rakı wird auch gerne ein Bier *(bira)* zum Essen getrunken, am weitesten verbreitet ist das *Efes.* Noch recht neu auf dem Markt ist das Weizenbier *Gusta.* Daneben bekommt man auch das dänische – aber in der Türkei gebraute – *Tuborg,* das etwas herber als *Efes* schmeckt. In Alanya gibt es zudem eine Mikrobrauerei: das Red Tower Brewery Restaurant.

Vielen unbekannt ist der türkische Wein *(şarap).* Die besseren Sorten können sich jedoch durchaus sehen lassen. Dazu gehören insbesondere Weine der Kellereien „Doluca" und „Kavaklıdere". Türkische Weine sind aufgrund ihres geringen Säuregehaltes ausgesprochen magenfreundlich. Die Toskana der Türkei ist übrigens Kappadokien.

Das römische Aquädukt von Aspendos

Wissenswertes von A bis Z

Ärztliche Versorgung

Auch wenn zwischen Ihrem Land (Deutschland, Österreich oder Schweiz) und der Türkei ein Sozialversicherungsabkommen besteht, ist der Abschluss einer privaten **Auslandsreisekrankenversicherung** dringend zu empfehlen. Zum einen haben Sie mit einer privaten Auslandsreiseversicherung eine mehr oder weniger freie Arztwahl (die privaten Krankenhäuser sind oft besser ausgestattet als die staatlichen), zum anderen gewährleistet diese i. d. R. auch den Krankenrücktransport. Das vorgestreckte Geld für Behandlung und Medikamente wird in der Heimat nach Vorlage einer Quittung mit Stempel, Datum und Unterschrift des türkischen Arztes bzw. Apothekers erstattet.

Für leichtere Fälle reicht es häufig auch aus, wenn Sie eine Apotheke aufsuchen und dem Apotheker irgendwie Ihr Leid verdeutlichen. Dieser beherrscht zwar häufig keine Fremdsprache, die Mittelchen gegen die gängigsten Touristenleiden hat er aber schon unzählige Male über den Ladentisch gereicht. Bei Durchfall hilft oft auch schon, einen kleinen Löffel Teeblätter und/oder gesalzenen Schwarzen Tee hinunterzuwürgen.

Deutschsprachige Ärzte oder das jeweils nächstgelegene Krankenhaus sind im Reiseteil unter „Adressen" aufgeführt. Auch die Konsulate und Botschaften des Heimatlandes erteilen Auskünfte über deutschsprachige Ärzte.

Apotheken *(eczane)*: In türkischen Apotheken gibt es kaum etwas, was es bei uns nicht gibt, vieles jedoch unter einem anderen Namen, zudem rezeptfrei und preiswerter. Arzneimittel, auf die Sie ständig angewiesen sind, sollten Sie trotzdem sicherheitshalber von zu Hause mitbringen – im Falle Viagras ist dies übrigens nicht vonnöten. Im Schaufenster ist der nächstgelegene Notdienst *(nöbetçi)* vermerkt.

Schutzimpfungen sind nicht vorgeschrieben. Es wird jedoch geraten, sich vor Reiseantritt gegen Tetanus, Diphtherie und Hepatitis A impfen zu lassen. Für die Türkische Riviera und Kappadokien besteht kein Malariarisiko. Ein „minimales Risiko" gibt das Tropeninstitut München für die Schwemmlandebene der Çukurova an, eine Prophylaxe wird jedoch nur Risikogruppen empfohlen. Grundsätzlich aber gilt: Schützen Sie sich vor Mückenstichen und Zeckenbissen! Informationen über aktuelle Entwicklungen erhalten Sie bei den Tropeninstituten und im Internet unter www.fitfortravel.de.

> Falls Sie während Ihres Aufenthaltes ein Schnupfen plagt: Öffentliches Naseputzen gilt in der Türkei als sehr unfein!

Ausgrabungsstätten

Side oder Aspendos sind antike Ausgrabungsstätten von Weltrang. Entlang der Südküste liegt aber eine Vielzahl weiterer Ausgrabungsstätten, braune Schilder machen auf sie aufmerksam. Die bedeutendsten und sehenswertesten sind im Reiseteil beschrieben. Was in der Beschreibung fehlt, lohnt unseres Erachtens nicht, außer man hat Gefallen an langen, schweißtreibenden Fußwegen durchs Dickicht, um dann ein paar verwitterten Steinen gegenüber zu stehen.

Die Eintrittspreise für antike Stätten, archäologische Museen und die kulturhistorischen Highlights Kappadokiens sind nicht einheitlich und werden jährlich neu festgelegt, Preissprünge von 30–50% (nach oben oder unten) sind dabei keine Seltenheit. Grundsätzlich gilt: Je berühmter die Stätte, desto teurer. Ermäßigungen für ausländische Studenten mit einer ISIC-Karte *(öğrenci indirimi)* gab es 2008 nur noch selten – das kann sich jedoch wieder ändern,

fragen Sie stets nach. Fotografieren oder Filmen (Video) kostet gelegentlich extra und dann meist nicht wenig (bis zu 10 €). Es gibt aber auch eine Vielzahl von Ausgrabungen, die frei und kostenlos zugänglich sind. Nicht selten versuchen dort allerdings selbst ernannte Aufseher dem Touristen ein paar Lira abzuknöpfen. Lassen Sie sich nicht übers Ohr hauen – wer von offizieller Seite dazu befugt ist, kann Ihnen eine Eintrittskarte aushändigen. Türkische Staatsbürger haben die Möglichkeit, eine sog. *Müze Kart* zu erwerben, die für umgerechnet 11 € für ein Jahr Zutritt zu den meisten Museen des Landes gewährt (Infos unter www.muzekart. com). Für Öffnungszeiten → S. 46.

> ### Kleine antike Baukunde
> **Agora**: Markt und Versammlungsplatz in der griechischen Antike, meist von einem Säulengang mit Geschäften umringt; **Akropolis**: Burgberg, auch Oberstadt; **Andron**: Männerhaus; **Architrav**: auf Säulen ruhender Hauptbalken (meist aus Stein); **Basilika**: zentrale römische Halle, bei der die Seitenschiffe niedriger als das Hauptschiff liegen, erst später für Kirchen verwendet; **Bouleuterion**: Ratssaal des Senats in hellenistischer und römischer Zeit; **Cavea**: Zuschauerraum des antiken Theaters, in römischer Zeit meist halbkreisförmig, in griechischer meist darüber hinausgehend; **Cella**: Hauptraum eines Tempels, meist mit einer oder mehreren Kultstatuen; **Gymnasion**: Zentrum für athletisches Training, ursprünglich Teil einer Schule; **Heroon**: Kultbau zu Ehren eines Helden oder Würdeträgers; **Kapitell**: oberster Abschluss einer Säule; **Nekropole**: Gräberfeld; **Nymphäum**: Brunnenanlage; **Odeion**: theaterähnliches Gebäude für kleinere kulturelle Veranstaltungen; **Orchestra**: Spielfläche des Theaters; **Pantheon**: Tempel für alle Götter; **Peristyl**: Säulenhalle um einen Hof; **Pronaos**: Vorhalle eines Tempels; **Propylon**: Torbau; **Stoa**: Säulenhalle.

Durchschnittliche Wassertemperatur in °C					
Januar	*Februar*	*März*	*April*	*Mai*	*Juni*
15	14	15	16	18	21
Juli	*August*	*September*	*Oktober*	*November*	*Dezember*
24	25	24	22	19	17

Baden

Weite Sandstrände und idyllische Buchten mit einem türkisfarbenen Meer davor findet man zuhauf. Die Wasserqualität ist – mit Ausnahme der Buchten rund um die industriellen Großstädte der Çukurova und des Hatay – fast überall sehr gut, viele Strände besitzen die blaue Flagge (Infos unter www.blue flag.org). An nur wenigen Stränden gibt es jedoch Rettungsschwimmer – eine Schande für ein Land, das vom Badetourismus so profitiert. Die hier aufgeführten Wassertemperaturen beziehen sich auf den Golf von Antalya, gen Osten Richtung Alanya liegen sie nicht selten 1–2°C darüber.

Nacktbaden ist in der Türkei verboten. Oben ohne wird vor den Clubhotels der touristischen Zentren praktiziert, andernorts aber nur von schnauzbärtigen Spannern aus dem Hinterland gern gesehen.

Diplomatische Vertretungen

Die Botschaften Deutschlands, Österreichs und der Schweiz befinden sich in Ankara. Alle drei Länder sind jedoch durch Konsulate im Reisegebiet vertreten: Deutschland in Antalya durch eine Außenstelle des Generalkonsulats von İzmir und in Adana mit einem Honorarkonsulat, Österreich durch ein Honorarkonsulat in Mersin und die Schweiz durch ein Konsulat in Antalya (Adressen → unter den jeweiligen Städten im Reisegebiet).

● *Türkische Botschaften* **Deutschland**, Rungestr. 9, 10179 Berlin, ✆ 030/275850, www.tcberlin.de.
Österreich, Prinz-Eugen-Str. 40, 1040 Wien, ✆ 01/5057338, www.tcviyana.at.

Schweiz, Lombachweg 33, 3006 Bern, ✆ 031/3597070, www.tr-botschaft.ch.
● *Botschaften in der Türkei* **Deutsche Botschaft**, Atatürk Bul. 114, 06540 Ankara, ✆ 0312/4555100, www.ankara.diplo.de.
Österreichische Botschaft, Atatürk Bul. 189, 06680 Ankara, ✆ 0312/4055190, www.aussenministerium.at/ankara.
Schweizer Botschaft, Atatürk Bul. 247, 06692 Ankara, ✆ 0312/4573100, www.eda.admin.ch/turkey.

Ein- und Ausfuhrbestimmungen

Gegenstände des persönlichen Bedarfs dürfen zollfrei in die Türkei eingeführt werden. Dazu 200 g Tabak oder 50 Zigarren oder 200 Zigaretten (400 Zigaretten, sofern diese in einem Duty Free Shop auf einem türkischen Flughafen vor der Zollabfertigung gekauft werden – die Zigaretten sind dort billiger als im heimischen Duty Free Shop), eine 1-l-Flasche oder zwei 0,75-l-Flaschen Spirituosen sowie Geschenke im Wert bis 300 €.

Für die Ausfuhr antiker Gegenstände aus der Türkei benötigt man die schriftliche Genehmigung eines Museumsdirektors. Das gilt auch für alte Siegel, Orden, Teppiche usw. Bei Zuwiderhandlung drohen hohe Strafen. Die Mitnahme von Mineralien bedarf ebenfalls einer schriftlichen Bestätigung (zuständig dafür MTA in Ankara, ✆ 0312/2873430). Bei der Ausfuhr von Teppichen muss eine Quittung vorgelegt werden. Bei der Rückreise per Flugzeug dürfen für den privaten Gebrauch gekaufte Waren (wie z. B. Kleidung) nach Deutschland und Österreich bis zu einem Wert von 430 € (300 € auf dem Landweg) zollfrei eingeführt werden, für Schweizer gilt die Obergrenze von 300 sfr.

Hinweise zum Teppichkauf

Die Türkei ist bekannt als ein Land, in dem man preiswert Teppiche kaufen kann. Das setzt aber voraus, dass man sich mit der Materie auskennt und genau weiß, was man will. Nur dann wird der Teppich zum Schnäppchen. Das Gros der Urlauber jedoch, das sich spontan zu einem Kauf hat überreden lassen, bringt in der Regel einen überteuerten und dazu noch einen viel zu großen oder viel zu kleinen Teppich mit nach Hause, der zudem oft farblich nicht einmal in die Wohnung passt.

Um einen guten Preis aushandeln zu können, sollten Sie in der Lage sein, Qualität von Billigware zu unterscheiden. Vergessen Sie den Ratschlag, ein Produkt um ein Drittel herunterzuhandeln, um einen guten Preis zu erzielen. Das gelingt jedem beim zehnten Tee. Auch die Händler kennen diesen Ratschlag, und wer sagt Ihnen, dass diese nicht bei einem hundertfach höheren Preis anfangen?

Daher unser Tipp für alle, die keine Ahnung von Teppichen haben: Kaufen Sie, wenn überhaupt, ein billiges Stück als Souvenir, das notfalls in einer Kiste auf dem Dachboden die Motten ernährt, oder gehen Sie zu Hause in ein Fachgeschäft. Dort dürfen Sie den Teppich gegen Pfand mitnehmen und können ihn einmal in Ihren vier Wänden zur Probe auslegen.

Wer dennoch als Ahnungsloser sein Glück versuchen will, sollte wenigstens den Eindruck eines Teppichexperten erwecken. Dazu gehört der fachmännische Blick auf die Dicke der Knoten sowie die Frage nach der Anzahl der Knoten je Quadratzentimeter. Hantieren Sie mit dem Stück unter freiem Himmel etwas herum, teilen Sie gar den Flor mit den Fingern, um die Farbechtheit zu testen. Passen Sie auf, dass Sie beim berüchtigten Gewebetest mit dem Feuerzeug kein Loch in den Teppich brennen, sonst sind Sie unten durch. Fragen Sie zudem, ob der Teppich fliegen kann. Wenn nicht, drücken Sie sofort den Preis um 50 %. Beherzigen Sie die Ratschläge, dann weiß der Händler, dass Sie zumindest gewisse Grundkenntnisse besitzen. Und noch etwas: Lassen Sie sich niemals aus Bequemlichkeit auf das Angebot des Händlers ein, dass er Ihnen den Teppich mit der Post nach Hause schickt!

Einkaufen und Handeln

Lederwaren, Teppiche, Goldschmuck, Keramik, Tee, Gewürze, Onyxprodukte und alle Dinge, die einen Hauch von Orient erwecken, zählen zu den beliebtesten Souvenirs. Vieles davon ist im westeuropäischen Vergleich preiswert, vieles aber auch minderer Qualität. Hoch im Kurs stehen zudem T-Shirts, Jacken und Hosen mit dem Schriftzug bekannter Designer. Das sind Imitate, die zumindest ihren Zweck erfüllen: Man kann sie tragen. Achtung aber vor den täuschend echt verpackten Parfüms – sie stinken mehr, als dass sie riechen.

Am besten kauft man in Boutiquen und Einkaufszentren der größeren Städte, wo die Waren mit Preisen versehen sind und sich so auch Preisvergleiche durchführen lassen. In den großen Shoppingmalls von Antalya oder Adana bekommt man Markenklamotten z. T. 30 % billiger als daheim. Auf Märkten, wo es keine Festpreise gibt, müssen Sie handeln. Um aber gut handeln zu können, sollten Sie den Wert und die Echtheit einer Ware einschätzen können. Türkische Händler sind leider, ohne es böse zu meinen, fast durch die Bank Schlitzohren. Lassen Sie sich also kein Kunstleder als Nappa verkaufen und glauben Sie nur einen Bruchteil von dem, was Ihnen erzählt wird. Falls Sie schon vor der Abreise wissen, dass Sie sich für Goldschmuck oder einen Teppich interessieren, machen Sie sich am besten bereits zu Hause mit den Produkten und deren Preisen vertraut.

Unter **pazar** verstehen die Türken übrigens einen Wochenmarkt mit Gemüse-, Käse-, Klamotten- und Schuhständen. Feste Einrichtungen wie der Basar von Antakya oder Marktviertel mit richtigen Läden nennt man in der Türkei hingegen **çarşı**.

Mehrwertsteuerrückerstattung: Wer in Geschäften und Boutiquen mit dem Tax-free-Symbol am Schaufenster Waren im Wert von umgerechnet ca. 75 € und mehr einkauft, kann sich bei der Ausreise an sog. „Cash Refund Offices" (am Flughafen Antalya nonstop geöffnet) die Mehrwertsteuer von 8–15 % zurückerstatten lassen. Dafür bedarf es eines vollständig ausgefüllten Tax-free-Schecks vom Verkäufer, der am Flughafen vom Zoll gestempelt werden muss.

Elektrizität

Die elektrische Spannung beträgt 230 Volt. In der Regel benötigt man für mitgebrachte Geräte keine Adapter. Zur Sicherheit sollte man dennoch einen für Südosteuropa im Gepäck haben.

Feste und Feiertage

Von vielen Feiertagen bekommt man in den Touristenzentren an der Küste nur wenig mit.

1. Januar: Neujahr.

23. April: Unabhängigkeitstag   –   am 23.4.1920 versammelte sich das Parlament in Ankara zu seiner ersten Sitzung. Wird heute auch als „Tag der Kinder" gefeiert.

1. Mai: Frühlingsfest (inoffizieller Feiertag, Ersatz für den ehemaligen Tag der Arbeit).

19. Mai: Beginn des nationalen Befreiungskriegs (1919). Heute Tag der Jugend und des Sports.

30. August: Gedenktag anlässlich des Sieges über die Griechen im Jahr 1922.

17.09.2009, 06.09.2010 u. 27.08.2011: Nacht der Kraft (Kadir Gecesi), → S. 42.

20.–22.09.2009, 09.–11.09.2010 u. 30.08.– 01.09.2011: Zuckerfest (Şeker Bayramı), → S. 43.

> **Hinweis**: Wer während des Opfer- oder Zuckerfestes in der Türkei ist, sollte Zimmer und Tickets frühzeitig buchen – das halbe Land ist dann zur Verwandtschaft unterwegs oder nutzt die Tage für einen Kurzurlaub.

29. Oktober: Tag der Republik – am 29.10.1923 wurde die Türkische Republik ausgerufen. Aufmärsche begleiten das Fest.

10. November: Todestag Atatürks (1938) – quasi ein halbamtlicher Feiertag, aber nicht gesetzlich verankert. Ein Großteil der Bevölkerung gedenkt des Gründers der Türkischen Republik und bleibt der Arbeit fern.

27.11.09–30.11.2009, 16.–19.11.2010, 06.– 09.11.2011: Opferfest (Kurban Bayramı), → S. 43.

Flora und Fauna

Pinien- und Zypressenwälder sowie gestrüppartige Macchia, bestehend aus Oleander, Stechpalme, Kermeseiche, Buchsbaum, Myrte, Lavendel, Johannisbrotbaum usw., prägen die Küste im Süden der Türkei. In höheren Lagen ist die Kiefer die vorherrschende Baumart, vereinzelt finden sich dort auch Tannen, Schwarzföhren und die Libanonzeder. Den Holzreichtum des Taurus schätzte man schon in der Antike, bis nach Ägypten exportierte man Stämme für den Bootsbau. In den Schwemmlandebenen zu Füßen des Taurusgebirges liegen weite Baumwollplantagen. Dazwischen sieht man Bananenhaine und Gewächshäuser für den Gemüseanbau. In der kilikischen Ebene findet man auch Erdnussplantagen.

Unkontrollierte Jagd auf jegliches Wild hat dazu geführt, dass sich die Tierbestände in freier Natur stark dezimiert haben. Die Löwen starben in der Türkei schon im 19. Jh. aus. In den Wäldern des Taurus tummeln sich jedoch noch Rehe und Hirsche, Füchse, Wildschweine, Dachse, Iltisse, Baum- und Steinmarder, die vom Aussterben bedrohten Stachelschweine, aber auch Nagetiere wie das mit dem Murmeltier verwandte putzige Ziesel. Wölfe und Bären kommen nur noch in den abgeschiedensten Regionen des Taurus vor. Wasserbüffel kann man z. T. noch im Hatay und in der Çukurova als Nutztiere der Bauern entdecken.

Am Boden kriechen Eidechsen, Geckos und Schildkröten (Letztere gibt es zu Land und zu Wasser). Bei Wanderungen begegnet man gelegentlich Schlangen, von den 37 in der Türkei vorkommenden Arten gehören die meisten zu den Familien der Nattern, Vipern und Ottern, und sind größtenteils ungiftig (bezüglich Gefahren am Wegesrand → Wandern, S. 23). Nicht selten sind ferner Chamäleons – allerdings fallen sie naturgemäß wenig auf.

Unter den Vögeln faszinieren neben Störchen, die in der Türkei nicht gejagt werden dürfen, vor allem Raubvögel wie Adler, Falken und Bussarde. Ornithologen können sich in den Deltas der großen Taurusflüsse Göksu, Seyhan und Ceyhan auf Stelzenläufer, Rosa- und Graukopfpelikane, Grau- und Purpurreiher, Eisvögel, Kraniche, Weißstörche, Cistensänger, Nachtschwalben und anderes Federvieh freuen.

Zum Schluss noch ein Hinweis in Sachen „tierische Quälgeister": Moskitos, Flöhe und Kakerlaken sehen nicht nur die Wälder als ihre Heimat an!

Frauenpower auf dem Land

Frauen

Die Stellung der Frau in der modernen Türkei ist nicht mit der der Frauen in arabischen Ländern gleichzusetzen. Dies hängt zum einen mit Atatürks Reformen aus den 1920ern zusammen, zum anderen mit dem 2005 in Kraft getretenen, neuen Strafgesetzbuch, mit dem Ankara Forderungen der EU erfüllt hat. Das Gesetzbuch stärkt die Rechte der Frauen enorm: Vergewaltigung in der Ehe ist nun Straftatbestand, und sog. „Ehrenmördern", denen im Gerichtssaal zuvor viel Milde erwiesen wurde, drohen lebenslange Haftstrafen.

Zwischen den Rechten der Frauen und den von der männlichen Gesellschaft auferlegten Zwängen herrscht jedoch, je nachdem, wo man sich in der Türkei aufhält, eine große Diskrepanz. Das Emanzipationsgefälle in der Türkei hat wesentlich mit der Ausbildung der Frauen zu tun. Während an der Mittelmeerküste und in den modernen Städten des Landes über 50 % der weiblichen Arbeitskräfte eine Ausbildung besitzen, die über das Grundschulniveau hinausgeht, sind es auf dem Lande gerade 5 % – mehr als jede dritte Frau ist dort Analphabetin. Anderseits arbeiten an der İstanbuler Börse mehr Frauen als Männer, mehr als ein Fünftel der Richter, ein Viertel der Anwälte und knapp ein Drittel der Ärzte sind Frauen – weit mehr als in vielen anderen europäischen Staaten.

• *Allein reisende Frauen* Es ist kein Problem, als Frau alleine die türkische Mittelmeerküste oder Kappadokien zu bereisen. In touristischen Zentren wie Alanya oder Side oder in westlich orientierten Städten wie İskenderun, wo auch Türkinnen mit hohen Absätzen und Minirock über die Gehwege flanieren, fällt die Anmache – wenn überhaupt – nicht anders aus als in Italien oder Spanien. Um prinzipiell Unannehmlichkeiten vorzubeugen, ist es ratsam, dezente Kleidung zu tragen und dazu einen Ehering (auch wenn er aus dem Automaten ist). Zu einer ehrbaren, unantastbaren Frau werden Sie auch, wenn Sie Fotos von Ihrem Mann und Kind mitbringen (falls Sie beides nicht haben, tut es auch ein Bild vom Schwager und dessen Kindern). Spricht man Sie an, bleiben Sie formell und höflich, aber vermeiden Sie übertriebene Freundlichkeit und Augenkontakt, beides wird gerne fehlinterpretiert. Wandernde Hände im überfüllten Dolmuş oder Ähnliches (passiert selten) kommentiert man lautstark, egal in welcher Sprache. Die Schande für den Betroffenen wird groß und die Empörung der Umgebung offensichtlich sein. Auch in gehobenen Bars und Diskotheken brauchen Touristinnen ohne männliche Begleitung keine Rüpeleien zu befürchten, dafür sorgen Türsteher. Den nächtlichen Heimweg sollte man am besten in einem Taxi zurücklegen.

Griechen und Türken – Nachbarn, die sich wieder lieben lernen

Noch zu Anfang des 20. Jh. waren Griechen die größte nichtmuslimische Minderheit im Osmanischen Reich. In İstanbul stellten sie rund ein Viertel der Einwohner, und auch viele Orte der Mittelmeer- und Schwarzmeerküste sowie Zentralanatoliens waren fest in griechischer Hand. Über Jahrhunderte hinweg hatten sie friedlich mit den Türken zusammengelebt, Spannungen waren die Ausnahme. Doch mit der Zerschlagung des Osmanischen Reiches nach dem Ersten Weltkrieg und dem Versuch Griechenlands, sich Kleinasiens zu bemächtigen (→ Geschichte, S. 57), änderte sich die Situation. Es folgte der türkische Befreiungskrieg, an dessen Ende ein „Bevölkerungsaustausch" – eine Vertreibung bzw. ethnische Säuberung – stand: Ca. 1,4 Millionen Griechen mussten die Türkei verlassen, in entgegengesetzter Richtung waren rund 350.000 Türken aus Griechenland unterwegs. Lediglich die Griechen İstanbuls, ohne welche die Wirtschaft der Stadt von heute auf morgen zusammengebrochen wäre, und die Bewohner der Ägäisinseln Tenedos (heute Bozcaada) und Imbros (heute Gökçeada) durften bleiben. Doch auch sie kehrten in den folgenden Jahrzehnten der Türkei den Rücken: Die neue Republik belegte Nichtmuslime mit diskriminierenden Steuern – wer nicht zahlen konnte oder wollte, wurde in Arbeitslager verbannt. Ab den 1950er Jahren verschärfte zudem der Zypernkonflikt das Verhältnis zwischen Griechen und Türken auf eine Weise, die ein friedfertiges Miteinander kaum mehr zuließ.

Viele Jahre betrachteten die NATO-Partner mit Besorgnis das Verhalten der beiden „verfeindeten" Verbündeten, noch bis in die 1990er kam es immer wieder zu militärischen Provokationen in der Ägäis. Die Verbesserung der bilateralen Beziehungen bahnte sich erst in jüngerer Zeit an, als sich die beiden Nationen bei schweren Erdbeben und Waldbränden wechselseitig Hilfe leisteten. Mittlerweile ist Griechenland gar ein Befürworter des türkischen EU-Beitritts.

Geld und Geldwechsel

Gesetzliches Zahlungsmittel ist seit 2009 die Türkische Lira *(Türk Lirası, kurz TL; in Finanzkreisen Try)*. Im Umlauf sind Banknoten im Wert von 5, 10, 20, 50, 100 und 200 TL, zudem Münzen zu 1 TL sowie zu 1, 5, 10, 25 und 50 *Kuruş (KR;* 100 KR = 1 TL). Für die Übergangszeit vom 1. Januar 2009 bis 31. Dezember 2009 ist zudem noch – und nun wird es verwirrend – die alte Währung, die sog. Neue Türkische Lira *(Yeni Türk Lirası, kurz YTL),* im Umlauf. Diese war erst 2005 eingeführt geworden, da die vorherige Währung, damals wie heute mit dem Namen *Türk Lirası,* durch die Inflation nur noch Banknoten mit Millionenbeträgen kannte. Von der Neuen Türkische Lira sind bis Ende 2009 noch Banknoten im Wert von 1, 5, 10, 20, 50 und 100 YTL in Umlauf, zudem Münzen zu 1 YTL sowie zu 1, 5, 10, 25 und 50 *Yeni Kuruş (YKR;* 100 YKR = 1 YTL).

In den Ferienzentren der Riviera wie Belek, Side oder Alanya können Sie auch mit Euro bezahlen. Abseits davon bedarf es aber der Landeswährung, zudem wird der Euro von Museen und Ausgrabungsstätten nicht akzeptiert.

> 1 € entsprach im März 2009 ca. 2,23 TL, 1 sfr ca. 1,51 TL.

Devisenvorschriften: Bargeldbeträge im Gegenwert von über 5000 US-Dollar müssen bei der Ausreise deklariert werden.

Geldwechsel: Banken (i. d. R. Mo–Fr 9–12 u. 13.30–17 Uhr geöffnet) und Wechselstuben gibt es en masse. Die Kursunterschiede sind insgesamt gering.

Bankomaten sind weit verbreitet. Der Kurs beim Abheben mit der Maestro-Karte ist besser als beim Barumtausch. Jedoch fressen die dafür anfallenden Gebühren (Infos dazu bei Ihrer Bank) den Kursvorteil beim Ziehen niedriger Summen wieder auf. Daher am besten in die Vollen gehen, je nach Bankomat sind max. 1000 TL pro Tag möglich, viele rücken jedoch nicht mehr als 600 oder 800 TL heraus.

Kreditkarten werden in allen besseren Restaurants, Hotels und Geschäften akzeptiert.

Bei Verlust der Kredit- oder Maestro-Karte wählen Deutsche die Servicenummer 0049-116116. Abhängig vom Ausstellungsland der Karte gelten zudem folgende Sperrnummern: Für **American Express**: ✆ 0049-69-97971000 (D/A), ✆ 0041-446-596333 (CH). **Diners Club**: ✆ 0049-69-661660 (D), ✆ 0041-58-7508008 (CH), ✆ 0043-1-501350 (A). **Visa**: ✆ 00800135350900 (Servicenr. in TR für D, A, CH), ✆ 0043-1-71111-770 (A), ✆ 0041-448283135 (CH). **Master**: ✆ 0049-1803123444 (D), ✆ 0043-1-717014500 (A), ✆ 0041-448283135 (CH). **Maestro-Karte**: ✆ 0049-1805021021 (D), ✆ 0043-1-2048800 (A), ✆ 0041-800800488 (Credit Suisse), ✆ 0041-800811000 (UBS), 0041-442712230 (für weitere Schweizer Maestro-Karten).

Reiseschecks: Nicht jede Bankfiliale ist dazu autorisiert, Schecks einzulösen. *American-Express-Cheques* können – sofern das Personal davon unterrichtet wurde – bei den Filialen der *Akbank* provisionsfrei eingelöst werden.

Trinkgeld: In Restaurants (→ Tipping-Tipps, S. 27) gibt man i. d. R. 10 %, Masseuren, Zimmermädchen oder Friseuren rund einen Euro. Lediglich Taxifahrer gehen in der Türkei leer aus.

Ermäßigungen für Studenten → Ausgrabungsstätten, S. 33.

Haustiere

Das Halten von Hunden und Katzen ist in der Türkei nicht sehr populär, lediglich die Oberschicht schafft sich schicke Rassehunde als Vorzeigeobjekte an. Mit Ausnahme einiger Resortanlagen gilt für 99 % aller Hotels: Reisende mit Hunden oder Katzen müssen draußen bleiben. Hinzu kommt, dass die Tiere die Anreise im Flugzeug i. d. R. in einer Transportbox verbringen müssen – vor dieser qualvollen Gefangenschaft warnen Tierschützer ausdrücklich. In jedem Fall benötigen Hunde und Katzen den EU-Heimtierausweis bzw. das schweizerische Pendant, im welchem vermerkt ist, dass Katzen mindestens 15 Tage vor der Einreise gegen Tollwut, Hunde zusätzlich noch gegen Parvovirose, Distember, Hepatitis und Leptospirose geimpft sind.

Information

Vor Ort finden Sie in allen größeren Urlaubszentren Touristeninformationen **(Turizm Danışması)**, deren Mitarbeiter i. d. R. sehr hilfsbereit sind. Die ausländischen Filialen des **türkischen Fremdenverkehrsamtes** (www.reiseland-tuer kei.info, www.turkinfo.at, www.tuerkei-info.ch) halten zudem diverses Informationsmaterial bereit, das auf Wunsch gern verschickt wird – Anruf genügt.

D-60329 **Frankfurt**, Baseler Str. 37, ℡ 069/233081.
D-10789 **Berlin**, Tauentzienstr. 9–12, ℡ 030/2143752.
A-1010 **Wien**, Singerstr. 2/8, ℡ 01/5122128.
CH-8001 **Zürich**, Stockerstr. 55, ℡ 044/2210810.

Internet

Sofern vorhanden bzw. mit Gewinn zu nutzen, sind die Internetadressen diverser Einrichtungen wie Hotels oder Fluggesellschaften im Buch angegeben. Die Internetseiten der Städte und Regionen im Reisegebiet sind, sofern vorhanden, unter der Rubrik „Information" aufgeführt. Allgemeine und spezielle Informationen zum Land finden Sie z. B. auf folgenden Seiten:

www.istanbulpost.net: Wöchentliches, deutschsprachiges Internetmagazin; viel zu Gesellschaft und Politik, aber auch Sport und touristische Themen werden behandelt. Sehr gut und sehr informativ!

www.kultur.gov.tr: Informiert u. a. über die Museen und Ausgrabungsstätten des Landes, auch in Deutsch.

www.antalya.gov.tr: Infos zur Provinz Antalya, die gen Osten bis über Alanya hinausreicht. Auf Deutsch werden aber fast nur die Sehenswürdigkeiten vorgestellt.

www.holidaycheck.de: Erfahrungsberichte und Gästebewertungen diverser großer Hotels.

www.reisemangel.de: Die Seite zum Thema Reiserecht. Welche Schadensersatzansprüche haben Sie laut Frankfurter Liste, wenn Ihr Flug Verspätung hat, Ihr Hotel zu laut ist usw.

www.nisanyan.net: Englisch-türkische Seite; stellt die schönsten Boutiquehotels der Türkei vor. Die Hotelbeschreibungen findet man in gedruckter Form im jährlich neu erscheinenden „Küçük Oteller Kitabı/The Little Hotel Book" (Verlag Boyut Yayın Grubu, İstanbul).

www.turkeytravelplanner.com: Umfangreiche Seite des Reisejournalisten Tom Brosnahan mit zig Infos über das ganze Land – vom Transport über die Hotelsuche bis zu den Sehenswürdigkeiten.

www.turkishdailynews.com: Webseite der englischsprachigen Tageszeitung.

Interessante Links und aktuelle Informationen zu diesem Buch finden Sie im Internet auf den Seiten des Michael Müller Verlages unter der Adresse: **www.michael-mueller-verlag.de**.

Internetzugang: Das Gros aller Hotels und Pensionen bietet WLAN, viele verfügen auch über einen oder mehrere Terminals mit Internetzugang. Zudem offerieren viele Bars und Cafés WLAN, auch kann man in einer Vielzahl von Internet-Cafés surfen. Je schicker das Café, desto teurer der Ausflug in den Cyberspace: Eine halbe Stunde kostet 0,50–1 €. Internet-Cafés sind im Reiseteil nicht aufgeführt, da sich deren Adressen erfahrungsgemäß ständig ändern.

Islam

Der Islam (arab. = Unterwerfung, Hingabe), die jüngste der großen Weltreligionen, ist ebenso wie das Judentum und das Christentum eine monotheistische Religion, d. h. seine Anhänger glauben an den einen allmächtigen Gott. Nach islamischer Auffassung ist Allah Schöpfer und Bewahrer aller Dinge und allen Lebens. Er versorgt, führt und richtet die Menschen, wobei sich das Richten auf den Tag des Jüngsten Gerichts bezieht, an dem die „Geretteten" ins Paradies eingehen, während die „Verdammten" in die Hölle absteigen.

Religionsstifter war Mohammed (um 570–632), der als Waisenkind in ärmlichen Verhältnissen in Mekka aufwuchs. Sein religiöses und politisches Wirken begann um 610, nachdem ihm in einer Vision der Erzengel Gabriel erschienen war. In seiner Geburtsstadt stand man seinen öffentlichen Auftritten zunächst sehr skeptisch gegenüber. Erst in Medina, wohin er 622, dem Beginn der islamischen Zeitrechnung, abgewandert war, verschaffte sich Mohammed weltliche und geistliche Autorität und wurde als Gesetzgeber und Prophet allgemein akzeptiert. Einige der von ihm verbreiteten Botschaften hatten für die damalige Zeit geradezu revolutionäre Inhalte, z. B. die Verdammung der Sklaverei.

Die Rolle, die der islamische Glaube in der Türkei einnimmt, ist von Region zu Region verschieden. Mancherorts, wie im unbeschwerten, westlich orientierten Alanya, scheint sie gar gegen null zu tendieren. Doch schon ein paar Kilometer weiter im Landesinneren kann alles anders aussehen. Den laizistisch geprägten Regierungen der Vor-AKP-Zeit waren religiös-fundamentalistische Strömungen stets ein Dorn im Auge. So ernennt der Staat bis heute die Vorbeter (Imame) und schreibt vor, was gepredigt und in Korankursen gelehrt werden darf. Aus der strengen Kontrolle wurde jedoch mit der Machtübernahme der islamistischen AKP beidseitiger Zuspruch. So musste Regierungschef Recep Tayyip Erdoğan, der schon die „Minarette" als „seine Bajonette" bezeichnet hat, 2008 befürchten, dass seine Partei wegen des Vorwurfs, die Türkei in einen islamischen Gottesstaat verwandeln zu wollen, verboten wird. Die Mehrheit der Verfassungsrichter stimmte zwar für das Verbot, doch die in diesem Fall vorgeschriebene Mehrheit von sieben der elf Stimmen wurde um eine verfehlt.

Koran und Sunna sind die grundlegenden Quellen der islamischen Glaubenslehre. Dabei wird der Koran, der aus 114 Suren (Kapiteln) besteht, als das authentische Wort Gottes verstanden, das Mohammed durch den Erzengel Gabriel übermittelt wurde. Daraus erklärt sich der Unfehlbarkeitsanspruch, der dem Koran zugeschrieben wird. Grundlage der Sunna (arab. „Gewohnheit") bilden hingegen die Hadithe, die Überlieferungen der Aussagen und Taten Mohammeds. Die Sunna wird im Unterschied zum Koran nicht für unfehlbar gehalten.

Propheten: Da die Menschen moralisch schwach und fehlbar sind, schickt Gott ihnen Propheten, welche die göttliche Botschaft verbreiten, an der sich das Handeln der Menschen orientieren soll. Zu diesen Propheten zählt im Islam neben Abraham und Moses u. a. auch Jesus. Die christliche Auffassung, nach der es sich bei Jesus um den Sohn Gottes handelt, wird vom Islam nicht geteilt. Die Muslime glauben dagegen, dass sich das Prophetentum mit Mohammed vollendet hat, und der Koran die letztgültige und vollkommenste Offenbarung Gottes ist.

Islamische Gruppierungen: Streitigkeiten um die Nachfolge des Propheten führten nach Mohammeds Tod zu einer Spaltung der Muslime in Sunniten und Schiiten. Über 70 Prozent der Türken sind Sunniten. Die Sunniten sehen im Kalifen den rechtmäßigen Nachfolger Mohammeds und das Oberhaupt der muslimischen Welt. Für die Schiiten (ihr Name leitet sich vom arabischen Wort Schia für „Partei" ab) hingegen konnte diesen Führungsanspruch nur ein Blutsverwandter des Propheten wahrnehmen. Da dieser aber keine überlebenden Söhne hinterlassen hatte, sahen die Schiiten in Ali, Vetter und Schwiegersohn Mohammeds, und seinen Nachkommen die legitimen Nachfolger.

Rund 25 % der Türken, darunter viele Kurden, sind Aleviten, die der Schia zugerechnet werden. Mit der Schia iranischer Prägung hat der Alevismus die Nachfolgeregel gemein, lehnt als libertäre Glaubensrichtung aber z. B. die Scharia ab. Dieses überlieferte antiquierte islamische Rechtssystem beruht auf einer über 1000 Jahren alten, nahezu unveränderten Auslegungsvariante des Korans und der Sunna und beschreibt die Rechte und Pflichten des Einzelnen in der Gemeinschaft.

Die fünf Säulen des Islam: Die als die fünf Säulen des Islam bekannten Pflichten werden als zentrale Bestandteile im Leben eines jeden Muslims angesehen. Die erste Pflicht ist das Glaubensbekenntnis *(kelimei şahadet: „Ich bezeuge, dass es keinen Gott gibt außer Allah, und Mohammed ist sein Prophet ...")*, die zweite die fünf täglichen Gebete *(namaz)* mit den vorgeschriebenen Waschungen, die dritte die Almosengabe an Bedürftige *(zekat)*, die vierte das Einhalten des Fastenmonats Ramadan *(oruç)* und die fünfte die Pilgerfahrt nach Mekka *(hac)*. Bei einigen Geboten gibt es Spielraum. So braucht der Muslim seine Pilgerfahrt nur dann durchzuführen, wenn er gesund ist und es ihm (finanziell) möglich ist. Die Waschungen können notfalls ohne Wasser, d. h. als bloßes Ritual, ausgeführt werden, und schwangere Frauen können aus gegebenem Anlass die Fastenzeit verschieben.

Moschee: Moscheen (türk. *cami*) sind die islamischen Sakralbauten, in denen nicht nur gebetet wird, sondern auch Versammlungen und theologische Unterrichtsstunden abgehalten werden. Darüber hinaus dienen sie traditionell als Stätte der persönlichen Andacht und als temporäre Unterkunft für Pilger und Obdachlose. Für gewöhnlich betritt man eine Moschee über einen Vorhof *(avlu)*, wo am Reinigungsbrunnen *(şadırvan)* die rituellen Waschungen vor dem Gebet vorgenommen werden. Zur Grundausstattung des mit Teppi-

chen ausgelegten Gebetssaals gehören eine Gebetsnische *(mihrab)*, die stets in Richtung Mekka weist, eine Kanzel für die Freitagspredigt *(minbar)* und ein Stuhl oder eine Art Thron *(kürsü)*, von dem der Vorbeter *(Imam)* Passagen aus dem Koran verliest. Männer und Frauen beten getrennt, stets jedoch Richtung Mekka. Indem man kniet und den Kopf zu Boden neigt, zeigt man Allah Demut und Respekt. Zum Gebet ruft fünfmal am Tag der Muezzin vom Minarett der Moschee. Die Minarette kamen übrigens erst im 8. Jh. auf, zuvor kletterten die Muezzins dazu aufs Dach. Heute ertönt der für Europäer so verheißungsvoll orientalisch klingende Gebetsruf meist nur noch aus dem Lautsprecher.

> **Hinweis**: Türkische Moscheen können von Nichtmuslimen jederzeit besucht werden, nur zur Gebetszeit werden Touristen oft abgewiesen. Beachten Sie die Kleidervorschriften: Herrenbeine und -arme dürfen nicht entblößt sein, der Rock der Dame sollte mindestens knielang sein, ihr Kopf (Kopftuch!) und die Oberarme bedeckt. Vor dem Betreten der Moschee zieht man die Schuhe aus. Betende sollten nicht fotografiert werden.

Religiöse Feiertage: Die genaue Terminierung wird Jahr für Jahr nach dem islamischen Mondkalender neu bestimmt (→ Wissenswertes von A bis Z/Feiertage, S. 36). Nach islamischer Konvention beginnt ein Feiertag jedoch bereits mit dem Sonnenuntergang am Vortag, bei großen religiösen Feiertagen sind dann sogar ab Mittag des Vortages alle Läden, Büros usw. geschlossen. Besonders herauszuheben sind:

Kadir Gecesi („Nacht der Kraft"): In der 27. Nacht des Fastenmonats Ramadan wird die Offenbarung des Koran gefeiert. Mohammed soll in dieser Nacht durch den Erzengel Gabriel zum Boten Gottes ernannt worden sein. Nach dem Volksglauben gehen Wünsche und Gebete, die in dieser Nacht ausgesprochen werden, in Erfüllung.

Şeker Bayramı (Zuckerfest): Es bildet den Abschluss des Fastenmonats Ramadan. Man besucht Verwandte, und die Kinder ziehen von Haus zu Haus und bitten um Süßigkeiten. Daher rührt auch der Name der dreitägigen Feierlichkeiten, bei denen Behörden, Banken und Geschäfte geschlossen bleiben.

Kurban Bayramı (Opferfest): Das höchste Fest des Islam dauert vier Tage. Hintergrund des Opferfestes ist die (auch biblische) Geschichte von Abraham, der, um Gott seine Treue zu beweisen, seinen Sohn Isaak opfern will. Das Fest ist gesetzlich verankert, so dass alle öffentlichen Einrichtungen geschlossen bleiben.

Der Ramazan

So nennen die Türken den islamischen Fastenmonat, der in den meisten anderen islamischen Ländern *Ramadan* heißt. 30 Tage lang darf der Gläubige zwischen Sonnenauf- und -untergang nicht essen, trinken, rauchen oder Geschlechtsverkehr haben. Nach Anbruch der Dunkelheit jedoch wird alles ausgiebig nachgeholt. In konservativen Gegenden sind während der Fastenzeit viele Lokale geschlossen. Dafür gibt es abendliche Ramadanmärkte mit Ständen, traditioneller Musik, Schattenspieltheater etc. – Christkindlsmarkt auf Türkisch. In den Ferienzentren an der Küste merkt man hingegen kaum einen Unterschied zu den restlichen Monaten.

Kinder

Die Türkei ist ein wahres Paradies für Reisende mit Kindern: Ob Ihr Nachwuchs im Restaurant Tellersegeln spielt oder längere Zeit im Bus seinen Weltschmerz hinausschreit: Niemand wird sich darüber aufregen, die Scherben werden lächelnd beseitigt, das Kind wird allseits getröstet und mit Bonbons versorgt. Egal ob Sie sich für eine einfache Pension oder ein Luxushotel entscheiden – überall sind Sie herzlich willkommen. Erstere weisen eine oft unglaubliche Herzlichkeit auf, es kommt durchaus vor, dass der Hausherr die Kleinen auch einmal mit auf sein Boot zum Fischen nimmt. Letztere bieten oft sog. „Mini-Clubs" mit Animateuren, die ein buntes Kinderprogramm zusammenstellen. Für Abwechslung zum Sandburgenbau sorgen Kamelritte am Strand, Aquaparks mit Riesenrutschen (z. B. in Alanya oder Antalya), Burgbesichtigungen usw. Die beste Windelmarke soll übrigens *Ultra Prima* sein, bei Babynahrung haben die Produkte von *Ülker* und *Milupa* einen guten Ruf – in Supermärkten und in Apotheken erhältlich. Wer mag, kann sich an der Türkischen Riviera übrigens ab 42 €/Woche einen Buggy leihen – Näheres unter www.silvias-buggyservice.de.

Kleidung

Abseits der Ferienorte wird in der Türkei großer Wert auf ein korrektes, sauberes und gesittetes Erscheinungsbild gelegt. Fürs Kofferpacken orientieren Sie sich am besten an der Klimatabelle. Für einen Badeurlaub an der Küste reicht insgesamt leichte Kleidung, möglichst aus Baumwolle, für kappadokische Nächte sollte auch im Sommer ein Pulli im Gepäck sein. Für den Besuch von Moscheen → Moscheen, S. 42.

Klima

Die Bergkette des Taurus (mit Höhen von bis zu 3000 m) grenzt die Südküste vom anatolischen Hochland ab und bildet zugleich eine Wetterscheide, die bis in den Spätherbst das Vordringen kalter Luft- und regenreicher Wolkenmassen verhindert. Dementsprechend sind die Sommer an der Türkischen Riviera heiß und trocken, die Temperaturen können tagsüber auf bis zu 45°C ansteigen. Der Winter ist eher mild und verregnet. Anders das Klima Kappadokiens auf einer Höhe von etwa 1200 m: Hier sind die Nächte selbst im Hochsommer frisch, im Winter schneit es.

Reisezeit: Die Badesaison an der Türkischen Riviera geht von April bis Ende Oktober, aber selbst im November und Dezember ist an so manchen Tagen noch Baden möglich. In den internationalen Ferienorten findet man das ganze Jahr über geöffnete Hotels und Pensionen. Dort, wo vorrangig Türken Urlaub machen, geht die Saison hingegen nur von Juni bis September. Die Monate April, Mai, Juni sowie September und Oktober sind für Besichtigungen in der Küstenregion am besten geeignet.

Die ideale Reisezeit für Kappadokien ist – sofern man keine Rundtour im klimatisierten Bus gebucht hat, sondern aktiv etwas unternehmen möchte – ebenfalls der Frühling und der Herbst. Aber auch in den Sommermonaten ist die Hitze erträglich, da hier das Klima insgesamt sehr trocken ist. Zwischen Dezember und Februar ist die Märchenlandschaft im Winterkleid zu sehen. Man findet auch in dieser Jahreszeit offene Hotels und im Frühstückssalon viele Japaner.

Kriminalität

Delikte wie Diebstahl oder Raub treten in der Türkei verhältnismäßig selten auf. Korruption nennt sich das Übel des Landes, aber die tut dem Touristen nicht weh. In Großstädten und Touristenzentren müssen Urlauber jedoch wie überall auf der Welt damit rechnen, dass Betrüger und Trickdiebe die Reisekasse plündern wollen. Achten Sie beim Abheben mit Ihrer Maestro- oder Kreditkarte darauf, dass niemand Ihren PIN-Code ausspäht.

- *Sperrnummern* für Maestro- oder Kreditkarte → Geld und Geldwechsel, S. 39.

> **Achtung:** Wenn Sie gebeten werden, ein Päckchen nach Deutschland mitzunehmen, schauen Sie sich den Inhalt sorgfältig an.

Literaturtipps

Zu Land und Leuten: *Gottschlich, Jürgen: Türkei. Ein Land jenseits der Klischees.* Christoph Links Verlag, Berlin 2008. Wie funktionieren Politik, Familie, Kultur oder Schulerziehung in der Türkei? Aktuelle Hintergrundinfos zu alltäglichen und weniger alltäglichen Themen.

Seufert, Günter und Kubaseck, Christopher: Die Türkei. C.H. Beck, München 2004. Eine brillante Analyse der Türkei mit all ihren Widersprüchen.

| Monat | Türkische Riviera | | | Kappadokien | | |
	ø Lufttemperatur Min./Max. in °C	Sonnen-stunden	Regen-tage	ø Lufttemperatur Min./Max. in °C	Sonnen-stunden	Regen-tage
Januar	7/16	5	11	–5/4	4	7
Februar	7/17	6,5	10	–4/7	4	5
März	8/18	7	7	–2/11	5	5
April	11/21	8	4	3/17	6	5
Mai	15/25	10	3	8/22	8	6
Juni	19/30	12	0	12/27	11	3
Juli	23/34	13	0	15/30	12	1
August	23/34	12	0	15/29	12	1
Sept.	19/31	10	1	10/27	10	2
Okt.	15/26	8	5	6/21	7	4
Nov.	11/21	7	7	1/13	5	4
Dez.	8/18	5	11	–3/6	4	7

Was türkische Namen aussagen können

Stellen Sie sich vor, Ihr Metzger würde *Etyemez* („Er isst kein Fleisch") heißen oder der Getränkehändler ums Eck *Suiçmez* („Er trinkt kein Wasser"). In der Türkei kann das vorkommen. Die Fülle lustig-blumiger Familiennamen geht auf ein Gesetz von 1934 zurück. Im Zuge von Atatürks Reformen mussten sich nämlich die bis dato nachnamenlosen Türken einen solchen zulegen. Teils konnten sie den Namen selbst wählen, teils wurde ihnen einer zugewiesen. Manche trafen zum damaligen Zeitpunkt vielleicht eine passende Wahl, bedachten aber nicht, dass der Name an ihre Söhne und Töchter weitervererbt würde. Und so kann der Klavierspieler an der Hotelbar auch *Parmaksız* („Ohne Finger") heißen ...

Heute bleibt leider nur noch die Wahl der Vornamen übrig, aber auch diese stehen den Nachnamen an Einfallsreichtum kaum nach: Der Freude über die Geburt des ersten Kindes wird z. B. gerne mit Namen wie *Devletgeldi* („Das Glück ist gekommen") oder *Gündoğu* („Die Sonne ist aufgegangen") Ausdruck verliehen. Wem die Familie irgendwann aber zu groß ist, der hofft, mit Namen wie *Yeter* („Es reicht") oder *Dursun* („Es soll aufhören") den Kindersegen stoppen zu können – relativ egal, ob gerade ein Männlein oder ein Weiblein das Licht der Welt erblickt hat.

Alanyalı, Iris: Gebrauchsanweisung für die Türkei. Piper Verlag, München 2004. Humorige Einblicke in den türkischen Alltag.

Schlötzer, Christiane: Das Mädchen mit dem falschen Namen. Türkische Tabus. Picus Verlag, Wien 2006. Spannende Reportagen, die vom gesellschaftlichen Wandel in der Türkei erzählen.

Belletristik: *Pamuk, Orhan: Museum der Unschuld.* Carl Hanser Verlag, München 2008. Das jüngste Werk des großen İstanbuler Literaten, der 2006 mit dem Literaturnobelpreis ausgezeichnet wurde. Eine traurige Liebesgeschichte.

de Bernières, Louis: Traum aus Stein und Federn. Fischer TB, Frankfurt 2006. Epischer Monumentalroman (670 S.) über das türkisch-griechische Zusammenleben in einer westanatolischen Kleinstadt vor dem Bevölkerungsaustausch.

Kemal, Yaşar: Memed, mein Falke. Unionsverlag, Zürich 2005. In 40 Sprachen übersetzter Roman über den Kampf eines türkischen Robin Hood gegen Hass und Unterdrückung.

Archäologie: *Scholl, Dietmar und Holger: Türkei Südküste. Reise- und Kulturführer.* Reisebuchverlag U. Bardorf, München 1991. Ein detailliert recherchierter kunst- und kulturgeschichtlicher Führer, der zur Vorlage vieler deutschsprachiger Reiseführer wurde. Nur noch antiquarisch zu bekommen.

Musik und Bauchtanz

Auch wenn sich für das mitteleuropäische Ohr alles ziemlich gleich anhört – türkische Musik unterteilt sich in unterschiedliche Stilrichtungen.

Volksmusik: Bei der traditionellen türkischen Volksmusik (Halk müziği), die auch *Türkü* genannt wird, steht die *saz*, eine Laute mit meist drei Saiten, im Vordergrund. Besungen werden Themen aus dem Leben des einfachen Landvolkes: Geburt, Tod, Liebe. Die Musik hört man vorrangig in sog. Türkü-Bars.

Klassische Kunstmusik: Die auch *Fasıl* genannte, anspruchsvolle Kunstmusik, die oft in Restaurants präsentiert wird, hat ihre Ursprünge in der osmanischen Palastmusik. Folgende Instrumente begleiten meist den Gesang: *kanun* (Zither), *darbuka* (Handtrommel), *tef* (Tamburin) und *ud* (Laute). Eine der erfolgreichsten Interpretinnen dieser Musik ist Bülent Ersoy: Die prallbusige, grell geschminkte und mit Nerzen und Glitterkleidung wie eine korpulente Barbie geschmückte Mittfünfzigerin war bis 1979 ein Mann.

Popmusik: Türkpop vermischt traditionelltürkische Melodien mit modernen Einflüssen. Die Interpretenpalette reicht dabei von niveauvollen Songwriterinnen wie Sezen

Aksu (die „Madonna vom Bosporus") über trendige Teeniestars wie Tarkan (der „türkische Ricky Martin") bis hin zu Schnulziers wie İbrahim Tatlıses oder Mahsun Kırmızıgül (jeder Vergleich wäre eine Beleidigung).

Arabeske Musik: Die arabeske Musik, die (wie der Name schon sagt) Einflüsse aus Arabien aufweist, hat die ausweglose Liebe zum Thema. Die singsangartigen, orientalisierenden Trauergesänge hört man für gewöhnlich im Fernsehen *TRTint* oder im Dolmuş. Als Idol schlechthin gilt Müslüm Gürses. Seine Konzerte, bei denen das Publikum in kreischend heulende Ekstase verfällt und sich dabei mit Rasierklingen Schnittwunden beibringt, sind berühmt-berüchtigt.

Bauchtanz: Konservative Türken behaupten, die erotisierend klimpernde Nabelschau stamme aus Ägypten, während die Araber davon überzeugt sind, die osmanischen Besatzer hätten den Tanz eingeschleppt. Zu sehen ist Bauchtanz, der bis heute etwas Anrüchiges in der Türkei besitzt, in erster Linie als Touristenspektakel.

Rock und elektronische Beats: Einprägsamen Gitarrensound liefern u. a. die Schrammlerin Şebnem Ferah, der Solist Teoman oder das Trio Duman. In die Grungeschublade kann man Mor ve Ötesi einordnen. Eher punkig ist die Musik von Rashit. Und für türkischen Ska steht Athena. Auf dem elektronischen Sektor ist zuerst der in Montreal und İstanbul lebende DJ und Allroundkünstler Mercan Dede (auch: Arkın Allen) zu nennen. Ihn zeichnet eine skurrile Mischung aus Ambient und traditioneller Sufi-Musik aus.

Notrufnummern

Polizei: ✆ 155
Verkehrspolizei: ✆ 154
Ambulanz: ✆ 112
Feuerwehr: ✆ 110

Öffnungszeiten

Der islamische Ruhetag ist der Freitag, der gesetzliche Ruhetag in der Türkei seit Atatürks Reformen jedoch der Sonntag.

Banken: → Geld und Geldwechsel, S. 39.
Behörden: Mo–Fr 8.30–12 und 13–17.30 Uhr, Sa/So geschl.
Geschäfte: Für den Einzelhandel gibt es keine einheitlichen Öffnungszeiten, die meisten Geschäfte sind jedoch Mo–Sa von 9–19 Uhr geöffnet. Kleinere Lebensmittelläden haben oft bis spät in die Nacht offen. In den großen Shoppingmalls und Touristenzentren ist jeder Tag Verkaufstag.
Post: s. u.
Museen/Ausgrabungsstätten: I. d. R. Mo geschl. Exakte Angaben im Reiseteil.
Restaurants: I. d. R. tägl. ab 11 Uhr bis mind. 23 Uhr. Kleine Lokantas schließen oft schon früh am Abend.

Polizei

Die türkische Polizei ist überall präsent. So schlecht, wie sie bezahlt ist, so schlecht ist sie meist auch gelaunt. Gegenüber Touristen verhält sie sich jedoch i. d. R. korrekt und zuvorkommend. Falls Sie nach dem Weg fragen wollen, sprechen Sie ruhig eine Streife an. Ferner sorgt die **Jandarma**, eine militärische Einheit in grünen Uniformen, für Ordnung und Sicherheit. Notruf: 155.

Post

Postämter (*PTT* für „Posta, Telefon, Telegraf", i. d. R. Mo–Fr 8–12 und 13–17 Uhr; in größeren Städten und in manchen Touristenzentren auch Sa/So

Souvenirs aus Kappadokien

bis spät in die Nacht) sind im Reiseteil aller größeren Orte und Touristenzentren unter „Adressen" angegeben. Bis eine Postkarte in der Heimat angekommen ist, vergeht ungefähr eine Woche. Luftpostansichtskarten kosten nach Deutschland, Österreich und in die Schweiz knapp 0,40 €, Briefe bis 20 g ca. 0,45 €. Telefonieren → S. 49.

Preise

Im Vergleich zu Deutschland, Österreich oder der Schweiz ist die Türkei immer noch ein günstiges Reiseziel, auch wenn die Preise in den letzten Jahren kräftig angezogen haben und in den Ferienorten der Riviera weit über dem Landesdurchschnitt liegen. Selbstverständlich korrelieren die Kosten einer Reise mit den Ansprüchen des Urlaubers, das breit gefächerte Angebot an touristischen Leistungen hält aber für fast jeden Geldbeutel etwas parat. Wer mit einem Minimum an Komfort zufrieden ist, benötigt pro Tag – Übernachtung inklusive – keine 40 €.

Preisschwankungen: Die im Buch angegebenen Preise entsprechen dem Stand der letzten Recherche. Diese können sich von den Preisen, die Sie vor Ort erfahren, erheblich unterscheiden. Das hängt zum einen mit extremen Wechselkursschwankungen zusammen (allein im Jahr 2008 stieg und fiel die Lira um bis zu 25 % zum Euro), zum anderen auch damit, dass in der Türkei die Preise vielfach nicht linear zur Inflationsrate angepasst werden, sondern nach einer längeren stabilen Preisetappe um einen umso größeren Schritt.

Reisedokumente

Für Deutsche und Schweizer genügt bei der Einreise auf dem Luftweg der Personalausweis bzw. die Identitätskarte. Empfehlenswert ist dennoch die Mitnahme des Reisepasses, da manche Beamte (z. B. bei Verkehrskontrollen) darüber nicht informiert sind. Österreicher brauchen ein Visum, das man an der Grenze bzw. am Flughafen zum Preis von ca. 15 € erhält. Kinder

Eine nette Abwechslung – Bootstrip entlang der Küste

benötigen ab dem 10. Lebensjahr einen Kinderausweis mit Lichtbild, davor genügt der Eintrag der Kinder in den Reisepass der Eltern. Alle, die länger als drei Monate am Stück im Land verweilen möchten, benötigen in jedem Fall ein Visum. Führen Sie Ihren Ausweis stets bei sich!

Einreise mit Haustieren: → Haustiere, S. 39.

Einreise mit dem Fahrzeug: → Anreise, S. 16.

> **Visitenkarten** sind in der Türkei sehr beliebt: Oft bekommt man eine gereicht oder wird nach der eigenen gefragt. Bevor Türken ihre Karten aushändigen, pflegen sie diese auf der Rückseite mit einem Kringel zu versehen. Damit „entwerten" sie die Karte. Früher nämlich konnte man mit einer unentwerteten Karte essen oder einkaufen gehen, der Name darauf hatte für die Rechnung aufzukommen.

Schwule und Lesben

Homosexualität ist in der Türkei verpönt, ein Outing führt – ist man nicht gerade Pop- oder Filmstar – zu gnadenloser Diskriminierung. Homosexualität wird auch als einer der ganz wenigen Gründe akzeptiert, sich vom Militärdienst befreien zu lassen. Noch bis vor kurzem musste das Schwulsein dabei mit Fotos oder Videos bewiesen werden! Und dabei galt: „Nur der, der penetriert wird, ist homosexuell". Ausweichen können türkische Schwule und Lesben lediglich in die Anonymität der Millionenstadt İstanbul. So findet sich dort eine Vielfalt an Clubs und Kneipen, die europaweit ihresgleichen suchen kann.

Über die türkische Schwulen- und Lesbenszene informiert www.kaosgl.org, die Seite der gleichnamigen, schwullesbischen Organisation aus Ankara (z. T. auch in Deutsch). Eine an Lesben gerichtete Agentur, die u. a. Reisen nach

Antalya anbietet, ist www.lila-reisen.de. Auch die schwullesbische İstanbuler Reiseagentur **Pride Travel** (www.turkey-gay-travel.com) offeriert Trips an die Riviera und nach Kappadokien.

Sport

Wo Türken Urlaub machen, tendiert das Sportangebot traditionell gegen null – schließlich sind die kostbaren Erholungswochen zum Nichtstun da. Anders der Sachverhalt in den internationalen Touristenzentren an der Küste.

Golf: Spielt man in der gesamten Türkei nirgendwo besser als rund um Belek, → S. 92. In Gazipaşa soll ein Golfplatz gebaut werden.

Kajak/Rafting: Diverse Tourenveranstalter haben das Paddelerlebnis im Programm. Entsprechende Möglichkeiten bieten der Köprü-Fluss zwischen Antalya und Side (→ S. 94) und der Alara-Fluss zwischen Side und Alanya (→ S. 112).

Radfahren: → Unterwegs/Fahrrad, S. 22.

Reiten: In der Nähe großer Touristenzentren wie z. B. Side liegen Reiterhöfe, die Ausritte ins Hinterland anbieten; auch über Tourenveranstalter vor Ort buchbar.

Skifahren: Zwei Lifte bietet das Skigebiet Saklıkent bei Antalya (→ S. 80). Schneesicher ist es jedoch selbst im Winter nicht. Auch am 2366 m hohen Tahtalı Dağı im Olympos-Nationalpark (ca. 60 km südwestlich von Antalya) soll ein Skiareal erbaut werden. Bislang gibt es jedoch nur eine Seilbahn auf den Gipfel.

Surfen: Manch große Hotels verleihen Bretter. Cracks fahren jedoch nicht an die Riviera, sondern an die Ägäis, z. B. auf die Çeşme-Halbinsel oder nach Bodrum.

Tennis: Viele der größeren Hotelanlagen verfügen über Tennisplätze, auf denen auch Nichtgäste gegen ein Entgelt spielen können.

Tauchen: Nahezu an allen Küstenabschnitten darf getaucht werden. Das Auflesen und die Mitnahme historischer bzw. antiker Gegenstände und die Unterwasserjagd sind strengstens verboten. Für eine Tagesausfahrt mit 2 Bootstauchgängen inkl. Equipment müssen Sie im Schnitt mit 50–80 € rechnen, für einen PADI-Anfängerkurs mit rund 300 €.

Sonstiger Wassersport: In den internationalen Touristenorten an der Küste werden

Ein Gewinner und ein Verlierer

Wer sich nicht rasiert, verliert

Buschig und prächtig oder eher spärlich und zierlich, immer jedoch gepflegt: Erst der Schnurrbart macht den Türken zum richtigen Mann – zumindest in der anatolischen Provinz und in konservativen Kreisen. Noch heute wachen in vielen Dörfern altgediente Schnurrbartträger darüber, dass keinem jungen Bengel vor dem „schnauzerwürdigen" Alter ein solches Exemplar wächst.

In vielen Orten der Südküste will man von solchen antiquierten Traditionen aber nichts mehr wissen. Die Jugend zeigt sich glatt rasiert oder im schicken Dreitagesbart. Die klassischen Schnauzerträger mit grauem Kaufhaus-Standard-Jackett haben dort den Status eines Dorftrottels aus Hinteranatolien. Als schmierige Anmacher, als *Röntgenci* („Glotzer mit Röntgenaugen"), sind sie unter jungen Frauen verpönt. In manchen trendigen Clubs sorgen gar Türsteher dafür, dass „Schnauzer" draußen bleiben. Auch viele Unternehmen, die ein modernes Image transportieren wollen, verbieten ihren Angestellten das Tragen eines Schnauzers, so die Busgesellschaft *Metro*, die 2008 ihre 7000 Angestellten vor die Wahl stellte: Schnurrbart ab oder Kündigung. Draußen bleiben, zumindest aus öffentlichen Ämtern und Universitäten, müssen auch Vollbartträger. In der laizistischen Türkei wird der Vollbart als ein islamistisches Bekenntnis gewertet, ähnlich wie das Kopftuch bei Frauen.

zudem diverse Fun-Sportarten auf dem Wasser angeboten, z. B. Wasserski (15 Min. ca. 25 €), Bananaboat (15 Min. ca. 8 €), Parasailing (Gleitschirmfliegen übers Wasser, 10 Min. ca. 35 €), Jetski (15 Min. ca. 30 €) usw. Die Veranstalter finden sich i. d. R. an den Stränden.

Wandern: → Wandern, S. 23.

Telefonieren

Internationale Vorwahlnummern: nach Deutschland ☎ 0049, nach Österreich ☎ 0043, in die Schweiz ☎ 0041. Danach wählt man die Ortskennzahl ohne die Null am Anfang, dann die Rufnummer.

Wo Körper und Seele ein Bad nehmen – Erholung im Hamam

In den Hamams, so sagt man, sei die osmanische Vergangenheit noch lebendig. Und wer eines der historischen Dampfbäder besucht, glaubt in eine andere Welt einzutauchen. Man spürt die Schwere der heißnassen Luft, atmet den Geruch von Seife, vernimmt das Geplätscher des Wassers und taucht ein in das geheimnisvolle Licht, das sich in den glänzend nackten Körpern spiegelt, die auf den auf marmornen Steinen liegen.

Ein Hamam ist in drei Bereiche gegliedert. Den *camekân,* den Eingangsbereich, schmückt meist ein ausladender Brunnen. Drum herum befinden sich die Rezeption und die Umkleidekabinen. *Soğukluk* heißt der Durchgang in den Schwitzbereich und Hauptteil des Hamams, den *hararet.* Die große, von unten erwärmte Marmorplattform in der Mitte nennt sich *göbek taşı,* Nabelstein. Auf ihn legt man sich zum Schwitzen und zur Massage. Davor werden Sie mit einem rauen Lappen kräftig abgerieben, *kese* heißt diese Prozedur. Bei den Frauen verrichten die Massage i. d. R. schwergewichtige Masseurinnen, bei den Männern drahtig-muskulöse Meister ihres Fachs. Auch wenn Sie malträtiert werden wie ein Wiener Schnitzel vorm Panieren – hinterher fühlen Sie sich gut und entspannt.

Die meisten Hamams besitzen separate Abteilungen für Männer *(erkekler)* und Frauen *(kadınlar).* Bei kleineren Bädern baden die Geschlechter zu unterschiedlichen Zeiten oder an unterschiedlichen Tagen. In touristischen Zentren ist meist auch ein gemeinsames Bad möglich. Übrigens tragen Männer ein Tuch um die Lenden, Frauen baden nackt. Handtücher braucht man nirgendwo mitzubringen.

Leider ist die Hamamkultur in der Türkei im Niedergang begriffen. Die Zeiten, als die Hamams noch „Badeanstalten" für die breite Gesellschaft waren, sind passee. Viele junge Türken haben noch nie ein Hamam besucht, die Dusche zu Hause ist bequemer. Wer noch ins traditionelle Badehaus geht, gehört nicht selten zu den sozial Schwachen. Lediglich in konservativen Gegenden dienen die Hamams noch als Treffpunkte der sonst fast ausschließlich als Haus gebundenen Frauen. Anders der Sachverhalt in den Ferienorten: Bei Touristen stehen Hamambesuche hoch im Kurs. Dort kostet der Eintritt i. d. R. zwar das Drei- bis Fünffache, dafür ist auch Geld für Pflege und Restaurierung vorhanden.

Wer in die Türkei telefonieren möchte, wählt 📞 0090 als Landesvorwahl und lässt die Null der Regionalvorwahlnummer weg.

Telefonkarten (telefon kartı) für öffentliche Kartentelefone gibt es in Postämtern, Geschäften und an Kiosken. Wer mit einer solchen ins Ausland telefonieren will, kauft am besten eine *Arakart* (50 Einheiten reichen z. B. für ca. 17 Min. nach Deutschland und kosten ca. 2,50 €).

Mobiltelefon: Nahezu überall guter Empfang. Die Netzbetreiber TELSIM oder TCELL unterscheiden sich in ihren Tarifen kaum.

Prepaid SIM Card: Für Vieltelefonierer und Längerbleiber lohnt der Kauf einer *Prepaid SIM Card (hazır kart)* vor Ort (gibt es ab rund 12 € Gesprächsguthaben) und dazu eines türkischen Mobiltelefons (egal ob gebraucht oder neu, gibt es an jeder Ecke). Dadurch entfallen die Kosten, die sonst entstehen, falls man angerufen wird. Türkische SIM-Karten funktionieren in Mobiltelefonen, die aus dem Ausland mitgebracht werden, nur für kurze Zeit. Theoretisch kann man zwar sein mitgebrachtes Handy bei Turkcell-Extra-Filialen frei schalten lassen, in der Praxis sieht der Sachverhalt jedoch anders aus.

Notrufnummern: → S. 46.

Freskenschmuck in der kappadokischen Felsenkirche von Tatlarin

Toiletten

Männer finden das stille Örtchen hinter Türen mit der Aufschrift *Bay*, Frauen achten auf *Bayan*. In Touristenzentren haben die Toiletten i. d. R. mitteleuropäischen Standard, abseits der Urlaubsorte ist das Stehklo noch weit verbreitet. Papier gibt es auf diesen stillen Örtchen nur selten; ein eigener kleiner Vorrat ist daher dringend angeraten. Steht in der Toilette ein kleiner Eimer, dann werfen Sie das Papier dort hinein – bitte nicht runterspülen. Die zu dünnen Abwasserrohre verstopfen schnell, zudem verzögert das Toilettenpapier in den Sickergruben den Zersetzungsvorgang.

● *Hinweis* Wenn Sie das dringende Bedürfnis bei einer Stadtbesichtigung ereilt – Toiletten finden Sie immer bei einer Moschee.

Verständigung

In den Touristenzentren an der Küste und in Kappadokien kommt man mit Englisch oder Deutsch recht gut zurecht. Viele türkische Arbeiter haben im deutschsprachigen Ausland ihr Geld verdient, selbst in den entlegensten Ortschaften wohnt jemand, der bei Verständigungsproblemen zu Hilfe gerufen werden kann.

Zeit

Gegenüber der Mitteleuropäischen Zeit (MEZ) besteht eine Stunde Unterschied; bei Ihrer Ankunft müssen Sie die Uhr eine Stunde vorstellen, egal ob im Sommer oder Winter (12 Uhr Frankfurt = 13 Uhr Antalya)!

Zeitungen und Zeitschriften

Deutsche Zeitungen und Zeitschriften bekommt man überall, wo sich deutsche Urlauber tummeln. Die Bildzeitung wird gar in Antalya gedruckt, die aktuelle Ausgabe der SZ oder FAZ erhält man i. d. R. schon am Nachmittag. Die englischsprachigen Tageszeitungen *Turkish Daily News* und *Today's Zaman* (das Sprachrohr der konservativen Islamisten) bieten Hintergrundinformationen und Aktuelles zu Politik, Wirtschaft, Sport und Kultur.

Wo Chroniken fehlen, berichten Mosaike

Geschichte im Abriss

ab 150.000 v. Chr. Höhlenfunde wie z. B. aus der Karain-Höhle nahe Antalya (→ S. 80) bezeugen, dass nomadisierende Jäger und Sammler die türkische Südküste bereits im Paläolithikum durchstreiften.

8000–5500 v. Chr. Im Neolithikum entstehen im Landesinneren erste stadtähnliche Siedlungen. Für den Bau von Behausungen wird Lehm verwendet, damit einhergehend entwickelt sich die Töpferei. Bei Grabungen südöstlich von Konya in Çatalhüyük, einer der ältesten „Städte" der Welt, fanden Archäologen u. a. Kleinplastiken wie schwerbrüstige Göttinnen als Symbole der Fruchtbarkeit. Mit der Sesshaftwerdung beginnen auch Ackerbau und Viehzucht.

5500–3200 v. Chr. Chalkolithikum (Kupfersteinzeit). Feiner gearbeitete Töpferwaren und einfache Werkzeuge aus Kupfer brachten z. B. die Ausgrabungen von Hacılar bei Burdur, rund 150 km nördlich von Antalya, zu Tage.

3200–2000 v. Chr. Frühe Bronzezeit. Die Spinnerei und Weberei breitet sich aus, zudem wird Schmuck aus Bronze gefertigt. Gleichzeitig treten Händler aus Assur (am Tigris im heutigen Nordirak) mit den Kulturen Zentral- und Ostanatoliens in Kontakt und bringen die Schrift nach Anatolien.

2000–1200 v. Chr. Mit dem Vordringen der Hethiter über den Kaukasus wird Zentralanatolien Teil des Althethitischen Reiches, aus dem später das Großhethitische Reich hervorgeht. Hattuşa (ca. 170 km östlich von Ankara) wird das Zentrum ihres Reiches, das sich über Kappadokien bis an die Südküste erstreckt. Die Hethiter hinterlassen u. a. Felsreliefs und viele in Stein gemeißelte Schriftzeugnisse, so z. B. im Karatepe-Nationalpark nordöstlich der Çukurova (→ S. 177). Gleichzeitig dehnen die Mykener (frühe Griechen) ihr Herrschaftsgebiet über die Ägäis hinweg bis zum minoischen Kreta aus.

um 1200 v. Chr.

Die sog. Seevölker, über die nur wenig bekannt ist, fallen von Norden her ein, zerstören Troja (an der Westküste) und beenden die Vormachtstellung der Hethiter und Mykener.

1200–700 v. Chr.

Nach dem Untergang Trojas ziehen griechische Stämme von der Westküste unter Führung der Seher Mopsos, Kalchas und Amphilochos durch Kleinasien nach Pamphylien und gründen dort Städte wie z. B. Perge und Sillyon. Ein Teil dieser Völkerwanderung erreicht auch Kilikien. So überliefern es antike Quellen, die in der Wissenschaft allerdings umstritten sind.

Tatsache ist, dass sich ab dem 11. Jh. v. Chr. vermehrt griechische Kolonisten an der Südküste niederlassen. Sie treten in Konkurrenz zu den heimischen Völkern. Bereits im 9. Jh. v. Chr. sind viele ihrer Siedlungen zu ansehnlichen Hafenstädten angewachsen. In Kilikien dagegen machen sich späthethitische Kleinkönigreiche breit. Eine führende Stellung in Zentral- und Westanatolien nehmen die vom Balkan zugewanderten Phryger ein.

690–550 v. Chr.

Im Westen Kleinasiens gründen die Lydier ein großes Reich mit Sardes als Hauptstadt (ca. 90 km östlich von İzmir). Sie unterwerfen auch weite Teile der Südküste, nicht jedoch Kilikien, das aufgrund seiner rauen Gebirgslandschaften zu schwer zu erobern ist. In den griechischen Küstenstädten blühen Kunst, Kultur und Wissenschaft.

ab 545 v. Chr.

Unter Kyros dem Großen dringen die Perser bis nach Westanatolien vor und zerstören das Lydierreich. Immer wieder kommt es zu Aufständen gegen die Perser, nicht jedoch unter den Pamphyliern, sie unterstützen die persischen Expansionsgelüste.

334/333 v. Chr.

Alexander der Große erobert Kleinasien. Damit beginnt die sog. Hellenistische Zeit, die bis zur römischen Kaiserzeit andauert und gewaltige Kulturleistungen hervorbringt.

ab 323 v. Chr.

Nach Alexanders Tod teilen seine Heerführer das Weltreich unter sich auf. Zu den bedeutendsten dieser Diadochenreiche zählen das der Ptolemäer (in Ägypten), das der Attaliden (Pergamenisches Reich in Westanatolien) und das der Seleukiden (in Syrien). Letztere machen das heutige Antakya zu ihrer Hauptstadt.

Aus dem Seleukidenreich lösen sich im 3. Jh. mehrere unabhängige Reiche, u. a. Kappadokien und östlich davon Kommagene. Zwischen dem Seleukidenreich und Pergamon kommt es zu kriegerischen Auseinandersetzungen um die Städte Pamphyliens.

Die Kolonnadenstraße von Perge

190 v. Chr.	Die Attaliden schlagen mit Unterstützung von Rom und Rhódos die Seleukiden in der Schlacht von Magnesia, dem heutigen Manisa in Westanatolien. Damit geht das Seleukidenreich im mit Rom verbündeten Pergamenischen Reich auf.
ab 133 v. Chr.	Mit dem Tod Attalos III. fällt Pergamon testamentarisch an Rom und wird erste Hauptstadt der Provinz Asia. Mehrere Städte der Südküste interessieren sich für die Gesetze Roms jedoch wenig und frönen der Piraterie.
67–63 v. Chr.	Der römische Feldherr Pompeius setzt der pamphylischen Piraterie ein Ende und gründet die römischen Provinzen Cilicia und Syria, zu der später auch Kommagene gehört.
42 v. Chr.	Mit der Ermordung Caesars (44 v. Chr.) steigt Mark Anton zum Imperator über den Osten des römischen Reiches auf.
ab 31 v. Chr.	Mit dem Sieg Oktavians, des späteren Kaisers Augustus, über die Flotte Mark Antons in der Schlacht von Actium beginnt eine fast 250 Jahre währende Friedensepoche im Römischen Reich. Während der *Pax Romana* durchdringt die römische Kultur alle Städte Kleinasiens. Tempel, Prachtstraßen, Theater, Aquädukte usw. zeugen noch heute von dem Glanz dieser Epoche.
18 n. Chr.	Unter Tiberius wird Cappadocia eine eigenständige Provinz im Römischen Reich.
38–72 n. Chr.	Der römische Kaiser Caligula setzt Antiochus VI. als König der Kommagenen ein und überträgt ihm auch die Bewachung und Verwaltung eines Abschnitts der türkischen

Südküste. Antiochus zeichnet für mehrere Stadtgründungen wie Iotape (→ S. 126) und Antiocheia ad Cragum (→ S. 128) verantwortlich. Nach dem kommagenischen Krieg wird Kommagene jedoch wieder Teil der römischen Provinz Syria.

45–60 n. Chr. Missionsreisen des Apostels Paulus, der u. a. in Tarsus (→ S. 162) und in Caesarea, dem heutigen Kayseri, Station macht. Die ersten Christengemeinden entstehen.

330 Konstantin der Große ernennt das ehemalige Byzantion (heute İstanbul) unter dem Namen *Nea Roma* (Neues Rom) zur neuen Hauptstadt des Römischen Reiches. Schon bald nach dem Tod des Kaisers setzt sich der Name Konstantinopel durch.

380 Das Christentum wird Staatsreligion, alle heidnischen Kulte werden verboten.

395 Endgültige Teilung des Imperiums in West- und Oströmisches Reich. Letzteres, später Byzantinisches Reich genannt, wird Kerngebiet des Christentums mit römischem Recht und griechischer Sprache.

527–565 Unter Kaiser Justinian I. erreicht das Oströmische Reich seine größte Ausdehnung und Blüte. Es erstreckt sich von Süditalien über die Balkanhalbinsel und ganz Kleinasien bis zum Rand des iranischen Hochlands. Jegliche Bautätigkeit konzentriert sich aber nun auf Konstantinopel. Die Küstenstädte spielen fortan eine untergeordnete Rolle, auch wenn viele von ihnen zu Bischofssitzen erhoben werden.

622 Mit der Hedschra, Mohammeds Flucht nach Medina, beginnt das erste Jahr islamischer Zeitrechnung.

ab 636 Der Osten des Byzantinischen Reiches wird von den Arabern erobert. Angeleitet von syrischen Seeleuten wagen sich die Wüstensöhne aufs Meer und plündern mit ihren Flotten die byzantinischen Küstenstädte. Zum Schutz werden Festungen verstärkt oder neu errichtet – nicht selten muss dafür antikes Baumaterial herhalten.

726–843 Im Zuge des sog. Ikonoklasmus („Bilderstreit") wird unter Leo III. (717–741) die bildliche Darstellung von Christus, den Aposteln und Heiligen als Sünde angesehen und die Verehrung von Heiligenfiguren verboten. Alle Ikonen werden aus den Kirchen entfernt, unzählige Kunstwerke zerstört (→ S. 213). Über 100 Jahre währt der Bilderstreit, der zu Spaltungen innerhalb der orthodoxen Kirche und zu einer Schwächung des Reiches durch innere Aufstände führt. Erst Mitte des 9. Jh. findet die kulturelle Stagnation ihr Ende, und die Kirchen werden neu ausgeschmückt.

1054 Bruch zwischen der römisch-katholischen und der griechisch-orthodoxen Kirche.

ab 1071 Die Seldschuken, ein Turkmenenstamm, der von den kirgisischen Steppen nach Westen vordringt, schlagen die Truppen von Byzanz in der Schlacht von Manzikert. Sie bringen den Islam mit, breiten sich in Zentralanatolien aus, machen Konya zu ihrer Hauptstadt und halten den noch verbliebenen Rest des Byzantinischen Reiches in Angst und Schrecken. Infolgedessen flüchten viele Armenier nach Kilikien und gründen dort einen von Byzanz unabhängigen Herrschaftsbereich: Kleinarmenien (→ S. 173).

ab 1096

Hilfe für Byzanz kommt aus dem Abendland, das in der Folgezeit Kreuzzüge unternimmt, um die verlorenen heiligen Stätten von islamischer Herrschaft zu befreien. Beim dritten Kreuzzug ertrinkt der Stauferkaiser Friedrich I. Barbarossa im Göksu bei Silifke (→ S. 148).

1204–1261

Der 4. Kreuzzug richtet sich gegen Konstantinopel selbst, und zwar mit der Absicht, den römisch-katholischen Glauben wiederzubeleben. Nach der Einnahme der Stadt etablieren die Ritter dort das Lateinische (katholische) Kaiserreich. Die griechischen Byzantiner ziehen sich nach Nikaia (Iznik) zurück und können erst 1261 unter Michael VIII. Paläologos die Lateiner wieder aus Konstantinopel vertreiben.

1226

Die Seldschuken erobern weite Teile der Küstenregion. Venezianer und Genueser erhalten in der Folgezeit die Erlaubnis, Handelsniederlassungen zu errichten, so z. B. in Ayas, dem heutigen Yumurtalık (→ S. 174).

ab 1243

Das Seldschukenreich zerfällt unter dem Ansturm der Mongolen. An seine Stelle treten in Anatolien mehrere kleine Fürstentümer turkmenischer Dynastien. Gleichzeitig entwickelt sich Ägypten unter der Dynastie der Mameluken (ab 1249) zu einem der mächtigsten Staaten des vorderen Orients. Die Mameluken erobern Syrien, zerstören 1268 Antiochia, das heutige Antakya, und dringen entlang der türkischen Südküste bis an die westliche Grenze Kilikiens vor. Später verlieren die Mameluken ihr Reich an die Osmanen.

1326

Osman (1281–1326), Heerführer und Emir eines turkmenischen Stammes, erobert die westanatolische Stadt Bursa, die daher gerne als die Wiege des Osmanischen Reiches bezeichnet wird. Da der Osten von mongolischen Reiterheeren beherrscht wird, orientieren sich Osmans Nachfolger nach Norden und Westen.

1354

Die Osmanen betreten erstmals europäischen Boden.

1402–1406

Der Tatarenherrscher Timur Lenk (1365–1405), auch Tamerlan genannt, gibt ein kurzes und blutiges Gastspiel in Anatolien. Dem Aufstieg des Osmanischen Reiches tut dies aber keinen Abbruch.

1453

Die Osmanen erobern Konstantinopel und löschen damit das Byzantinische Reich von der Landkarte, das an seinem Ende aus nichts anderem mehr als seiner Hauptstadt bestanden hatte. Von nun an ist Konstantiniya, das spätere İstanbul, Hauptstadt des Osmanischen Reiches, dessen Machtbereich in der Folgezeit beständig wächst. Keine 20 Jahre später ist die türkische Südküste eingenommen.

1517

Selim I. (1512–1520) erobert Syrien und Ägypten. Damit kommt das Kalifat an den Bosporus.

1520–1566

Süleyman I., genannt der Prächtige, erobert Bagdad, Belgrad, Rhódos, Ungarn, Georgien, Aserbeidschan und Gebiete Nordafrikas. 1529 wird Wien erstmals belagert. Er führt das

Osmanische Reich an den Zenit seiner Macht – 75 Minuten braucht nun die Sonne, um über dem Imperium unterzugehen. Es erstreckt sich über drei Erdteile, 72 Sprachen kennt das Vielvölkerreich. Für die Entwicklung in den Küstenstädten Kleinasiens zeigt er wie seine Nachfolger wenig Interesse.

1574–1595 Regierungszeit von Murat III. Dieser zeigte sich, wie so viele Sultane, im Harem reger als in der Politik. Er bringt es auf über 100 Kinder. Doch die Frauen des Sultans gebären nicht nur, sondern erdrosseln ihre Sprösslinge auch, um die Thronnachfolge zu regeln. Und die Tatsache, dass die angehenden Sultane in der realitätsfernen Welt des Harems heranwachsen, umschmeichelt von intriganten Höflingen, führt dazu, dass immer häufiger unfähige Regenten nachkommen.

ab 1683 Die Niederlage bei der zweiten Belagerung Wiens bedeutet das Ende der Expansion und läutet den allmählichen Niedergang des Reiches ein. Peu à peu schrumpft es in den nächsten Jahrhunderten, zudem flammen immer wieder innenpolitische Unruhen auf.

ab 1808 Unter Mahmut II. (1808–1839) erfolgen die ersten Versuche, das Reich schrittweise zu reformieren. Mit einem Massaker löst er z. B. die Janitscharen (militärische Eliteeinheit) auf, die gegen alle fortschrittlichen Strömungen gekämpft hatten. Er verbietet auch den Turban und führt dafür den Fez ein.

1853–1856 Krimkrieg. Rückeroberung der russisch besetzten Gebiete.

1875 Der „kranke Mann am Bosporus" bekommt die Quittung für den verpassten Anschluss an die industrielle Revolution und die vielen kostspieligen Kriege. Frankreich und England streichen die notwendigen Kredite. Die Folge ist der Staatsbankrott.

1876–1909 Während der Regierungszeit von Abdül Hamit II., der antichristliche Ressentiments systematisch gegen die Armenier einsetzt, kommt es zu mehreren Pogromen. Unter ihm erfolgt auch der Bau der Bagdadbahn. Mit der Jungtürkischen Revolution erzwingen Offiziere die Abdankung des Sultans. Die tatsächliche Macht liegt fortan in den Händen des Militärs.

1912/13 In den Balkankriegen verliert das Osmanische Reich den größten Teil der ihm noch verbliebenen europäischen Gebiete.

1914–1918 Im Ersten Weltkrieg schlagen sich die Türken auf die Seite der Deutschen. Letztere schauen zur Seite, während die jungtürkischen Nationalisten das Gros der armenischen Bevölkerung Anatoliens in die syrische Wüste schickt, was einem Genozid gleichkommt (→ S. 173). Am Ende des verlorenen Krieges verteilen die Siegermächte die Beute: Griechische Truppen marschieren auf Ankara zu, Italien besetzt den Küstenstreifen um Antalya, Frankreich Kilikien, englische Truppen kontrollieren den Bosporus. Das Osmanische Reich besteht nur noch aus Inneranatolien.

1919/20 Der für das Osmanische Reich schikanöse Friedensvertrag von Sèvres wird zwar von İstanbul notgedrungen akzeptiert, nicht jedoch von den Nationalisten. In Ankara konstituiert sich die Große Nationalversammlung und setzt eine neue Re-

Atatürk, Vater der Türken

Atatürks Konterfei grüßt in jedem Büro, Geschäft und Restaurant, verabschiedet sich mit jeder Note beim Bezahlen – und lähmt den Einfallsreichtum der türkischen Bildhauer, denn außer für Atatürk-Statuen werden nur selten öffentliche Aufträge vergeben. Kaum einem anderen Staatsmann wird posthum noch solch ein Personenkult zuteil. Als Mustafa Kemal (geb. um 1881) wurde er 1923 zum ersten Präsidenten der Türkischen Republik gewählt. Er europäisierte den neuen Staat in einem gewaltigen Kraftakt und vertrat den Kurs einer strikten Trennung von Staat und Religion. Für den Staatsgründer war der Islam das größte Hindernis bei der Modernisierung des Landes („Der Politiker, der zum Regieren die Hilfe der Religion braucht, ist nichts anderes als ein Schwachkopf"). Für seine Verdienste verlieh ihm das Parlament 1934 den Namen Atatürk, „Vater der Türken". Vier Jahre später starb er an Leberzirrhose in İstanbul. Seine Gebeine ruhen im Atatürk-Mausoleum in Ankara.

	gierung unter Mustafa Kemal (→ Kasten) ein. Dieser organisiert den militärischen Widerstand.
1921/22	Kemals Truppen schlagen die griechische Armee am Sakarya-Fluss. Die Italiener und Franzosen ziehen freiwillig ab.
1923	Mit dem Vertrag von Lausanne erkennen die Alliierten die Unabhängigkeit und Souveränität der neuen Türkei an. Noch im gleichen Jahr schlägt Völkerbundskommissar Fritjof Nansen einen Bevölkerungsaustausch zwischen Griechen und Türken vor. In der neuen Hauptstadt Ankara stimmt man sofort zu. Damit endet die dreitausendjährige Geschichte des kleinasiatischen Griechentums (→ Kasten S. 38).
1924	Eine neue Verfassung tritt in Kraft, die u. a. die Trennung von Staat und Religion vorsieht. Das islamische Recht wird vom Schweizer Zivilrecht, italienischen Strafrecht und deutschen Handelsrecht abgelöst.
1925–1938	Bis zu Atatürks Tod werden zahlreiche Reformen durchgeführt, um die Türkei zu europäisieren: Schriftreform (Übergang zum lateinischen Alphabet), Bildungsreform (unter Mithilfe von hunderten von Wissenschaftlern aus Deutschland, die vor der Nazidiktatur geflohen waren), Einführung von Familiennamen, Umstellung des Ruhetags von Freitag auf Sonntag usw.
1945	Die Türkei erklärt Deutschland den Krieg. Im selben Jahr wird sie Gründungsmitglied der UNO.
1952	Die Türkei tritt der NATO bei.
ab 1960	Mehrere Male greift das Militär korrigierend in die Politik des Landes ein. 1960 putschen kemalistische Offiziere und lassen den Ministerpräsidenten Adnan Menderes hinrichten. 1971 wird das Kabinett zum Rücktritt gezwungen. 1980 übernimmt abermals das Militär die Macht und löst das Parlament auf. Bis heute sieht sich das Militär als Hüter des Laizismus (Trennung von Religion und Staat) und als Verwalter von Atatürks

geistigem Erbe. Es steht in klarer Gegnerschaft zu islamischen Fundamentalisten und linksradikalen Gruppierungen.

1974 Nach Jahren des Terrors griechischer Zyprer gegen die türkischen Inselbewohner und ihrem brutalen Kampf für einen Anschluss an Griechenland besetzen türkische Truppen den Norden Zyperns.

ab 1984 In den südöstlichen Provinzen des Landes beginnen türkische Kurden gewaltsam einen eigenen Staat zu fordern. 15 Jahre lang kommt es immer wieder zu heftigen Kämpfen zwischen PKK-Rebellen und der türkischen Armee. 25.000–30.000 Menschen verlieren dabei ihr Leben. Mit der Verhaftung des PKK-Chefs Abdullah Öcalan 1999 entspannt sich die Lage. Ein Waffenstillstand wird vereinbart, den lediglich ein paar Scharmützel stören. 2004 kündigt die PKK den Waffenstillstand wieder auf. Seitdem meldet sie sich mit Terroranschlägen zurück, scheut dabei auch nicht vor Ferienorten an der Mittelmeerküste zurück. Die Stützpunkte der PKK-Kämpfer befinden sich im Nordirak. Bislang führte die türkische Armee dort nur kurze militärische Operationen durch, ein längerfristiger Einmarsch ist nicht ausgeschlossen.

1995–1998 Die islamistisch-fundamentalistische Wohlfahrtspartei Refah Partisi (RP) gewinnt die Wahlen. Die Partei wird 1998 als verfassungsfeindlich verboten. Viele Mandatsträger wechseln in die neu gegründete Tugendpartei Fazilet Partisi (FP), die ihrerseits 2001 verboten wird. Als Auffangbecken dienen diesmal die Glückspartei Saadet Partisi (SP) und die „Partei für Gerechtigkeit und Entwicklung" AKP.

1999 Am 17. August trifft ein schweres Erdbeben den Nordwesten der Türkei, mehr als 20.000 Menschen sterben.

2002 Aus der Parlamentswahl geht die AKP als klarer Sieger hervor. Parteiführer Recep Tayyip Erdoğan wird ein Jahr später Regierungschef und bewegt das Land in großen Schritten auf Europa zu. Unter seiner Führung wird gegen den wirtschafts- und rechtspolitischen Reformstau vorgegangen. Gesetze werden im Akkord verabschiedet, um die Kopenhagener Kriterien zu erfüllen, die EU-Beitrittsverhandlungen ermöglichen.

2006 Die EU-Beitrittsverhandlungen werden aufgenommen. Der Abschluss der Verhandlungen wird nicht vor 2016 erwartet. Ob die Türken bis dahin überhaupt noch in die EU wollen, ist eine andere Frage. Die Ihr-seid-doch-gar-nicht-willkommen-Haltung vieler EU-Länder führte immerhin schon dazu, dass nur noch 30 % der Bevölkerung den EU-Beitritt befürworten (2004: 70 %).

2008/09 Die internationale Finanzkrise trifft auch die Türkei. Allein zwischen Sommer 2008 und Frühjahr 2009 verliert die Türkische Lira ca. 30 % an Wert. Ein Staatsbankrott wird nicht ausgeschlossen.

Türkische Riviera – Kappadokien

Zwischen Antalya und Antakya

Blick über die Altstadt von Antalya, im Vordergrund der Uhrturm

Antalya ca. 1–1,5 Mio. Einwohner

Umrahmt von den mächtigen, bis zu 3000 m ansteigenden Gipfeln des Taurusgebirges, erstreckt sich die Millionenmetropole über einer schroffen Steilküste. Die Altstadt Antalyas wird wegen ihrer Schönheit in der Literatur mit Lorbeeren und in der Realität mit Touristen überschüttet.

Kaum ein Reisebüro, das nicht in seinem Schaufenster mit einem Sonderarrangement nach Antalya, dem türkischen Ferienflughafen Nummer eins, wirbt. Wer aber aus dem Katalog bucht, steigt in der Regel irgendwo an den Stränden östlich oder westlich der Metropole ab. Antalya selbst ist für das Gros der Reisenden lediglich Ziel eines Tagesausflugs. Dabei besucht man die charmante Altstadt mit ihren engen, schattigen Gassen und osmanischen Holzhäusern, deren hübsche Erker, schindelgedeckte Dächer und Gärtchen mit Orangenbäumen und Hibiskus ins Auge fallen. Oder man bummelt auf palmengesäumten Boulevards durch das angrenzende moderne Stadtzentrum, wo schicke Boutiquen und große Einkaufszentren zum Shopping einladen. Es sind vorrangig Individualreisende, die in Antalya auch nächtigen. Die Altstadt bietet ein großes Angebot an Unterkünften jeglicher Couleur.

Ist die Provinz Antalya, die sich bis Alanya erstreckt, die meistbesuchte Ferienregion des Landes, so ist die Stadt selbst eine pulsierende Wirtschaftsmetropole. Boomtown Antalya profitiert aber nicht nur vom Tourismus, genauso haben Industrie und Handel für den regen Aufschwung gesorgt. Eisenchrombetriebe und Textilfabriken verschiffen ihre Güter erfolgreich in alle Welt, und zwar vom neuen, großzügig angelegten Hafen, der eigens zu diesem Zweck wenige Kilometer westlich der Stadt gebaut wurde. Auch die Obstplantagen der Gegend werfen reiche Erträge ab und tragen zum Wohlstand der Stadt bei. Im Umland werden zudem Gemüse, Baumwolle, Erdnüsse und Sesam angebaut. Damit es weiterhin bergauf geht, wurde ein modernes Kongresszentrum errichtet, das pyramidenförmige, gläserne *Sabancı Congress Centre* am 100. Yıl (Yüzüncü Yıl) Bulvarı. Es soll Geschäftswelt und Wissenschaft an die Stadt binden.

Orientierung: Vom kleinen Hafen steigt die verwinkelte Altstadt (*Kaleiçi*, z. T. mit „Kale Kapısı" ausgeschildert) mit ihren Pensionen und Souvenirgeschäften in einem Halbrund steil an. Landeinwärts wird sie weitestgehend von einer ursprünglich hellenistischen Stadtmauer umgeben. Entlang dem zinnenbewehrten Wall, der von den Seldschuken und Osmanen immer wieder umgebaut wurde, verläuft die Atatürk Caddesi gen Süden. Den Norden der Altstadt grenzt die Cumhuriyet Caddesi ab, die gen Westen zum Archäologischen Museum und zum Konyaaltı-Strand führt. Entlang dieser beiden Straßen holpert auch die bislang einzige Straßenbahnlinie Antalyas. Rings um die Altstadt erstreckt sich das geschäftige Antalya der Antalyalılar. Vor der Kulisse breiter Boulevards spiegelt sich das Bild einer modern-mediterranen Türkei, der es augenscheinlich gut geht. Je weiter man sich vom Meer entfernt, desto mehr verschwinden die Renommierfassaden und ein breiter Gürtel mehrstöckiger Apartmenthäuser bestimmt das Bild. Weit außerhalb liegen Busbahnhof und Flughafen (→ Verbindungen). Für die Fahrt in die Altstadt mit dem eigenen Fahrzeug → S. 65.

Geschichte

Antalya ist eine für türkische Verhältnisse junge Stadt. 158 v. Chr. wurde sie von König Attalos II. von Pergamon (159–138 v. Chr.) als *Attaleia* gegründet, nachdem er vergebens versucht hatte, Side zu erobern. Im Jahr 36 v. Chr. geriet die Stadt unter römische Herrschaft. Unter Kaiser Hadrian (117–138 n. Chr.) erhielt sie den Status einer selbstständigen Provinz mit einem Senator als Statthalter. Berühmt im ganzen römischen Imperium war die Provinz wegen ihrer auserlesenen Weine. In byzantinischer Zeit wurde *Adalia*, wie man nun sagte, zum Bischofsitz. Im 12. Jh. diente die Stadt den Kreuzfahrern als Nachschubhafen, 1207 wurde sie von den Seldschuken erobert, 100 Jahre später fiel sie in den Machtbereich der Emire von Eğirdir. Unter Sultan Murat I. wurde *Adalia* 1387 schließlich dem Osmanischen Reich einverleibt. Mit der Autorität des Korans ging die Tradition des Weinanbaus verloren, stattdessen wurde nun die Rosenzucht gefördert. Rosenöl, der Grundstoff kostbarer Parfüms, sollte für die nächsten Jahrhunderte eine der Haupteinnahmen sein. Auch die Seidenraupenzucht wurde fortan gepflegt.

1918 besetzten italienische Truppen den hiesigen Küstenstreifen, 1921 räumten sie das Feld wieder. Zwei Jahre später mussten die griechischen Einwohner der nun Antalya genannten Stadt infolge des Bevölkerungsaustauschs ihre Häuser verlassen. In den 1970ern setzte die Entwicklung des verschlafenen 40.000-Einwohner-Städtchens zu einer modernen Wirtschaftsmetropole ein. Damit einher ging ein rapider Bevölkerungsanstieg, denn die Stadt zog massenweise Glücksritter aus Ostanatolien an: Anfang der 1990er zählte Boomtown Antalya schon 450.000 Einwohner, Mitte der 90er bereits 800.000. Wie viele Menschen heute in Antalya leben, weiß keiner so genau. Schätzungen gehen von 1–1,5 Millionen Einwohnern aus. Darunter befinden sich angeblich über 2000 Euro-Millionäre (!) und um die 7000 Deutsche, die sich einen Platz an der Sonne geleistet haben. Um dem Bevölkerungsanstieg und dem damit einhergehenden wachsenden Verkehrsaufkommen gerecht zu werden, wird eine Umgehungsstraße nach der nächsten gebaut – doch ist es nur eine Frage der Zeit, bis diese wieder zu Stadtautobahnen werden, zumal man für das Jahr 2030 um die 10 Millionen Einwohner prognostiziert.

Warten auf Touristen

*I*nformation/*V*erbindungen/*A*usflüge/*P*arken

- *Telefonvorwahl* ✆ 0242.
- *Information* **Tourist Information** offiziell im Özel-İdare-Çarşısı-Gebäude an der Cumhuriyet Cad. 91. Wegen Einsturzgefahr des Gebäudes (soll saniert oder abgerissen werden) jedoch seit Jahren in einem kleinen Kiosk gegenüber. Im Sommer tägl. 8–19 Uhr, im Winter 8–17 Uhr. ✆/⊠ 2411747, www.antalyakulturturizm.gov.tr.
- *Verbindungen* Der internationale **Flughafen Çalkaya** liegt ca. 15 km östlich von Antalya. Er besitzt 3 Terminals, 2 internationale (Terminal 1 und Terminal 2) sowie einen nationalen *(İç hatlar)*. Terminal 1 liegt in Laufnähe zum nationalen Terminal, Terminal 2 ca. 2 km von den anderen entfernt. Es bestehen keine Shuttlebusverbindungen zwischen den Terminals! Im Ankunftsbereich der internationalen Terminals finden Sie Wechselstuben und Bankomaten, im Ankunfts- und Abflugbereich Duty-free-Shops. Autoverleiher haben vorrangig im nationalen Terminal und im Terminal 2 ihren Sitz.

Transfer von und zum Flughafen: Am einfachsten mit dem **Taxi**, ca. 15 € vom bzw. ins Zentrum. Es gibt auch Busse ins Zentrum, was die Taxifahrer am Flughafen jedoch verneinen! Vom nationalen (!) Terminal (Terminal 1 in Laufnähe, nach dem Ausgang rechts halten) und von Terminal 2 fahren von 6–22 Uhr nahezu stündl. Busse der Gesellschaft **Havaş** ins Zentrum (5 €/Person) und weiter zum Busbahnhof. In Antalya fährt der Bus vorm THY-Büro an der Konyaaltı Cad. 24 ab, ✆ 2434383, www.havas.com.tr. Billiger, aber auch zeitaufwändiger ist die Fahrt mit dem **städtischen Bus 202** *(Belediye otobüsleri)*, der vom Flughafen vorbei am Zentrum zum Busbahnhof *(Otogar)* fährt. Der Bus verkehrt von 6–24 Uhr alle 2 Std. (bislang Abfahrt vom Flughafen zu allen geraden Stunden, vom Busbahnhof zu den ungeraden, häufigere Fahrten geplant!). Am Flughafen startet der Bus vor dem nationalen Terminal und vor Terminal 2, Fahrpreis 0,60 €. Wer zentrumsnah zu- oder aussteigen will, wählt die Haltestelle an der Şarampol Cad., ca. 10 Fußmin. nördlich der Altstadt (→ Karte, S. 66/67) – lassen Sie sich die Ausstiegsstelle vom Fahrer zeigen. Am Busbahnhof fährt der Bus vor dem *İlçeler Terminal* ab, achten Sie auf die Aufschrift „Havaalanı" für „Flughafen".

Bus: Das moderne Busterminal (mit Gepäckaufbewahrung, Bankomaten und Restaurants) liegt etwa 8 km vom Zentrum entfernt an der Ausfallstraße nach Burdur. Vom Busbahnhof bestehen beste Verbindungen in alle Landesteile und entlang der Südküste, z. B. nach Alanya 2 Std., Adana oder Kappadokien/Göreme ca. 11 Std., Konya ca. 5 Std. Vom Busbahnhof ins Zentrum bzw. andersrum gelangt man mit den Zubringerbussen der Busgesellschaften (Büros u. a. an der Subaşı Cad. und an der Fevzi Çakmak Cad.), mit der Straßenbahn (ab voraussichtlich Mitte 2009, s. u.) sowie mit jedem Dolmuş oder Stadtbus mit der Aufschrift „Terminal İçi" oder „Yeni Otogar". Achtung: Nicht in Busse mit der Aufschrift „Eski Otogar" („Alter Busbahnhof") steigen! Die Dolmuşe und Stadtbusse passieren im Zentrum u. a. die İsmet Paşa Cad. Um vom Busbahnhof in die Altstadt zu gelangen, steigt man am Busbahnhof vor dem *İlçeler Terminal* in einen Bus mit der Aufschrift „Kale Kapısı" („Tor zur Altstadt", gesprochen etwa „Kalle Kappese"). Ein Taxi vom Busbahnhof ins Zentrum oder andersrum kostet rund 7 €.

Dolmuş: Sammeltaxis besorgen auch den Stadtverkehr, viele Haltestellen sind im Stadtgebiet verstreut, man kommt problemlos überall hin. Die meisten Dolmuşe gen Osten (u. a. nach Aksu/Perge) passieren die Haltestelle Doğu Garajı etwas östlich des Zentrums.

Straßenbahn: Die bislang einzige Straßenbahnlinie, übrigens ein Geschenk der Partnerstadt Nürnberg, führt vom Archäologischen Museum über die Konyaaltı Cad. (die parallel zur Küste verläuft und in die Cumhuriyet Cad. übergeht) mitten ins Herz der Stadt und auf der Atatürk Cad. gen Süden weiter über die Fevzi Çakmak Cad. bis zum Ende der Işıklar Cad. Sie fährt von 7–21 Uhr jede halbe Stunde, Tickets in der Straßenbahn.
Bis voraussichtlich Mitte 2009 wird Antalya zudem eine zweite Straßenbahnlinie erhalten. Die Route: Busbahnhof – Abdi İpekçi Cad. – Şarampol Cad. – İsmet Paşa Cad. – Ali Çetinkaya Cad. – Aspendos Bul. – Meydan. Ausbau Richtung Flughafen geplant.

Taxi: Taxis fahren zu angeschlagenen Festpreisen zu allen bekannten Zielen der näheren und weiteren Umgebung, Handeln ist dennoch möglich. Preisbeispiele hin u. zurück: Termessos ca. 50 €, Perge und Aspendos (kombiniert) 60 €.

Schiff: Eine Fährverbindung nach Nordzypern ist seit Jahren in Planung.

Parken: Gebührenpflichtige, bewachte Parkplätze am Jachthafen in der Altstadt (1,70 €, egal wie lange) sowie neben dem Stadion (nahe der Altstadt; 1,70 € für bis zu 12 Std.). Zudem ein Parkhaus gegenüber der Post an der Güllük Cad. (3,30 €/Tag, 2 Std./1,70 €).

Mit dem Auto in die Altstadt – ein Chaos!

Um das Verkehrsaufkommen in den engen Gassen der Altstadt einzudämmen, gelten seit 2007 für die Fahrt in die Altstadt besondere Regelungen. Aufgrund von Protesten der Pensionsbetreiber können sich diese bis zu Ihrem Besuch jedoch wieder geändert haben. Die Einfahrt in die Altstadt ist kostenlos, sofern man diese innerhalb von 2 Std. mit dem Fahrzeug wieder verlässt. Für eine Verweildauer von 2–6 Std. bezahlt man 2,80 €, für 6–8 Std. 5,60 €, für 8–10 Std. 14 €, für 10–12 Std. 27 € und für über 12 Std. satte 55 €. Viele Autoverleiher und Unterkünfte halten für ihre Kunden jedoch Passkarten bereit, die kostenloses Parken in der Altstadt ermöglichen. Die Ein- und Ausfahrten sind getrennt. Einfahrten befinden sich beim Uhrturm (zu erreichen, indem man über die İsmet Paşa Cad. auf die Altstadt zusteuert und sich unmittelbar vor der Altstadt bei den Straßenbahngleisen rechts hält) und an der Kocatepe Sok. beim Restaurant Café Gül. Hinausfahren kann man über die Mescit und die Yenikapı Sok. Ein- und Ausfahrten sind durch ein verwirrendes Einbahnstraßensystem miteinander verbunden – wer sich den Stress sparen will, parkt am besten außerhalb (z. B. beim Stadion).

• *Bootsausflüge* Wählen Sie Ihr Lieblingsboot zu Ihrem Lieblingsausflugsziel beim abendlichen Hafenbummel. Geschippert wird entweder Richtung Westen oder Osten die Küste entlang. Einige Beispiele aus dem breit gefächerten Programm: 2 Std. untere Düden-Wasserfälle (→ S. 79) und Piratenhöhle (eine Grotte nahe dem Hafenbecken von Antalya) 10 €, 6-Std.-Tour zur Ratteninsel (Inselchen westlich von Antalya, die Tour ist meist mit einem 1 ½-stündigen

Übernachten
3 Uygulama Oteli
6 Hillside Su Hotel
8 Bambus

Essen & Trinken
1 Parlak Restaurant
2 Panorama Café
4 Papatya Café
5 Salman
7 Pasa Bey Kebapçısı

Antalya
200 m

Badestopp verbunden) und zur Çaltıcak-Bucht (weiter Richtung Kemer) 25 €.

● *Organisierte Touren* Büros von Tourenveranstaltern findet man an der Atatürk Cad., der Cumhuriyet Cad. und in den Gassen der Altstadt – insgesamt aber nur wenige Anbieter. Tagestouren z. B. nach Perge, Aspendos und zu den Kurşunlu-Wasserfällen, nach Kekova und Myra (mit Bootstour) oder nach Termessos und zu den Düden-Wasserfällen ab 20–25 €. Egal wo Leser bislang buchten – stets werden die vielen Stopps bei Schmuckfabriken und Ledergeschäften bemängelt.

*A*dressen

● *Ärztliche Versorgung* Einen sehr guten Ruf besitzt das private **Özel Antalya Yaşam Hastanesi** nahe dem Dedeman Hotel in Lara. Şirinyalı Mah. 1487 Sok. 4, ☏ 3108080. Englischsprachige Ärzte und deutschsprachige Dolmetscher.
Dr. A. Faik Güven, ein Deutsch sprechender Zahnarzt, bohrt in der Konyaaltı Cad. 46, ☏ 2476070.

● *Autoverleih* Eine seit Jahren bewährte und von vielen Lesern empfohlene Autovermietung ist **Say** in der Altstadt (Mescit Sok. 37, ☏ 2430923, www.say-autovermietung.de, → Unterwegs, S. 20). 24-Std.-Service unter ☏ 0532/2645054 (mobil). 2008 lag das billigste Modell bei 25 €. Wer bei unseriösen Anbietern weniger bezahlen will oder bei international renommierten mehr, spaziert die Fevzi Çakmak Cad. entlang, an der etliche Autoverleiher liegen, z. B. **Avis** (Hnr. 30, im Talya Oteli, ☏ 2481772, am Flughafen ☏ 3303008, www.avis.com.tr) oder **Budget** (Hnr. 27 c, ☏ 2433006, am Flughafen ☏ 3303079, www.budget.com).

● *Diplomatische Vertretungen* **Deutschland** (Außenstelle des Generalkonsulats İzmir), Yeşilbahçe Mah., 1447 Sok., B. Gürkanlar Apt., Kat. 5/14, ☏ 3141101, www.antalya.diplo.de.
Schweiz → Reisebüro, s. u.

● *Gottesdienste* Ökumenische Gottesdienste in deutscher Sprache finden in der **St.-Nikolaus-Kirche**, Haşim İşcan Mah., 1295 Sok. (nahe der Altstadt), stets So um 11 Uhr statt. Um zur Kirche zu gelangen, folgt man vom Hadrianstor der Atatürk. Cad. (Straßenbahnseite) gen Süden, bis es nach links in die 1298 Sok. abgeht. Nach nur wenigen Schritten auf der 1298 Sok. rechts halten. Weitere Infos bei Pfarrer Rainer Korten, ☏ 0544/3162622 (mobil).

● *Polizei* **Tourist Police** mit fremdsprachigem Personal am alten Hafen. 24 Stunden geöffnet. ☏ 2470336.

● *Post* **Hauptpostamt** in der Güllük Cad., einer Seitenstraße zur Cumhuriyet Cad.

● *Reisebüro* **Pamfilya Tours** für Flugtickets (*THY*, *AtlasJet*, *Onur Air* u. a.), Fährpassagen u. Ä., zugleich American Express Travel Service (AMEX-Scheckeinlösung 3 % Kommission) und Konsulat der Schweiz. Işıklar Cad 57, ☏ 2431500, www.pamfilya.com.tr.

● *Sprachkurse* Türkisch lernen kann man bei **Tömer**, dem Sprachlehrinstitut der Universität Ankara. Vierwöchiger Kurs mit 20 Std./Woche ca. 260 €. Cebesoy Cad. 6, ☏ 3125013, www.tomer.ankara.edu.tr.

● *Waschsalon* **Kale İçi Laundry**, in der Altstadt in der Hıdırlık Sok. 9. Eine Trommel waschen 5,60 €.

● *Zeitungen* Deutschsprachige Tages- oder Wochenblätter an einigen Kiosken an der Cumhuriyet und der Ali Çetinkaya Cad. Am späten Nachmittag oft schon ausverkauft.

● *Zweiradverleih* Etliche Verleiher in der Altstadt und an der Fevzi Çakmak Cad. Angeboten wird alles zwischen 125-ccm-Yamaha-Scooter (ab rund 17 €/Tag) und Honda Enduro mit 600 ccm (ca. 100 €). Lassen Sie Kratzer oder Defekte an den Zweirädern im Vertrag vermerken, es kommt vielfach zu Reklamationen.
Fahrräder werden hingegen nur wenige vermietet, den Verleihern bringen sie mehr Ärger als Umsatz. Dennoch haben diverse Autoverleiher ein oder zwei Räder im Programm. Die Preise liegen bei ca. 10 €/Tag.

*E*inkaufen/*V*eranstaltungen/*S*onstiges

● *Einkaufen* Etliche **Leder- und Modegeschäfte** im Basar um die Ali Çetinkaya Cad. Besser aber kauft man in den Läden und Boutiquen an der Atatürk Cad., der Işıklar Cad. und Cumhuriyet Cad. (viel trendige Klamotten).

Silber- und Goldschmuck findet man in den zahlreichen kleinen Juwelierläden im Norden der Atatürk Cad.

Schwer verdiente Brötchen – Schuhputzer

Ein **Wochenmarkt** findet stets mittwochs am Portakal Çiçeği Bul. (nahe dem deutschen Generalkonsulat) südöstlich der Altstadt statt: Obst, Gemüse, Lebensmittel, Kleidung, Haushaltswaren, keine Souvenirs. Um dorthin zu gelangen, folgt man der Işıklar Cad. und all ihren Verlängerungen.

> **Migros Alışveriş Merkezi**, moderne, klimatisierte Shoppingmall mit über 100 Läden. Von *adidas* über *Tommy Hilfiger* bis hin zu *Zara*. Stressfreies Bummeln, zudem bei den meisten Geschäften Tax-free-Einkauf möglich. 100. Yıl Bul., zu erreichen mit allen Dolmuşen mit der Aufschrift „Migros" von der İsmet Paşa Cad. aus.

Deepo Outlet Center, großes Outlet-Einkaufszentrum mit über 80 Läden. Viele Restposten, dazu viel Ware vom Vorjahr. An der Straße nach Alanya in Flughafennähe, Dolmuşe von der Ali Çetinkaya Cad.

● *Fußball* **Antalya Spor**, der ständige Auf- und Absteiger zwischen der ersten und der zweiten Liga kickt im Stadion nahe der Altstadt, Spiele finden meist Sa und So statt.

● *Türkisches Bad (Hamam)* In der Altstadt gibt es das etwas versteckt in der Kocatepe Sok. gelegene **Sefa Hamamı** (gemischtes Bad, tägl. 9–23 Uhr, Eintritt 13 € inkl. Massage und *Kese*) und das **Balıkpazarı Hamamı**

an der Ecke Balıkpazarı Sok./Paşa Cami Sok. (restauriertes osmanisches Bad, groß und schön, getrennte Abteilungen für Frauen und Männer, tägl. 8–23 Uhr, mit Massage und *Kese* 23 €).

● *Veranstaltungen* Im März steht der **Antalya Marathon** auf dem Programm (Anmeldung unter www.oegermarathon. com). Anfang Okt. gehen im *Antalya Kültür Merkezi* (am 100. Yıl Bul. zwischen Sheraton und Glaspyramide) die traditionellen **Filmfestspiele von Antalya** über die Bühne, bei denen der beste Streifen mit der „Goldenen Orange" *(Altın Portakal)* ausgezeichnet wird. Im Mittelpunkt stehen türkische Filme.

Sehens- und hörenswert sind auch die im Sommer unregelmäßig stattfindenden **Opern- und Ballettaufführungen im Freilichttheater von Aspendos**, buchbar in diversen Reisebüros. Das Ticket inkl. Transport kostet oft nicht viel mehr als das Doppelte des normalen Eintrittspreises für die einfache Besichtigung des antiken Freilichttheaters.

Noch ein Tipp: Erkundigen Sie sich in der Touristeninformation, wann im Spätsommer die **Altın Kiraz Yağlı Pehlivan Güreşleri** („Ölringkämpfe im Zeichen der Goldenen Kirsche") im rund 60 km entfernten 17.000-Einwohner-Städtchen Korkuteli über die Bühne gehen. Im Gegensatz zu dem konservativen, langweiligen Bergstädtchen sind die Kämpfe überaus sehenswert.

Übernachten/Camping (→ Karten S. 66/67 u. S. 73)

Die meisten Gäste übernachten in den rund 100 Pensionen und kleinen Hotels der Altstadt: Vom Vorhang mit Goldkante bis zum Laken mit Schmutzrand reicht dort das Angebot. Über eine Klimaanlage verfügen fast alle Zimmer, auch die der einfachsten Herbergen. Grundsätzlich gilt aber: Je näher Sie am Hafen wohnen, desto lauter die nächtlichen Beats des Clubs Ally! Ganz im Westen Antalyas, hinter dem Strand Konyaaltı und dem vierspurigen Küstenboulevard findet man einige neu hingestellte Mittelklasse-Hotels, dazu einige wenige Clubhotels und Pensionen. Ebenfalls Hotels aller Preisklassen bietet Lara (→ S. 87).

● *In der Altstadt* **Otel Tuvana (11)**, stilvolle Unterkunft, von Lesern hoch gelobt. Schöne Zimmer mit Holzdecken, geschmackvoll platzierten Antiquitäten und Replikaten alter Möbelstücke (z. T. jedoch etwas klein und dunkel). Netter Garten mit Orangenbäumen und Pool. DZ mit Airporttransfer je nach Ausstattung 100–120 €. Etwas versteckt in der Karanlık Sok. 18, ✆ 2476015, ⌨ 2411981, www.tuvanahotel.com.

Minyon (29), von den Hotels dieser Preisklasse das ausgefallenste: In einem Gebäude aus dem 18. Jh., toller Mosaikfußboden im Eingangsbereich, ausreichend große, dezent-elegante Zimmer mit originell platzierten Möbeln. Schöne kleine Poolanlage. EZ 60 €, DZ 90 €. Tabakhane Sok. 31, ✆ 2471147, ⌨ 2478481, www.minyonhotel.com.

Hotel Alp Paşa (20), zu einer sehr gepflegten Herberge umgebautes osmanisches Haus. Kein Zimmer gleicht dem anderen, alle jedoch komfortabel-elegant im alttürkischen Stil eingerichtet und nach osmanischen Paschas benannt. Lauschiger, kleiner Poolbereich, an dem am Abend zu Tisch gebeten wird – doch waren zuletzt „Dinnerbüfett und Weinkarte eher enttäuschend", so Leser. Auch kostet mittlerweile der O-Saft zum Frühstück extra. Recht ruhige Lage. DZ mit HP ab 85 €. Hesapçı Sok. 30, ✆ 2475676, ⌨ 2485074, www.alppasa.com.

Doğan Hotel (21), ebenfalls eine einladende Adresse und ebenfalls im osmanischen Stil eingerichtet. 41 komfortable Zimmer, manche mit toller Aussicht. Schöner Garten, Pool. Gediegenes Restaurant. EZ 50 €, DZ 75 €. Mermerli Banyo Sok. 5, ✆ 2474654, ⌨ 2474006, www.doganhotel.com.

Villa Perla (17), charmantes kleines Haus. Nur 10 Zimmer, alle unterschiedlich (mit Hang zum Trödel) ausgestattet und nach berühmten türkischen Ausgrabungsorten benannt, manche mit Jacuzzi. Nicht perfekt oder luxuriös, aber sehr schnuckelig und mit viel Liebe gemacht. Kleiner Pool im baumbestandenen Hof, gutes Restaurant. DZ mit Frühstück 60 €, mit HP 80 €. Hesapçı Sok. 26, ✆ 2489793, ⌨ 2412917, www.villaperla.com.

Frankfurt Hotel (25), im Gassengewirr nahe dem Kesik-Minarett. Im Osmanenstil renoviertes Haus. Der deutschsprachige Besitzer achtet sehr darauf, dass alles gepflegt, blitzsauber und korrekt vonstattengeht, wodurch er sich einen großen Kreis an zufriedener Stammkundschaft aufbauen konnte, Leser aber auch schon verschreckte. Zugleich eine gute Adresse für alleinreisende Frauen (sofern sie keinen Männerbesuch haben). 25 Zimmer, darunter große und kleine – vorher zeigen lassen! Eigene Parkplätze. Pool und Dachterrasse. EZ 30 €, DZ ab 42 €. Hıdırlık Sok. 17, ✆/⌨ 2476224, www.hotel-frankfurt-antalya-tuerkei.info.

Atelya Art Hotel (16), gut geführtes Hotel mit 30 ganz unterschiedlichen Zimmern, die auf mehrere historische Stadthäuser verteilt sind. Ultrahohe Decken, knarrende Holzböden, orientalisch dekoriert. Schlicht aber sehr charmant, manche Zimmer mit Balkon. Der Hit ist jedoch der idyllische, vom Jasminduft erfüllte Innenhof. DZ je nach Zimmer 40–50 €. Civelek Sok. 21, ✆ 2416416, ⌨ 2412848, www.atelyahotel.com.

Ninova Pension (14), familiäre kleine Pension. Die 19 farbenfrohen Zimmer (größtenteils mit Parkettböden) verteilen sich auf zwei 200 Jahre alte Konaks. Liebevoll eingerichtet, hübscher Garten. Recht ruhige Lage. DZ 40 €, EZ gleicher Preis. Hamit Efendi Sok. 9, ✆ 2486114, ⌨ 2489684, www.ninova-pension.com.

Sibel Pansiyon (27), unter Leitung der freundlichen Französin Sylvie, die mit ihrem türkischen Mann in Berlin gelebt hat und deswegen auch Deutsch kann. 9 sehr gepflegte und sehr saubere Zimmer mit Marmorböden, teilweise recht geräumig. Netter, schattiger Innenhof. Familiäre Atmosphäre. In einer ruhigen Gasse. DZ mit leckerem Frühstück 25 €, EZ 20 €. Fırın Sok. 30, ☎ 2411316, ✆ 2413656.

Konukzade Konağı Pansiyon (24), kleine Pension mit nur 5 Zimmern, seit 2007 unter ambitionierter Leitung der freundlichen Holländerin Hanny. Schlichte Zimmer mit farbenfrohen Wänden, alle außer einem mit privatem Bad. Restaurant mit Wohnzimmeratmosphäre und Wasserpfeifen für die Gäste, hübscher Garten mit Orangenbäumen und diversen Tieren (darunter Hühner und eine Schildkröte). DZ je nach Standard 19–26 €. Hıdırlık Sok. 20, ☎ 2447456, ✆ 2447468, www.pension-konukzade.com.

Sabah Pension (26), nahe dem Zitadellenturm an der Flaniermeile durch die Altstadt. 24 Zimmer (es gibt große und sehr kleine, vorher zeigen lassen!) verteilt auf einen renovierten Altbau und einen stilgerechten Anbau, alle mit Du/WC, Aircondition. Im Sommer freundliche Innenhofterrasse. Bei Backpackern sehr beliebt. Es werden auch Autos vermietet und Touren in die Umgebung angeboten, dazu kocht die Mutter gut – doch all das wird man Ihnen leider nicht nur einmal sagen. DZ ab 25 €, EZ 18 €. Hesapçı Sok. 60, ☎ 2475345, ✆ 2475347, www.sabahpansiyon.8m.com.

Özmen Pansiyon (28), nahe dem Hıdırlık Kulesi. Größeres, neueres Haus mit 25 blitzsauberen Zimmern, 8 davon mit Balkon. Tolle Dachterrasse mit Blick über die halbe Stadt und das Meer – zugleich der gemütliche Treffpunkt am Abend. Von vielen Lesern hoch gelobt. In dieser Preisklasse kaum schlagbar. *Tipp:* Wer dieses Buch zeigt, bezahlt für ein DZ mit Du/WC und Aircondition 24 € (sonst 26 €), für ein EZ 18 € (sonst 20 €). Zeytin Çıkmazı 5, ☎ 2416505, ✆ 2481534, www.ozmenpension.com.

• *Hinter dem Konyaaltı-Strand* ***** **Hillside Su Hotel (6)**, First-Class-Designhotel mit 294 superschicken, ganz in Weiß gehaltenen Zimmern mit viel Schnickschnack (z. B. „Maxibar"). Mehrere Restaurants. Die Hotellobby wird am Abend zur coolen Lounge. Pool mit Unterwassermusikanlage. Eigener Beachclub, Tennisplätze, Fitnessräume. DZ ab 246 €. Konyaaltı (neben dem Dolphin Land), ☎ 2490700, ✆ 2490707, www.hillsidesu.com.

Uygulama Oteli (3), der achtstöckige Bau ist eine Hotelfachschule mit Unterkunftsmöglichkeit. Günstig, da der perfekte Service hier ja erst gelernt wird. Saubere, renovierte Zimmer mit Klimaanlage und TV, z. T. mit herrlichem Blick über den Strand. Pool. Gut für Selbstfahrer, die nicht in die Altstadt wollen. Diese Unterkunft wurde von der Redaktion nicht vor Ort überprüft, da uns Leser erst nach Abschluss der Recherche darauf aufmerksam machten. EZ 21 €, DZ 32 €. 100.Yıl Bul. Müze Arkası (neben dem Falez Hotel), ☎ 2385130, ✆ 2385135, uygulamaoteli@mynet.com.

• *Camping* Keine Plätze vor Ort. Zwei Notlösungen: Das **Restaurant Bambus (8)** mit Badeplattform 2 km südöstlich des Zentrums (von Antalya stets entlang der Küste Richtung Lara) besitzt einen lieblosen, aber schattigen Parkplatz, auf den man sein Wohnmobil stellen kann. Preis Verhandlungssache. Eski Lara Yolu 1, ☎/✆ 3213852. Des Weiteren bestehen Campingmöglichkeiten auf dem gebührenpflichtigen Strand **Büyük Çaltıcak** auf dem Weg nach Kemer, von der Küstenstraße aus beschildert (Zelt 9,50 €, Wohnmobil 9,50–11 €). Die vierspurige Küstenstraße dahinter sorgt jedoch für starke Lärmbelästigung.

*E*ssen & *T*rinken *(siehe* *K*arten *S.* 66/67 u. *S.* 73*)*

Rund um den alten Hafen und darüber an der Steilküste findet man viele romantische Restaurants mit herrlicher Aussicht, wo man wortwörtlich gerne über den Tellerrand blickt. Das Gros davon ist qualitativ gut, die Preise sind der touristischen Lage entsprechend. Versteckt, in den engen Gassen der Altstadt liegen weitere gute Restaurants, z. T. in lauschigen Pensions- und Hotelgärten. Gute und günstige Schnellrestaurants findet man östlich des Hadriansitors in den Gassen jenseits der Atatürk Cad. Die trendigsten (aber auch sehr teuren) Lokale liegen am Konyaaltı-Strand (→ Nachtleben u. Baden).

Club Arma (15), Restaurant und Openair-Danceclub mit Pool und Badeplattform am Jachthafen, Treffpunkt der jungen Oberschicht. Innen ein rustikal-gepflegter Saal mit schmiedeeisernen Leuchtern und offenem Kamin, außen herrliche Terrasse mit Sushibar. Serviert werden Fisch und Internationales. Nichts für den schmalen Geldbeutel, aber sehr empfehlenswert. ☎ 2449710.

Restaurant Hasanağa (10), in einem alten, renovierten Stadthaus an der Mescit Sok. 15 in der Altstadt. Schöner Innenhof mit Orangenbäumen, zuvorkommender Service, fast tägl. Folklore. Spezialität des Hauses: der *Osmanlı Tabağı* (Osmanischer Teller), ein brodelnder Steintopf mit zartem Fleisch in würziger, sämiger Soße (8,30 €). So geschl. ✆ 2428105.

Restaurant Café Gül (23), beliebter Treffpunkt deutscher Antalya-Urlauber. Inhaberin Christa Dinsel bewirtet ihre Gäste mit ausnehmender Freundlichkeit. Schöner Garten. Mischmasch aus türkischer und internationaler Küche. Tagsüber Filterkaffee und Kuchen. Hg. 4–8 €. So geschl. Kocatepe Sok. 1, ✆ 2475126.

Parlak Restaurant (1), etwas versteckt am Beginn der Kazım Özalp Cad. Seit fast 50 Jahren im Geschäft. Große Auswahl an türkischen Gerichten, leckere gegrillte Hähnchen. Überdachter Terrassenbereich. Von Lesern sehr gelobt. Mittlere Preisklasse. Kazım Özalp Cad. 7, ✆ 2419160.

Tägliche Arbeit am Hafen

Paşa Bey Kebapçısı (7), in Laufnähe zur Altstadt. Gepflegtes Kebablokal mit Terrasse und Garten. Ohne Aufpreis bekommt man südostanatolische Vorspeisen, u. a. *Ayran Çorbası* (Ayran-Suppe mit Weizen), *Ezme* (scharfe Paprikasauce) und *Çig Köfte* (Köfte aus rohem Fleisch und Weizengrütze). Danach gibt's Pide und überaus leckere Fleischgerichte mit frischem Fladenbrot aus dem Steinofen. Zuvorkommender Service. Hg. 3,30–7,70 € und damit für das Gebotene sehr günstig. Kein Alkohol. Işıklar Cad. 1319 Sok. 4, ✆ 2449690. Wegbeschreibung: Von der Altstadt der Işıklar Cad. gen Süden folgen. Wenn rechts die Konditorei Özsüt auftaucht, links ab, dann rechter Hand in der Seitengasse.

Papatya Café (4), saubere, bunte Lokanta mit grundehrlicher türkischer Hausmannskost. Man kann in die Töpfe schauen oder den Damen des Hauses in der kleinen Küche beim Brutzeln zusehen. Leser schwärmen von den handgewickelten gefüllten Weinblättern. Sehr günstig: Suppen 1,10 €, Topfgerichte 1,70–2,80 €. Kein Alkohol. Atatürk Cad. 1253 Sok. 23. Wegbeschreibung: An der Atatürk Cad. die Passage direkt gegenüber der T.C. Ziraat Bankası nehmen. Nach Verlassen der Passage linker Hand Ausschau halten.

● *Außerhalb* **Arkadaş**, im Norden Antalyas nahe den Düden-Wasserfällen (→ S. 79). Das überaus beliebte Forellenlokal liegt idyllisch in einem wildromantischen Tal an einem rauschenden Fluss. Die leckeren Fische kommen aus der hauseigenen Zucht. Faire Preise, von Lesern empfohlen. Von der Straße zu den Wasserfällen aus beschildert. Auch mit dem Dolmuş zu erreichen. Vom Restaurantparkplatz noch ca. 5 Min. zu Fuß: Treppe runter und flussaufwärts halten, letztes Restaurant am rauschenden Bach. ✆ 3610165.

Çakırlar, kein Restaurant, sondern eine ganze Zeile mit etlichen Grillrestaurants im Westen Antalyas an der Straße nach Saklıkent. In den lauschigen Restaurantgärten bereitet man auf bereitgestellten Grills sein Fleisch (i. d. R. zu Metzgerpreisen) selbst zu. Dazu gibt es Meze, Bier oder Rakı. Nicht teuer und ein Heidenspaß! So gut wie touristenfrei. Mit dem Auto folgt man der Wegbeschreibung nach Saklıkent (→ S. 80), wobei man die Restaurants automatisch passiert. Teilen sich mehrere Gäste die Kosten, lohnt auch die Anfahrt mit dem Taxi (Preis vorher ausmachen).

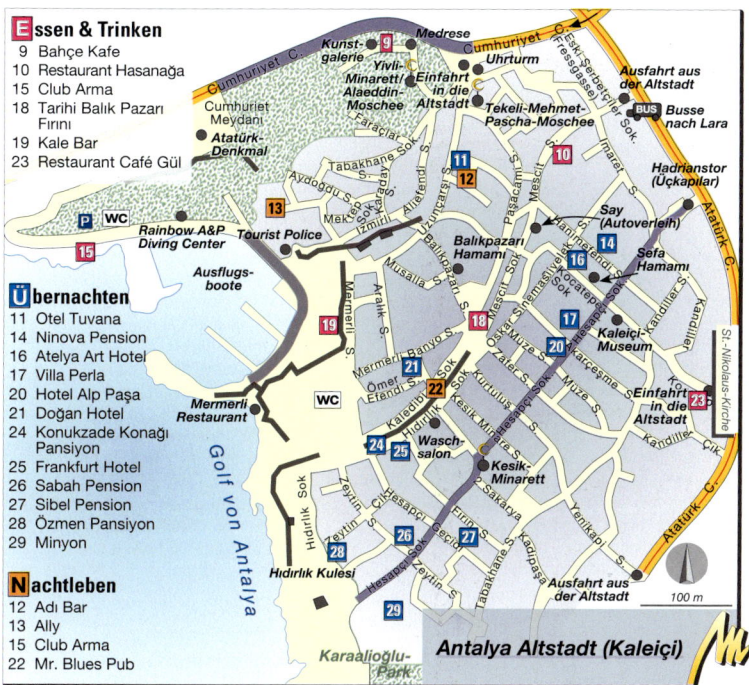

Essen & Trinken
9 Bahçe Kafe
10 Restaurant Hasanağa
15 Club Arma
18 Tarihi Balık Pazarı Fırını
19 Kale Bar
23 Restaurant Café Gül

Übernachten
11 Otel Tuvana
14 Ninova Pension
16 Atelya Art Hotel
17 Villa Perla
20 Hotel Alp Paşa
21 Doğan Hotel
24 Konukzade Konağı Pansiyon
25 Frankfurt Hotel
26 Sabah Pension
27 Sibel Pension
28 Özmen Pansiyon
29 Minyon

Nachtleben
12 Adı Bar
13 Ally
15 Club Arma
22 Mr. Blues Pub

Antalya Altstadt (Kaleiçi)

Tünektepe Döner Restaurant, hier wird kein Döner Kebab verkauft. „Döner" heißt so viel wie „sich drehend", und genau das tut das Panoramarestaurant hoch auf einem Felsen über der Bucht von Antalya – zumindest wenn genügend Touristen da sind. Die Ausblicke sind gigantisch, doch seien Sie gewarnt: Service und Essen verdienten zuletzt nur ein „mangelhaft". Außerdem wird kräftig abgezockt: Für 2 Pers. mit Auto wird eine „Eintrittsgebühr" von 4,50 € verlangt. Vielleicht übernimmt das Lokal aber wieder einmal ein Pächter, den man empfehlen kann. Sofern Ihnen das aber niemand versichert, sparen Sie sich vorerst die Anfahrt: Richtung Kemer halten. Am südwestlichen Ende der Bucht, wenn es links zum Ferryboat-Terminal abgeht, rechts ab zum Restaurant – das Hinweisschild „Tünektepe Döner Restaurant" ist leicht zu übersehen. Dann noch ca. 7 km steil den Berg nach oben.

● *Cafés/Bar* **Bahçe Kafe (9)**, beim Yivli-Minarett. Ein beschauliches, schattiges Fleckchen abseits des Touristenstroms. Einheimisches Publikum, kein Alkohol und türkische Kunstmusik aus den Boxen.

Kale Bar (19), die Cafébar des Hotels Tütav Türk Evi Otelleri. Die Traumterrasse mit türkisfarbenen gusseisernen Stühlen bietet einen der schönsten Ausblicke auf den Hafen. Sehr gemütlich, zuvorkommender Service. Man kann auch essen. Vergleichsweise teuer, aber ohne Beschiss.

Salman (5), Konditorei mit angegliedertem modernen Café. Süßigkeiten, Gebäck, Torten und Börek. Gute Frühstücksadresse. Fevzi Çakmak Cad. 7.

Panorama Café (2), nahe dem Uhrturm in der 7. Etage (Aufzug nehmen!) des Vakıf Işhanı an der Cumhuriyet Cad. Einfach und stillos. Innen verraucht, es wird Tee getrunken, dazu Karten oder Tavla gespielt. Von der Terrasse genießt man jedoch einen Topblick über die Altstadt. Preiswert.

● *Teegärten* Westlich der Altstadt, hoch über der Steilküste, erstrecken sich der

Çağdaş Yaşam Kültür Alanı und der Atatürk Park. In beiden findet man Teegärten und Cafés mit herrlicher Aussicht. Günstig.

• *Bäckerei* **Tarihi Balık Pazarı Fırını (18)**, kleine alteingesessene Bäckerei an der Ecke Mescit Sok./Balıkpazarı Sok. Von Lesern gelobt. Brot und süße Leckereien.

Nachtleben

• *Am Konyaaltı-Strand* In dem gepflegten Grünstreifen unmittelbar hinter dem Konyaaltı-Strand (Anfahrt → Baden) reihen sich Restaurants (teuer!), Open-Air-Kneipen, Discobars und Clubs aneinander. Das gesamte Eck ist Antalyas Nightspot Nr. 1. Hier kann man auf weichen Polstern und gemütlichen Sofas einen relaxten Sundowner bei dezenter Musik genießen, danach unterm Sternenhimmel am Strand mit DJs aus İstanbul und dem Ausland feiern oder in romantischen Garten-Openair-Bars türkischer Livemusik lauschen. Für jeden Geschmack ist etwas dabei.

• *In der Altstadt* Hier ist die Fluktuation enorm, manche Kneipen schließen schon nach wenigen Monaten wieder. Sollte nichts Neues aufmachen, herrscht am Abend relativ tote Hose. Ein paar wenige Clubs schaffen es aber dennoch, Beats bis spät in die Nacht in die Pensionszimmer zu schicken. Dazu gehören das **Ally (13)**, eine Art Vergnügungspark für Gaumen und Ohr: mehrere Restaurants mit Gerichten aus aller Welt, viel Musik, alles auf höherem Preisniveau (nur im Sommer geöffnet), und der **Club Arma (15)** beim alten Hafen (→ Essen & Trinken) mit heftigen Getränkepreisen.

Wer einfach nur ein Bier trinken will, kann in den **Mr. Blues Pub (22)** gehen, eine kleine Bar ganz im Zeichen des Blues und Jazz. Nach dem zweiten Besuch begrüßt einen der Wirt schon wie einen alten Stammgast. Hıdırlık Sok.

Leser empfehlen zudem die rockige **Adı Bar (12)** in der schmalen Karanlık Sok.: „Der deutschsprachige Wirt legt selbst auf, günstige Preise, einheimisches Publikum."

Baden/Tauchen

Attalos plante bei der Gründung der Stadt keine schwimmbegeisterten Touristen ein und platzierte Antalya direkt auf einem Fels über dem Meer. Folglich liegen die Strände außerhalb der Altstadt. Einzige Ausnahmen für einen Sprung ins Meer sind der gebührenpflichtige Sandfleck keine 100 m südlich des alten Hafens (Zugang vom Restaurant **Mermerli**) und das zentrumsnahe **Adalar Beach Café** (Zugang über den Karaalioğlu-Park nahe dem Restaurant Deniz), eine mit Liegestühlen bestückte Holzplattform zwischen Felsen über dem Meer. Die nächstgelegenen Strände sind:

Konyaaltı (auch: **Antalya Beach Park**): Ein langer Sand-Kies-Strand, der etwa 2 km westlich des Zentrums beginnt. Spielend mit der Straßenbahn zu erreichen: Bis zur Endstation beim archäologischen Museum fahren und von dort noch ca. 5 Min. bergab. Taxi einfach ca. 2,50 €. Die Bars und Beachclubs (→ Nachtleben) organisieren den Liegestuhlverleih, bieten Umkleideräume, Duschen und natürlich gute Cocktails. Wer davon zu viele hat und untergeht, darf auf die Rettungsschwimmer hoffen. Geboten werden zudem diverse Wassersportmöglichkeiten zwischen Bananariding und Parasailing.

Lara: → S. 87.

• *Tauchen* **Rainbow A&P Diving Center**, deutschsprachige Tauchbasis am alten Hafen nahe dem Parkplatz. Veranstaltet Bootstauchgänge zu einem vorgelagerten Wrack (35 €). Bietet ferner Schnupperkurse für 50 € und diverse Tauchkurse ab 250 € an. ℡ 0532/7641409 (mobil), www.apdivers.de.

• *Aquaparks* **AquaLand**, etwas zurückversetzt vom Konyaaltı-Strand ganz im Westen des gepflegten Strandabschnitts. Mit Megarutsche, mehreren Pools etc. Eintritt 13 €. Zu erreichen mit Dolmuşen mit der Aufschrift „Liman" von der İsmet Paşa Cad. Ein ähnliches Angebot bietet der schön begrünte **Dedeman Aquapark** zwischen Antalya und Lara (von der Atatürk Cad. aus mit den Lara-Bussen zu erreichen; mit dem Auto stets parallel zur Küste halten, dann kommt man automatisch daran vorbei). Eintritt 15 €, Kinder 10 €.

Abendstimmung am Hafen von Antalya

Sehenswertes

Die meisten Sehenswürdigkeiten Antalyas liegen in oder nahe der Altstadt *(Kaleiçi)*. Man kann sie spielend zu Fuß abklappern, sie sind aber im verwinkelt-verwirrenden, engen und abschüssigen Gassensystem nicht immer leicht bzw. auf Anhieb zu finden. Kein Stadtplan wird dem Gassenchaos gerecht, das zum Teil ein Erbe der Griechen ist. Auf diese folgten in den 1920ern mehrheitlich Roma-Familien. Viele von ihnen wanderten im Laufe der Zeit wieder ab. Die, die blieben, zählen heute zu den sozial schwachen Altstadtbewohnern. In manchen Gassen kontrastieren ihre ruinösen Wohnhäuser noch mit den restaurierten Anwesen der Pensionsbetreiber, doch jedes Jahr werden es weniger. Die Stadtväter tun viel, um Kaleiçi in eine Bilderbuchaltstadt zu verwandeln – leider auch auf Kosten ihres vormaligen morbiden Charmes. Zuletzt wurde das Viertel in weiten Teilen verkehrsberuhigt, wobei man die Hesapçı Sokak, die vom Hadrianstor zum Hıdırlık Kulesi führt, in eine mit Marmor gepflasterte Flaniermeile umwandelte.

Yivli-Minarett/Alaeddin-Moschee: Das seldschukische Minarett der Alaeddin-Moschee aus dem frühen 13. Jh. ist das Wahrzeichen Antalyas. Die Dominante in der Altstadtskyline ragt etwas unterhalb der Cumhuriyet Caddesi in den Himmel. Der Ziegelturm hat die Form eines Rundstabbündels und diente Seefahrern Jahrhunderte lang als Orientierungspunkt. Die dazugehörige Moschee wurde auf dem Fundament einer byzantinischen Kirche errichtet. Ihre 12 Säulen, die heute die sechs Ziegelkuppeln tragen, stammen noch aus dem Vorgängerbau und manche Säulenbase wurde als Kapitell verwendet. Sultan Alaeddin Keykobat I., einer der bedeutendsten Seldschukenherrscher, gab Moschee samt Minarett in Auftrag. Gegenüber dem Minarett sieht man die Ruinen der *Medrese*. Die Mauerreste der einstigen seldschukischen Koranschule sind von einer Stahl- und Glaskonstruktion

Blick auf die Altstadt

überdacht, heute werden darin Gewürze und Kunsthandwerk verkauft. Etwas weiter liegt der ehemalige *Konvent der Mevlana-Derwische*, heute die *Güzel Sanatlar Galerisi* (Kunstgalerie), in der wechselnde Ausstellungen stattfinden.

Uhrturm/Murat-Paşa-Moschee: Der Uhrturm, dessen Fundament noch Teil der alten Stadtbefestigung ist, steht unübersehbar am Eingang zur Altstadt, an der hier verkehrsberuhigten Cumhuriyet Caddesi. Gleich daneben befindet sich die *Tekeli-Mehmet-Pascha-Moschee,* deren Silhouette zwar die Altstadt bereichert, die architektonisch jedoch uninteressant ist. Folgt man vom Uhrturm der Kazim Özalp Caddesi (eine lebendige Einkaufsstraße der Neustadt), gelangt man zur Murat Paşa Camii in einem kleinen Park. Diese Moschee aus der zweiten Hälfte des 16. Jh. lohnt einen Besuch, ihr Inneres ist reich mit Fayencen verziert.

Hafen: Im 2. Jh. v. Chr. liefen hier die ersten Schiffe ein, die mächtigen Landmauern stammen aus römischer Zeit. 2000 Jahre lang war er das Tor Antalyas zur Welt, bis er vom neuen Hafen westlich der Stadt abgelöst wurde. Heute ankern hier nur noch Ausflugsschiffe, ein paar Jachten und Fischerboote.

Kesik-Minarett: Einst stand hier ein Rundtempel, der dem ptolemäischen Gott Serapis geweiht war. Auf diesen folgte an gleicher Stelle im 5. Jh. die byzantinische *Panaghia-Kirche,* die wiederum 800 Jahre später in eine Moschee umgewandelt wurde. Im Jahre 1851 ging diese bei einem Großbrand in der Altstadt in Flammen auf. Zurück blieb eine Ruine. Seit diesem Zeitpunkt spricht man auch vom Kesik-Minarett – dem „abgeschnittenen Minarett". Zwischen den umzäunten Mauerresten an der gleichnamigen Gasse wächst heute Unkraut.

Suna ve İnan Kıraş Kaleiçi-Museum: Es ist untergebracht in einem osmanischen Herrenhaus. Zu sehen gibt es ein paar alte Fotografien der Stadt, zudem werden in drei extrem klimatisierten Räumen mit lebensgroßen Puppen Szenen aus dem vorletzten Jahrhundert nachgestellt, wie z. B. das Servieren von Kaffee, das Rasieren des Bräutigams oder der Henna-Abend vor dem Hochzeitsfest. Das klingt nicht gerade spannend, und so ist es auch. Zum Museumskomplex gehört auch eine *griechisch-orthodoxe Kirche* aus der zweiten Hälfte des 19. Jh., die wechselnden Ausstellungen dient, gelegentlich finden darin auch Konzerte statt.

Adresse/Öffnungszeiten Kocatepe Sok. 25. Tägl. (außer Mi) 9–12 u. 13–18 Uhr. Eintritt 1,60 €.

Hadrianstor: Der prunkvolle, im Türkischen *Üçkapılar* („Drei Tore") genannte Triumphbogen aus Marmor mit seinen beiden wuchtigen Türmen wurde 130 n. Chr. für Kaiser Hadrian errichtet, als dieser der Stadt einen Besuch abstattete. Heute ist das Tor auch für Nichtkaiser ein hübscher Eingang von der Atatürk Caddesi in die Altstadt. Die Kerben in den Bodenplatten sollen Spurrillen römischer Wagen sein. Deutlicher erkennt man, dass das Höhenniveau der alten, römischen Stadt ein paar Meter unter dem heutigen lag. Welche Ruinen unter der Altstadt noch schlummern, ist unbekannt.

Hıdırlık Kulesi/Karaalioğlu-Park: Der 17 m hohe Turm ganz im Süden der Altstadt stammt aus römischer Zeit. Ob er als Mausoleum oder Teil einer alten Zitadelle gebaut wurde, weiß man nicht – die Forschung tappt hier noch im Dunkeln. Genutzt wurde er später u. a. als Leuchtturm und Kanonenplattform zur Sicherung des Hafens. Weiter südlich schließt sich der Karaalioğlu-Park an: Blumenmeer trifft hier Mittelmeer. Teegärten und Restaurants laden zum Verweilen ein. Ein kleiner Abenteuerspielplatz mit Hängebrücke und Rutschen erfreut Kinderherzen. Tipp: Schauen Sie sich hier den Sonnenuntergang an.

Atatürk-Museum und Stadtmuseum: Das *Atatürk Evi Müzesi*, das dem Staatsgründer Referenz erweist, ist untergebracht in einem Nachbau des osmanischen Konaks, in dem Atatürk vom 6.–12. März 1930 nächtigte. Zu sehen sind diverse Fotografien von Atatürk während seines Antalya-Besuches, ferner Briefmarken, Banknoten, Münzen mit Atatürk-Konterfei, ein Paar seiner Schuhe, Gamaschen und Socken. Ein paar Schritte weiter befindet sich das alte Rathaus Antalyas *(Belediye)*, in das bis 2010 ein neues Stadtmuseum einziehen soll.

Adresse/Öffnungszeiten **Atatürk-Museum**, Işıklar Cad. (im Osten des Karaalioğlu-Parks). Tägl. (außer Mo) 9–17 Uhr. Eintritt frei.

Çağdaş Yaşam Kültür Alanı und **Atatürk Kültür Parkı:** Verlässt man die Altstadt gen Westen, erstrecken sich zwischen Steilküste und Cumhuriyet Caddesi der Çağdaş Yaşam Kültür Alanı und anschließend, noch weiter westlich zwischen der Konyaaltı Caddesi und der Steilküste, der Atatürk Kültür Parkı. In den gepflegten Parkanlagen findet man einladende Cafés und Teegärten mit

Antalya
Karten S. 66/67 u. S. 73

Zu Besuch bei Hermes im Archäologischen Museum

herrlichen Aussichten über die Bucht von Antalya: im Westen die Berge bei Kemer, im Osten die Steilküste von Lara. In beiden Parkanlagen finden auch immer wieder kulturelle Veranstaltungen statt. Für manche Abschnitte wird zuweilen ein kleiner Eintritt verlangt.

Archäologisches Museum: Es gehört zu den führenden Museen seiner Art in der Türkei und ein Besuch ist absolut lohnenswert. Gezeigt werden Funde aus Lykien und Pamphylien in chronologischer Anordnung. So manche sind spektakulärer als der Anblick der Ausgrabungsstätten heute. Der Rundgang beginnt mit der prähistorischen Sammlung und schließt mit einer ethnographischen Abteilung ab. Seinen besonderen Ruf verdankt das Museum den übergroßen Götter- und Kaiserstatuen von Perge, darunter Hadrian, Trajan, Zeus usw. Auch die reich verzierten, sehenswerten Sarkophage stammen überwiegend aus Perge. Halten Sie nach jenem Ausschau, dessen Marmorfries die Heldentaten des Herkules zeigt – eine grandiose Steinmetzarbeit. Dabei wurden solche Sarkophage im 2. u. 3. Jh., als die Sarkophagproduktion ihren Höhepunkt erreichte, wie Katalogware hergestellt. Ferner kann man Goldschmuck aus Patara bestaunen, kleine Metallfiguren aus Arykanda, Mosaike aus Seleukeia, eine umfangreiche Münzsammlung und und und. Auch so manche Überraschung ist zu entdecken: Neben den byzantinischen Ikonen beispielsweise liegt ein Schächtelchen, eingeschlagen in rotem Samt, drinnen einige Knochensplitter und ein Teil eines Kiefers. Begleittext: der Heilige Sankt Nikolaus.

Konyaaltı, Antalyas Hausstrand vor atemberaubender Kulisse

Adresse/Öffnungszeiten Ganz im Westen der Stadt, kurz bevor die Straße zum Strand von Konyaaltı hinabführt auf der rechten Seite. Am einfachsten mit der Straßenbahn zu erreichen (bis zur Endstation fahren). Im Sommer tägl. (außer Mo) 9–19.30 Uhr, im Winter 8.30–17 Uhr. Eintritt 7 €.

DolphinLand und Minicity: Die jüngsten Attraktionen Antalyas. Im Dolphin-Land finden täglich um 11 und 14.30 Uhr Shows statt (Eintritt 13 €). Wer mag, kann danach für weitere 50 € noch fünf Minuten mit den gefangenen Tieren schwimmen. Minicity ist ein Freizeitpark mit über 70 berühmten Baudenkmälern des Landes im Miniaturformat (Maßstab 1:25). Aus einer Begleitbroschüre (auch deutschsprachig) können Sie Ihren Kindern vorlesen, was diese alles nicht anfassen dürfen (Eintritt 1,10 €, tägl. 9–22 Uhr).

● *Anfahrt* Beide Attraktionen liegen nur wenige Schritte voneinander entfernt im Westen Antalyas hinter dem Konyaaltı-Strand. Vom Zentrum kommend, passiert man zunächst (beim AquaLand, linker Hand Ausschau halten) das DolphinLand, kurz darauf taucht die Minicity auf (rechter Hand Ausschau halten). Zu erreichen mit Dolmuşen mit der Aufschrift „Liman" von der İsmet Paşa Cad.

Beste Lage: Theater von Permessos

Im Hinterland von Antalya

Als Highlight des Hinterlands präsentiert sich das antike Termessos im gleichnamigen Nationalpark – allein schon die Lage der Ruinenstadt in einer wildromantischen Bergwelt begeistert. Auf dem Weg dahin lohnt ein Abstecher zur imposanten Güver-Schlucht eher als zur Karain-Höhle, die nur eingefleischte Archäologiefreaks faszinieren wird. Die Düden- und Kurşunlu-Wasserfälle sind beliebte Ausflugsziele im Grünen – spektakulär sind sie jedoch nicht. In der Bergwelt rund um Saklıkent kann man im Winter Ski fahren gehen.

Düden-Wasserfälle: Die *oberen Wasserfälle* liegen in einem kleinen Park *(Düdenbaşı Piknik Alanı)* im Nordosten Antalyas. An Sonntagen dient er Familien als Picknickplatz und Tanzterrain, Teegärten und Restaurants (→ Antalya/Essen & Trinken, S. 72) sorgen für Speis und Trank. Aus einer Felskaverne kann man den Wasserfall auch von hinten sehen. Im Sommer kann das Rauschen allerdings ausfallen, denn dann ist der Fluss Düden bisweilen ziemlich ausgetrocknet. Die *unteren Wasserfälle* liegen ca. 10 km östlich des Zentrums von Antalya, noch vor Lara (→ S. 87) am Meer und sind das Ziel vieler Bootsausflüge und Touristenbusse. Durch die Ablagerung von Quellkalk hat der Düden hier Gesteinsformationen entstehen lassen, die sich im Laufe der Jahrtausende immer weiter ins Meer vorschoben. Nebenan befindet sich ein Aussichtsrestaurant.

● *Anfahrt/Öffnungszeiten* Die oberen Wasserfälle sind von der West-Ost-Tangente, dem Gazi Bul., mit „Düden Şelalesi" ausgeschildert. Bis 21 Uhr regelmäßig Dolmuşe von der İsmet Paşa Cad. Tagsüber stets zugänglich. Eintritt 0,90 €. Zu den unteren Wasserfällen gelangt man, indem man von Antalya (Işıklar Cad.) immer der Straße folgt, die möglichst nahe am Meer gen Süden verläuft, Parkplatz beim Restaurant Çiftlik nehmen, kein Schild. Der Dolmuş Nr. 71 ab Haltestelle Doğu Garajı passiert die Fälle. Das Gelände ist stets zugänglich und kostet keinen Eintritt.

Kurşunlu-Wasserfälle: Sie sind unwesentlich größer als die Düden-Wasserfälle und wurden 1991 zum Naturschutzgebiet erklärt. Man sollte sich nicht zu viel erwarten, es stürzt auch hier kein imposanter Strom zu Tale. Andrang herrscht nur vor dem türkisfarbenen Becken des Hauptfalls; auf den kleinen Pfaden des reich bewachsenen Geländes verlieren sich die Spaziergänger dann aber zusehends. Wer dem Fluss folgt, gelangt zu einem kleinen See zwischen Felsen, Büschen und Bäumen. Es gibt eine Reihe von Restaurants.

• *Anfahrt/Öffnungszeiten* Antalya Richtung Osten (Alanya) verlassen, nach etwa 10 km weist ein Hinweisschild („Kurşunlu Şelalesi") den Weg zu den noch 8 km entfernten Fällen. Die Wasserfälle sind im Sommer 4-mal tägl. mit dem Bus von Antalya von der İsmet Paşa Cad. zu erreichen. Tagsüber stets zugänglich. Eintritt 1,40 €.

Saklıkent: Rund 50 km westlich von Antalya, auf 1800 m Höhe im Landesinnern, liegt Saklıkent – kein idyllisches Bergdorf, sondern eine etwas verstaubt wirkende Ferienhaussiedlung. Bekannt ist der Ort wegen seines Skigebiets (1750–1990 m), genauer gesagt: wegen zweier Lifte, die mehrere Abfahrtsmöglichkeiten erschließen. Leider ist die Region nicht allzu schneesicher. Vormittags Ski fahren und am Nachmittag am Strand liegen – das geht leider nur selten. Dennoch lohnt der Weg ins karge Bergland, denn schon die Anfahrt ist ein landschaftlicher Traum. Tipp: Picknick mitnehmen und auf einer der Bergwiesen unterhalb des Ortes verspeisen. *Anfahrt* Vom Zentrum Antalyas orientiert man sich erst Richtung Kemer und folgt dann der Straße nach Burdur. Von dort ist der Weg ausgeschildert.

Güver-Schlucht: Der 115 m hohe und eine Million Jahre alte Cañon liegt im Nationalpark *Düzlerçami Milli Parkı* nahe der Straße nach Termessos. Das Areal kann erwandert, aber auch mit dem eigenen Fahrzeug problemlos befahren werden. Vom Eingang sind es rund 2 km, bis man die Schlucht erreicht, und weitere 2 km, bis diese mit einem anderen Cañon zusammentrifft. Unterwegs passiert man zwei wenig Vertrauen erweckende Aussichtsplattformen. Nicht nur der Anblick der Schlucht ist imposant, auch kann man bei schönem Wetter den Blick in die Ferne schweifen lassen, bis nach Antalya mit dem Mittelmeer am Horizont. Der Park verfügt zudem über Wildgehege und lädt zum Picknicken ein – meiden sollte man jedoch die Sommerwochenenden, wenn halb Antalya hier unterwegs ist.

• *Anfahrt/Öffnungszeiten* Vom Zentrum Antalyas orientiert man sich erst Richtung Kemer und folgt dann der Straße nach Burdur. Ca. 10 km später geht es links ab Richtung Denizli/Korkuteli. 7 km weiter, kurz hinter dem Ortsende von Düzlerçami, der Beschilderung „Güver Uçurumu Düzler Çami" folgen. Ohne eigenes Fahrzeug nimmt man von Antalya (Busbahnhof) einen der stündl. Busse nach Korkuteli und steigt unterwegs aus (Fahrer Bescheid geben). Tägl. 8–18 Uhr. Eintritt 1,10 €, Auto (mit Passagieren) 2,80 €.

• *Übernachten* **Bagana Horseclub**, Reiterhof in der Idylle des Weilers Yukarıkaram bei Düzlerçami. Unter deutscher Leitung. 7 schlichte, aber freundliche Zimmer ganz im Zeichen des Pferdes gruppieren sich um die Manege, das Zentrum der Anlage. Kleiner Pool, Sauna, Restaurant. Ausritte auch für Nichtgäste möglich (3-stündige Tour 66 €). Anfahrt: Der Wegbeschreibung zur Güver-Schlucht folgen, nach dem Ortsende von Düzlerçami rechter Hand ausgeschildert. EZ 27 €, DZ 39 €. Yukarıkaram, ☎ 0242/4252 270, ✆ 4252055, www.baganahorseclub.net.

Karain-Höhle: Für die Wissenschaft war die Höhle einst eine interessante Entdeckung, für den Touristen von heute ist sie nicht viel mehr als ein schattiger Platz. Viel Außergewöhnliches gibt es nicht zu erspähen. Umso sehenswerter ist das 300 m tiefer gelegene, kleine Museum. Dort sind Höhlenfunde ausgestellt, insbesondere Pfeilspitzen und archaische Werkzeuge, deren Alter bis ca. 150.000 v. Chr. zurückreicht.

• *Anfahrt* Vom Zentrum Antalyas orientiert man sich erst Richtung Kemer und folgt dann der Straße nach Burdur. Ca. 12 km weiter geht es links ab Richtung Yeniköy/Karain. Ab hier durchgehend ausgeschildert, noch 19 km. Man kann aber auch von Termessos (s. u.) zur Höhle gelangen:

An der Straße von Termessos zurück nach Antalya ist die Abzweigung nach Karain ausgeschildert, von dort noch 12 km.
• *Öffnungszeiten/Museum* Mai–Okt. tägl. 7.30–18 Uhr, Nov.–April 8–17 Uhr. Eintritt 1,60 €.

Termessos (antike Stadt)

Wenn Ruinen atemberaubend sein können, dann die von Termessos. Schwer zugänglich liegen sie auf rund 1000 m Höhe.

Eine Besichtung der Ruinen von Termessos gehört zum touristischen Pflichtprogramm der Südküste. Aber nicht nur die Ruinen sind eindrucksvoll, das Gleiche gilt für die artenreiche Tierwelt des Gebiets rund um den *Güllük Dağı* („Rosenberg"), das 1970 zum **Nationalpark Güllük Dağı** erklärt wurde. Neben Adlern, Falken und Habichte kann man Wildziegen und mit etwas Glück auch Rot- und Damwild beobachten. Bisweilen stößt man sogar auf den *Capra aegagrus*, einen Verwandten des Steinbocks mit besonders schönen Hörnern. Selbst Bären sollen in den letzten Jahren wieder zugezogen sein, und noch im 19. Jh. berichtete der britische Reisende Charles Texier von einer großen Leopardenpopulation – die letzten Exemplare wurden 1938 erlegt. Die Flora ähnelt der alpiner Gebiete mit dichtem Niederbaumbestand. Eine Besonderheit ist die *Lady's-Slipper-Orchidee* (kann jeder selbst übersetzen), die im April/Mai ihre blassen, rosafarbenen Blüten treibt.

Am Eingang zum Park befindet sich ein kleines Museum. Geboten wird nichts Spektakuläres, lediglich ein paar verblichene Landschaftsfotos, eine Reihe ausgestopfter Tiere, ein paar Funde aus der Ruinenstadt und Ähnliches mehr.

• *Anfahrt* Termessos, etwa 35 km nordwestlich von Antalya, erreicht man mit dem Korkuteli-Bus (vom Busbahnhof Antalya). Auf Höhe des Yenice-Passes beim Wegweiser „Termessos" aussteigen. Von dort sind es noch knapp 7 km, die Straße ist gut ausgebaut, aber stark ansteigend (fast 700 Höhenmeter müssen überwunden werden). Zu Fuß ca. 2 Stunden – im Sommer nur in den frühen Morgenstunden zu bewältigen. Wer früh kommt, hat eine reelle Chance, per Autostopp hinaufzukommen. Am besten beim Parkeingang Kontakte knüpfen. Im Sommer warten auch Taxis an der Abzweigung.
Selbstfahrer orientieren sich vom Zentrum Antalyas erst Richtung Kemer und folgen dann der Straße nach Burdur. Ca. 10 km später geht es links ab auf die Natio-

nalstraße 350 Richtung Denizli/Korkuteli. Von dieser aus beschildert (noch 23 km).

> **Hinweis**: Für eine Besichtigung der weitläufigen antiken Stadt sollten Sie Getränke mitbringen, nicht immer sind fliegende Händler vor Ort. Sie können auch gleich einen Picknickkorb mitnehmen, das Theater wäre ein herrlicher Platz, um ihn auszupacken.

• *Öffnungszeiten* Im Sommer tägl. 8–17.30 Uhr, im Winter 8–16 Uhr. Kalkulieren Sie für die Besichtigung von Termessos mindestens 2 Std. ein. Eintritt 4,20 €.

Geschichte

Die Geschichte von Termessos reicht vermutlich bis ins 2. Jt. v. Chr. zurück. Die Stadt entwickelte sich aus einer uneinnehmbaren psidischen Bergfestung am Fuß des *Güllük Dağı*, der in der Antike noch den Namen *Solymos* trug. Schenkt man Homers Epos *Ilias* Glauben, so waren die Solymer überaus kriegerisch und tapfer. Weder Alexander der Große noch andere potentielle Usurpatoren konnten die

Stadt jemals einnehmen. Was dem Menschen vorenthalten blieb, gelang der mythologischen Gestalt des Bellerophon und der Natur – der Erstere vernichtete sie, die Letztere eroberte sie zurück.

Bellerophon – ein Held, der vom Himmel fiel

Bellerophon, Sohn des Königs von Korinth, zählt wie Herakles, Jason oder Theseus zu den großen Heroen der Mythologie. Ihm gelang es, das unsterbliche, geflügelte Pferd Pegasos zu zähmen, doch ihm gelang es auch, versehentlich seinen Bruder Deliades zu töten. Daraufhin musste er Korinth verlassen. In Argos, bei König Proitos, suchte er Zuflucht. Dort war Bellerophon mehr als nur willkommen – Proitos' Gemahlin verliebte sich in ihn. Da Bellerophon sie jedoch verschmähte, bezichtigte sie ihn der Vergewaltigung. Proitos verhängte daraufhin das Todesurteil über seinen Gast, nur selbst ausführen wollte er es nicht. Er schickte Bellerophon zu seinem Schwiegervater König Iobates von Lykien. Mit auf den Weg gab er ihm einen versiegelten Brief, der die Aufforderung enthielt, den Überbringer zu töten. Aber auch Iobates hatte Skrupel, die Tat auszuführen und stellte Bellerophon vor drei Prüfungen, die dieser nicht überleben sollte. Zunächst hatte er die Chimäre zu töten, doch Bellerophon erstach das feuerspeiende Ungetüm. Dann sollte er die Feinde Lykiens, die Solymer vernichten. Auch das gelang ihm. Zuletzt musste er gegen die Amazonen in den Kampf ziehen, jene kriegerischen Frauen, die sich die rechte Brust abnahmen (amazon = brustlos), damit sie den Bogen besser halten konnten. Und auch von dieser Aufgabe kehrte Bellerophon lebend zurück. Daraufhin gab sich Iobates geschlagen, machte Bellerophon zu seinem Verbündeten, verheiratete ihn mit seiner Tochter Philonoë und schenkte beiden sein halbes Reich. Iobates zeigte dem mutigen Heroen auch jenen Brief, der einst seinen Tod bedeuten sollte. Bellerophon schwor Rache an Proitos' Gemahlin, ritt zu ihr, umschmeichelte sie und schlug ihr vor, gemeinsam zu fliehen. Sie willigte ein. Von seinem geflügelten Pferd stieß er sie aus großer Höhe ins Meer, wo sie ertrank. Ein ähnliches Schicksal sollte später auch Bellerophon erfahren. Er versuchte sich mit den Göttern und wollte auf Pegasos in den Himmel reiten. Zeus war darüber so erbost, dass er eine Fliege schickte, die Pegasos in den Hintern stach. Das Pferd warf seinen Reiter ab. Bellerophon überlebte den Sturz, war jedoch für immer gelähmt. Euripides verewigte das Leben des traurigen Helden in seinem Bellerophon-Epos.

Seine Blütezeit erlebte Termessos vom 1. Jh. v. Chr. bis zum 2. Jh. nach Chr., insbesondere nachdem es sich mit Rom gegen den pontischen König Mithridates verbündet hatte. Die siegreiche Weltmacht wusste dies durchaus zu würdigen, wie aus einem noch in Teilen existierenden Vertragswerk hervorgeht. So weiß man, dass Termessos zahlreiche Vergünstigungen und rechtliche Freiräume eingeräumt wurden, die den Wohlstand der Stadt begründeten. Aus dieser Zeit stammen auch die meisten Bauwerke, die heute als Ruinen zu besichtigen sind. Wie eng die Verbindung zu Rom gewesen sein muss, wird auch daraus deutlich, dass die Termessioten das Jahr der Vertragsschließung zum Beginn einer neuen Zeitrechnung machten. Während der oströmischen Herrschaft verlor die Stadt allmählich an Bedeutung und wurde vermutlich Ende des 4., Anfang des 5. Jh. durch ein Erdbeben zerstört und aufgegeben. Wiederentdeckt wurde Termessos 1842 von englischen Archäologen. Eine systematische Erforschung und Vermessung begann jedoch erst rund 40 Jahre später. Verantwortlich war ein Team unter der Leitung des Wiener Grafen Karol Lanckoronski (1848–1933). Deren Arbeit erweist sich noch heute von besonderem Wert, da viele der seit dem letzten Jahrhundert eingestürzten Gebäude bzw. Gebäudereste nur auf der Grundlage der von Lanckoronski und seinen Mitarbeitern angefertigten Skizzen und Fotografien rekonstruiert werden konnten.

Sehenswertes

Die hier beschriebenen Ruinen lassen sich der Reihenfolge nach abgehen. Noch vor dem Rundgang durch das Ausgrabungsgelände passiert man an der Straße vom Parkeingang hinauf zur antiken Stadt nach ca. 5 km in einer Rechtskurve einige Mauerreste und kurz darauf die Grundmauern eines Befestigungsturms. Vermutlich stand hier einst eine große Toranlage, eine Art Mautstelle für die Karawanen über den Yenice-Pass. Anschließend folgt die asphaltierte Straße in vielen Abschnitten der antiken Königsstraße, die vom Tor bergauf zur Stadt führte. Die Straße endet an einem Parkplatz zu Fuße des Hadrianpropylon, zu dem ein Pfad führt.

Tor des Hadrian: Die gut leserliche Inschrift im Abschlussstein des 4 m hohen und fast 2 m breiten, marmornen Torbaus gibt Auskunft darüber, dass dahinter einst ein dem Kaiser Hadrian geweihter Tempel stand. Außer ein paar verstreut liegenden Architekturfragmenten ist von ihm jedoch nichts mehr erhalten. Man nimmt an, dass der Tempel bis zu 8 m hohe korinthische Säulen besaß.

Vom Hadrianpropylon führt ein beschwerlicher Fußweg vorbei an einer Nekropole mit geplünderten Steinsarkophagen und vielen gut erhaltenen Felsengräbern (auf die interessantesten machen Informationsschilder aufmerksam) ins Zentrum der Stadt. Wählen Sie diesen Weg als Rückweg. Denn leichter bergauf ist der Weg vom Parkplatz über die z. T. sehr gut erhaltene, ehemalige Königsstraße (mit „Giriş Yolu Ruins" ausgeschildert) zur Stadtmauer und zum Stadttor.

Stadtmauer und Stadttor: Schon König Attalos II., der Gründer von Antalya, ritt auf der Königsstraße ins Zentrum der Stadt. Linker Hand tauchen bald Reste der Stadtmauer auf, die noch die Trutzigkeit der ehemals 6 m hohen Befestigungsanlage erahnen lassen. Vom Stadttor ist kaum mehr etwas zu sehen, auch nicht von dem einstigen *Würfelorakel,* das daran angrenzte. Man übte es mit sieben Würfeln aus. Diese ermöglichten 120 Antworten, die in eine Tafel eingraviert waren. Etwas weiter steht noch ein quadratischer *Beobachtungsturm,* der die Zeiten besser überstanden hat: Die aufeinander geschichteten Quader sind immerhin noch über zehn Lagen hoch.

Tor des Hadrian

Gymnasion und Oberer Wall: Der Weg führt nun an den Ruinen des einst 91 m langen, aber nur 14 m breiten Gymnasions vorbei. Dichtes Gestrüpp erschwert leider den Zugang. Die Südwestfront ist der besterhaltene Teil der Anlage, deren Bade- und Schulräume sich um den etwa 50 m langen Innenhof gruppierten. Zu beachten sind insbesondere die großen Nischen und Tore in der Fassade und das intakte Eingangstor. Den Abschluss (östlichen Teil) des Gymnasions bildet ein später angefügtes römisches Bad. Erkennbar ist es an den beiden noch stehenden Säulentoren und dem eingestürzten Wasserkanal. Das Gymnasion liegt zu Füße des oberen Walls, zugleich der inneren Befestigungsmauer.

Kolonnadenstraße: Hat man die nächsthöhere Terrasse erreicht, passiert man auf dem Weg zum Theater die Kolonnadenstraße, eine ehemalige Prachtstraße, die beidseitig von 47 Säulen und etlichen Statuen flankiert war. Dahinter lagen Läden, Säulenhallen und kleinere Gebäude, von denen jedoch nur noch überwucherte Grundrisse erhalten sind. Zum Flanieren taugt die Kolonnadenstraße heute nicht mehr, nur noch zum Kraxeln.

Osbaros-Stoa: Etwas weiter bergauf gelangt man zum einstigen Marktkomplex der Stadt. An dessen Nordseite kann man die Fundamente der Osbaros-Stoa ausmachen (benannt nach einem ehemaligen Stadtoberhaupt). Der 100 m lange und 11 m breite Bau war in der Mitte durch eine Mauer längs geteilt.

Theater: Die schönste und imposanteste Ruine von Termessos. Teile der Zuschauerreihen und des Bühnengebäudes (darunter zwei Tore) sind noch erhalten. Die einzigartige, grandiose Lage des Theaters ist allenfalls noch mit der des Theaters von Taormina in Sizilien vergleichbar. Der Blick schweift ungehindert zwischen den Bergen hindurch bis ins Tal, nach Antalya und an die Gestade des Mittelmeers. Wegen der Form (die Zuschauerränge gehen über den für römische Theater typischen Halbkreis hinaus) muss auf ursprünglich griechische Erbauer geschlossen werden. Das Theater war relativ klein und fasste lediglich 4200 Zuschauer. Sein Radius betrug 33 m, die Höhe von der Orchestra bis zu den letzten Rängen knapp 13 m, die in 26 Sitzreihen überwunden wurden. Interessant ist die Zweiteilung des Zuschauerraums in acht obere und 18 untere Sitzreihen. Während die oberen (billigeren) von der Seite aus betreten werden mussten, waren die unteren durch einen mittlerweile eingestürzten Tunnel zugänglich. In der Kaiserzeit standen hier auch Gladiatorenkämpfe auf dem Spielplan. Dabei wurde gewettet: Der Sieg des einen bedeutete den Tod des anderen.

Odeion: Weiter südlich ist die mächtige, fast 23 m breite und 10 m hohe Rückwand des einst gewaltigen Odeions zu sehen. Es war vermutlich überdacht und diente zugleich als Rathaus. Zwischen den Pilastern wurden die heute nur noch schwer zu erkennenden Namen erfolgreicher Athleten eingemeißelt. Der Eingang zum quadratischen Odeion liegt auf der Rückseite, sich durch das Gebüsch durchzukämpfen lohnt aber kaum: Im Inneren des Gevierts liegen nur ein paar Trümmerreste im Gestrüpp wild durcheinander, von der ursprünglichen Struktur ist kaum noch etwas zu erkennen.

Artemistempel: Linker Hand hinter dem Odeion standen zwei Artemistempel. Der größere von ihnen liegt vollständig in Trümmern. Der kleinere und jüngere stammt vermutlich aus dem 3. Jh. v. Chr. Vollständig erhalten sind die schönen Portalwände, deren Inschriften verraten, dass eine gewisse Aurelia Amasta den Tempel gestiftet hat.

Tempel des Zeus-Solymeus: Rechter Hand neben dem Odeion umschließen noch immer 4 m hohe Außenwände einen Raum von 6 x 7 m Fläche. Dieser kleine Tempel

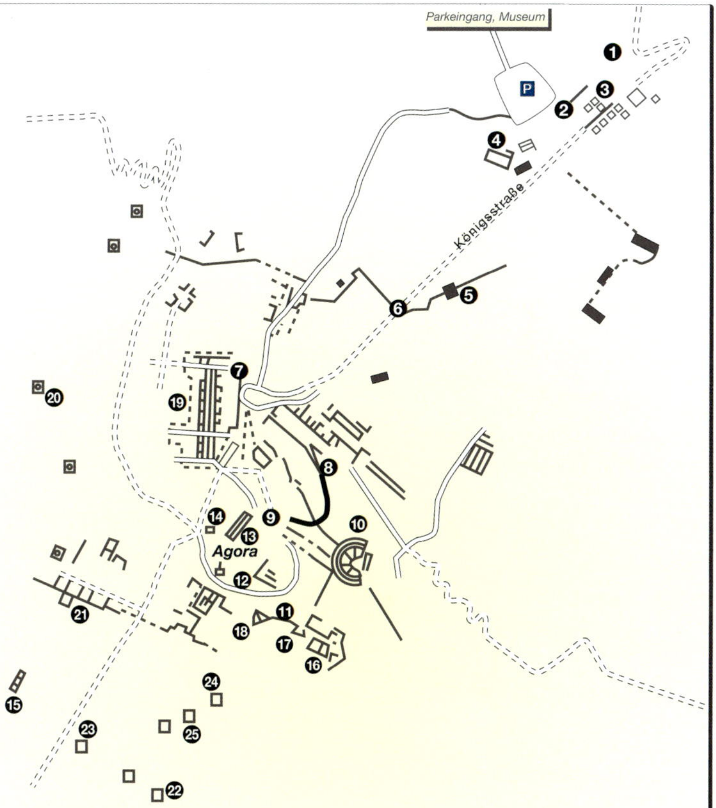

Im Hinterland von Antalya

Parkeingang, Museum

Königsstraße

Agora

❶ Wassertank
❷ Soldatengrab
❸ Gräber
❹ Tor des Hadrian
❺ Stadtmauer
❻ Stadttor
❼ Oberer Wall
❽ Gymnasion
❾ Osbaros-Stoa
❿ Theater
⓫ Odeion
⓬ Heroon
⓭ Zisterne

⓮ Tempel von Korinth und Attalos-Stoa
⓯ Marmorgrab
⓰ Großer Artemistempel
⓱ Kleiner Artemistempel
⓲ Tempel des Zeus Solymeus
⓳ Kolonnadenstraße
⓴ Grab des Alketas
㉑ Häuserruinen
㉒ Mausoleum des Agethemeros
㉓ Löwengrab
㉔ Armasta-Mausoleum
㉕ Mamastis-Mausoleum

Termessos

100 m

Tempel diente der Verehrung des lokalen Gottes Zeus-Solymeus. Der Zeuskult war von den griechischen Nachbarn übernommen worden, verschmolz hier aber mit der Verehrung lokaler Gottheiten. Zahlreiche in Termessos gefundene Statuen zeugen von seiner Bedeutung.

Agora, Heroon und Zisterne: Der Marktplatz im Zentrum des antiken Termessos ist heute fast völlig überwuchert. Man braucht viel Phantasie, um sich vorzustellen, dass hier das Herz der Stadt schlug. Gekauft und getauscht wurden vor allem Obst und Getreide sowie Pferde und Rinder – die Wirtschaftsgrundlagen des antiken Termessos. Um den Abschluss des Geschäfts zu besiegeln, wurde in der Antike häufig ein Opfer gebracht. In Termessos tat man dies direkt auf dem Gelände der Agora. Der Opferplatz war ein auf einem großen Felsen ruhendes Heroon (Grabmal). Man erreicht es über eine 6 m hohe Steintreppe. Es ist allerdings nicht bekannt, wem die außerordentliche Ehre zuteil wurde, hier beigesetzt zu werden. Unter der Agora befindet sich auch eine fünfteilige, 10 m tiefe Zisterne. Die Stadt hatte immer wieder an Wassermangel zu leiden, insbesondere im Belagerungsfall.

Attalos-Stoa und Tempel von Korinth: Von der Zisterne führt ein Pfad hinab zur Attalos-Stoa, die ein Geschenk König Attalos II. von Pergamon war. Gleich daneben stand der größte Tempel von Termessos. Seine Innenhalle maß ca. 10 x 10 m, die Wände waren über einen Meter dick. Seinen Namen erhielt der Tempel wegen der korinthischen Kapitele an den Außensäulen. Von dort ein paar Schritte weiter bergauf ist der Weg zum Grab des Alketas und zur südlichen Nekropole ausgeschildert.

Grab des Alketas: Das prominenteste Grab von Termessos hat folgende Vorgeschichte: Nach dem griechischen Geschichtsschreiber Diodor (1. Jh. v. Chr.) fand Feldherr Alketas während der Diadochenkriege in Termessos Zuflucht vor seinem Gegenspieler Antigonos – Alketas war wegen Mordes an dem Makedonen Meleager für vogelfrei erklärt worden. Antigonos wartete mit einem Heer vor der Stadt und verlangte die Auslieferung des Alketes. Um einen bewaffneten Konflikt zu vermeiden, wollten die älteren Bürger dem Gesuch nachkommen, die jüngeren hingegen waren zum Kampf bereit. Durch eine List lockte man die Jungspunde schließlich aus der Stadt, um Antigonos freien Zugang zu verschaffen. Als Alketas den Verrat bemerkte, beging er Selbstmord. Der von Antigonos geschändete Leichnam wurde von den Heimkehrenden später ehrenvoll im Fels begraben.

Von der Fassade des Grabes blieb nichts erhalten, an der Rückwand sieht man jedoch noch das Relief eines berittenen Kriegers und über dem Totenlager das eines Adlers mit einer Schlange im Schnabel, eigentlich das Symbol eines Königs. Die beiden Nischen links und rechts des Grabes dienten der Aufnahme von Grabbeigaben (u. a. Wein und Getreide).

Südliche Nekropolis: Der Anstieg von der oberen Terrasse zur südlichen Totenstadt ist beschwerlich, lohnt aber – es erwartet Sie eine der besterhaltenen antiken Nekropolen überhaupt. Eines der interessantesten Grabmäler dort ist das tempelartige *Löwengrab*, in dem ein kaum beschädigter Steinsarkophag steht, den ein Relief mit zwei Löwen ziert. Ähnlich gebaut ist das weniger gut erhaltene *Mamastis-Mausoleum*, ein rund 4 m breites Tempelgrab mit vier korinthischen Frontsäulen, in dessen drei großen Sarkophagen die sterblichen Überreste der Familie Mamastis bestattet wurden. Am höchsten Punkt liegt unter Pinien das schon von weitem sichtbare, aber fast unzugängliche *Mausoleum des Agethemeros*. Der Sarkophag ruht auf einem hohen Sockel und hat die Attacken der Grabräuber recht gut überstanden – abgesehen von einem faustgroßen Loch in der Seitenwand, durch das die Grabschätze verschwunden sind.

Die Rundtürme der hellenistischen Toranlage von Perge

Zwischen Antalya und Side

Die gut ausgebaute Nationalstraße 400 führt von Antalya in weitem Abstand zur Küste nach Side. Die Strecke ist landschaftlich wenig reizvoll, auf ewige Felder folgen monotone Siedlungen. Statt verträumter Fischerdörfer findet man künstliche Ferienanlagen wie Lara, Kundu und Belek. Ihre Schmankerl versteckt die Region im Hinterland, allen voran die publikumsträchtigen Ausgrabungsstätten Perge und Aspendos. Im Vergleich zu diesen sind die Ruinen der antiken Stadt Selge nur zweitklassig, dafür ist die Anfahrt nach Selge durch den Köprülü Kanyon und weiter durch die einsame, raue Bergwelt des Taurus ein Traum. Am Fuße der Berge jedoch präsentiert sich die Landschaft mancherorts in einem erschreckenden, baumlosen Braungrau. Im Sommer 2008 verwüsteten heftige Waldbrände hier rund 12.000 ha Land.

Lara und Kundu

Lara, 12 km südöstlich von Antalya gelegen, ist nicht viel mehr als eine gesichtslose Hotelbettenburg und Apartmentsiedlung, über welche die Flugzeuge zum Airport Antalya donnern. Man kann hier jedoch gut baden. Am besten fährt man bis zum Club-Hotel Sera. Östlich der Clubanlage beginnt ein kilometerlanger, ca. 70 m breiter Strand, erst feiner Kies, dann Sand. Je weiter Sie Richtung Osten tingeln, desto ruhigere Plätzchen finden Sie, Abgeschiedenheit jedoch nie. Am Strand gibt es eine Reihe von gebührenpflichtigen Beachclubs mit chilligen Liegewiesen, es fehlt jedoch die harmonische Einheit des Konyaaltı-Strandes im Westen von Antalya.

Im Osten geht Lara in Kundu über, ein in den letzten Jahren aus dem Boden gestampfter, weitläufiger Ferienort ohne Zentrum. Bis zu zehnstöckige Apartmentblocks, teils schon bezogen, vielfach aber noch im Rohbau, wechseln sich mit Shoppingcentern, Touristenbasaren und v. a. kolossalen Fünf-Sterne-Themenhotels im Disneyland-Stil ab – vom Topkapı-Palast bis zum Kreml sind es hier nur ein paar Minuten. Das Gros der Gäste: Russen.

● *Anfahrt* Um nach Lara und Kundu zu gelangen, folgt man von Antalya (Işıklar Cad.) stets der Straße, die möglichst nahe am Meer gen Süden verläuft. Der Lara-Strand ist mit „Lara-Plajlar" ausgeschildert. Lara und Kundu sind von Antalya mit Bussen (ab der Işıklar Cad.) und Dolmuşen (u. a. mit den Linien Nr. 18, 30 oder 85 ab Haltestelle Doğu Garajı) erreichbar.

Perge (antike Stadt)

Perge ist ein weites schattenloses Trümmerfeld: 1000 Steine, aber keiner erinnert mehr an den berühmten Artemistempel der antiken Stadt. Dafür macht Perge noch immer mit einem der größten Stadien Kleinasiens auf sich aufmerksam.

Schenkt man alten Reiseberichten Glauben, so befanden sich die Ruinen von Perge bis zum Anfang des 20. Jh. in einem außerordentlich guten Zustand. In den 1920ern restaurierten und vergrößerten jedoch die Bewohner des nahen Murtuna ihr Dorf mit der historischen Bausubstanz Perges – ein irreparabler Raubbau an der Antike. Unter türkischer Leitung durchgeführte Ausgrabungen begannen 1946, sie dauern bis heute an und bringen immer wieder beeindruckende steinerne Zeugnisse aus hellenistischer, römischer und byzantinischer Zeit ans Tageslicht.

Muttergöttin und Jungfrau Maria – die Artemis von Perge

Wie in Ephesus wurde auch in Perge der Artemiskult gepflegt. Der Tempel der Artemis, der Göttin der Jagd und des Bogenschießens, der Fruchtbarkeitsspenderin, der Beschützerin wilder Tiere, Kinder und alles Schwachen, lag außerhalb der Stadt, war ein berühmter Wallfahrtsort und bot Verfolgten Asyl. Die Artemis von Perge war auch von Anfang an das beherrschende Motiv auf pergamenischen Münzen. Auf den ältesten Münzen heißt sie noch *Vanassa Preiia*, „Königin von Perge", und wird als viereckiger Steinblock mit einer menschlichen Büste dargestellt. Genau genommen handelt es sich dabei um eine altanatolische Muttergöttin, die ein griechisches Namensmäntelchen umgehängt bekam. Auch unter den Frühchristen lebte der Artemiskult fort: Die Jungfrau Maria hielt man, bevor sie sich als Gottesmutter voll durchsetzen konnte, in Perge anfangs nur für eine weitere Inkarnation der uralten Muttergottheit.

Geschichte: Gegründet wurde Perge ca. 1000 v. Chr., der Legende nach von den trojanischen Sehern Kalchas und Mopsos, vermutlich aber ganz banal von siedlungsfreudigen Lakedämoniern. Wie die meisten Stadtgründungen am Golf von Antalya zu jener Zeit entstand auch Perge aus Angst vor Seeräubern auf einem schroffen, leicht zu verteidigenden Tafelberg abseits der Küste. In dessen Umgebung konnte man Ackerbau betreiben, und über einen Flusslauf hatte man Zugang zum Meer. Auch die ersten Jahrhunderte der Stadtgeschichte unterscheiden sich nicht wesentlich von denen anderer Städte am Golf von Antalya: Im 7. Jh. v. Chr. wurde Perge lydisch, später persisch. Einen eigenen Weg schlug Perge erst 333 v. Chr. ein: Die Stadt unterwarf sich kampflos Alexander dem Großen und stellte ihm wegen ihrer schlechten Beziehungen zu den Nachbarstädten Aspendos und Side

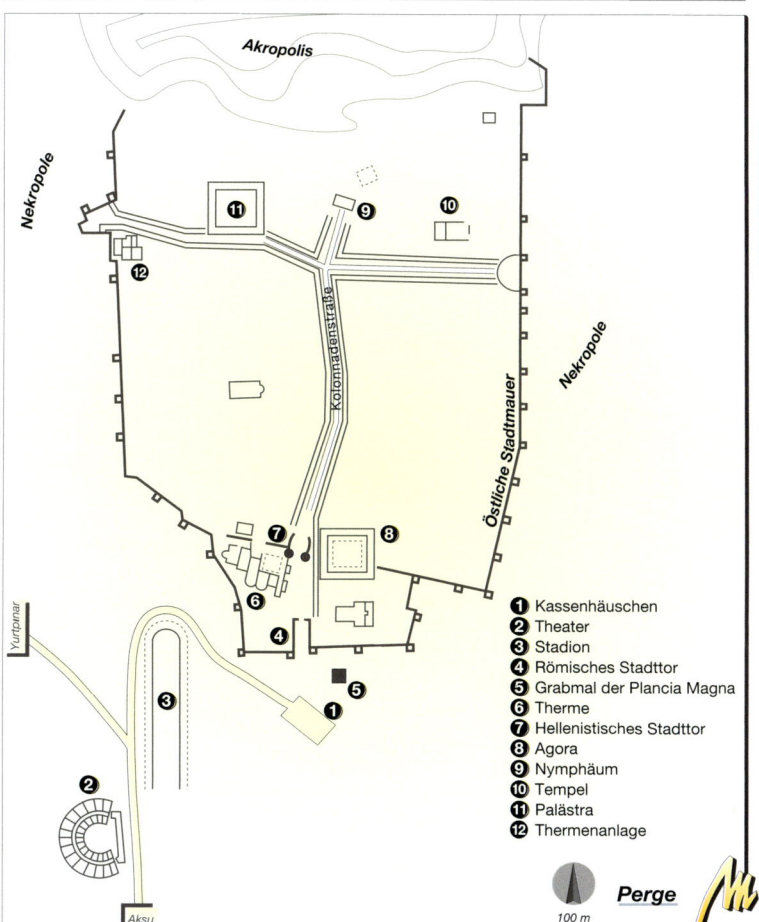

1 Kassenhäuschen
2 Theater
3 Stadion
4 Römisches Stadttor
5 Grabmal der Plancia Magna
6 Therme
7 Hellenistisches Stadttor
8 Agora
9 Nymphäum
10 Tempel
11 Palästra
12 Thermenanlage

Perge

100 m

gar „Pfadfinder" zur Verfügung, die seine Truppen schnell und sicher durch den unwegsamen Taurus führten. Nach dem Tod Alexanders des Großen wurde die Stadt dem Seleukidenreich einverleibt. 188 v. Chr. eroberten die Römer Perge und vertrauten es Eumenes II. von Pergamon an. Zusammen mit dem pergamesischen Königreich fiel die Stadt nach dem Tod des Herrschers zurück an Rom. In römischer Kaiserzeit war Perge berühmt für seinen Artemiskult (→ S. 89).

48 n. Chr. traf Apostel Paulus mit Begleiter Barnabas in Perge ein. Die Missionare waren herzlich willkommen – was vor allem damit zusammenhing, dass man sie für die Götter Zeus und Hermes höchstpersönlich hielt. Perge besaß bald darauf eine der ersten Christengemeinden Kleinasiens, die aber noch für ein paar Jahrhunderte ein Schattendasein neben der lokalen Artemisverehrung führte. Das änderte sich endgültig unter byzantinischer Herrschaft. Mit dem Aufstieg Perges zur Bischofsstadt

baute man drei Basiliken und zerstörte den berühmten Tempel samt dem Kultbild der Artemis Pergaia. Während der Sarazenenüberfälle im 7. Jh. gaben die Einwohner ihre Stadt zugunsten des besser geschützten Attaleia (Antalya) auf. Bereits zur Seldschukenzeit fegte nur noch der Wind durch die leeren Straßen. Heute gräbt hier alljährlich die İstanbul Üniversitesi.

● *Anfahrt* In Aksu (auch: Çalkaya; 16 km östlich von Antalya) von der Nationalstraße 400 ausgeschildert, von dort noch 2 km. Wer mit dem **Dolmuş** von Antalya (u. a. Nr. 92 und 106, Abfahrt von der Doğu Garajı) anfährt, muss in Aksu aussteigen und den Rest (ca. 20 Min.) laufen.

● *Öffnungszeiten* Mai–Okt. tägl. 9–19.30 Uhr, Nov.–April verkürzt. Eintritt 7,90 €.

Sehenswertes

Theater: Bereits auf der Zufahrtsstraße zum gebührenpflichtigen Teil des Ausgrabungsgeländes passiert man das Theater (nicht immer zugänglich). Der ursprünglich griechische Bau wurde im 2. Jh. n. Chr. von den Römern erweitert und mit einem dreigeschossigen Bühnenhaus und einem dekorativen *Nymphäum* versehen. Angelegt an einem Hügel vor der Stadt, bot es 14.000 eng gedrängten Zuschauern Platz. Nicht wenige besaßen „Dauerkarten" – an manchen Plätzen sind Namen eingraviert.

Stadion: Kurz darauf erstreckt sich rechts der Zufahrtsstraße das Stadion mit einer Länge von 234 m – eines der größten Kleinasiens. Es diente sportlichen Wett- und blutigen Gladiatorenkämpfen. Da es in einer Ebene angelegt war, mussten für die 12.000 Zuschauer gewaltige Unterbauten geschaffen werden, welche die noch heute hervorragend erhaltenen Sitzreihen stützten. In den miteinander verbundenen, massiven Gewölben dieser Unterbauten befanden sich einst Läden. Vorbei an der Nordkurve des Stadions gelangt man zum Parkplatz von Perge.

Spätrömisches und hellenistisches Stadttor: Nachdem man den Eingang zum Ausgrabungsgelände passiert hat, fällt sogleich der Blick auf ein *spätrömisches Stadttor*. Die zangenförmige Anlage war einst mit Marmorsäulen verkleidet und wurde vermutlich im frühen 4. Jh. erbaut, als das Stadtareal nach Süden erweitert wurde. Den Platz dahinter schlossen linker Hand einst ein *Nymphäum* und eine *Therme* ab. Badebecken und Bodenmosaiken lassen sich noch ausmachen.

Das durch sein Quadermauerwerk monumental wirkende *hellenistische Stadttor* mit seinen zwei mächtigen Rundtürmen besaß einen hufeisenförmigen Hof. In den Nischenreihen der Innenmauern standen Statuen auf beschrifteten Sockeln, unten von Göttern, oben u. a. von den legendären trojanischen Stadtgründern. Gestiftet wurden die Statuen im Jahre 120 von Plancia Magna, einer reichen Mäzenin Perges (ihr Grabbau befindet sich beim Parkplatz), die fast ihr gesamtes Vermögen für städtische Bauten bereit stellte. Zum Dank wurde ihre Person mit Statuen an verschieden Plätzen der Stadt gewürdigt.

Agora: Rechts des hellenistischen Stadttors lag die Agora, das einstige Zentrum des gesellschaftlichen Lebens. In der Mitte stand ein Rundtempel der Glücksgöttin Tyche. Im Nordosteck der Agora lässt sich zudem ein „Spielstein" entdecken, mit dem sich die Alten die Zeit vertrieben und auf das Glück Tyches hofften.

Kolonnadenstraße: Vom hellenistischen Stadttor führte eine 20 m breite Kolonnadenstraße, deren Säulen z. T. wieder aufgerichtet wurden, gen Norden zu einem *Nymphäum* am Fuße des Akropolishügels, das eine Statue des Flussgottes Kestros krönte. In der Straßenmitte verlief in Kaskaden ein 2 m breiter Kanal. Rechts und links davon zeigt das Pflaster noch Wagenspuren. Hinter der Säulenreihe wandelte das Volk auf Mosaiken entlang einer Ladenzeile. Die Straße war zugleich die Hauptachse der Stadt, die sich zu beiden Seiten ausbreitete und noch weitestgehend unausgegraben ist.

Weitere Sehenswürdigkeiten: Folgt man der Prachtstraße zum Nymphäum (an vier Säulen rechter Hand können Sie die Reliefs von Apollon, Artemis, Kalchas und Tyche entdecken), gelangt man zu einer Kreuzung, die einst ein Triumphbogen zierte. Hält man sich hier links, kommt man an den Resten der *Palästra* und einer weiteren *Thermenanlage* vorbei zur *Westnekropole*, die außerhalb der Stadtmauer lag. Die schönsten Sarkophage von hier stehen heute im Archäologischen Museum von Antalya. Vom Nymphäum verführt ein Pfad zum Aufstieg auf die *Akropolis* (10 Min.). Bereits von unten fällt dort ein Gebäude ins Auge, das sich vor Ort als säulengestützte byzantinische Kirche mit noch intaktem Dach entpuppt.

Sillyon (antike Stadt)

Auf einem schroffen Bilderbuchtafelberg inmitten der flachen Küstenebene – mit Sichtkontakt zum Meer und zum nahen Perge – wurde die Stadt von griechischen Kolonisten um 1000 v. Chr. gegründet, also zur gleichen Zeit wie Aspendos und Perge. Zwar war Sillyon in hellenistischer und römischer Zeit ein wichtiges Handelszentrum und wurde später unter byzantinischer Herrschaft Bischofssitz, doch Schlagzeilen der Geschichte schrieb die Stadt nie. Heute ist Sillyon ein ruhiges Ruinenstädtchen, nur teilweise ausgegraben und von Touristen wenig frequentiert. Wer es besucht, wird von seiner Lage beeindruckt sein, nicht aber von seinen baulichen Überresten.

Sehenswertes: Vom Parkplatz im Weiler Asar, am Fuße des Tafelberges, sind es nur ein paar wenige Schritte bergauf zum einstigen *Stadion*, dessen Grundriss sich noch erkennen lässt. Darüber erhebt sich die Ruine eines *Gymnasions* und auf gleicher Höhe rechts davon die des *Unteren Stadttores* mit Rundtürmen und einem hufeisenförmigen Hof. Etwas weiter liegen die Reste eines *Wehrturms*, von welchem eine 5 m breite, früher gedeckte Rampe zum *Oberen Stadttor* der Akropolis führt. Auf dem Plateau lassen sich noch gut die Ruinen einer *Palästra*, hellenistischer Gebäude sowie die einiger *Tempel* ausmachen. Aus der Zeit der Seldschukenherrschaft stammt eine kleine *Moschee*, aus der byzantinischen Epoche eine dreischiffige *Kirche*. Letztere besitzt einen Türpfosten mit einer Inschrift in griechischen Buchstaben. Dabei handelt es sich um einen bislang nicht entzifferten Text und zugleich den lang gesuchten Beweis dafür, dass Pamphylien eine eigene Sprache besaß. Am imposantesten ist jedoch das *Theater* am Südostrand des Plateaus. 1969 verlor es infolge eines Erdbebens sein Bühnenhaus. Würde man dies nicht wissen, könnte man meinen, es sei einzig und allein für den Sonnenaufgang gebaut worden – der Anblick ist spektakulär. Das Odeion nebenan verschwand nach dem Beben ganz.

● *Anfahrt* Von Antalya auf der Nationalstraße 400 kommend zwischen Aksu und Serik ausgeschildert, von da noch 12 km. Eine zweite Abzweigung befindet sich auf der D 400 wenige Kilometer westlich von Serik (gegenüber der Abzweigung zum „Belek Turizm Merkezi"), von dort noch 9 km. Man parkt beim (überteuerten) Sillyon Café, wo der Pfad auf den Burgberg beginnt. Sillyon ist nicht mit dem Dolmuş zu erreichen.

● *Öffnungszeiten* Sillyon ist rund um die Uhr zugänglich und offiziell kostenlos – was einige selbst ernannte Wärter oder Führer nicht davon abhält, gelegentlich Eintritt zu kassieren. Achten Sie auf versteckte Löcher im Boden (Zisternen!). Gutes Schuhwerk ist ratsam.

Zwischen Antalya und Side

Aspendos: das besterhaltene römische Theater Kleinasiens

Belek

Ca. 35 km östlich von Antalya beginnt ein herrlicher, 12 km langer, mal fein- und mal grobsandiger, mit Kieseln durchsetzter Strandabschnitt. Die Küste wird von Pinien-, Eukalyptus- und Kiefernwäldern gesäumt. In ihnen verstecken sich rund 50, teils riesige All-inclusive-Anlagen, darunter die gepflegtesten des Landes. Wer in Belek urlaubt, den erinnern lediglich das abendliche Efes-Bier oder die dazugehörige Folkloreveranstaltung daran, dass er in der Türkei ist. Saison herrscht in der weitläufigen Feriensiedlung nahezu das ganze Jahr. Im Sommer steht der Badeurlaub im Vordergrund; alle nur erdenklichen Wassersport- und Freizeitspäße werden angeboten. Zwischen November und März ist Belek als mildes Winterquartier beliebt. Fußballmannschaften aus den höchsten europäischen Ligen absolvieren hier ihr Trainingslager. Dazu schlagen sich viele Golfer bei meist frühlingshaften Temperaturen die Bälle um die Ohren. Belek ist das Golfzentrum der Türkei – zur Auswahl stehen mittlerweile 14 Plätze.

Die nächstgelegenen Orte hinter den Resortanlagen am Meer sind im westlichen Küstenabschnitt **Kadriye** und im östlichen Abschnitt **Belek**. Beide sind nicht viel mehr als zu rein touristischen Zwecken errichtete, um sich wuchernde Kunstdörfer mit Autoverleihern, stillosen Basarmeilen, ein paar Bars und Restaurants. In Kadriye gibt es dienstags zudem einen Wochenmarkt und mit dem **Garden of Tolerance** einen multireligiösen Ort mit Moschee, Kirche und Synagoge.

Für Individualreisende ist ein Abstecher nach Belek uninteressant. Das Gros der Clubanlagen ist nur über heimische Reiseveranstalter zu buchen, und auf den dazugehörigen Privatstränden sind Fremde nicht willkommen. Zu den wenigen zugänglichen Strandabschnitten gehört der öffentliche **Halk Plajı** von Kadriye (ausgeschildert) im Westen, Treffpunkt türkischer Familien aus den Ferienhaussiedlungen in x-ter Reihe.

● *Verbindungen* Nahezu stündl. bis 1 Uhr nachts **Dolmuşe** von den Hotels nach Belek und Kadriye, mehrmals tägl. auch nach Manavgat, Side und Antalya.

● *Golf* Wer keine preiswerten Pauschalpakete gebucht hat, muss für ein Greenfee je nach Saison (am teuersten im Winter) und Lochanzahl 30–110 € berappen. Ermäßigte Greenfees, dazu eine ausführliche Beschreibung aller Plätze vor Ort bekommt man auf www.bilyanagolf.com (auch in deutscher Sprache).

Aspendos (antike Stadt)

Aspendos birgt einige Superlative: Das Theater der Stadt gilt als das besterhaltene römische Baudenkmal Kleinasiens, ihr Aquädukt wird als der schönste Anatoliens gepriesen.

An die glorreiche Vergangenheit der Stadt, die neben Side das bedeutendste Zentrum Pamphyliens war, erinnert vor allem das großartige Theater. Im Rahmen der Festspiele von Antalya (→ Antalya/Veranstaltungen, S. 69) ist ein Besuch am eindrucksvollsten – die Atmosphäre bei den Aufführungen ist ergreifender als in Verona. Wer zum Staunen keine künstlerische Darbietung braucht, kommt am besten frühmorgens, bevor die Busladungen aus den Küstenorten eintreffen.

Geschichte: Aspendos' geschichtliche Eckdaten unterscheiden sich kaum von denen der Nachbarstädte. Aspendos aber war im Vergleich zu diesen überaus reich. Das verdeutlicht z. B. die Tatsache, dass die Aspendier das anrückende Heer Alexanders des Großen durch die Bezahlung von 100 Talenten in Gold (ein Talent entsprach etwa einem 20-Kilo-Barren) von der Zerstörung ihrer Stadt abhalten konnten. Ihren Wohlstand verdankten die Aspendier insbesondere der Salzgewinnung aus dem nahe gelegenen, heute verschwundenen Kapriasee. Aber auch der Handel mit Pferden florierte, Aspendos war berühmt für seine Zucht. Einen guten Namen hatte zudem der Wein der Stadt. Zu größter Blüte gelangte Aspendos in römischer Zeit, die meisten noch heute erhaltenen Baureste stammen aus jener Epoche. Die Verlandung des Hafens am Eurymedon in der byzantinischen Periode läutete den Niedergang ein. In seldschukischer Zeit war Aspendos noch ein kleines Fürstentum, das Theater diente als Karawanserei. Den Seldschuken ist es zu verdanken, dass das Theater bis heute so gut erhalten ist – sie behoben Schäden aus früherer Zeit.

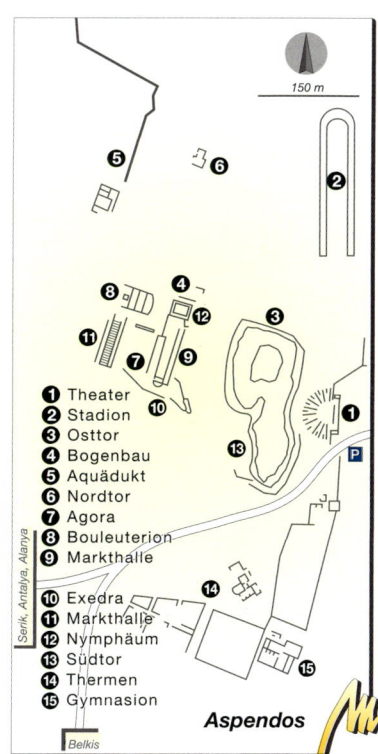

Theater
Stadion
Osttor
Bogenbau
Aquädukt
Nordtor
Agora
Bouleuterion
Markthalle
Exedra
Markthalle
Nymphäum
Südtor
Thermen
Gymnasion

Aspendos

Belkis

Serik, Antalya, Alanya

• *Anfahrt* Ca. 3 km östlich von Serik an der Nationalstraße 400 Antalya–Alanya ausgeschildert. Ca. alle 2 Std. besteht eine Verbindung mit dem **Dolmuş** (Aufschrift „Belkis Aspendos Baraj") vom Zentrum Seriks (Abfahrt gegenüber der Jandarma) nach Aspendos. Serik selbst erreicht man mit nahezu jedem **Bus**, der von Antalya (Busbahnhof) Richtung Osten fährt.

• *Öffnungszeiten* Mai–Oktober tägl. 8–19.30 Uhr, Nov.–April 8–17.30 Uhr. Eintritt 7,90 €.

Zwischen Antalya und Side

Sehenswertes

Theater: Das im 2. Jh. n. Chr. erbaute Theater direkt am Parkplatz ist zweifellos das beeindruckendste Bauwerk von Aspendos. Eine Inschrift über den beiden äußeren Bühneneingängen berichtet, dass es den spendablen Brüdern Curtius, den Göttern des Landes und dem Kaiserhaus gewidmet, sowie vom Architekten Zenoi zu deren Zufriedenheit ausgeführt wurde. Das Theater, das etwa 20.000 Zuschauern Platz bot, ist eine nach außen völlig geschlossene Anlage, bei der Bühnenhaus und Ränge die gleiche Höhe haben. Auf den oberen Sitzreihen findet man wie in Perge reservierte Plätze mit den eingravierten Namen der „Abo-Besitzer". Lassen Sie den Blick von dort über das Theater schweifen. Die Fassade des noch 30 m hoch erhaltenen Bühnenhauses war mit Marmor verkleidet und mit 40 Säulen, Statuen und Reliefs geschmückt. Ein Dionyosrelief blieb im Mittelgiebel erhalten. Die meisten Busgruppen beschränken sich auf die Besichtigung dieses Bauwerks und sparen sich den Weg in die dazugehörende antike Stadt – ein Fehler.

Antike Stadt: Aspendos erstreckte sich oberhalb des Theaters auf dem heute mit Büschen überwachsenen Burgbergplateau. Das Ruinenfeld ist vorrangig Tummelplatz hitzebeständiger Grillen und etlicher Kleintiere mehr, die kaum in ihrer Ruhe gestört werden. Nördlich des Theaters führt der Weg hinauf zur wenig besuchten *Agora*. Ihre Westseite säumte eine 70 m lange, zweistöckige *Markthalle*. Teile der Quaderwände stehen noch. Die Nordseite dominierte ein *Nymphäum*, dessen Nischenfassade reich mit Statuen bestückt war. An die Ostseite grenzte ebenfalls eine Markthalle, die später in eine christliche *Basilika* umgebaut wurde. Von der nördlichen Vorhalle sind noch bis zu 15 m hohe Mauerreste erhalten.

Aquädukt: Vom Nordrand des Hügels sieht man in der landwirtschaftlich intensiv genutzten Ebene die Reste eines römischen Aquäduktes, das z. T. noch in der ursprünglichen Höhe von 30 m dasteht. (Wer mit dem eigen Fahrzeug unterwegs ist, gelangt zum Aquädukt, wenn er die Straße am Theater vorbei einfach weiterfährt). Die Wasserleitung war einst über 15 km lang, die letzten 3 km durch die Ebene verlief über Arkaden. Das Wasser floss durch Tonrohre. Die Türme an den Stellen, wo der Aquädukt abknickt, dienten zur Entlüftung der Rohre und verhinderten ein Absinken des hydrostatischen Drucks.

Zeytintaşı-Höhle

Im Gegensatz zur Karain-Höhle (→ S. 80) war die *Zeytintaşı Mağarası*, die 1997 bei Sprengungsarbeiten entdeckt wurde, stets unbewohnt. Ein Besuch lohnt wegen ihrer imposanten Tropfsteininformationen, die über einen Zeitraum von 14 Millionen Jahren entstanden sind. Die Höhle besitzt zwei Stockwerke, von denen bislang aber nur das obere über eine Länge von 136 m begehbar ist.

Anfahrt/Öffnungszeiten   Keine Anbindung mit öffentlichen Verkehrsmitteln. Von der Nationalstraße 400 in Serik ausgeschildert, dann noch 16 km landeinwärts. Die Beschilderung vom Parkplatz in Aspendos ist unvollständig. Tägl. 9–18 Uhr. Eintritt 2,10 €, erm. 0,80 €.

Köprülü-Schlucht (Köprülü Kanyon)

360 km² misst der Köprülü-Kanyon-Nationalpark *(Köprülü Kanyon Milli Parkı)* etwa 60 km nordwestlich von Side. Die hiesigen Berge erreichen Höhen bis zu 2500 m, im Frühjahr sind ihre Gipfel überzuckert. Die Landschaft ist geprägt von

Zwischen Antalya und Side

Kiefern-, Zedern- und Zypressenwäldern. Angeblich soll es hier noch Bären geben.

Berühmt ist der Nationalpark für seine Raftingmöglichkeiten auf dem *Köprü Çayı,* dem antiken *Eurymedon.* Türkisgrün schlängelt sich der Fluss durch eine imposante, teils über 100 m tiefe Schlucht, die er im Laufe der Jahrmillionen selbst in die Karstlandschaft des Taurusgebirges geschnitten hat. Die ganzjährig stattfindenden Raftingtouren (Level 3) durch den Cañon führen über eine Strecke von bis zu 12 km. Weil es einfach schön und abenteuerlich ist, kommen Tausende, und so zählt der Fluss zu den meistbefahrenen der Welt. Teils stauen sich sogar die Boote darauf – in Spitzenzeiten jagen täglich bis zu 4000 Urlauber den Fluss hinab.

Wo man den Flusslauf einfach erreicht, gibt es Fischrestaurants, Teegärten und einfache Campingmöglichkeiten. Vom Baden wird wegen gefährlicher Strömungen abgeraten. Man kann auch Kajaks mieten – in diesem Fall sollte man aber Erfahrung mitbringen, es kam schon zu Todesfällen. Den schönsten Blick auf den Cañon hat man übrigens von der alten römischen Brücke auf dem Weg nach Selge (s. u.).

● *Anfahrt* Am einfachsten per **Leihfahrzeug** oder **organisierter Tour.** Auf der Nationalstraße 400 Antalya–Alanya zwischen Serik und Manavgat bei Taşağıl landeinwärts abbiegen (ausgeschildert). Die Anfahrt mit dem Dolmuş von Taşağıl (per Bus von Antalya und Manavgat) ist nicht zu empfehlen: Zu wenige Fahrten, zudem bleiben einem so die schönsten Ecken verborgen.

● *Rafting* Raftingausflüge werden von unzähligen Tourenveranstaltern in allen Urlaubsorten zwischen Antalya und Alanya angeboten bzw. vermittelt (pro Person 15–20 €, bucht man aber an der Hotelrezeption, kann sich der Preis schnell verdreifachen!).

Wer gut handelt, kann vor Ort auch für 10 € ins Boot steigen – früh kommen!

● *Übernachten/Essen & Trinken* **EKO Motel**, in idyllischer Lage direkt am Köprü-Fluss (in der Häuseransammlung Karabük, auf dem Weg nach Selge ausgeschildert). Schlichte Zimmer mit Fliesenböden, Bad und Klimaanlage. Pool (nichts Besonderes). Es kann auch gecampt werden. Angeschlossen ein schönes Gartenrestaurant, wo leckere, mit Knoblauch und Lorbeer gefüllte Forellen serviert werden. DZ 44 €. Karabük, ✆ 0242/7653201, ✉ 7653202, www.eko motel.com.

Rafting auf dem Köprü-Fluss

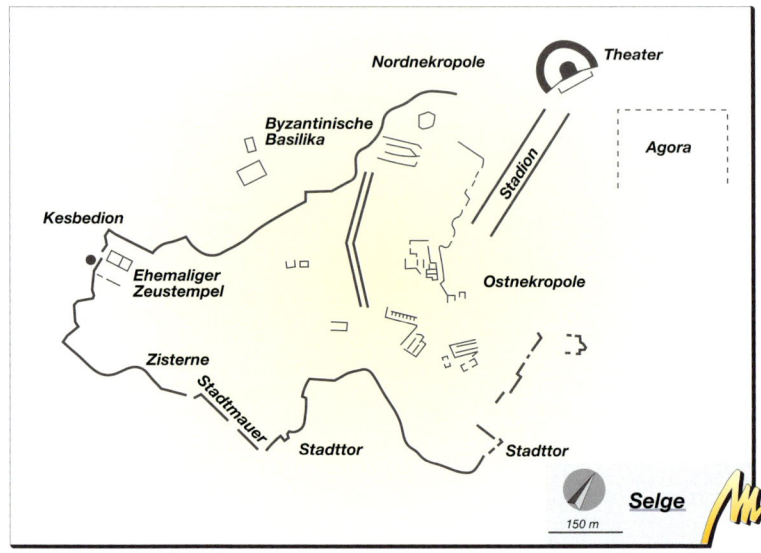

Selge (antike Stadt)

In der wildromantischen Berglandschaft des Köprülü-Kanyon-Nationalparks, auf 1050 m Höhe, liegen die Ruinen des antiken Selge. Allein wegen der Anfahrt lohnt der Besuch: Die Straße führt entlang der bizarren Köprülü-Schlucht (s. o.) und überquert diese auf einer schmalen, 35 m hohen **Römerbrücke** einige Kilometer hinter Beşkonak. Die Brücke bekam übrigens erst vor wenigen Jahren ein Geländer. Danach führt die Straße in Serpentinen weiter bergauf in die Abgeschiedenheit des Taurus – grandiose Ausblicke sind garantiert. Irgendwann erreicht man schließlich das malerische 700-Einwohner-Bergdorf **Altınkaya Köyü** – ehemalige Halbnomaden wohnen hier in weit auseinander liegenden Gehöften. Rund um den Ort verstreuen sich die Ruinen des antiken, wenig erforschten Selge, dessen geschichtliche Eckdaten denen von Aspendos und Perge ähneln. Zu Selges Blütezeit (3./4. Jh.) zählte die Stadt rund 20.000 Einwohner. Zu Wohlstand verhalf ihr u. a. die Weihrauchgewinnung aus dem Harz der Styraxbäume.

> **Hinweis**: Der Kindersport in Selge besteht darin, sich (gegen Bakschisch) als (nutzlose) Führer anzubieten und so lange zu nerven, bis man am liebsten wieder umkehren möchte. Ähnliche Aufdringlichkeiten haben wir in der Türkei selten erlebt. Leser berichten gar von Kindern, die ihr Fahrzeug mit Steinen bewarfen!

Die Reste der Stadt sind nicht so spektakulär wie ihre Lage. Das beeindruckendste Monument am Rand der antiken Unterstadt ist das Theater, das mit 45 Sitzreihen ca. 10.000 Zuschauern Platz bot. Auf dem Weg dahin passiert man das antike Stadion. Heute dreht hier nur noch ein Pflug seine Runden. Auf der nahe gelegenen Unteren Agora weiden Kühe. Am schönsten ist der Weg hinauf auf den Haupthügel der Stadt, den sog. *Kesbedion.* Unterwegs können Sie zwischen steinernen Überresten Kapern und Wildblumen pflücken. Auf dem Hügel standen einst zwei große *Tempel* – einer vermutlich dem Zeus, der andere der Artemis geweiht. Die Aussicht von hier ist herrlich.

● *Anfahrt/Eintritt* **Organisierte Ausflüge** werden in Side angeboten. Die **Dolmuş**-verbindungen sind für den Touristen uninteressant, da ein Dolmuş die Dorfbewohner von Altınkaya Köyü lediglich frühmorgens nach Serik bringt und abends zurück. Mit dem **eigenen Fahrzeug**: von der Straße Alanya–Antalya bei Taşağıl nach Beşkonak/Selge abbiegen, ausgeschildert. Im Dorf Altınkaya folgt man der Straße so lange, bis man links auf das Theater blickt und rote Pfeile den Weg dahin weisen. Stets zugänglich. Eintritt 1,60 €, zahlen Sie nur gegen Vorlage eines Tickets.

● *Wandern* Selge eignet sich als Ausgangspunkt für Wanderungen in der Taurus. Hinter dem Ort ragt das Massiv des *Bozburun Dağı* empor. Kondition, Wanderstiefel und entsprechende Ausrüstung vorausgesetzt, ist der 2504 m hohe Gipfel ab Selge in etwa 5 Std. zu erreichen. Doch Achtung: Die Markierung (erst rot, dann blau) ist spärlich und wird von den unprofessionellen, aber leider notwenigen „Bergführern" (Preise sind Verhandlungssache) ständig nach Kräften beschädigt.

Pamphylien – vom „Land aller Stämme" zur „Türkischen Riviera"

Zwischen Antalya und Gazipaşa, zwischen lykischem und kilikischem Taurus, weichen die Berge z. T. weit ins Hinterland zurück. Eine ausgedehnte Flachlandschaft prägt die Küstenregion – das antike Pamphylien. Es war das „Land aller Stämme", die sich hier einer Legende zufolge nach dem Untergang Trojas Ende des 2. Jt. v. Chr. ansiedelten. Auf dem Boden des antiken Pamphylien gediehen fünf große Städte (Attaleia, Perge, Sillyon, Aspendos und Side) und, damals wie heute, alles, was man säte. Nicht nur der fruchtbare Boden zeichnet dafür verantwortlich, sondern auch ein Klima, das eine fast subtropische Vegetation zulässt. Die hohe Tauruskette schützt die Küstenebenen vor kalten Nordwinden. Für ausreichend Wasser sorgen die in den Bergen entspringenden Flüsse samt ihren Nebenarmen. Pamphylien ist somit heute wie damals ein Garten Eden: Baumwolle, Melonen und Tomaten werden geerntet, man sieht Bananenstauden, Maulbeer- und Feigenbäume, Orangen- und Zitronenhaine. Vor den Hotels stehen Palmen, es blühen Bougainvilleen, Hibiskus und Oleander. Und noch immer ist Pamphylien das Land aller Stämme – an den langen und feinen Sandstränden der heute „Türkische Riviera" genannten Küste begegnet man Urlaubern aus aller Herren Länder.

Ein Hauch von Karibik an der Türkischen Riviera

Baden rund um Side

Side/Selimiye

ca. 6500 Einwohner

Durch die Ruinen der einstigen Weltstadt bummeln alljährlich fast eine Million Urlauber – Side ist einer der großen Magneten der türkischen Riviera. Die weiten Sandstrände rund um den Ort sind der Grund dafür.

Auf einer breiten Landzunge, die fast einen Kilometer ins Meer ragt, verstreuen sich die Überreste der antiken Weltstadt Side. Dazwischen liegt ein kleines Örtchen, das eigentlich Selimiye heißt, das aber jeder Tourist „Side" nennt – geht auch leichter über die Lippen. Bis in die 1980er Jahre war Selimiye ein Fischerdorf. Heute gibt es hier kein Haus mehr, das nichts mit dem Tourismus zu tun hat: Im Zentrum reiht sich Leder- an Juweliergeschäft, zum Meer hin Restaurant an Pension bzw. Hotel. Die Händler sind aufdringlich, die Allerweltsrestaurants überteuert, die meist familiär geführten, gemütlichen Unterkünfte im Zentrum jedoch größtenteils zu empfehlen. Viele der Häuser sind zu klein, als dass sie von den großen Reiseveranstaltern gebucht werden. Die meisten Urlauber steigen daher in den großen Ferienzentren der Umgebung ab, wie Titreyengöl-Sorgun, Kızılağaç, Kumköy und Çolaklı (→ S. 108). Side bzw. Selimiye, diese einzigartige Mischung aus Freilichtmuseum und Basarmeile, ist für sie mehr Ausflugsziel bzw. Abendprogramm als Standort: Tagein, tagaus herrscht ein bierseliges, sonnenverbranntes Stelldichein, es wird geshoppt, flaniert, gegessen und gefeiert. Und damit die Touristenmassen überhaupt in die Gassen passen, ist Selimiye für den Verkehr gesperrt.

Orientierung: Selimiye, auf dem antiken Boden Sides, liegt rund 4 km abseits der Nationalstraße 400, die von Antalya entlang der Küste nach Alanya führt. Auf der Stichstraße zur Stadt passieren Sie die versteckt gelegene Touristeninformation und bald darauf das ehemalige Stadttor. Danach führt die Straße, gesäumt von antiken Säulen (daher auch als „Säulenstraße" bezeichnet) und abends effektvoll angestrahlten Ruinen, zum Theater. Dahinter erstreckt sich das Zentrum von Selimiye, eine Schranke sperrt es für den Verkehr. Unmittelbar vor der Schranke befinden sich rechter Hand zwei öffentliche, teure Parkplätze. Hält man sich vor der Schranke links, gelangt man zu einem deutlich günstigeren Parkplatz. Für Gepäckfahrten ins gebuchte Hotel wird die Schranke täglich für ein paar Stunden geöffnet (zuletzt zwischen 7 und 11 Uhr sowie zwischen 15 und 19 Uhr). Nicht gestattet ist die motorisierte Hotelsuche durch Selimiye.

Side/Selimiye
Karte S. 101

Geschichte

Side gehört zu den ältesten Städten der türkischen Südküste, vermutlich gab es hier schon zu Mitte des 2. Jt. v. Chr. eine Siedlung. Der Name der antiken Stadt entspringt der altanatolischen Sprache der pamphylischen Urbevölkerung und bedeutet „Granatapfel", ein damaliges Fruchtbarkeitssymbol. Im 7. Jh. v. Chr. gesellten sich griechische Siedler hinzu, ab dem 5. Jh. wurden die ersten, selbstverständlich mit Granatäpfeln verzierten Münzen geprägt. In hellenistischer Zeit stieg Side durch den Ausbau des Hafens zu einer der bedeutendsten und wohlhabendsten Handelsstädte der Südküste mit rund 40.000 Einwohnern auf. Dabei machte man sich auch der Piraterie wissentlich mitschuldig. Im Hafen der Stadt wurden die Schiffe kilikischer Seeräuber gewartet, auf den Märkten ihre Gefangenen versklavt. An den Gewinnen waren die Sider beteiligt. 20 Goldstücke zahlte man angeblich für einen kräftigen Mann, 15 für ein schönes Mädchen. Diese Einnahmequelle ging verloren, nachdem Pompeius 67 v. Chr. der Piraterie ein Ende gesetzt hatte. Und um nicht des Römers Zorn zu spüren, setzte man ihm schnell ein riesiges Denkmal und investierte fortan in den legalen Warenhandel.

Als das Römische Reich zerfiel, erlebte auch Side seinen Niedergang. Ausschlaggebend war insbesondere die Versandung des Hafens – damals ahnte noch keiner, dass der Sand irgendwann auch einmal Sides Glück bedeuten würde. Antalya und Alanya liefen Side in der Folgezeit peu à peu den Rang ab. Daran änderte auch nichts, dass Side in byzantinischer Zeit zu einem Bischofssitz erhoben wurde. Während der im 7. Jh. einsetzenden Araberüberfälle wanderten viele Bewohner nach Antalya ab. Nachdem im 9. Jh. auch noch ein Brand weite Teile der Stadt zerstörte, wurde es still um Side, lediglich als Piratennest machte man sich im 11. Jh. noch einmal einen Namen. Danach legten sich Sanddünen über die Geisterstadt.

Anfang des 20. Jh. ließen sich türkische Flüchtlinge aus Kreta zwischen den Ruinen nieder. Ausgrabungsarbeiten in der dörflichen Idylle begannen 1947. Die Versuche der Archäologen, das Dorf umzusiedeln, scheiterten am Widerstand der Einwohner. In den 1970ern entdeckten die ersten Touristen die Sandstrände vor der Tür, in der zweiten Hälfte der 1980er setzte der Wandel zum massentouristischen Zentrum ein.

Side: Immer gute Stimmung

Information/Verbindungen/Ausflüge/Parken

● *Telefonvorwahl* 0242.

● *Information* Abseits des Zentrums, damit auch nie jemand vorbeischaut. Wenig hilfreich. Von der Straße Manavgat – Side ausgeschildert, ca. 2 km vor Selimiye. In der Saison tägl. 9–17 Uhr, außerhalb nur Mo–Fr. ℡ 7531265, www.side.bel.tr.

● *Verbindungen* **Bus**bahnhof und **Dolmuş**station in den Dünen östlich von Selimiye, ca. 800 m vom Zentrum entfernt. Den Zubringer besorgt ein von einem „verkleideten Traktor" gezogener Pendelwagen. Busfahrten können Sie hier in nahezu alle Winkel der Türkei buchen, oft (vor allem außerhalb der Saison) ist jedoch ein Umsteigen in Manavgat oder Antalya nötig (Fahrtzeiten: Antalya o. Alanya 1½ Std., Konya ca. 6 Std.). Dolmuşe fahren von früh morgens bis 1 Uhr nachts alle 10 Min. nach Manavgat. Zudem regelmäßige Verbindungen in die umliegenden Feriensiedlungen wie Kumköy oder Titreyengöl.

Taxi: Die Höchsttarife sind von der Regionalverwaltung festgelegt, lassen Sie sich die Preisliste zeigen, sofern sie nicht am Taxistand aushängt. Handeln ist also durchaus möglich. Preisbeispiele: Zu den Hotelanlagen von Kızılağaç max. 20–25 €, Sorgun 6–12 €, Kumköy 9 €, Çolaklı 15 €, Manavgat 10 €, Aspendos und Perge (retour) 40 €, Flughafen 50 €.

● *Bootsausflüge* Werden am Hafen angeboten. Tägl. z. B. zum Manavgat-Wasserfall; ab dem kleinen Wasserfall mit dem Bus zum großen weiter. Montags wird in Manavgat ein Stopp für den Besuch des Wochenmarkts eingelegt. Der 5-Std.-Trip kostet 15 €, Essen und Wein inkl. Zudem diverse Tagesausflüge, wie z. B. nach Alanya mit Badestops für 25 € inkl. Essen an Bord.

● *Organisierte Touren* Bieten etliche Agenturen im Ort, die ihr Geld vor allem mit den Shoppingpausen unterwegs verdienen. Handeln kein Problem! Preisbeispiele: Tagesausflug nach Pamukkale mit HP ab 30 €, Rafting auf dem Köprü-Fluss (→ S. 94) inkl. Transfer ab 15 € (Tourdauer ca. 6 Std., davon 2 Std. auf dem Wasser), Kappadokien 2 Tage mit HP ab 50 €, Jeepsafari ab 20 €.

Side/Selimiye

100 m

*A*dressen/*E*inkaufen/*S*port/*V*eranstaltungen

• *Ärztliche Versorgung* Privatklinik **Akdeniz Hastanesi**, Richtung Manavgat am Sorgun Yolu. Laut Eigenwerbung ist alles „bequem wie zu Hause"... ✆ 7460013.
Ein guter Zahnarzt ist **Emin Akın**, Atatürk Cad. İmamlar Pasajı 1/1, ✆ 7464001 o. 0532/2322688 (mobil).
• *Autoverleih* Es gibt zahlreiche lokale Anbieter an der Zufahrtsstraße nach Side, Preisvergleiche lohnen sich. Die **Agentur Say in Antalya** (→ S. 68) bringt Ihnen Ihr Auto auf Wunsch auch an ihr Hotel vor Ort. Teurer sind die internationalen Verleiher wie **Avis** (Atatürk Bul. 110, ✆ 7531348, www.avis.com.tr) und **Europcar** (Celal Bayar Bul., ✆ 7535354, www.europcar.com.tr).
• *Einkaufen* Die Liman Cad., die Hauptstraße des Ortes, die vom Theater zum Hafen führt, ist ein einziger Basar mit Juwelier-, Leder- und Teppichgeschäften sowie Souvenirläden mit buntem Türkentand. Side zählt, was Mitbringsel angeht, zu den teuersten Pflastern des Landes! Günstig kann man dafür in Apotheken einkaufen: Die Pille wird rezeptfrei und billiger als zu Hause angeboten. Das Gleiche gilt für Viagra, für das man kräftig wirbt ...
Sa findet ein kleiner **Wochenmarkt** nahe der großen Moschee im Norden von Side statt, ansonsten fährt man zum **Montagsmarkt** nach Manavgat.

• *Polizei* **Jandarma** in der Turgut Reis Cad. westlich der Liman Cad. ✆ 156.
• *Post* Etwas zurückversetzt vom großen Platz beim Hafen.
• *Reiten* Mehrere Veranstalter rund um Side, über die Tourenanbieter in Side zu buchen, i. d. R. ist ein Hotel-Pick-up im Preis enthalten. Einwöchige Reittouren in den Taurus bietet **West Virginia City** (unter deutsch-türkischer Leitung). Pro Person 610 €. Infos unter ✆/℡ 7557647, www.west-virginia-city.de. Von der Straße nach Alanya, zwischen Manavgat und Kızılağaç, ausgeschildert, von der Abzweigung noch 7 km.
• *Veranstaltungen* **Internationales Kunst- und Kulturfestival** mit jeder Menge Veranstaltungen von Mitte bis Ende Sept. Lohnenswert ist ein Besuch der **Aufführungen im Freilichttheater von Aspendos** (→ S. 93), die lokalen Tourenanbieter veranstalten Fahrten dahin.
• *Wandern* → Manavgat.
• *Waschsalon* Fehlanzeige. Eine öfters mal den Namen wechselnde **Reinigung** befindet sich in der Hanımeli Sok. Abgerechnet wird nach Stück, Socke oder Unterhose 0,60 €.
• *Zeitungen* und Zeitschriften in deutscher Sprache überall im Ort in großer Auswahl.
• *Zweiradverleih* Scooter (pro Tag ab 15 €) gibt es z. B. bei **Side Rent a Car** an der Ausfallstraße nach Manavgat (deutschsprachig), ✆ 7531097.

*Ü*bernachten/*C*amping*(siehe* *K*arte *S. 101)*

Über 97.000 Hotelbetten stehen rund um Side zur Verfügung, und jährlich werden es mehr. All-inclusive-Anlagen dominieren die umliegenden Ferienzentren, jedoch sind viele vor Ort nicht buchbar. In Selimiye gibt es zahlreiche kleine, nette Hotels und Pensionen mit einem guten Preis-Leistungs-Verhältnis.

Yalı Hotel (21), in dominierender Lage auf einem vom Meer umspülten Felsen im Osten Selimiyes. Von außen zunächst zwar wenig ansprechend, von innen aber okay. 18 helle Zimmer mit Klimaanlage und Minibar, alle mit Balkon und tollen Ausblicken. Pool, Restaurant, Bar. Freundlicher Service. Eigener Felsstrand. DZ 65 €. Barbaros Cad. 50, ✆ 7531011, ℡ 7531148, www.yalihotel.com.
Beach House Hotel (13), unter türkisch-englischer Leitung. 22 Zimmer, alle mit Balkon, grandios (aber auch nicht leise) die nach vorne mit Meeresblick. Keine Klimaanlage, dafür Ventilatoren. Auch familienfreundliche Mehrbettzimmer. Gemütlicher Garten. Im Winter geschl. DZ 37 €. In erster Reihe am Küçük Plaj im Osten Selimiyes, ✆ 7531607, www.beachhouse-hotel.com.
Doğa Pansiyon (9), nahe dem Küçük Plaj. Freundliche 8-Zimmer-Pension in einem alten Steinhaus. Schön-schattige Terrasse. Kleine Zimmer, winzige Bäder, aber gut funktionierende Klimaanlage. Viel junges türkisches Publikum, nette Atmosphäre. Am Abend kann man sich auf Wunsch am Büfett (beste türkische Hausmannskost angeblich aus Bioprodukten) satt essen. DZ 37 €. Lale Sok. 8, ✆/℡ 7536246, www.sidedoga.com.

Pansiyon Begonville (11), hübsches, grün überwuchertes Holz-Naturstein-Haus unter türkisch-österreichischer Leitung (deswegen auch viel österreichisches Publikum) im Herzen Selimiyes. Leider kein Meeresblick, dafür begrünter Innenhof. 16 ordentliche, saubere Zimmer mit Steinboden. Die Freundlichkeit des Rezeptionisten ließ bei unserem letzten Besuch zu wünschen übrig. DZ 32 €, EZ die Hälfte. Yasemin Sok. 33, ✆ 7532817, 📠 7535197.

Pension Kassiopea (4), von Lesern gelobt und zugleich ein Tipp für allein reisende Frauen mit Faible fürs Alternative. 9 gemütliche Zimmer, alle mit Balkon und Bad. Schattiges Gärtchen, Organisation von Ausflügen. Viele Katzen. Geführt von Jutta Höfling und ihrer Mutter Margarete aus Hessen. Nicht in Selimiye direkt, sondern bei der großen Moschee im Norden Sides − leicht mit dem Auto anzusteuern. DZ mit gutem Frühstück 30 €. Cami arkası 2, ✆/📠 7534445, www.pension-kassiopeia.de.

Nar Apart Hotel (1), ebenfalls etwas außerhalb von Selimiye (in einem ruhigen Neubaugebiet), ebenfalls leicht mit dem Auto zu erreichen. Und ebenfalls von Lesern hoch gelobte, familienfreundliche Unterkunft unter deutsch-türkischer Leitung. 17 sehr ordentliche Apartments, alle mit Küchenzeile, Balkon, Klimaanlage und Safe. Zur Anlage gehören ein Poolbereich und ein gutes Restaurant. Ca. 600 m zum Meer, 15 Fußmin. in die Stadt. Gutes Preis-Leistungs-Verhältnis. Für 2 Pers. ohne Frühstück 28 €, für 4 Pers. 35 €. Yalı Mah., Celal Bayar Bul. 1097 Cad. 10, ✆ 7533152, 📠 7533068, www.naraparts.com.

Pension Nar (17), 8 saubere Zimmer mit Bad, lauschige Terrasse, über der im Spätherbst die Granatäpfel (= nar) baumeln. Unter deutsch-türkischer Leitung. Ganzjährig geöffnet. Von Lesern gelobt. DZ 26 €. Nergiz Sok, ✆ 7531201, www.naraparts.com.

● *Camping* Die schönste Möglichkeit rund um Side findet man in Kızılot ca. 15 km östlich von Manavgat (→ S. 112).

Essen & Trinken (siehe Karte S. 101)

Das Gros der Restaurants bedient den Geschmack des Massentourismus und bietet wenig Türkisches, eher Spaghetti Bolognese oder Wiener Schnitzel. Die Preise liegen weit über dem Landesdurchschnitt, zudem gibt es zuweilen unterschiedliche Karten für Ausländer und Türken! Gehobenere und stilvollere Restaurants findet man am Hafen und oberhalb des Küçük Plaj, wo man bei Meeresrauschen und Kerzenlicht leider kaum sieht, was man isst.

Moonlight Restaurant (16), unter Side-Insidern *der* Tipp in Sachen Fisch, zudem das Lokal mit der wohl schönsten Terrasse der Stadt direkt am Wasser − der beste Ort für Ihren Heiratsantrag! Dazu können Sie sich feine Küche mit Pfiff gönnen, z. B. Krabben bzw. Octopus aus dem Tontöpfchen oder lecker zubereiteten Schwertfisch. Hg. 8−15 €. Barbaros Cad. 49, ✆ 7531400.

Steakhouse bei Holger (6), unter deutschen Urlaubern eine der beliebtesten Lokalitäten, nicht selten muss man auf einen Tisch auf der gemütlichen Terrasse warten. Karte wie daheim: T-Bone-Steak, Zigeunerschnitzel, Käsespätzle, Spaghetti Bolognese, selbst die „Spezialitäten vom Schwein" wie Leberkäse mit Spiegelei, Bock- oder Currywurst fehlen nicht. Zum Abschluss Amaretto statt Tee! Hg. 5−15 €. Prof. Dr. Jale İnan Sok., ✆ 7531580.

Emir Restaurant (14), freundliche Bedienung und leckere türkische Küche sind das Erfolgsrezept dieses Lokals, das vor allem

bei englischen Urlaubern sehr gut ankommt. Der Hit sind die vielfältigen Vorspeisen − ein gemischter Teller erspart manchem das Hauptgericht (z. B. frische Meeresfrüchte oder Fisch). Gute Weinauswahl. Mittlere Preisklasse. Cami Sok., ✆ 7532224.

Emir Bistro (18), nicht mit dem gleichnamigen Restaurant zu verwechseln. Schräg gegenüber dem Sevil Hotel. Einfaches Terrassenlokal, in dem eine freundliche Familie gute Hausmannskost serviert, beim Brutzeln kann man zusehen. Für Side sehr faires Preis-Leistungs-Verhältnis: die Portion Fisch 9,50 €, ein großes Bier 1,90 €. Fragen Sie nach den Tagesangeboten! Leylak Sok., ✆ 7534859.

Uğur Lokantası (7), Hanımeli/Ecke Karanfil Sok. im Herzen Selimiyes. Erweckt den Anschein einer einfachen Adresse für türkische Hausmannskost. Vielfältige Karte, täglich wechselnde Topfgerichte.

Shoppen in Side

Umut Pide & Kebap Salonu (3), außerhalb Selimiyes, an der Straße nach Kumköy gegenüber dem Side Prenses Oteli. Hier schmeckt es vor allem zugewanderten Deutschen. Freundlich, sehr sauber, offene Küche, lecker und günstig. Neben guten Kebabs auch „Hähnchen Bombay" oder Pizza Hawaii. Hg. 3–8 €. ☎ 7534549.

Kumru Köfte & Piyaz (5), und noch ein Tipp für all jene, die im Norden Sides untergebracht sind. Eine Leserentdeckung. Lokanta mit – wie der Name schon sagt – Schwerpunkt auf Hackfleischbällchen und Bohnensalat. Aber auch die anderen Gerichte sind sehr lecker und stets frisch. Günstig. Yalı Mah. Muhtarlık Karşısı.

● *Cafés* **Temple Bar (20)**, herrlich-verwunschenes Gartencafé nur ein paar Schritte hinter dem Apollontempel. Serviert werden kleine Snacks zu Touristenpreisen. In der Saison zuweilen türkische Livemusik am Abend.

Nachtleben (siehe Karte S. 101)

Es gibt eine ganze Reihe von Clubs und Bars, die man am besten nur betrunken aufsucht. Doch Achtung: Trinken ist in vielen Locations nicht billig: Ein kleines Bier kostet zuweilen um die 4 €. Zum Glück bieten viele Bars zwischen 20 und 23 Uhr eine Happy Hour. Im Folgenden die angesagtesten Adressen:

● *Danceclubs* **Lighthouse (12)**, recht schicker Open-Air-Club, von Wellen umspült. Beim Hafen. Angegliedert ein italienisches Restaurant. Kein Eintritt, dafür satte Preise.

Club Athena (19), angesagter Nightspot zwischen antiken Ruinen beim Apollontempel. Die Location wird wegen Klagen der umliegenden Pensionen immer wieder geschlossen, dann aber unter neuem Namen aufgemacht.

Club Oxyd (2), extravaganter Tanztempel mit Lasershow, untergebracht in einem festungsartigen Disneylandgebilde an der Straße nach Kumköy.

● *Bars* Als erste Anlaufstellen einer Kneipentour am Hafen sind das **Harbour (15)** und das gemütliche **Apollonik (15)** (auch im Winter geöffnet, dann ein beliebter Treffpunkt der Side-Deutschen) zu empfehlen. Im Zentrum an der Liman Cad. liegt die originell im Afrika-Safari-Stil eingerichtete **Jungle Bar (10)**. Über gemütliche Sitzkissen direkt am Strand verfügt die **Stones Rock Bar (8)** an der Westseite der Landzunge.

*B*aden/*T*auchen

• *Aquapark* Der nächste Aquapark befindet sich zwischen Karaburun und Alanya ca. 35 km östlich von Side (→ Zwischen Karaburun und Alanya, S. 113).

• *Baden* **Westlicher Strand:** Über mehrere Kilometer erstreckt sich der kinderfreundliche Beach bis zum Ferienort Kumköy. Zum Teil sehr gepflegt, ab und zu spenden ein paar Bäume Schatten, vielerorts aber überlaufen. Hinter dem Strand liegen große Hotels und Clubanlagen. Es gibt Strandcafés, Sonnenschirm- und Liegestuhlverleih.

Östlicher Strand (auch „Büyük Plaj", „Großer Strand"): Zu Füßen das Meer, im Nacken antike Ruinen. Am Strandbeginn werden in der Saison so viele Liegestühle verliehen, dass oft kein Platz für ein herangeschlepptes Badetuch bleibt. Je weiter man aber gen Osten tingelt, desto weniger bevölkert ist der Strand.

Küçük Plaj: Der Name passt. Der „kleine Strand" ist eine kleine Sandfläche in einer ebensolchen Bucht im Osten Selimiyes. Sonnenschirm- und Liegestuhlverleih, Strandkneipe.

Strände in der Umgebung: Die ewigen Strände bei **Titreyengöl** sind zwar sehr schön, doch blockieren die Clubanlagen dahinter vielerorts den Zugang. Wo das nicht der Fall ist, sind die Strände leider oft vermüllt. Einen ganz netten, frei zugänglichen Abschnitt (grober Sandstrand, kiesig am Übergang ins Wasser, viel Grün dahinter, gute Infrastruktur) findet man, wenn man in Titreyengöl der Beschilderung zum Hotel „Magic Life" folgt und dann immer geradeaus weiterfährt.

Ein sehr weitläufiger Strand ist zudem der von **Kızılot**, ca. 15 km östlich von Manavgat (→ S. 112), dort die Abzweigung zum „Nostalgie Camping" wählen.

Relativ unverbaut und daher fast schon idyllisch ist zudem der goldene Sandstrand am westlichen Ende von **Gündoğdu** (ca. 18 km westlich von Side). Außerhalb der türkischen Ferienzeit kann man ihn fast einsam nennen. Einfach Richtung Westen (Antalya) entlang der Küste fahren, bis die Bausünden aufhören.

• *Tauchen* Viele der umliegenden großen Clubanlagen verfügen über eigene Tauchbasen, jene, die bevorzugt von deutschen Gästen gebucht werden, auch mit deutschsprachigen Instrukteuren. Vor Ort selbst bietet die **Side Diving School** Bootstauchgänge an (2 Tauchgänge inkl. Essen 50 €, zuletzt nur englischsprachig). Infos im Tauchschiff am Hafen, ✆ 0506/3239938 (mobil), www.sidedivingschool.com.

Side/Selimiye Karte S. 101

Sehenswertes

Das antike Side inmitten einer pittoresken Landschaft aus Buschwerk, Dünen und Fels gehört mit Pergamon und Ephesus zu den meistbesuchten Ausgrabungsstätten der Türkei. Bereits auf der Fahrt von Manavgat nach Side sieht man die ersten Ruinen zwischen Feldern und verwilderten Abschnitten abseits der Straße: Aquädukt-reste einer einst 30 km langen Wasserleitung von der Quelle des *Manavgat Çayı* in die antike Stadt, die selbst keine einzige Quelle besaß. Viele Angreifer wussten dies und zerstörten zuerst das **Aquädukt**.

> Die Sehenswürdigkeiten sind so aufgelistet, dass sich ein Rundgang ergibt. Das Gros der Ruinen ist frei zugänglich, Hinweisschilder erleichtern die Orientierung. Übrigens sind die Ausgrabungen am antiken Side bis heute nicht abgeschlossen.

Nymphäum: Es heißt, dass die monumentale Brunnenanlage – nur noch in halber Höhe erhalten – die schönste und größte Kleinasiens gewesen sei. Für das geistige Auge: Die Fassade war 52 m lang, 20 m hoch und über 4 m dick, marmorverkleidet und mit dreistöckiger Säulenarchitektur. Davor ein gepflasterter Hof, von Bänken und Steinstufen umgeben. Das reliefgeschmückte Bassin fasste 500 Kubikmeter Wasser, das aus Bleirohren in das Becken floss. Etliche Statuen schmückten diesen Tempel der Nymphen.

Die Reste des Apollontempels

Stadttor/Haupttor: Die gegenüber liegenden Reste des einst prunkvollen Haupttors, das von zwei klobigen, viereckigen Türmen flankiert war, sind leicht zu übersehen. Seit der Jahrtausendwende ist der angrenzende *Torplatz* teilweise freigelegt. Man erkennt noch Läden, die sich hier aneinander reihten, sowie das Mosaikpflaster der Wege. Das Tor war Teil der kilometerlangen, heute stark abgebröckelten *Stadtmauer*. Die Mauer ist ein gutes Beispiel für eine wehrhafte antike Befestigungsanlage aus hellenistischer Zeit. Am Haupttor begannen zwei *Kolonnadenstraßen*. Eine verlief vorbei an den Peristyl-Villen (s. u.) zur Agora – sie ist mehr oder weniger mit der heutigen Zufahrtsstraße nach Selimiye identisch; die andere, deren Säulen ebenfalls teilweise wieder aufgestellt wurden, verlief gen Südosten Richtung Staatsagora (Beschreibung am Ende der Sehenswürdigkeiten).

Peristyl-Villen: Die ca. 250 m lange Kolonnadenstraße, die zur Agora führt, wird auch *Säulenstraße* genannt. Einst wurde sie von Geschäften gesäumt. Noch bevor man die Agora erreicht, liegen linker Hand die Domizile der Nobilität, die Peristyl-Villen (auch „Konsolenhäuser" genannt). Die Räume gruppierten sich um offene Innenhöfe, wie es den Wohnverhältnissen der antiken High Society entsprach. Es sind noch Mosaikreste zu entdecken.

Agora: Von der Grundfläche quadratisch, war sie auf allen Seiten von Hallen mit exakt 100 Säulen umgeben, im Nordwesten und Nordosten zusätzlich von Läden. Hier spielte sich in den Morgenstunden das Leben der Stadt ab, und hier versteigerten die Seeräuber ihre Gefangenen. Man betrat die Agora von der Säulenstraße durch ein monumentales Tor (nur noch Grundmauern erhalten). In der Nordwestecke der Agora, an das Theater angelehnt, ist ein halbrunder Bau zu erkennen. Früher war er mit einem Gewölbe abgedeckt und bot als *öffentliche Latrine* Platz für 24 Personen.

Museum: Das archäologische Museum gegenüber der Agora ist in spätrömischen Thermen aus dem 5. Jh. untergebracht, die einst weitestgehend mit Marmor verkleidet waren. Umkleide-, Schwitz- und Kaltbaderaum lassen sich noch deutlich ausmachen. Später, in frühchristlicher Zeit, wurden die Thermen als Grabhaus genutzt. Ein Skelett mit vollständigem Gebiss – die Gruselattraktion – erinnert noch daran. Im Garten sind witterungsbeständige Sarkophage und Architekturfragmente ausgestellt. Im Inneren sieht man u. a. weitere schöne Sarkophage, Kleinfunde (u. a. Glaswaren, Schmuck und Statuetten), Zierplatten und Osteotheken (sarkophagartige kleine Schreine für Gebeine und Asche). Zudem gibt es viele Statuen zu bewundern, darunter römische Kopien griechischer Statuen, die einst den Kaisersaal der Staatsagora (s. u.) schmückten, die Statuen der Siegesgöttin Nike, des Herakles und des Gottes Hermes und – als Prunkstück des Museums – die Statuengruppe der *Drei Grazien.*

Öffnungszeiten Tägl. (außer Mo) 9–12 und 13–17.30 Uhr (im Sommer bis 19.30 Uhr). Eintritt 5,30 €.

Bogentor: Gleich hinter dem Museum führt die Straße durch ein Bogentor, auch „Siegesbogen" genannt, heute ein Nadelöhr auf dem Weg ins Zentrum, Autos quetschen sich hindurch. Eine kaiserliche Quadriga (vierspänniger Streitwagen) aus Bronze krönte einst das zerstörte Dach des Tores. Links des Bogentors wurde das *Vespasiandenkmal* wieder aufgebaut, ein elegantes Brunnen- bzw. Quellhäuschen, in dessen Hauptnische eine Statue des Kaisers Vespasian stand.

Theater: Das Wahrzeichen Sides überragt alle Gebäude der Stadt. Einst bot es bis zu 20.000 Zuschauern Platz. Da Side nicht auf einem Hügel erbaut wurde, konnte das Theater nicht wie üblich am Hang angelegt werden. So musste notgedrungen – eine Seltenheit in Kleinasien – ein gewaltiger Unterbau geschaffen werden. Die Steine dazu lieferte die Seemauer, die in den Friedenszeiten des Römischen Imperiums überflüssig geworden war. Neben der Aufführung von Schauspielen diente der Bau Volksversammlungen, Gladiatorenkämpfen und später auch als Freilichtkirche. Die Orchestra besaß vermutlich ein Wasserbecken, in dem Schiffswettkämpfe stattfanden. Bei einem Erdbeben wurde der obere Teil des Theaters zerstört und das Bühnenhaus fiel in die Orchestra, die unter einem wüsten Trümmerhaufen begraben liegt.

Öffnungszeiten Tägl. 9–19.15 Uhr, im Winter verkürzt. Eintritt 5,30 €.

Hafen: Seine Gesamtlänge betrug einst 450 m. Trotz aller Anstrengungen versandete das seichte Hafenbecken vom Schlamm des Manavgat-Flusses immer wieder – die antike Redewendung „Das ist wie der Hafen von Side" war nicht umsonst die blumige Umschreibung einer vergeblichen Arbeit. Schließlich ließ man sich eine besondere Finanzstrategie einfallen, um das regelmäßige Ausbaggern des lebenswichtigen Hafens zu

Restaurierungsarbeiten am Theater von Side

Side/Selimiye
Karte S. 101

garantieren: Vermögende Bürger des antiken Side trugen die Kosten der Arbeiten und wurden dafür mit Inschriften geehrt.

Athene- und Apollontempel: Die beiden nebeneinander liegenden Tempel aus dem 2. Jh. v. Chr. befinden sich an der Südspitze der Halbinsel. Der kleinere war dem Apollon geweiht, der größere der Athene – diesem stand auch ein Asylrecht zu. Bei einem Erdbeben wurden die Tempel stark beschädigt. Sechs Säulen des Apollontempels wurden wieder aufgestellt und sind nun nächtens effektvoll angestrahlt – ein Traumplatz bei Sonnenuntergang. Auf und um die Tempel errichteten die Byzantiner später eine *Basilika*, ein paar Wände stehen noch.

Staatsagora: Sie liegt östlich des Theaters auf dem Weg zum Oststrand und diente vorrangig politischen Besprechungen. Der monumentale Bau war 88,5 m lang und 69 m breit. An der stadtabgewandten Seite stand eine große *Bibliothek* mit drei Sälen. Vom mittleren, dem sog. *Kaisersaal*, ist noch eine Wand erhalten. Von den einst zahlreichen Statuen, die ihre Nischen schmückten, sind heute ein paar im Museum von Side zu finden, andere gingen verloren, zuletzt der kopflose Torso von Nemesis, der Göttin der ausgleichenden Gerechtigkeit.

Bischofskirche und **Hospital**: Spaziert man nun landeinwärts auf das einstige Stadttor (s. o.) zu, gelangt man zu der oben bereits angesprochenen Säulenstraße. An ihrem Beginn wurde in byzantinischer Zeit eine *Bischofskirche* samt Palast erbaut. Deren Grundmauern schlummern noch weitestgehend unter der Erde, ganz im Gegensatz zum nahen, zweistöckigen *Hospital*.

Titreyengöl-Sorgun, Kızılağaç, Kumköy, Evrenseki, Çolaklı und Gündoğdu

Side-Gäste, die aus dem Katalog gebucht haben (Russen und Deutsche halten sich dabei mittlerweile die Waage), schlafen in der Regel in den Feriensiedlungen an den weiten Sandstränden rund um Side. **Titreyengöl-Sorgun**, ca. 10 km östlich von Side, ist die stilvollste. Sie kann mit etlichen gut bewachten, luxuriösen Clubanlagen, viel Grün, einem kleinen Binnensee und – falls aus den Planungen zum Schrecken aller Naturschützer Realität wird – irgendwann mit einem Golfplatz aufwarten. Dafür soll der 45 km² große **Sorgun-Wald** mit seinen 350 Jahre alten Kiefern, seltenen Orchideenarten und farbenprächtigen Anemonen, zugleich Heimat, Zwischenstation und Überwinterungsquartier zahlreicher Vogelarten, abgeholzt werden. Östlich von Titreyengöl mündet der Manavgat-Fluss ins Meer – Ziel eines schönen Strandspaziergangs. Noch weiter östlich liegt **Kızılağaç**, das nicht nur mit etlichen Fünf-Sterne-Resortanlagen, sondern auch mit einer Reihe von bestens frequentierten Danceclubs, wie dem in Flintstonestil erbauten Kitsch-Tanztempel „Truva" angeben kann. **Kumköy** nennt sich die „Prolovariante" rund 4 km westlich von Side. Die Infrastruktur dieses Retortendorfes ist perfekt: Es gibt viele charakterlose Mittelklassehotels, billige Einkaufs- und Vergnügungsmöglichkeiten, Großbildschirme für Fußballübertragungen und die Kneipe „Schluckspecht Schnapsdrossel" im Zentrum, die das alltägliche Treiben auf den Punkt bringt. Noch weiter westlich liegen **Evrenseki**, **Çolaklı** und **Gündoğdu** – allesamt gesichtslose Hotel- und Ferienhausansammlungen an einem Strand, der einem goldenen Traum gleicht. Das Wassersportangebot ist überall gut: Vom Banana-Riding bis zum Parasailing wird alles offeriert.

Verbindungen Zu allen Orten beste **Dolmuş**verbindungen von Side.

Im Hinterland von Side

Das Hinterland von Side bietet abwechslungsreiche Alternativen zum Sonnenbad an der Küste: Wie wäre es mit einem Einkaufsbummel in Manavgat, einem Besuch der einsam gelegenen Ruinenstätte Seleukia, einem gemütlichen Forellenessen an einem – je nach Jahreszeit rauschenden oder plätschernden – Wasserfall oder einem Bootsausflug über den Oymapınar-Stausee?

> Weitere lohnenswerte Ziele im Hinterland von Side entdecken Sie im Kapitel „Zwischen Antalya und Side" ab S. 87.

Manavgat   **93.000 Einwohner**

5 km nördlich von Side, am Flusslauf des *Manavgat Çayı,* liegt die gleichnamige Provinzstadt – Ziel vieler Touristen auf der Suche nach der „ursprünglichen Türkei". Der Besuch des montäglichen Wochenmarktes gehört zum Unterhaltungsprogramm von Side. Dabei suggerieren Schmuck- und Teppichgeschäfte günstigere Preise als in Side, was nur sehr bedingt zutrifft.

Das Gros der Urlauber verbindet einen Shoppingausflug nach Manavgat mit einem Besuch der nahe gelegenen **Wasserfälle** (vom Zentrum mit „Şelale" ausgeschildert). Der kleine Wasserfall **Küçük Şelale** liegt ca. 4 km nördlich der Stadt, der große Wasserfall **Büyük Şelale** weitere 2 km landeinwärts (von Sonnenauf- bis Sonnenuntergang geöffnet, Eintritt 1,30 €). Während Letzterer wirklich etwas mit einem Wasserfall zu tun hat, handelt es sich bei dem kleinen eher um ein paar Stromschnellen. Trotz des Ansturms (montags vor allem ausländische Touristen, am Wochenende türkische Familien) haben die Restaurants und Picknickplätze an den Wasserfällen etwas Idyllisches – man sitzt gemütlich unter schattigen Platanen, während die Forellen vom Fluss direkt auf den Teller springen.

• *Verbindungen* Alle **Busse** entlang der Südküste halten in Manavgat – buchen Sie, wohin Sie wollen. Der Busbahnhof liegt nahe der D 400, von dort bestehen Dolmuşverbindungen ins Zentrum. Zudem regelmäßige **Dolmuş**verbindungen vom Zentrum nach Side und zum großen Wasserfall; äußerst unregelmäßige Verbindungen Richtung Lyrbe (Seleukia) und Oymapınar-Stausee.

• *Bootstouren* Werden beim alten Busbahnhof nahe der gelben Brücke offeriert: 80-minütige Touren zum kleinen Wasserfall (10 €) oder Trips zur Mündung des Manavgat-Flusses mit Badestopp und Lunch (20 €).

• *Wandern* Sehr zufrieden waren Leser mit den Wandertouren von **Ömer Arslan** (deutschsprachig). Die ins Hinterland führenden Touren starten i. d. R. nahe den Wasserfällen von Manavgat, dauern je nach Strecke 2–5 Std. und kosten ab 25 € pro Person. Kontakt unter ✆ 0535/8997742 (mobil).

• *Essen & Trinken* Diverse schön gelegene Restaurants bei der gelben Brücke am südwestlichen Flussufer. Gute Topfgerichte zu fairen Preisen bekommt man im **Tadım Lokantası Çorbacı Hasan** beim alten Busbahnhof rund 80 m westlich der gelben Brücke.

Lyrbe/Seleukia (antike Stadt)

Die in einem schattigen Pinienwald gelegenen Ruinen hielt man einst für die antike Stadt *Seleukia,* nach jüngeren Forschungen sind die steinernen Überreste jedoch der antiken Kleinstadt *Lyrbe* zuzurechnen. Diese erlebte im 1. und 2. Jh. ihre Blüte und wurde wahrscheinlich im 7. Jh. aufgegeben. Nur wenige Besucher

Markt in Manavgat

treibt es bislang an den äußerst stimmungsvollen Ort auf einem Tafelberg rund 12 km nördlich von Manavgat.

Neben vielen unidentifizierten, kleineren Ruinen gibt es auch ein paar Schmankerl. Auf dem vom Parkplatz bergauf führenden Waldweg gelangt man automatisch zur **Agora**, die zu den besterhaltenen Kleinasiens zählt. Aufgrund ihrer Hanglage waren gewaltige Unterbauten nötig. Die Kellerräume dienten zum Lagern von Waren. Eine dorische Säulenhalle umgab die Agora ursprünglich, ein paar Säulen wurden wieder aufgerichtet. An ihrer Ostseite ist noch ein einst dreigeschossiges **Marktgebäude** auszumachen, das im Südosteck an das **Odeion** grenzte. Vom **Podiumstempel** nördlich der Agora blieb die Cella bis auf das Dach unversehrt. Am Steilhang im Nordwesten ragt zudem ein 9 m hoher Bau zwischen den Bäumen hervor – die imposanten Reste einer **Therme**, die über einer noch heute sprudelnden Quelle errichtet wurde.

Grabungsarbeiten auf dem Gelände sind für die Zukunft wieder geplant, die letzten fanden in den 1970ern statt. Einige Funde sind im Archäologischen Museum von Antalya ausgestellt.

● *Anfahrt* Die Ausgrabungsstätte liegt nahe dem Dorf Bucakşeyhler. Die Straße zu den Manavgat-Wasserfällen nehmen, einige Kilometer hinter dem Großen Wasserfall *(Büyük Şelale)* links ab, mit „Lyrbe (Seleukia)" ausgeschildert. Von dort noch 4,5 km, die letzten 2,5 km sind nicht mehr geteert und sehr holprig. Das Aquädukt, dessen Reste man auf dem Weg vom Großen Wasserfall zur Ausgrabungsstätte sieht, versorgte Side einst mit Wasser.

Dolmuşe fahren die Straße Richtung Seleukia nur selten und dann nur bis zur Abzweigung beim Hinweisschild. Die letzten 5,5 km heißt es also laufen – im Sommer nach Aussagen von Lesern eine Qual. Mit dem **Taxi** von Side retour ca. 48 €.

● *Öffnungszeiten* Stets zugänglich. Eintritt, falls ein Wärter vor Ort ist, 1,70 €.

Oymapınar-Stausee (Oymapınar Barajı)

Inmitten der reizvollen Bergwelt des Taurus, rund 30 km nördlich von Manavgat, liegt der durch die Stauung des *Manavgat Çayı* entstandene, smaragdgrüne Oymapınar-See. Tourenanbieter zwischen Side und Alanya vermarkten ihn als „Green Canyon". Fluss und See werden von 25 Quellen gespeist, deren Wasserausstoßmengen zu den ergiebigsten der Welt zählen. Das Wasser soll irgendwann einmal, so zumindest die Planungen, über eine Unterwasserpipeline via Nordzypern nach Israel

Auf der einstigen Agora von Lyrbe

geschafft werden. Unabhängig davon ist der Stausee ein attraktives Ausflugsziel. Im idyllischen Terrassenlokal Greencanyon (s. u.) kann man nicht nur gut essen, sondern auch **Bootstrips** buchen. Dabei tuckert man u. a. in einen 7 km langen Cañon. Bei dessen Flutung ging die weit verzweigte Dumanlı-Höhle, eines – der nächste Superlativ – der größten Höhlensysteme Europas, unter.

Auf dem Weg zum Stausee ist für Familien mit Kindern ein Abstecher zum **Tierpark Manavgat** („Hayvanat Bahçesi", von der Abzweigung noch 3 km, ausgeschildert) interessant. Der kleine, unter deutscher Leitung stehende Tiergarten beherbergt rund 200 Tiere 50 verschiedener Arten: Grüne Meerkatzen, Papageien, Schweine (die Attraktion bei türkischen Besuchern!), Schlangen, Leguane etc. (tägl. tagsüber geöffnet, Eintritt 3 €, Kinder 1 €).

● *Anfahrt/Verbindungen*   Von Manavgat der Straße zu den Wasserfällen folgen, dann immer geradeaus weiter entlang dem Fluss und am schmalen Manavgat-Stausee vorbei. An der Schranke beim Wasserkraftwerk zahlt man pro Person 0,40 € Zufahrtsgebühr. Von dort sind es noch 7 km bis zum Greencanyon Restaurant, die letzten 5 km sind ungeteert. **Dolmuşe** zum Oymapınar-See verkehren nur sehr unregelmäßig.

● *Essen & Trinken/Aktivitäten*   **Greencanyon Restaurant**, bestens ausgeschildert. Stets voll mit Tourengruppen, trotzdem nett. 6-stündige Bootstrips mit Mittagessen 25 €, Abfahrt tägl. um 10.30 Uhr. Um zur Abfahrtsstelle der Boote zu gelangen, hält man sich auf dem Weg zum See kurz nach dem Tunnel links. ✆ 0242/7423135, www.greencanyontour.net.

Noch weiter ins bergige Hinterland? Ein Tipp ist die Tropfsteinhöhle *Tinaztepe Mağarası*, → S. 246.

Im Hinterland von Side

Türkisgrünes Süßwasser: Oymapınar-Stausee im Hinterland von Side

Zwischen Side und Alanya

Nahezu endlose Strände prägen die Region zwischen Side und Alanya. Die Küste ist größtenteils verbaut, lediglich um Kızılot dominiert noch Brachland. Ansonsten reihen sich Clubanlagen und künstliche Feriensiedlungen aneinander. Nicht alle Hotelkonglomerate haben bislang einen Ortsnamen, fast jedes Jahr aber kommt eine neue Postadresse hinzu. Die einzelnen Hotelanlagen zeigen sich meist gepflegt, drum herum sieht es jedoch oft trostlos aus – ein übergreifendes Erschließungskonzept vermisst man vielerorts. So sind hinter den Hotels oft wenig ansehnliche, künstliche Dörfer oder improvisierte Hüttensiedlungen entstanden, die außer Charme in der Regel alles bieten, was sich das hiesige Urlauberherz wünscht: Bierkneipen, Einkaufsmöglichkeiten und Autoverleiher. Wer nur dieses Eck der Südküste kennen lernt, kommt zwar braungebrannt, aber mit einem recht verschrobenen Türkeibild nach Hause. Im Hinterland lassen sich ein paar Karawansereien aus seldschukischer und eine alte Burganlage aus byzantinischer Zeit entdecken.

Kızılot

Die weit verstreute 3000-Seelen-Gemeinde liegt rund 15 km östlich von Manavgat an der Straße nach Alanya. Außer dem Sonntagsmarkt bei der Moschee hat der Ort nicht viel zu bieten. Schön ist jedoch der hiesige, rund 7 km lange Küstenabschnitt: ein herrlicher, z. T. recht unverbauter und menschenleerer Sandstrand, den auch die Unechte Karettschildkröte als Eiablageplatz (→ S. 131) zu schätzen weiß.

● *Übernachten/Camping/Essen & Trinken*
TIPP! Nostalgie, von der Küstenstraße ausgeschildert. Pension und Campingplatz in

toller Lage leicht erhöht über dem Strand, geführt von der freundlichen Schweizerin Verena. 8 Zimmer, 4 davon mit Klimaanlage, alle mit Du/WC, Balkon und Meeresblick. Gemütliches Terrassenrestaurant mit guter Küche. Familiär-beschauliche Atmosphäre, von Lesern immer wieder empfohlen. Von der Küstenstraße gute Dolmuşverbindungen. Ganzjährig. Pro Pers. mit Frühstück 24 €, mit HP 30 €, 2 Pers. mit Wohnmobil u. Strom 14 €. Kızılot, ✆ 0242/7482199, www.nostalgiebeach.com.

Hotel Grün, freistehendes Gebäude mit 20 Zimmern, nur durch den eigenen Pool vom Strand getrennt. Einfach und preiswert. Freundliche Wirtsfamilie. Die Tochter, die im Sommer aushilft, spricht deutsch. Pro Pers. 20 € mit HP. Von der Küstenstraße ausgeschildert, ✆ 0242/7482198.

Alarahan und Alarakale

Seldschukenführer Alaeddin Keykobat, laut Inschrift über dem Portal „Herrscher über die Nacken der Völker", gab 1231 den Auftrag zum Bau der **Karawanenherberge** Alarahan. Hier suchten Händler mit ihren Lasttieren bei Einbruch der Dunkelheit Schutz. Im Abstand von rund 30 km, das entsprach ungefähr der Tagesetappe einer Karawane, gab es auf der Strecke von Alanya in die Seldschukenhauptstadt Konya mehrere solche Herbergen. Von außen zeigt sich der Alarahan als simpler, abweisender Steinwürfel. In den Gewölben rund um den kleinen, offenen Innenhof hatten einst rund 200 Kamele samt ihren Treibern Platz. Die mitreisenden Frauen nächtigten im abgeschlossenen Harem. Heute befinden sich hier u. a. diverse Souvenirshops und ein Restaurant, das mehrmals wöchentlich Folkloreveranstaltungen anbietet – ein beliebtes Busgruppenziel.

Die **Burg** Alarakale, deren wehrhafte Mauern sich um einen kahlen Felskegel ca. 1 km nördlich der Karawanserei hinaufwinden, entstand vermutlich in byzantinischer Zeit. Der Aufstieg ist sehr mühsam (Dauer ca. 40 Min.) und nichts für Angsthasen! Vom Alara Cennet Piknik Restaurant (→ Essen & Trinken) führt ein schmaler Pfad den Fels hinauf bis zu einem alten, rund 100 m langen, im Verfall begriffenen Treppentunnel. Durch diesen gelangt man in den mittleren Teil der Burganlage. Eine Taschenlampe ist vonnöten! Die Ruinen selbst geben nicht allzu viel her, die Aussicht über das Tal des Alara-Flusses ist jedoch einmalig. Den Fluss selbst haben in den letzten Jahren Rafter und Kanuten für sich entdeckt, der Wasserspaß ist jedoch nur im April und Mai möglich.

● *Anfahrt/Essen & Trinken* Von der D 400 ist die Abzweigung bei Okurcalar ausgeschildert, von da noch etwa 9 km ins Landesinnere. Der Han steht direkt an der Straße. Davor warten einige Restaurants auf Kundschaft. Nett ist das **Alara Cennet Piknik Restaurant** ca. 200 m hinter dem Han. Forelle und supergemütliche Plätze am Fluss. Dort bekommt man auch Tipps zur Besteigung der Burg und eine Taschenlampe. ✆ 0544/2605520 (mobil).

● *Raften* Eine deutschsprachige Adresse für Raften auf dem Alara-Fluss ist **Outdoorprofis** in Alanya, Keykubat Cad. 21/8, ✆ 5111318, www.outdoorprofis.com. Die Streckenlänge beträgt 15 km.

Zwischen Karaburun und Alanya

Der rund 50 km lange Küstenabschnitt hat sich ganz dem Pauschaltourismus verschrieben. Die schönen hiesigen Strände und halbrunden Buchten trumpfen mit feinem Sand auf, können am Übergang ins Meer aber einiges etwas felsig sein. Wer sich für einen Urlaub in den künstlichen Ferienresorts **Karaburun**, **Okurcalar**, **İncekum**, **Avsallar**, **Türkler**, **Payallar** oder **Konaklı** entscheidet, sollte vor allem darauf achten, dass sich sein Hotel in erster Reihe am Strand befindet und nicht *hinter* der autobahnähnlichen Nationalstraße 400. Deren Überquerung macht

Am Strand von Kızılot

wenig Spaß, und nur die besseren Anlagen verfügen über Unter- oder Überführungen! Wem das Programm der Animateure in den Ferienclubs nicht zusagt, gelangt mit dem Dolmuş schnell nach Alanya.

Anzuschauen gibt es in der Ecke nicht viel. In Konaklı liegt, direkt an der D 400, der **Serapsu Hanı**, auch „Şarapsu Hanı" genannt. 24 Türme schmücken diese Herberge aus dem 13. Jh., wo Mensch und Tier in einem einzigen Raum nächtigten. Heute speisen darin Touristengruppen zu türkischer Folklore. Wer nett fragt, kann auch tagsüber einen Blick hineinwerfen.

• *Verbindungen* Alle beschriebenen Orte sind von Side und Alanya bequem mit Dolmuşen zu erreichen.

• *Freizeitspäße* **Water Planet Aquapark**, der größte Aquapark im Raum Alanya–Side. Angeboten werden alle bekannten Wasserspäße. Tägl. 9.30–17.30 Uhr. Eintritt 18 €, Kinder 12 €, Türken zahlen deutlich weniger. Von der D 400 in Okurcalar ausgeschildert.

Sealanya, 2008 eröffneter Showpark mit Delphin- und Seehundvorführungen. Zuletzt fanden tägl. 2 Shows statt, um 10.30 und 15 Uhr (Dauer ca. 45 Min.). Eintritt 18 €, Kinder 14 €. Außerdem kann man mit Delphinen schwimmen (20 Min., 100 €). In Türkler direkt an der D 400.

• *Camping* **Incekum Camping**, nicht vom Namen verwirren lassen – der Platz liegt in Avsallar und nicht in Incekum! Weitläufiges, bewaldetes Areal mit viel Schatten, könnte sauberer sein. Schöner Strand. Viele picknickende Tagesgäste. Paintball, Market, einfache Sanitäranlagen. Juni–Sept. 2 Pers. mit Wohnmobil teure 20 €, mit Zelt 10 €. Avsallar, ☎ 0242/5171704, ✆ 5172441, www.incekumcamping.com.

Blick auf Alanya

Alanya   ca. 130.000 Einwohner

Alanya ist der touristische Hotspot der türkischen Riviera. Noch bis vor wenigen Jahren kam das Gros der Urlauber aus Deutschland und erfreute sich an Filterkaffee und Kuchen, Jägerschnitzel und Rinderbraten. Heute gibt es eher *Köttbullar, Pannkaka* oder *Grillspätt med Kött* und dazu Skandinavier in Massen.

Alanya erstreckt sich über zwei weite, sanft geschwungene Buchten, die von einem 250 m hohen, vorspringenden Burgfelsen getrennt werden. Gekrönt wird dieser von einer imposanten seldschukischen Burg. An die Hänge des Burgbergs (die Alt- bzw. Oberstadt) klammern sich osmanische Häuser, zu seinen Füßen liegt ein pittoresker Hafen für Ausflugsboote und Jachten. Direkt daran schließt Alanyas phonstarke Flanier- und Partymeile an. Diese geht fließend in das große geschäftige Zentrum Alanyas über: Etliche Juwelier- und Ledergeschäfte, Stände mit imitierter Markenware und Teppichläden prägen es. Zusammen mit den schönen, langen Sandstränden zu beiden Seiten des Burgbergs sind dies die Tummelplätze der Massen und deren Garant für abwechslungsreiche Urlaubstage.

Der Rest der Stadt ist – abgesehen von ein paar verstreut liegenden alten Villen – ein gesichtsloses Häusermeer im Großstadtformat. Die weißen 08/15-Fassaden der Apartmenthäuser und Hotels (entworfen von Architekten, die wohl allesamt Praktikanten an der Costa Brava waren) ziehen sich hinter einem renntauglichen, stark befahrenen Strandboulevard kilometerweit die Buchten entlang und klettern dahinter die Berghänge hoch, dem 2647 m hohen *Ak Dağ* entgegen.

Geschichte

Früheste Berichte über das antike *Korakesion,* aus dem später Alanya hervorging, stammen aus der Mitte des 2. Jh. v. Chr. und zollen der damals hier neu gegründeten Festung wenig Wohlwollen. Sie schildern es als ein übles Piratennest unter Führung von Diodotos „Tryphon" („dem Wollüstigen"), der von hier seine Galeeren in See stechen ließ, um Küstenstädte und Handelsschiffe zu plündern. Dem Schrecken machte der römische Feldherr Pompeius 67 v. Chr. in der berühmten Seeschlacht vor Korakesion ein für allemal ein Ende – 10.000 Mann kostete sie das Leben. Zwei Jahrzehnte später schenkte Mark Anton die Stadt samt Umgebung seiner geliebten Kleopatra (→ Kasten, S. 163). Diese ließ von Korakesion Holz für den Flottenbau nach Alexandria verschiffen, besaß nebenher aber noch genügend Zeit, mit dem römischen Aristokraten zu turteln. Vom Burgberg ließ sie angeblich eigens dafür einen Stollen durch das Bergmassiv zu einer klitzekleinen intimen Bucht anlegen, dem heutigen „Kleopatra Pool". Korakesion selbst erreichte in römischer Zeit jedoch niemals die Bedeutung des westlich gelegenen Side.

In byzantinischer Zeit wie auch unter der nachfolgenden armenischen Herrschaft hieß die Stadt *Kalonoros* („Schöner Berg"). Der Seldschukensultan Alaeddin Keykobat verliebte sich in Kalonoros und versuchte die Stadt vergebens zu erobern. Was militärisch scheiterte, gelang schließlich mit Diplomatie: Der armenische Fürst Kyr Vart tauschte Kalonoros samt seiner Tochter Huand Mahperi 1221 gegen einen Alterssitz bei Aksaray ein. Der Sultan, der in Konya residierte, nannte die Stadt nun *Ala'iye* und machte sie zu seinem Sommersitz und zum Kriegshafen. Die Stadt erlebte dadurch einen mächtigen Aufschwung. Aus dieser Zeit stammen ihre heute noch erhaltenen, bedeutendsten Sehenswürdigkeiten. Mit dem Ende der Seldschukenherrschaft geriet Alanya jedoch in Vergessenheit.

Der einsetzende Tourismus in der zweiten Hälfte des 20. Jh. beendete Alanyas Dornröschenschlaf. Bereits 1965 buchten die ersten deutschen Pauschalurlauber Alanya. Seitdem dehnt sich die Stadt, die ursprünglich nur auf dem Burghügel angelegt war, rasend aus. So manchen einst kleinen Nachbarort (wie Kestel oder Mahmutlar im Osten) hat sie schon verschlungen. Den früher überwiegend deutschen Strandurlaubern haben mittlerweile die Skandinavier und Osteuropäer den Rang abgelaufen. Immerhin nennen aber rund 6000 deutsche Rentner Alanya ihre zweite Heimat.

Information/Verbindungen

- *Telefonvorwahl* 0242.
- *Information* Auf der Weststrandseite in der Nähe der Damlataş-Höhle. Tägl. 9–18 Uhr. Kalearkası Cad., ✆/✆ 5131240, www.alanya.bel.tr.
- *Verbindungen* **Bus:** Busbahnhof im Westen der Stadt, mit dem Stadtbus von der Atatürk Cad. oder in ca. 20 Fußmin. zu erreichen. Im Sommer gute Verbindungen in alle Landesteile, insbesondere entlang der Küste (Adana ca. 10 Std., Antalya ca. 2 Std.). Zudem mehrmals tägl. über Konya (7 Std.) nach Kappadokien (10 Std.). Buchungsbüros im Zentrum rund um den

Heykel, rechtzeitige Reservierung ratsam.
Stadtverkehr/Dolmuş: Die sog. „Stadtbusse" und „Citybuses" (so steht's drauf) verbinden das Zentrum mit den Hotels am West- und Oststrand und fahren auch zur Burg. Minibusse zu den Küstenorten westlich (bis Manavgat) und östlich (bis Gazipaşa) von Alanya sowie zur Dimçay-Höhle und zum Dimçay-Tal starten vom Minibusbahnhof nördlich der Atatürk Cad.
Schiff: Fährverbindung nach Zypern (Girne/Kyrenia) im Sommer 2-mal wöchentl. (2008 Mo u. Do, Rückfahrt Mi u. So), Dauer 4 Std. Einfache Fahrt 40 € , retour 78 € zzgl. einer

Hafengebühr von 10 € pro Person. Keine Mitnahme von Fahrzeugen. Schnellere und häufigere Verbindungen ab Taşucu bei Silifke (→ S. 141). Infos bei **Fergün Shipping** an der Iskele Cad. neben dem Seaport Hotel, ✆ 5115358.

Detaillierte Infos über Zypern erhalten Sie im MMV-Reisehandbuch „Zypern" unseres Kollegen Ralph-Raymond Braun.

● *Bootsausflüge* Werden von Reisebüros und der Kooperative am Hafen nahe dem Roten Turm angeboten. Ganztägige Picknickfahrten mit mehreren Badestopps 10–12 € inkl. Essen.

● *Organisierte Touren* Gibt es z. B. nach Perge, Aspendos und Side oder in den Köprülü Kanyon zum Rafting für 15–20 € pro Pers. Größere Touren, z. B. nach Kappadokien oder Pamukkale, kosten je nach Dauer (1–3 Tage) und Anzahl der Shoppingpausen 20–75 €. Zudem werden Fahrten nach Anamur, Ausflüge in den Taurus, „Piratentage" auf den Spuren der Seeräuber usw. angeboten. Ein breites Angebot offeriert z. B. **Fam Tour**, Damlataş Cad. 21, ✆ 5120539, www.famtours.com.

● *Taxis* Findet man an jeder Ecke. Preisbeispiele (retour): Zur Burg 8 €, Dimçay-Tal 30 €.

Per Boot um den Burgfels

Dabei werden drei Grotten angesteuert, in die nur kleine Boote hineinfahren können – bedenken Sie dies bei Ihrer Buchung. Die erste ist die sog. *Piratenhöhle (Korsanlar Mağarası)*, in der früher Seeräuber ihre Beute versteckt haben sollen. Angeblich war sie durch einen geheimen Gang mit der Burg verbunden, doch irgendwann stürzte dieser ein und ist heute nicht mehr auszumachen. Über die *Höhle der Verliebten (Aşıklar Mağarası)* erzählt der Kapitän gerne die Geschichte von einer deutschen Frau und ihrem türkischen Freund, die in Alanya verschwanden und nach einer groß angelegten, dreimonatigen Suchaktion wohlauf in der Höhle entdeckt wurden. Die Geschichte ereignete sich übrigens bereits 1965. In der nächsten Grotte, der *Phosphorhöhle (Fosforlu Mağarası)* glitzert das Wasser infolge fluoreszierender Lichteffekte in leuchtendem Grün. Den Abschluss der Fahrt bildet ein Stopp am sog. *Kleopatra Pool* (→ Geschichte), dem intimen Treffpunkt des Liebespaares Mark Anton und Kleopatra. Nach Erdbeben und Steinrutsch existiert der Sandstrand der winzigen Bucht heute leider nicht mehr.

*A*dressen/*E*inkaufen/*V*eranstaltungen

● *Ärztliche Versorgung* In deutscher Sprache z. B. im Privatkrankenhaus **Şifa Tıp Merkezi**, Sugözü Cad. 66, ✆ 5220123.
● *Autoverleiher* Etliche vor Ort, die lokalen locken wegen der großen Konkurrenz mit oft unseriösen Angeboten (spätestens im Schadensfall wissen Sie warum!). Bei den international operierenden Anbietern bekommen Sie Fahrzeuge ab ca. 45 €, z. B. bei **Avis**, Damlataş Cad. Kültür Merkezi Yanı, ✆ 5133513, www.avis.com.tr. Ähnliche Preise auch bei **Martin Türkay** (→ Zweiradverleih).
● *Einkaufen* Die ganze Stadt ist ein einziger Basar, alles ist zu haben, doch Ramschprodukte überwiegen.

Fr großer **Wochenmarkt** zwischen Atatürk Cad. und Minibusbahnhof.
Alanyum, 2006 eröffneter Shoppingtempel an der Umgehungsstraße *(Çevre Yolu)*. Alle bekannten türkischen Marken sind vertreten. Dazu Fastfood und Kinos.
● *Polizei* U. a. am Hafen. ✆ 155.
● *Post* Filialen aufs ganze Zentrum verteilt, allein an der Atatürk Cad. mehrere Zweigstellen.
● *Reisebüro* Flüge aller Airlines kann man über **Southtours** buchen, Atatürk Cad. 35 (1. OG), ✆ 5127950, www.southtours.com.tr.
● *Türkisches Bad (Hamam)* Es gibt mehrere, jedoch keine historischen Bäder.

Alanya
Karte S. 118/119

Beyler Hamamı, Bostancıpınarı Cad. Di 9–17 Uhr Frauentag, sonst tägl. 6–24 Uhr gemischt. Eintritt mit *Kese* und Massage 27 €.

Çemberlitaş Hamamı, neben dem Damlataş Aqua Centre (→ Baden/Tauchen). Nach Geschlechtern getrennte Bereiche. Tägl. 6–24 Uhr. Eintritt mit *Kese* und Massage 22 €.

● *Veranstaltungen* Zwei international bekannte Sportevents werden alljährlich in Alanya ausgetragen. Den **Triathlon** Ende Okt. begleiten zahlreiche kulturelle Rahmenveranstaltungen. Zum **Beachvolleyballturnier** Anfang Juli reisen Topmannschaften aus aller Welt an.

● *Waschsalon* Etliche im Zentrum verstreut, z. B. **Songül** im Saray Mah. Pro Trommel ca. 8 €.

● *Zeitungen* und Zeitschriften in deutscher Sprache findet man problemlos an jeder Straßenecke.

● *Zweiradverleih* Etliche Verleiher im Zentrum. Wir empfehlen den deutschsprachigen Anbieter **Martin Türkay**, Atatürk Cad. Neslihan Sok. 13, ✆ 5135666, www.martintuerkay.de. Dahinter steckt Martin Bernhart, der seit knapp 20 Jahren in Alanya lebt und seinen Kunden auf Wunsch auch bei der Routenplanung zur Seite steht. Mountainbikes je nach Qualität 5–13 € pro Tag, Scooter ab 18 €, Motorräder ab 25 €.

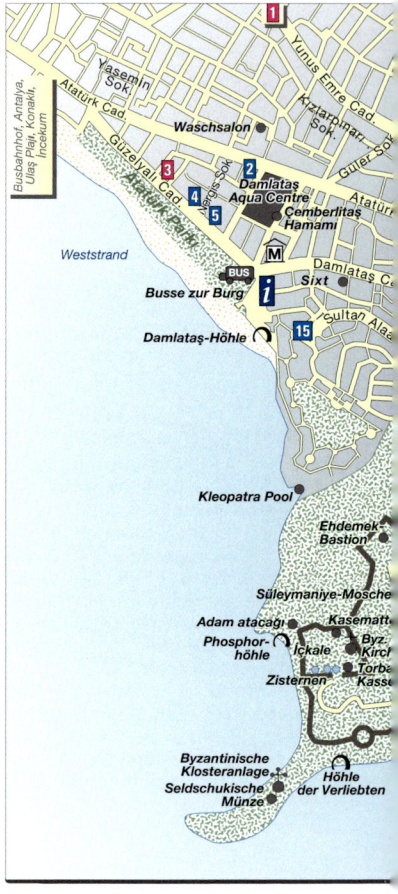

Übernachten/Camping

Alanya weist mit knapp 150.000 Gästebetten eine weitaus höhere Bettenzahl als das zehnmal größere Antalya auf. Das Gros der Hotels richtet sich jedoch an anspruchslose Massen. Ohrenstöpsel sind ratsam, Lärmbelästigungen bei vielen Häusern vorprogrammiert: entweder durch den Verkehr oder laute Discobars in der Nachbarschaft. Einfache, freundliche Pensionen gibt es keine mehr, da Individualtouristen Alanya mittlerweile aussparen.

● *Zentrum* **Seaport Hotel (22)**, nicht kategorisiertes Haus auf Vier-Sterne-Niveau. Lobby mit Putten bemalt. 65 komfortable Zimmer, die Hälfte davon mit tollem Hafenblick – wenn man jedoch lieber mit offener Balkontür anstatt mit Klimaanlage schläft, wird es nachts extrem laut! Restaurant, Bar, eigene Parkplätze, Waschservice usw. DZ mit Frühstück 60 €, mit HP 85 €. İskele Cad. 82, ✆ 5136487, ✉ 5134320, www.hotelseaport.com.

*** Hotel Sunny Hill (15), verhältnismäßig ruhige Anlage, 5 Fußmin. von Zentrum und Kleopatra-Strand entfernt. Gepflegte Zimmer mit Teppichböden, angenehm möbliert und mit dem üblichen Drei-Sterne-Schnickschnack versehen. 2 Pools. Lassen Sie sich unbedingt ein Zimmer mit Blick über die Stadt und auf das Meer geben! Gutes Preis-Leistungs-Verhältnis. DZ mit Frühstück 50 €, mit HP 60 €, all in 80 €. Sultan Aladdin Cad. 3, ✆ 5111211, ✉ 5123893, www.sunnyhillhotel.com.

Übernachten

2 Gallion Hotel
4 Kahya Ootel
5 Carina
7 Güneş Beach Hotel
9 Panorama Hotel
10 Sun Hotel
15 Hotel Sunny Hill
17 Park Hotel
22 Seaport Hotel

Nachtleben

8 Karaokebars
19 Robin Hood
20 James Dean/Bistro
   Bellmann & Zapfhahn

Essen & Trinken

1 My Balıkçın Balık
  Lokantası
3 Coco Beach Willi's
  Kneipe
6 Güven Lokantası
11 Ottoman House
12 Lokantasu
13 Ravza Restaurant
14 Ravza Restaurant
16 Belediye Aile Çay
   Bahçesi
18 Mahperi Sultan
21 Red Tower Brewery
   Restaurant
22 Özsüt

Alanya
200 m

** Park Hotel (17), zentral gelegenes, älteres Haus, doch viele Zimmer wurden jüngst restauriert (die in den oberen Etagen z. T. mit Meeresblick). Den Park drum herum sucht man vergebens, dafür sind die Clubs der Stadt nicht weit. Eines der Hotels, die gerne als Super-Billig-Last-Minute-Schnäppchen im Programm stehen. Recht großer Pool. DZ 47 €. Hürriyet Meydanı, ✆ 5131675, ✎ 5132589, www.parkhotelalanya.com.

● *Östlicher Strand* ****** Panorama Hotel (9)**, besteht aus zwei durch die Küstenstraße getrennten Komplexen. Sehr schön ist der Part am Strand, eine gepflegte niedrige Anlage mit freundlichen Zimmern, die vordersten sind keine 20 m vom Wasser entfernt (hinten raus leider Straßenlärm). Diverse Extras wie Tennis, Fitness, Pool usw. DZ 80 €. Keykubat Cad. 30, ✆ 5131181, ✎ 5131028, www.panoramahotel.com.tr.

Güneş Beach Hotel (7), direkt am Meer. Nettes kleines Hotel mit nur 20 Zimmern. Alle mit Meeresblick und Klimaanlage. Eigener Strand davor, Karaokebars daneben. DZ 63 €. Keykubat Cad. 44, ✆ 5131918, ✎ 5139594, www.guneshotels.com.

Sun Hotel (10), einfaches Haus, eingeklemmt zwischen Küstenstraße und Strand. Helle Zimmer mit angeeckten Möbeln, dennoch okay. Und wer eines mit Strandblick erwischt, ist auch mit diesem Hotel gut beraten. Restaurant. DZ mit HP 62 €, hinten

Alanya – 1001 Platz an der Sonne

raus 52 €. Ahmet Tokuş Cad. 24, ✆ 5131914, 📠 5131848, www.sunhotelalanya.com.

● *Westlicher Strand* ****** Kahya Otel (4)**, in erster Reihe – der große Vorteil dieses Vertragshotels diverser deutscher Reiseveranstalter. 247 solide möblierte Zimmer auf dem der Sterneanzahl entsprechenden Niveau – unbedingt eines mit Meeresblick nehmen! Große Poolanlage, Juwelier, Friseur, Hamam etc. Pro Person mit HP 52 €. Nergiz Sok. 7, ✆ 5131014, 📠 5138846, www.kahya.com.tr.

Gallion Hotel (2), einfaches Hotel in zentraler Lage an der Atatürk Cad. – leicht anzusteuern und ideal für Durchreisende. Zimmer ältlich und mit billigen Mitteln eingerichtet, aber sehr sauber und alle mit Klimaanlage und Balkon. Versuchen Sie, ein Zimmer nach hinten bzw. zur Seite zu bekommen. DZ 37 €. Atatürk Cad. 109, ✆ 5134392, 📠 5134476, www.gallionhotel.com.tr.

Carina (5), fest in der Hand von jungen, skandinavischen Pauschalurlaubern mit wenig Geld. Als Billighotel okay – 41 sehr saubere und zum Teil sehr geräumige Zimmer mit Balkon. Die Ausstattung ist bis auf die Klimaanlage und die Bäder allerdings veraltet – orangefarbene Telefone aus den Siebzigern! Mickriger Pool. DZ 32 €. Nergis Sok. 4, ✆ 5131897, 📠 5123906, www.carinaotel.com.

● *Außerhalb* **Taş Konak**, eine ruhige Oase und zugleich die stilvollste Unterkunft rund um Alanya. 15 km abseits des Zentrums und 5 km abseits des Meeres im nordöstlich von Alanya gelegenen Dorf Karakocalı. Die Architektur des Neubaus lehnt sich an klassisch-osmanische Konaks an. Viel Grün, großer Pool. Komfortable Zimmer mit Marmorbädern. Tennisplatz, Sauna, Dampfbad, Transfer in die Stadt und zum Strand. Vorrangig österreichisches Publikum, man spricht deutsch. Reservierung erforderlich. Nicht einfach zu finden, man kann sich jedoch abholen lassen (kostenloser Flughafentransfer). Bei unserem letzten Besuch im Sommer 2008 wegen Restaurierung geschlossen. Die Preise nach der Wiedereröffnung für 2009 waren noch nicht bekannt. Açınar Mevki 13, ✆ 5388688, 📠 5388687, www.taskonakhotel.com.

● *Camping* **Perle Camping**, der nächste und beste Platz in der Umgebung. Kleines gut besprenkeltes Wiesengelände mit Bar und Fischrestaurant direkt am Strand. Vorne raus Meeresrauschen, hinten raus Autolärm vom Küstenhighway. An dem Friedhof daneben braucht man sich nicht zu stören. Ganzjährig geöffnet. 2 Pers. mit Wohnmobil 10 €. Ca. 15 km östlich, kurz vor Kargıcak, ✆ 5262066.

Sedre Camping, ca. 20 km östlich von Alanya an der Straße nach Gazipaşa, eingezwängt zwischen Meer und Küstenhighway (laut). Schattenlose Wiese, nichts für länge-re Aufenthalte. Davor ein gepflegter Sand-strand, zum Wasser hin felsig. Sehr sau-bere Sanitäranlagen, gutes Fischlokal. 2 Pers. mit Wohnmobil 11 €. Demirtaş, ☏ 5161111, 📠 5161722, www.sedre camping.com.

Essen & Trinken (siehe Karte S. 118/119)

Die meisten Lokale in Strandnähe servieren fast alles, was man von zu Hause kennt, zudem die internationalen Standards: Pizza, Pommes und Steaks zu für tür-kische Verhältnisse hohen Preisen. Einige schöne Cafés mit spektakulären Aus-sichtsterrassen liegen auf dem Weg zur Burg. Wer kein schönes Ambiente zum Sattwerden braucht: Von der İzzet Azakoğlu Cad. gehen zahlreiche Gassen ab, in denen man günstige Kebablokale findet. Ein paar Lokalitäten, die sich aus der Masse abheben:

Mahperi Sultan (18), eines der zahlreichen Lokale mit schöner Terrasse zum Hafen. Alt-eingesessen, seit 1947 im Geschäft. Sehen und gesehen werden heißt hier die Devise. Gute Fischküche, dazu die Klassiker der internatio-nalen Urlauberküche. Hg. 9–17 €. Rıhtım Cad., ☏ 5125491.

Lokantasu (12), eines der stilvollsten Lokale im touristischen Zentrum von Alanya. 2007 eröffnet. Osmanisches Haus aus der Wende vom 19. zum 20. Jh., davor eine schöne pal-menbestückte Terrasse. Geschmackvolles Mobiliar, aufmerksame Kellner. Internatio-nale Küche mit Schwerpunkt auf der italie-nischen (Bruschetta, Pizza, Pasta, Capre-se …). Hg. 7–14 €. Damlataş Cad. 10, ☏ 5121500.

Ottoman House (11), gemütliches Plätzchen mitten im Zentrum. Bestuhlung unter alten, Schatten spendenden Bäumen vor einem os-manischen Stadthaus, das im 19. Jh. als erstes Hotel Alanyas eröffnet wurde. Serviert werden die guten alten Standards der türkischen Kü-che, u. a. Güveç und viel Gegrilltes. Hin und wieder günstige „Fischnächte". Meze 1,90 €, Hg. 7–16 €. Damlataş Cad. 31, ☏ 5111421.

Red Tower Brewery Restaurant (21), mehr-stöckiger Komplex an der İskele Cad. 82. Das Brewery Restaurant mit selbstgebrau-tem Märzen und Pilsner (kleines Bier 2,30 €, großes 3,50 €) belegt dabei das EG und die herrliche Terrasse mit Hafenblick auf der anderen Straßenseite. Dazu gibt es interna-tionale Küche zwischen Pasta, Burgern und großen Salaten zu fairen Preisen. Im **Kale Yolu Et Lokantası** eine Etage darüber kommt ausgefallene türkische Küche auf den Teller. Ganz oben befindet sich schließ-lich die **Sky Bar** mit türkischer Livemusik am Abend und gesalzenen Preisen. ☏ 5136664.

Ravza Restaurant (14), ein Tipp, wenn auch längst nicht mehr geheim. Bei Auslän-dern wie Einheimischen gleichermaßen be-liebtes, alteingesessenes Lokal (seit 1955) – so populär, dass man schon kräftig erwei-tert hat. Kleine Auswahl an Meze, hinterher beste Kebabs, Gerichte im Tontopf oder Pide – große Portionen, liebevoll dekoriert und mit einem breiten Lächeln serviert. Der Ayran fließt in Strömen – leider kein Alko-hol. Hg. 3–9 €. Yeni Çarşı Zambak Sok., ☏ 5133983.

My Balıkçım Balık Lokantası (1), besu-chenswerte, einfache Fischlokanta mitten im *Halk Pazarı*, einer unspektakulären

Ein schönes Erlebnis – Bootstrip rund um den Burgfels

Markthalle, in der Gemüse und Fisch verkauft werden. Hervorragender Fisch zu sehr günstigen Preisen, dazu auch Fischsuppe oder Fischköfte! Ca. 10–15 Fußmin. vom Zentrum entfernt. Wegbeschreibung: Der Yunus Emre Cad. (→ Stadtplan) gen Nordwesten bis zu ihrem Ende folgen, dann nachfragen. ✆ 5220273.

Coco Beach Willi's Kneipe (3), Schweinebraten mit Rotkohl, Leberkäse mit Spiegelei, Currywurst, Bratkartoffeln, Eisbein mit Sauerkraut oder Nürnberger Bratwürste. Für alle, die auch im Urlaub nicht auf Gewohntes verzichten können. Hg. um die 8 €. Güzelyalı Cad. 30 (gegenüber dem Fußballplatz), ✆ 5122579.

Güven Lokantası (6), das kleine Lokal ist weder schick noch ausgefallen und wird vielleicht deswegen von Touristen gerne übersehen. Dabei ist die Küche preiswert und phantastisch – leckerste Topfgerichte. Selbst der Bürgermeister lädt hier gerne ein. In zentraler Lage, Atatürk Cad. 3, ✆ 5136465.

Zum Forellenessen nach Çamlıbel: Die Häuseransammlung Çamlıbel liegt ca. 10 km östlich von Alanya. Wie im Dimçayı-Tal (→ S. 125) laden auch hier am kühlen und rauschenden Flusslauf des Oba Çayı mehrere urgemütliche Forellenlokale zum entspannten Dinieren abseits der Küstenhitze ein – nur geht es in Çamlıbel um einiges ruhiger zu. Anfahrt: Die Umgehungsstraße (Çevre Yolu) von Alanya Richtung Osten fahren, dann links ab zum Supermarkt Metro Cash & Carry. Vor dem Supermarkt rechts halten und dann der Beschilderung „Çamlıbel Picknick Obaçayı" folgen. Taxi ca. 10 €.

• *Süßes* **Özsüt (22)**, die Konditoreikette hat nationale Berühmtheit, in Alanya gibt es eine besonders schicke Variante auf 2 Etagen. Leckerste Torten, Kuchen und Süßspeisen. Zugleich eine gute Frühstücksadresse.

*N*achtleben *(siehe *K*arte *S*. 118/119)*

Beim Hafen gibt es mehrere Locations – zum Teil Mischungen aus Bar, Open-Air-Disco und Restaurant, dazu allesamt nicht billig (Bier oft über 4 €). Seit Jahren im Rennen sind dort das **James Dean (20)**, das **Bistro Bellman (20)** und das **Robin Hood (19)** ein origineller Vergnügungstempel auf 4 Etagen mit super Dachterrasse. Nur ein paar Schritte weiter liegt der **Club Zapfhahn (20)** – niveauvoller, als sein Name vermuten lässt.

Sehr populär ist auch seit Jahren die durchgestylte, riesige **Freiluftdisco Auditorium** mit tempelähnlichem Eingang im Vorort Kestel an der Straße zur Dim-Höhle. Kostenloser Shuttleservice, erkundigen Sie sich in Ihrem Hotel nach der nächstgelegenen Zusteigestelle.

Eine Reihe von **Karaokebars (8)** findet man in der Keykubat Cad. nahe dem Güneş Beach Hotel.

Wer es ruhiger mag, sucht den **Belediye Aile Çay Bahçesi (16)** am östlichen Ende der Promenade auf. Er ist einfach zu türkisch und zu schlicht, um auf der Beliebtheitsskala der Alanyatouristen einen Platz weit oben zu bekommen.

*B*aden/*T*auchen

• *Aquapark* **Damlataş Aqua Centre** heißt der kleine Aquapark im Zentrum. Ein paar Pools und Rutschen. Eintritt 13 €, Kinder 7 €. Tägl. 9–19 Uhr. Mehr Spaß bietet der rund 30 km westlich von Alanya gelegene Aquapark in Okurcalar (→ S. 114).

• *Baden* Der Burgfels unterteilt die Strände Alanyas in einen östlichen und einen westlichen Strand, beide sind mit der „Blauen Flagge" ausgezeichnet und bieten ein großes Wassersportangebot. Je weiter man sich vom Zentrum entfernt, desto größer werden die Abstände zwischen den Liegestühlen.

Weststrand: Der Weststrand, auch **Kleopatra-Strand** genannt, ist der schönere von beiden. Beim Schnorcheln an den Felsen des Burgbergs sind kleine Höhlen zu entdecken. Sonnenschirmverleih, Cafés.

Oststrand: Dieser Strand, auch **Keykobat-Strand** genannt, erstreckt sich über ca. 15 km. Eine mehrspurige Schnellstraße trennt ihn von den dahinter liegenden Hotels. Er ist ebenfalls gut mit Bars bestückt, bietet zudem die besseren Wassersportmöglich-keiten (Jetski, Wasserski, Parasailing, Bana-nariding etc.) und ist nicht gar so überlau-fen wie der Kleopatra-Strand.

Weitere Bademöglichkeiten: Ulaş Plajı, rund 5 km westlich von Alanya. Unter dem Parkplatz erstrecken sich zwei goldene Sandstrände, der erste ist recht groß, der Meeresraum jedoch felsig. Der andere Strand ist sehr schmal, weitestgehend felsfrei, jedoch bei leichtem Seegang überflutet. Treppen führen über die terras-senförmig befestigte Steilküste zum Strand hinab, darüber befindet sich ein beliebtes Picknicklokal. Achtung: An diese Strände gelangen Sie nur in Fahrtrichtung Antalya – Alanya.

Die schönsten Bademöglichkeiten der Um-gebung liegen bei **Iotape**, ca. 35 km östlich von Alanya (→ S. 127).

● *Tauchen* Leser empfehlen **Dolphin Dive** an der İskele Cad. 23, ☎ 5123030, www.dolphin-dive.com. Mittagessen und Ausrüstung 62 € (auch als Schnuppertauchgang möglich). Südlich des Burgfelsens lässt sich ein Wrack entde-cken. 4 Tage P.A.D.I. Open Water 375 €. Auch deutschsprachiges Personal.

Sehenswertes

Burgberg: Hoch über dem Meer erhebt sich die mittelalterliche Festungsanlage – mit 6500 m Mauerlänge und 140 Türmen das Wahrzeichen der Stadt. Aus der Fer-ne wirkt sie nachts – da effektvoll beleuchtet – imposanter als tagsüber. Für so manche Türkeiurlauber ist sie der einzige Grund, Alanya einen Besuch abzustatten. Die Burg besteht aus drei Mauerringen. Der innerste, höchstgelegene Teil der Fes-tung nennt sich *İçkale.* Außer einer wirklich grandiosen Aussicht gibt er jedoch nicht viel her. Ihn betritt man am Ende der Straße zur Burg durch einen Torbau. Die wenigen Ruinen dahinter – eine byzantinische *Kirche*, ein paar *Zisternen* und die *Kasematten* – sind durch Holzstege miteinander verbunden. Die Attraktion für gruselfreudige Touristen ist der *Adam atacağı*, der „Platz, an dem Menschen hinab-gestürzt werden". Er befindet sich bei der nordwestlichsten Zisterne hoch über der fast senkrecht zum Meer hin abfallenden Küste. Angeblich gab der Sultan den zum Tode Verurteilten zuweilen eine letzte Chance, indem er sie Flügel bauen ließ, die sie vor dem Tod auf den scharfen Klippen bewahren sollten. Diesen und ähnlichen Hum-bug tischen Reiseleiter hier ihren Gruppen gerne auf. Vom westlichsten Punkt der İçkale blickt man auf eine schmale felsige Landzunge. Auf dieser stehen die Ruinen einer byzantinischen *Klosteranlage* und einer seldschukischen *Münze*. Zur nörd-lichen *Bastion Ehmedek* (ausgeschildert) gelangt man vom Parkplatz vor der Burg auf einem idyllischen Pflasterweg. Dabei geht es vorbei an der *Süleymaniye-Moschee* mit einem zwölfeckigen Minarett. Zurück ins Zentrum kann man ebenfalls pro-blemlos spazieren. Der Weg ist schön und die Aussicht herrlich. Am Burgberg wirkt Alanya mit seinen osmanischen Häuschen in den krummen Gassen fast dörflich.

● *Anfahrt/Öffnungszeiten* Halbstündl. bis stündl. verkehrt ein **Stadtbus** von der Haltestelle gegenüber der Tourist-Info zum Burgtor hinauf (0,55 €). **Taxi** hin/zurück 8 €. Wer zur Burg hinauflaufen will, findet den Einstieg in den **Fußweg** beim Kızıl Kule. Tägl. 9–19.30 Uhr, im Winter bis 17 Uhr. Burgeintritt 5,30 €, inbegriffen ist die Besichtigung der Ehmedek-Bastion.

Kızıl Kule (Roter Turm): Der mächtige achteckige, aus dunkelroten Ziegeln erbaute Turm am Hafen wurde 1225 zum Schutz dessen und der nahe gelegenen Werft (s. u.) errichtet. Im Angriffsfall kippte man von den Zinnen Pech und kochend hei-ßes Wasser auf die Feinde. In Friedenszeiten diente der 33 m hohe, fünfstöckige Turm u. a. als Zisterne und Lager. Sein bemerkenswert gutes Aussehen verdankt er einer Renovierung Anfang der 1950er Jahre. Im Inneren finden heute wechselnde Ausstellungen statt, gekrönt wird der Besuch mit einem Rundumblick vom Dach.

Öffnungszeiten Tägl. 9–19.30 Uhr. Eintritt 1,20 €.

Alanya
Karte S. 118/119

Kızıl Kule, der Rote Turm

Tershane (Werft): Die Anlage 200 Schritte südlich des Roten Turms – die einzige seldschukische Werft, die sich bis heute erhalten hat – ist über 50 m lang. Erbauen ließ sie Sultan Alaeddin Keykobat, einer Inschrift nach der „Herrscher über beider Meere", damit waren das Mittelmeer und die Ägäis gemeint. Von See aus lassen sich ihre fünf spitzbogigen Schiffseinfahrten ausmachen. Die Galerien zum Bau und Warten der Schiffe wurden bis zu 42 m tief in den Fels gehauen. 2008 war die Werft geschlossen. Sie soll restauriert und danach als ein Museum mit dem Schwerpunkt auf Schifffahrt und Meeresfauna der Öffentlichkeit zugänglich gemacht werden.

Archäologisches und Ethnographisches Museum: Die antiken Funde der *archäologischen Abteilung* (Bildhauerarbeiten aus römischer Zeit, eine Amphoren-sammlung, Mosaike etc.) stammen u. a. aus Alanya, Antiochia ad Cragem, Selinus und Syedra. Prunkstück ist das Bodenmosaik *Entführung des Hylas durch die Meer-jungfrauen.* Außerdem sieht man eine Bronzestatue des Herakles, in dessen leeren Augenhöhlen einst wahrscheinlich Augäpfel aus Glas oder farbigem Stein einge-setzt waren. Im *Museumsgarten,* einem alten osmanischen Friedhof, werden Säu-lenkapitelle, Kleinstsarkophage und weitere Mosaike gezeigt. Die *ethnographische Abteilung* präsentiert u. a. prächtige Koranausgaben und filigrane Einlegearbeiten aus der Zeit der Seldschukenherrschaft. Zudem kann man ein „Alanya-Zimmer" aus dem 19. Jh. bewundern, das im Museum originalgetreu aufgebaut wurde.

Adresse/Öffnungszeiten Damlataş Cad., nahe der Touristeninformation. Tägl. (außer Mo) 8.30–12 und 13–17 Uhr. Eintritt 1,70 €.

Damlataş-Tropfsteinhöhle: Der Eingang der rund 15.000 Jahre alten, kleinen Höhle befindet sich direkt am Weststrand am Fuße des Burghügels. Ihr Besuch ist eher eine Enttäuschung – wer bleibende Eindrücke von einem Höhlenbesuch mit nach Hause nehmen will, fährt besser zur Dim-Höhle (→ S. 125). Der angeblich stets gleichen Höhlentemperatur von 23°C und der kohlensäurehaltigen Luft wird eine heilende Wirkung bei Asthma zugeschrieben, allerdings sollte man dann vier Stunden täglich in der Höhle verbringen, und das drei Wochen lang. Herzkranke sollten von einem Besuch hingegen absehen – die Luftfeuchtigkeit beträgt 96 Prozent. Entdeckt wurde die Höhle 1948 zufällig bei Steinbrucharbeiten.

● *Öffnungszeiten* Am Eingang der Höhle wird man dreisprachig darüber informiert, dass der Ingenieur Herr Ahmet Tokuş eine abschließbare Tür baute und den Schlüssel Herrn Galip Dere übergab (?). Wer den Schlüssel nun hat, war nicht zu ermitteln, aber die Tür ist tagsüber ab ca. 10 Uhr geöffnet. Eintritt 2,50 €.

Atatürk-Museum: Ein solches besitzt in der Türkei nahezu jede Stadt, in welcher der Staatsgründer auch nur eine Toilettenpause einlegte. In Alanya ist es in einem Herrenhaus aus der zweiten Hälfte des 19. Jh. untergebracht, in welchem Atatürk am 18. Februar 1935 weilte. Im ersten Stock sind neben ein paar Fotos und Dokumenten, Schuhe und Socken des großen Staatsmanns zu sehen. Der zweite Stock ist interessanter: Er ist ausgestattet mit dem Originalmobiliar von einst – ein netter Einblick in das Leben der osmanischen Oberschicht des 19. Jh.

Adresse/Öffnungszeiten Azaklar Cad., vom Zentrum ausgeschildert. Mo–Sa 9–12 und 13.30–18.30 Uhr. Eintritt frei.

> **Eine Prise Bergluft gefällig?** Im Hinterland von Alanya gibt es eine Reihe von *Yaylas*, ländliche Almen auf rund 1000 m Höhe mit eiskalten Quellen, Pfahlhütten und grandiosem Bergpanorama. Zu den schönsten Almen im Hinterland gehört die *Türktaş Yaylası* auf einer Hochebene mit herrlichen Picknickplätzen rund 40 km nördlich von Alanya.

Zwischen Alanya und Anamur

Hinter Alanya tangiert die Küstenstraße zunächst von Hotels gesäumte und teils von Felsen durchsetzte, lange Sandstrände. Unterwegs bieten sich Ausflüge ins Hinterland an, z. B. ins Dimçayı-*Tal* oder zu den einsamen Ruinen von Syedra. Weiter gen Osten wird die Küstenlandschaft langsam schroffer, doch immer noch tun sich diverse Bademöglichkeiten auf. Vorbei an den Überresten der antiken Stadt Iotape gelangt man nach Gazipaşa, einem aufstrebenden Badeort. Entlang des Wegs grüßen Sie Honig- und im Herbst noch viel mehr Bananenverkäufer. Die süßen Zwergbananen kanarischen Typs sind das landwirtschaftliche Hauptprodukt der Region, eine Kostprobe sollte man sich nicht entgehen lassen.

Hinter Gazipaşa beginnt das „Raue Kilikien" (→ Kasten, S. 127), einer der schönsten Abschnitte der Südküste. Die Straße windet sich in Schwindel erregenden Serpentinen, die keine Karte dokumentieren kann, auf und ab und bietet wunderbare Aussichten – Fensterplätze auf einer Busfahrt sind Gold wert! Einige Ruinenstätten, u. a. Antiocheia ad Cragum, erinnern daran, dass der Küstenabschnitt einst wesentlich dichter besiedelt war. Bis Anamur sorgen etliche Buchten und ein paar nette Lokale für gemütliche Pausen.

Dimçayı-Tal und -Höhle

Im engen **Flusstal** des Dim ca. 15 km nordöstlich von Alanya reiht sich Lokal an Lokal. Serviert wird in erster Linie Forelle aus eigener Zucht, die man neben kleinen Wasserfällen, unter Brückchen, auf Holzterrassen im rauschenden Flussbett oder an Tischen direkt am Wasser verspeist. Wie lange noch? Flussaufwärts, nur ein paar Meter hinter dem letzten Lokal, wurde eine mächtige Staumauer errichtet.

Alanya
Karte S. 118/119

Hat schon deren Bau samt Zufahrtsstraßen kräftig am Charme des Flusstals gekratzt, so befürchten nun viele Lokalbesitzer, mit der Flutung des Sees im Trockenen zu sitzen. Nicht wenige planen deswegen einen Umzug hinauf ans neue Seeufer. Was auch immer die Zukunft bringt, ein Ausflug in dieses Eck lohnt allein schon wegen der nahen, überaus imposanten **Dim Mağarası**, der zweitgrößten, erschlossenen Tropfsteinhöhle der Türkei. Die 360 m lange Höhle mit vier Sälen ist erst seit 1998 zugänglich (tägl. 9–20 Uhr, im Winter bis 17 Uhr, Eintritt 4,70 €). Zu dezenter klassischer Musik staunt man hier über bizarre Tropfsteinformationen wie *Mutter mit Kind, Wasserfall* oder *Burg*.

● *Anfahrt* Tal und Höhle sind von Alanyas östlichem Vorort Kestel von der Küstenstraße mit „Dimçay Mağarası" ausgeschildert. Zum Staudamm führen zwei Straßen, eine neue rechts (östlich) und eine alte links (westlich) des Flusses. Die meisten Restaurants lagen 2008 noch an der linken Zufahrtsstraße.

Zur Höhle und zum Tal fährt regelmäßig (in der Saison gar stündl.) ein **Bus** vom Minibusbahnhof in Alanya. Zudem verkehrt in der Saison 1-mal tägl. am späten Vormittag ein kostenloser **Servicebus** ins Tal, Abfahrt vom Rathaus, nähere Auskunft über die Touristeninformation.

Syedra (antike Stadt)

Die Ruinenstätte ca. 20 km östlich von Alanya bietet den Reiz einer verlassenen Stadt in der Einsamkeit und grandiose Ausblicke über Bananenhaine hinweg auf die Küste. Sie ist bislang kaum erforscht, auch über die Geschichte Syedras ist wenig bekannt. Vermutlich erlebte die Stadt im oströmischen Reich, als sie ein Münzrecht besaß, ihre Blüte. Die teils gut erhaltenen Überreste verteilen sich auf mehrere Terrassen und sind überaus sehenswert – vor allem deswegen, weil das alte Stadtbild noch gut nachzuvollziehen ist. Im zentralen Stadtgebiet kann man die Reste einer **Zisternenanlage**, einer **Therme**, eines **Gymnasions** und einer **Säulenstraße** entdecken, dazu ein bis zu 10 m hohes, palastähnliches Gebäude – vermutlich eine christliche **Basilika**.

● *Anfahrt/Öffnungszeiten* Von der Küstenstraße zwischen Alanya und Gazipaşa ausgeschildert. 1,4 km nach der Abzweigung (die Straße führt am Restaurant Doktor'un Bahçesi vorbei) links den Feldweg an

einer Schule (mit Fahnenmast und Atatürkbüste) vorbei wählen. Diesem bis zu seinem Ende bergauf folgen, gut befahrbar (Strecke ab der Abzweigung insgesamt ca. 3 km). Stets zugänglich, kein Eintritt.

Sapadere-Schlucht (Sapadere Kanyonu)

Die jüngste Touristenattraktion in der Umgebung von Alanya ist der bis zu 100 m hohe Sapadere-Cañon, durch den 2008 ein Weg auf Holzplanken installiert wurde. Einstiegsmöglichkeiten ins eiskalte Wasser im Flussbett sind vorhanden, außerdem gibt es mehrere kleine Wasserfälle – allzu spektakulär ist das Ganze aber nicht. Das gleichnamige, weit verstreute 1000-Seelen-Kaff unterhalb der Schlucht mutierte daraufhin zu einem aufgeputzten Vorzeigebergdorf, wo man eine alte Wassermühle besichtigen, Börek essen oder die Seidenherstellung verfolgen kann – noch bis vor gar nicht allzu langer Zeit war die Seidenraupenzucht eine der Haupterwerbsquellen im Dorf.

● *Anfahrt/Öffnungszeiten* Auf der Küstenstraße Richtung Gazipaşa ca. 20 km südöstlich von Alanya links nach Demirtaş abbiegen. Durch den Ort hindurch, dann stets der Beschilderung „Sapadere Kanyo-

nu" folgen. Die letzten Kilometer waren zuletzt noch nicht geteert, was sich bis zu Ihrem Besuch jedoch ändern kann. Tägl. 9–20 Uhr. Eintritt 1,10 €.

Zwischen Alanya und Anamur

Badefreuden bei den Ruinen von Iotape

Iotape (antike Stadt)

Rund 35 km östlich von Alanya liegen rechts und links der Küstenstraße die Ruinen von Iotape (türk. Aytap). Die Hafenstadt wurde von dem Kommagenekönig Antiochus IV. (38–72 n. Chr.) gegründet und nach dessen Frau benannt. Aus Inschriften weiß man, dass sie für ihre spendablen Bürger und erfolgreichen Athleten bekannt war. Viel blieb von Iotape nicht übrig: Reste der **Akropolis** auf einer Felsnase am Meer, etwas nördlich die Überbleibsel von **Thermen** und eine verfallene **Kapelle**, auf der anderen Straßenseite eine **Nekropole**. Auch wenn die Ruinen als solche wenig spektakulär sind, bilden sie dennoch ein bizarres Panorama für ein Badevergnügen. Zwischen den Felsen glitzern kleine Sandbuchten, einen schönen Strand mit Sonnenschirmen findet man u. a. beim „Kale Restaurant".

Hinweis An den Ruinen düst man schnell vorbei. Halten Sie, von Alanya kommend, 2 km hinter dem „Aydap Restaurant" auf der Meerseite nach dem Kale Restaurant Ausschau, die Ruinen liegen nur wenige Schritte weiter.

Cilicia aspera, das „Raue Kilikien"

Östlich von Gazipaşa, wo der Taurus das Meer küsst, beginnt Kilikien. Die antike Landschaft erstreckte sich von hier bis zur syrischen Grenze. Der westliche, bergige Abschnitt bis Silifke wird seit jeher „Raues Kilikien" genannt: Felsige Halbinseln, eine wild zerklüftete Küste mit etlichen, oft schwer erreichbaren Sandbuchten, wildromantische Berghöhen und duftende Pinienwälder prägen die kaum besiedelte Region. Jahrhunderte lang war das Raue Kilikien nur von See aus erreichbar und ein berühmt-berüchtigter Hort von Piraten. Der Tourismus spielt hier bis heute nur eine untergeordnete Rolle, die reizvolle Küstenregion ist mangels Übernachtungsmöglichkeiten in erster Linie Durchreiseland geblieben. Bis Anamur erwartet Sie eine kurvenreiche Straße mit wenig Verkehr und herrlichen Ausblicken – zwei Stunden sollten sie für den Abschnitt einkalkulieren.

Gazipaşa

Das Zentrum des prosperierenden Städtchens mit vielen deutschen Residenten liegt rund 2 km abseits der Küste. Die Bauern der Umgebung erledigen hier ihre Geschäfte. Touristen begegnet man nur wenigen, aber das wird sich vielleicht irgendwann ändern. Die Grundvoraussetzung, um am Geschäft mit der schönsten Jahreszeit teilzuhaben, ist gegeben: Vor Gazipaşa erstreckt sich ein attraktiver, weiter **Strand**, zu dem eine palmengesäumte Zufahrtsstraße führt. Die seit Jahren geplante große Marina daneben ist aus dem Stadium eines kleinen Fischerhafens noch immer nicht hinausgekommen. Die hiesigen Fischer fangen im Frühjahr und Herbst große Mengen Thunfisch, die dann – ausgenommen und eingefroren – nach Japan verschifft werden.

Hinter dem Strand entstanden in den letzten Jahren mehrere Apartmenthäuser. Diese dürfen – als hätten die Stadtväter aus der negativen Entwicklung anderer türkischer Küstenorte gelernt – in Meernähe nur zwei Etagen haben. Düsteren Mahnmalen gleich ragen deswegen aber auch die mehrstöckigen Betonskelette einiger gestoppter Schwarzbauten in den Himmel. Dazwischen finden sich noch immer weite Brachflächen. Der Bauboom stagniert gerade – die Unsicherheit bezüglich des Flughafenprojekts (→ Kasten) lässt Investoren noch warten.

Auf der Zufahrtsstraße zum Hafen wird schnell deutlich, dass die Stadtgeschichte ein paar Jahrtausende auf dem Buckel hat: Unterwegs schneidet man ein mehrere hundert Meter langes Aquädukt. Es versorgte die Zitadelle des **antiken Selinus** mit Wasser. Zu ihren Füßen, an der Mündung des Gazipaşa-Flusses am Südostende des Strandes, liegen die Reste der dazugehörigen Stadt (Thermen, Agora, Odeion und Theater) – nicht viel, aber für Entdeckungsfreudige eine Abwechslung im Strandprogramm. Vorübergehend hieß die Stadt *Trajanopolis*, da hier der römische Kaiser Trajan im Jahre 117 nach einem Feldzug schwer verwundet verstarb.

● *Verbindungen*   Regelmäßige **Dolmuşe** von und nach Alanya, Dauer ca. 45 Min. **Bus**bahnhof an der Hauptstraße nahe dem Boulevard zum Strand. Vom Zentrum zum Strand zur türkischen Ferienzeit (Anfang Juli–Mitte Sept.) Dolmuşverbindungen. Außerhalb der Saison muss man laufen.

● *Übernachten*   Das Angebot ist noch immer bescheiden.

Delfin Pension, geführt von der freundlichen Emine, die lange Jahre in Rosenheim gelebt hat. 10 sehr saubere und gepflegte Zimmer mit türkisfarbenem Mobiliar, Fliesenböden, Klimaanlage und Balkon (z. T. mit Meerblick). Von Lesern empfohlen. Gutes Restaurant. DZ 32 €. Ca. 200 m vom Meer im westlichen Abschnitt der Bucht, von der Zufahrtsstraße zum Strand ausgeschildert, ✆/✉ 0242/5724986.

Selinus Otel, 45 Standardzimmer mit Klimaanlage und Minibar, mäßig sauber und nur als Ausweichadresse aufgeführt. Gut belegt mit russischen Pauschalurlaubern und anderen Vieltrinkern: Der niedrige All-inclu-sive-Preis umfasst auch alkoholische Getränke. Auf gute Küche wird kein Wert gelegt. Pro Person all in 35 €. Direkt an der Uferstraße, ✆ 0242/5721986, ✉ 5724436, www.selinushotel.com.tr.

Belediye Dinlenme Tesisleri, das von der Stadtverwaltung gemanagte Erholungsareal bietet 32 kleine schlichte Bungalows, vom Strand nur durch eine gepflegte Wiese mit jungen Palmen, 3 Pools und ein Restaurant getrennt – und das alles ohne Zaun! Kleiner Markt. Alle Zimmer mit Steinböden, Terrasse, Bad und Küchenzeile. In der HS ist ohne Reservierung kaum etwas zu machen. Für 2 Pers. 22–27 €, kein Frühstück. Gazipaşa, ✆ 0242/5721630, ✉ 5721631, www.gazipasa.bel.tr.

TIPP! Pension Melody, ein viel gelobter Lesertipp für Naturfreunde ca. 20 km östlich von Gazipaşa in spektakulärer, einsamster Lage. Schlichte, saubere, weiß gekalkte Häuschen ohne Klimaanlage aber mit Du/WC und kleiner Terrasse am Steilhang, umrahmt von Bananenplantagen. Zur privaten, traumhaften Sand-Kies-Bucht darunter führt ein Pfad. Unter Leitung eines deutsch-türkischen Teams, das die wildromantische Anlage auf dem 18.000 m² großen Grundstück künftig in eine Biofarm umgestalten will. Auch Langzeitaufenthalte und Zelten möglich. Gutes Preis-Leistungs-Verhältnis. Ganzjährig. Vorherige Anmeldung erwünscht. Pro Person mit HP 29 €, Camping 3 €. Einziger Haken ist die Anfahrt: Von Gazipaşa kommend hinter dem Dorf Güneyköy ausgeschildert, von dort auf einer steilen, gemeinen Piste noch ca. 1,5 km Richtung Meer, ✆/✉ 0242/5971009 o. 5971105, www.antalya-melody.com.

Airport Alanya – Schilda lässt grüßen

„Alanya" heißt der Flughafen im westlich an Gazipaşa anschließenden Dorf Kahyalar. Für 500.000 Passagiere jährlich wurde das Terminal ausgelegt, doch bislang checkte hier noch kein einziger Fluggast ein. Der Grund: Pfusch bei der Planung. Die Landebahn war zu kurz geraten. „Ungeeignet für den internationalen Flugverkehr" hieß das Fazit der Gutachter. Eine Lizenz der *International Civil Aviation Authority* blieb aus. Über die Millionen Lira teure Peinlichkeit redet man im Gouverneursamt natürlich nicht gerne. Und auch der Flughafenbetreiber *TAV,* der weltweit aktiv ist, hüllt sich in Schweigen. Dafür brodelt die Gerüchteküche, über die Zukunft des Flughafens weiß jeder etwas anderes zu berichten. 2008 fuhren Bagger auf dem Flughafengelände auf – um die Landebahn zu verlängern, sagen die einen, um das Areal für den Bau eines Sanatoriums samt Golfplatz umzugestalten, die anderen. Gleichzeitig hieß es, man verhandle schon mit *EasyJet* über Start- und Landerechte für 2009. Doch selbst nach Verlängerung der Landebahn könne, so Experten, allenfalls kleinen Regionalmaschinen eine Fluggenehmigung erteilt werden. Denn der An- und Abflug größerer Maschinen wäre nur von bzw. zur Seeseite hin möglich, da in entgegengesetzter Richtung ein Berg im Weg steht.

Antiocheia ad Cragum (antike Stadt)

Ein lohnenswertes Ziel. Wie Iotape wurde auch diese Stadt von dem Kommagenekönig Antiochus IV. gegründet. Sie macht ihrem Beinamen „ad Cragum" („an der Klippe") alle Ehre. Überaus imposant thront die **Zitadelle** der antiken Stadt auf einem steilen Felsen hoch über dem Meer – eine beeindruckende Symbiose von Natur und Kultur. Ihre Erkundung gestaltet sich jedoch aufgrund des starken Wildwuchses recht schwierig. Das Gleiche gilt für die östlich der Zitadelle und auf der anderen Seite des ehemaligen Hafens gelegene **Nekropole**. Die restlichen Relikte des alten Stadtgebiets liegen weit verstreut. Reste eines **Tempels** und ein 4 m hohes **Stadttor** am Eingang zu einer **Kolonnadenstraße**, deren umgestürzte Säulen teils schon halb im Boden versunken sind, passiert man bei der Anfahrt. Nahebei befinden sich eine **Therme** und eine **Kirche** – Umherstreifen macht Spaß! Zuweilen gräbt hier übrigens die *Clark University* aus Nebraska.

● *Öffnungszeiten/Anfahrt* Ca. 18 km östlich von Gazipaşa von der Küstenstraße ausgeschildert, nach der Abzweigung immer auf der asphaltierten Straße bleiben. Nach ca. 3 km erreicht man die Tempelruinen, 200 m weiter die der Kolonnadenstraße und des Stadttores. Von dort noch ca. 2 km bis zur Zitadelle. Stets zugänglich. Kein Eintritt.

Die Reihen lichten sich – Saisonende in Anamur

Anamur

ca. 60.500 Einwohner

Das Zentrum des Städtchens 4 km abseits der Küste ist weder anziehend noch abstoßend, nur langweilig. Der Touristenrummel spielt sich weiter südlich ab, im Ortsteil İskele mit weiten, einladenden Sandstränden. Kulturhistorische Bonbons der nahen Umgebung sind das antike Anamurium und die Bilderbuchburg Mamure Kalesi.

Zu Füßen der Kilikischen Berge in einer landwirtschaftlich intensiv genutzten Region erstreckt sich Anamur, ein zwar windiges (griech. *anamur* = windiger Ort), aber für türkische Verhältnisse stilles Städtchen mit nüchternen, schnurgeraden Straßen. Sehenswürdigkeiten bietet es keine, dafür alle wichtigen sozialen Einrichtungen. Das Zentrum findet man oberhalb der Nationalstraße 400 rund um die Bankalar Caddesi.

Lebendiger als in Anamur geht es im Sommer in der weitläufigen, jedoch etwas monotonen Feriensiedlung **İskele** zu, vor allem zur türkischen Urlaubszeit. Der internationale Tourismus hält sich in Grenzen. Viele Städter, vor allem aus Konya und Ankara, besitzen hier Ferienapartments. Auch dem Militär gehört in İskele eine weitläufige Erholungsanlage. Außerhalb der Saison wirkt der Ort geisterhaft, für das fast immer besucherfreie **Museum** nahe dem Fähranleger gilt dies das ganze Jahr. Es besitzt eine archäologische Abteilung mit wenig spektakulären Funden aus Anamurium und eine ethnographische mit vielen Teppichen. Dazwischen kann man allerhand anderen Krimskrams wie eine Seekarte des britischen Captain Francis Beaufort aus dem Jahre 1812 entdecken (tägl. außer Mo 8–17 Uhr, Eintritt 1,70 €).

Die Strände vor Ort sind kilometerlang und reichen gen Westen bis zu den Ruinen der antiken Stadt **Anamurium**, gen Osten bis zur Burg **Mamure Kalesi**. Sie sind Eiablagegebiet der Unechten Karettschildkröte (→ Kasten). Allein 2008 wurden hier, unterstützt von der deutschen Aktionsgemeinschaft Artenschutz, 808 Gelege gesichert – rund 55.000 kleine Kröten konnten so dem Meer entgegenkrabbeln. Im Hinterland lädt eine **Höhle** zur Erkundung ein.

Caretta caretta

Die bis zu zwei Zentner schwere und bis zu einem Meter lange „Unechte Karettschildkröte" *(Caretta caretta)* verbringt wie alle Meeresschildkröten ihr gesamtes Leben im Wasser. Lediglich zur Eiablage kommen die weiblichen Tiere an Land. Dabei suchen sie – wie Touristen auch – insbesondere von Mitte Mai bis Mitte Oktober feinsandige Strände auf. Während die Touristen jedoch tagsüber kommen, erscheinen die Schildkröten nachts. Werden die Schildkröten auf dem Weg zur Eiablage durch Geräusche, Lichtquellen oder auch Hindernisse wie Sonnenliegen gestört, kehren sie unverrichteter Dinge ins Meer zurück und verlieren dort unter Umständen ihre Eier. Für die Eiablage selbst graben die Schildkröten ein Nest. Nach getaner Arbeit bedecken sie die tischtennisballgroßen Eier mit Sand. Nach ca. 60 Tagen ist das Gelege von der Sommersonne ausgebrütet und die Schlüpflinge graben sich einen Weg ins Freie. Das geschieht meist nachts. Um dann den Weg ins Meer zu finden, orientieren sich die winzigen Kröten an der hellsten Fläche – in der Regel dem im Mondlicht glänzenden Wasser. Diesen Weg prägen sich die weiblichen Tiere für ihr ganzes Leben ein: Nach 20 bis 30 Jahren und tausenden geschwommenen Kilometern kehren sie genau an diese Stelle zurück, um ihrerseits Eier abzulegen. Das bedeutet, dass die wenigen, noch heute von Schildkröten aufgesuchten Strände in ihrer natürlichen Form erhalten bleiben müssen, will man nicht das Aussterben der noch verbliebenen Population verantworten. Verhaltensmaßnahmen zum Artenschutz:

● Meiden Sie Nistsstrände zwischen Sonnenuntergang und -aufgang.
● Schaffen Sie keine künstlichen Lichtquellen hinter dem Strand (Lagerfeuer, Autoscheinwerfer etc.) – die Jungtiere krabbeln sonst in die falsche Richtung und vertrocknen am Folgetag qualvoll in der Sonne!
● Halten Sie sich beim Sonnenbad möglichst nicht weiter als 5 m von der Uferlinie auf. Im meernassen Bereich vergraben die Schildkröten keine Eier. Hier können Kinder bedenkenlos im Sand buddeln und Sie einen Sonnenschirm hineinstecken, ohne Gefahr zu laufen, ein Gelege zu zerstören oder den Brutvorgang durch künstlichen Schatten zu verlängern.
● Berühren Sie auf keinen Fall frisch geschlüpfte Jungtiere.

---

*I*nformation/*V*erbindun*G*en/*A*usfl*ü*Ge

● *Telefonvorwahl* 0324.
● *Information* Am Busbahnhof/Ecke Atatürk Bul. Geringe Englischkenntnisse. Mo–Fr 8-12 und 13–17 Uhr. ✆/✉ 8144058, www.anamur.bel.tr.
● *Verbindungen* **Bus**: Busbahnhof direkt an der Nationalstraße 400. Ins Stadtzentrum sind es ca. 500 m bergauf. Mehrmals tägl. nach Alanya (3½ Std.) und Antalya (5½ Std.) sowie über Aydıncık nach Silifke (3½ Std.).

Stadtbus/Dolmuş: Regelmäßig **Stadtbusse** nach İskele, Abfahrt hinter dem Busbahnhof, in die Busse nach Ören (Anamurium) steigt man vor dem Hotel Dedehan neben dem Busbahnhof zu. Die **Dolmuşe** nach Bozyazı und Mamure Kalesi starten von der Akdeniz Cad. vor der *Ticaret Sanayı Odası* (Industrie- und Handelskammer), genaue Abfahrtsstelle zeigen lassen. Achtung: So nur seltene Fahrten!

Anamur
Karte S. 133

Taxi: Von Anamur nach İskele 5,50 €, nach Anamurium (hin/zurück mit Wartezeit) 17 €.
• *Bootsausflüge*   Werden während der Hochsaison von İskele angeboten. Man tuckert i. d. R. zwischen Ören/Anamurium und der Mamure Kalesi hin und her.

*A*dressen/*B*aden/*V*eranstaltungen

• *Ärztliche Versorgung*   Staatliches Krankenhaus **Devlet Hastanesi** nahe der Nationalstraße 400 östlich des Zentrums (ausgeschildert). ℡ 8148882.
• *Autoverleih*   Kein Autoverleih in Anamur!
• *Baden*   Rund um Anamur finden Sie kilometerlange Strände, häufig Sand, z. T. aber grobkörnig oder kiesig und nicht immer gepflegt. Die Strände sind an vielen Stellen kinderfreundlich – wenig Wellen und einige Sandbänke. Auch in der allerhöchsten Hochsaison verläuft sich die Menge am weiten Gestade. Weiter westlich, im „Rauen Kilikien" (→ Kasten, S. 127) gibt es mehrere freundliche Buchten.
• *Einkaufen*   Sa großer **Wochenmarkt** in Anamur, Do (nur im Sommer) in İskele.
• *Polizei*   In İskele am Platz beim Fähranleger. ℡ 155.
• *Post*   Am Atatürk Bul. im Zentrum von Anamur.

Strandspaziergang: Von İskele können Sie 6 km am Strand entlang gen Osten bis zur Burg Mamure Kalesi gehen. Unterwegs überquert man den Dragon-Fluss auf einer Fußgängerbrücke. In die andere Richtung bietet sich ein Spaziergang bis nach Anamurium an – der 5 km lange Abschnitt ist oft einsam, teilweise grenzen aber auch Feriensiedlungen oder Kiesgruben für Neubauten an den Strand. Unterwegs münden immer wieder Bäche ins Meer.

---

*Ü*bernachten

Im Zentrum von Anamur gibt es nur wenige Unterkünfte, darunter keine Empfehlung. In İskele findet man vorrangig Häuser der unteren Mittelklasse, unsere Tipps:

*** Hotel Hermes (7), bezeichnet sich als Grand Hotel und ist immerhin mit drei Sternen das beste Haus vor Ort. Dennoch nichts Besonderes. 70 Zimmer mit Balkon, vorne raus mit schönem Blick. Pool hinterm Haus. Viel konservatives Publikum, dennoch eigene Disco (Zapfenstreich um Mitternacht). DZ 53 €. An der Uferstraße, ℡ 8167021,
Hotel Ünlüselek (12), kleine, dreistöckige Anlage, nur durch einen gepflegten Grünstreifen mit Bar (in Bootsform) vom Strand getrennt. Abends hin und wieder Live-Musik. Sehr freundlicher Familienbetrieb. Große, nette Zimmer mit Balkon. EZ 37 €, DZ 64 € mit HP. Hurma Sok. (bestens ausgeschildert), ℡ 8141973, ℡ 8143973.
Hotel Rolli (11), rollstuhlfahrergerechtes Haus ca. 300 m vom Strand (Rampe ins Wasser). Sehr freundliches und hilfsbereites Personal (z. T. deutschsprachig). Kleiner Pool (auch rollstuhlfahrergerecht). Restaurant und Bar. DZ 37 €. Von der Zufahrtsstraße nach İskele ausgeschildert, ℡ 814 4978 bzw. 089/9102015 (Infos in Deutschland), ℡ 8147821, www.hotel-rolli.de.

** Yan Hotel (10), leicht in die Jahre gekommenes Haus an der Uferstraße, bestehen Sie auf ein Zimmer mit Meeresblick und Balkon. Offene, luftige Lobby. Von Lesern gelobt, ganz so toll finden wir's aber nicht. DZ 32 €. Yalıevleri Mah., ℡ 8142123, ℡ 816 4888, www.yanhotel.com.
Hotel Dolphine (8), an der Uferstraße. Älteren Datums, aber nicht ganz so alt wie die Bäume drum herum. Mehrstöckiges Haus mit kleinen, abgewetzten, aber sauberen Zimmern mit Balkon – wegen der Aussicht unbedingt eines in den oberen Stockwerken wählen! Gutes, lauschiges Gartenrestaurant. DZ 28 €. İnönü Cad. 17, ℡ 8143435, ℡ 8141575.
Pension Eser (4), in zweiter Reihe nahe dem Hotel Dolphine. Englischsprachig und an ausländische Touristen gewöhnt. Kochmöglichkeit für Gäste, Dachterrasse, Laundryservice. 10 saubere Zimmer mit Bad, dazu ein Apartment. Der Betreiber unterhält auch das Hotel Bella in der Nachbarschaft. DZ 25 €, Apartment für bis zu 5 Pers. ab 32 € (ohne Frühstück). İskele Mah., ℡ 8142322, www.eserpansiyon.com.

Akasya Pansiyon (8), 50 m von der Pension Eser entfernt. Freundliches Haus für den kleinen Geldbeutel. 12 einfache, aber saubere Zimmer mit Klimaanlage und Balkon, nette Atmosphäre, Vorgarten zum Sitzen. Von der Dachterrasse (Vorschlag: begrünen!) Blick aufs Meer. DZ 20 €, kein Frühstück, dafür Gemeinschaftsküche. Yasemin Sok. 3, ✆ 8145272.

Camping

Dragon Otel Mocamp (2), 6 km in Richtung Silifke, bei der Kreuzritterburg direkt am Strand. Super Stellplätze mit Meeresblick. Internationales Publikum, nette Atmosphäre. Einfache sanitäre Anlagen (Openair-Duschen), freundliches Restaurant (faire Preise). Ganzjährig geöffnet, im Sommer, wenn die Tochter der Besitzer da ist, auch englischsprachig. Zudem werden 10 Bungalows mit Bad und Klimaanlage vermietet. 2 Pers. mit Wohnmobil 11 €, DZ 27 €. Bozdoğan, ✆ 8271355, 🖷 8271684.

Camping Pullu (1), schönes Gelände, terrassenförmig in einem Kiefernwald angelegt, der relativ steil zu einem schmalen Strand abfällt. Restaurant, Kiosk. Sanitäranlagen einfach, aber noch akzeptabel. Hauptsächlich türkische Gäste, an Wochenenden sind Platz und Strand überlaufen. 2 Pers. mit Wohnmobil 8 €. Etwa 2 km nach der Kreuzritterburg (Richtung Silifke), ✆ 827 1151, www.pullucamping.com.

Essen & Trinken/Nachtleben

Im Zentrum von Anamur gibt es vornehmlich einfache Lokantas. In İskele ist die Auswahl an besseren Restaurants ebenfalls bescheiden – viele der türkischen Urlauber sind Selbstversorger. Gut isst man im herrlichen Garten des **Hotels Dolphine** – große Auswahl an Meze, Gegrilltem und Fisch, dazu recht günstiges Bier. In den gemütlichen Teegärten am Strand werden Snacks angeboten. Zusätzliche Empfehlungen:

Kap Hotel Restaurant (9), unter dem gleichnamigen Hotel nahe dem Bootsanleger von İskele. Innen blau gekachelt, auch draußen ein paar Tische. Beste Fischadresse vor Ort, serviert werden aber auch die üblichen Grillstandards. Leser loben die gute Auswahl an Vorspeisen. Preislich in der Mittelklasse. ✆ 8142374.

Çıtır & Çıtır Ocakbaşı (5), im Zentrum von Anamur an der Akdeniz Cad. 49. Schickeres Kebablokal mit einem großen Grill. Auch Pide. Hg. 2,70–8 €. ✆ 8144795.

Anamurium, die große Therme

5 Kardeşler Pastanesi (3), ebenfalls im Zentrum von Anamur am oberen Ende des Atatürk Bul. (Nr. 7). Gutes Sortiment an Baklava und Puddings, Plätzchen und Kuchen. Reichhaltiges Frühstück.

● *Nachtleben* Mehrere Bars zum Biertrinken im Nordosten der Uferpromenade von İskele – um Mitternacht ist Schluss. Zu später Stunde wechselt man – wenn sie nicht gerade wieder einmal geschlossen ist – in die **Prates Disco (6)** im Karawansereilook an der Straße von İskele nach Anamur.

Sehenswertes rund um Anamur

Anamurium: Kulturhunger und Badespaß kann man in Anamurium ideal miteinander verbinden. Wer die reizvolle Ausgrabungsstätte besucht, sollte auch Bikini bzw. Badehose nicht vergessen: Zu Füßen der Ruinen lockt ein herrlicher Kiesstrand.

Das antike Anamurium, vermutlich eine phönizische Gründung, war in römischbyzantinischer Zeit das bedeutendste Zentrum des „Rauen Kilikiens". Es profitierte von der fruchtbaren Umgebung und seiner Stellung als wichtiger Hafen nach Zypern. Bereits im 1. Jh. erhielt die Stadt das Münzrecht, ab der zweiten Hälfte des 4. Jh. war sie Standort einer Legion. Nachdem die Araber im 7. Jh. Zypern erobert und Anamurium mehrfach verwüstet hatten, wurde die Stadt aufgegeben. Im 12. Jh. ließen sich aus Ostanatolien geflüchtete Armenier (→ Kasten, S. 173) in Anamurium für mehrere Generationen nieder.

Für eine Besichtigung empfehlen sich auf jeden Fall feste Schuhe und lange Hosen, da der Weg zu vielen Ruinen durch Gestrüpp führt. Das gilt bereits für die *Nekropole*, die sich oberhalb des Parkplatzes befindet. Wer sie durchstreift, kann in Gräbern mit Malerei- und Mosaikresten, u. a. mit Vogel-, Götter- und Medusenmotiven, entdecken.

Folgt man dem Hauptweg, passiert man die *Thermen* und die *Agora* (beide linker Hand). Letztere besitzt ebenfalls herrliche spätantike Mosaiken. Sie liegen zum Schutz

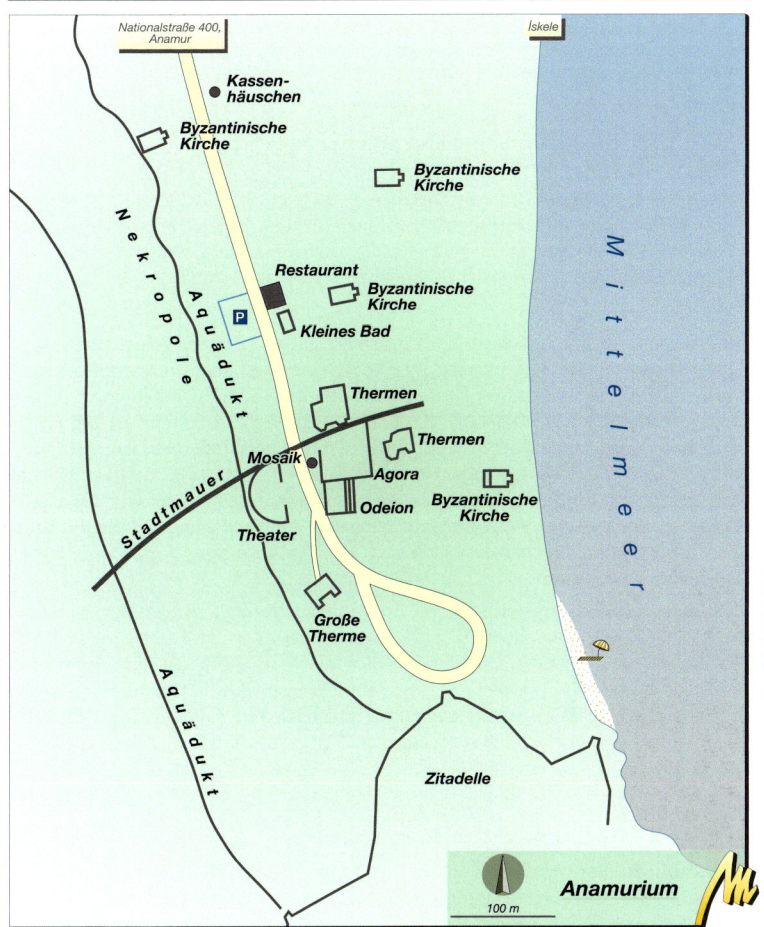

unter einer dünnen Kiesschicht verborgen. Weitere Mosaiken findet man vor dem *Odeion* und in den byzantinischen *Kirchen*. Die Mosaiken sind es übrigens auch, die Anamurium in der archäologischen Fachwelt einen Namen verschafft haben.

Schräg gegenüber der Agora liegt das *Theater*, dessen Sitzreihen fehlen. Darüber verläuft ein *Aquädukt*. Etwas weiter steht die imposanteste Ruine der antiken Stadt, die *Große Therme*, ein zweistöckiger Bau, der früher mit Marmor verkleidet war. Auch in diesem lassen sich Mosaiken finden.

Die *Zitadelle* an der südlichsten Stelle der türkischen Küste diente vorrangig als Fluchtburg. Der Weg ist etwas mühsam, allerdings hat man von hier an klaren Tagen eine grandiose Aussicht bis nach Zypern. Vom Strand darunter ist der Blick aber genauso gut.

● *Anfahrt/Öffnungszeiten* Von der Nationalstraße 400 Richtung Alanya ausgeschildert.

Von İskele kann man auch per **Bootsausflug** (→ Ausflüge) oder bei einem gemütlichen **Strandspaziergang** (→ Kasten, S. 132) nach Anamur gelangen. Ansonsten nimmt man von Anamur den Ören-**Dolmuş** und steigt an der Abzweigung nach Anamurium aus, von da noch 1,5 km zu Fuß. Tägl. 8–19.30 Uhr, im Winter bis 17 Uhr. Eintritt 1,60 €.

Was *Cap Anamur* mit dem Kap Anamur zu tun hat

Das Kap Anamur ist der südlichste Punkt der türkischen Küste. Nach dem Kap war jenes Schiff benannt, mit dem ab 1979 über 10.000 vietnamesische Bootsflüchtlinge im südchinesischen Meer vor dem Ertrinken gerettet wurden. Das Schiff gibt es nicht mehr, die nach dem Schiff benannte Hilfsorganisation *Cap Anamur* ist aber noch heute weltweit aktiv.

Burg Anamur (Mamure Kalesi): Ein Kindertraum! Die zinnenbewehrte und mit 36 Türmen versehene Bilderbuchburg 6 km östlich von Anamur ist die größte mittelalterliche Burg der türkischen Küste. Die weitläufige, heute leergeräumte Anlage ist insgesamt einfach gehalten, da sie immer nur strategischen Zwecken und nie als Herrscherpalast diente. Das Burggelände ist in drei große Höfe unterteilt, die durch starke Wehrmauern voneinander getrennt sind. Die *Moschee* nebst *Bad* und *Brunnenhaus* im mittleren Burghof ist neueren Datums und bildet einen morgenländischen Kontrast zur Ritterromantik ringsum. Zur Landseite wird die Burg von einem Wassergraben geschützt (heute eine Schildkrötensuppe), zur Seeseite findet man einladende Strände.

Die Geschichte der Burg reicht bis in die byzantinische Zeit zurück. Für ihr heutiges Aussehen zeichnen jedoch in erster Linie kleinarmenische Fürsten verantwortlich, die sie zur Sicherung der Küste vor Piraten ausbauen ließen. Sie diente auch den Kreuzfahrern als Quartier und Nachschublager. Im 14. Jh. fiel die Burg an das Herrschergeschlecht der Karamanoğulları. Ab der zweiten Hälfte des 15. Jh. gehörte die Festung den Osmanen, die sie zuletzt im 19. Jh. renovierten.

● *Anfahrt/Öffnungszeiten* Die Burg passiert man auf der Nationalstraße 400 Richtung Silifke. Von Anamur mit dem Bozyazı-**Dolmuş** alle 10 Min. zu erreichen, jedoch nicht sonntags! Von İskele zu Fuß immer den Strand entlang. Tägl. 8–20 Uhr, im Winter bis 17 Uhr. Eintritt 1,60 €.

Köşekbuğu-Höhle: Im Hinterland von Anamur, in den karstigen Ausläufern des Taurus, finden sich mehrere Höhlen. Die bekannteste ist die etwa 225 Millionen Jahre alte, in einem verschwiegenen Wald versteckte *Köşekbuğu Mağarası*. 500 m² ist sie groß, die Luftfeuchtigkeit beträgt 80 Prozent, der Aufenthalt hilft angeblich gegen Asthma, Bronchialleiden und Unfruchtbarkeit. Innen ist es glitschig und kühl. Wenn der Strom nicht gerade ausfällt, werden die Tropfsteine angeleuchtet.

● *Anfahrt/Öffnungszeiten* Vom Busbahnhof in Anamur dem bergauf führenden Atatürk Bul. ins Zentrum folgen, an der zweiten Ampel links in die Akdeniz Cad., dann ausgeschildert. Bis zum Höhleneingang geteert, insgesamt ca. 17 km. Keine **Dolmuş**anbindung. **Taxi** retour mit Wartezeit ca. 27 €. Erkundigen Sie sich vor der Anfahrt in der Touristeninformation in Anamur, ob die Höhle geöffnet ist. Eintritt 1,70 €.

Alaköprü: 13 km nördlich von Anamur trägt eine gewaltige, 1230 von den Seldschuken erbaute Brücke noch heute den in das Taurusstädtchen Ermenek rollenden Verkehr über den Dragon-Fluss. Bei der Brücke bildet der Dragon mehrere Bassins, die in der Hauptsaison – wenn Anamur in der Hitze schmort – eine erwägenswerte Badealternative für Selbstfahrer sind.

Beachboy bei Bozyazı

Zwischen Anamur und Silifke

144 noch (!) idyllische Kilometer und etwa drei Stunden Fahrzeit liegen zwischen Anamur und Silifke, dazu mehrere Millionen Bananenstauden, tausende von Treib- und Ferienhäusern, ein paar Burgen und unzählige Kurven. Wie sich die Region allerdings mit und nach dem bereits begonnenen, vierspurigen Ausbau der hiesigen Küstenstraße verändern wird, bleibt abzuwarten. Bislang hält sich der Verkehr noch in Grenzen. Immer wieder klettert die Straße über die pinienbewachsenen Ausläufer des Taurus und gibt den Blick auf die Küstenlandschaft frei. Man findet ein paar schöne Strände und einige Hotelanlagen – insgesamt aber sind Unterkünfte rar gesät. Die Dörfer und Städtchen entlang der Strecke haben weitaus mehr mit Auberginen und Tomaten am Hut als mit Touristen aus dem Ausland. Gut so – Badeurlaub in einer ländlich-ursprünglichen Umgebung ist dort noch immer möglich.

Bozyazı und Softa Kalesi

16 km östlich von Anamur liegt das ehemalige Fischerstädtchen Bozyazı. Der natürliche alte Kern an einer Flussmündung ist recht klein und besitzt kaum Urlaubsortqualität – lediglich eine auffällige Moschee, deren Minarette wie Raketen in den Himmel schießen. Rund um den Ort erstrecken sich weite Ferienhaussiedlungen, die sich mehr und mehr in die Bananenhaine des Hinterlandes fressen. An der Küste rufen kleine Buchten nach einer Badepause, so zum Beispiel der Strand bei der „Deniz Han Kafeterya" ca. 5 km östlich von Bozyazı-Zentrum (von der Küstenstraße ausgeschildert). Auf dem Weg dahin passiert man die von weitem auszumachende, auf einem spitz zulaufenden Hügel thronende Festung **Softa Kalesi** mit zinnenbewehrten Mauern und wuchtigen Türmen. Der mühselige Weg hinauf lohnt nur wegen der Aussicht (Abzweigung ausgeschildert). Bei näherem Hinsehen

gibt die byzantinisch-armenische Burganlage wenig her. Kinder bieten sich zuweilen als Führer an (stets zugänglich, kein Eintritt).

● *Verbindungen* Von Bozyazı nach Anamur bestehen regelmäßige **Dolmuş**verbindungen. Wer zur Burg oder noch weiter nach Osten will, muss von Anamur einen **Bus** nach Silifke nehmen und unterwegs aussteigen.

● *Übernachten* Am westlichen Ortsende von Bozyazı stehen zwei große sternengeschmückte Hotelanlagen. Eine Alternative dazu:

Alınko Hotel, eine der wenigen Übernachtungsmöglichkeiten der Gegend. Einfache Anlage ca. 5,5 km östlich von Bozyazı-Zen-

trum. Teil einer Ferienhaussiedlung in einem exotischen, parkähnlichen Gelände von 50.000 m². Es gibt Bananenstauden, Orangenbäume, ein Restaurant und eine gemütliche Sand-Kies-Bucht direkt vor der Nase. So üppig die Umgebung, so schlicht die renovierungsbedürftigen Zimmer mit Balkon oder Terrasse (und zuletzt leider schlecht geputzten Bädern). DZ 41 €. Kaledibi Mah., ✆ 0324/8513998, ✉ 8513995, www.alinkohotel.com.

Zwischen Bozyazı und Aydıncık verwüstete im Sommer 2008 ein Waldbrand einen weiten Abschnitt der einst baumreichen Küstenlandschaft.

Aydıncık und Umgebung

Etwa 50 km östlich von Anamur liegt das knapp 8000 Einwohner zählende Straßendorf Aydıncık. Man lebt hier vorrangig von den Tomaten, Auberginen, Paprikas und Peperoni aus den vielen Treibhäusern der Umgebung. Aydıncık besitzt einen kleinen Hafen und ein paar unspektakuläre Bademöglichkeiten. Abgesehen davon steckt die touristische Infrastruktur noch in den Kinderschuhen.

Im August und September wird fleißig gebuddelt: Aydıncık wurde auf den Überresten der **antiken Siedlung Kelenderis** erbaut, einer der ältesten kilikischen Städte. Jedes Jahr kommen unter Federführung der Selçuk-Universität aus Konya neue Mauerreste zutage. 2005 grub man ein Theater aus, 2008 fand man tolle Mosaike. Auf dem großen, umzäunten Grabungsareal beim Hafen steht auch eine Kirche aus dem 18. Jh. Durch das Gelände führen in den Sommermonaten Studenten, außerhalb der Zeit muss man sich auf die Suche nach dem Wärter machen.

Östlich von Aydıncık lassen sich mehrere Grotten erkunden, u. a. die riesige **Aynalı Göl Mağarası (auch: Gilindere Mağarası)** mit zauberhaften Stalaktiten- und Stalagmitenformationen samt einem See und einer großen Fledermauspopulation. An einer Straße dorthin wurde bei unserem letzten Besuch noch gebaut. Sollte sie noch nicht fertig gestellt sein, kann man mit einem Fischerboot hintuckern – verhandeln Sie am Hafen.

Auf dem weiteren Weg gen Osten passiert man das Örtchen Sipahili und damit die Abzweigung zur **Meydancık Kalesi** – ein 25 km langer, landschaftlich sehr reizvoller Ausflug ins Landesinnere. Hierbei sollte jedoch der Weg das Ziel sein, denn die Reste der hethitischen Festung östlich der Ortschaft Gülnar sind nicht allzu spektakulär, auch wenn sie rund 3300 Jahre alt sind. Legenden zufolge sind rund um die Festung etliche Schätze vergraben. 1980 wurde man tatsächlich fündig und entdeckte 5000 Silbermünzen aus hellenistischer Zeit.

● *Verbindungen* Aydıncık ist mit den Anamur-Silifke-**Bus**sen zu erreichen.

● *Übernachten/Essen & Trinken* Einige ein-

fache Lokale. Empfehlenswerte Unterkünfte gab es zum Zeitpunkt der letzten Recherche keine.

Büyükeçeli und Ovacık

Knapp 30 kurvige Kilometer trennen Aydıncık von Büyükeçeli. Wo die Straße aufs Meer trifft, findet man einladende, z. T. jedoch von Ferienhaussiedlungen gesäumte Buchten. Die schönste Bademöglichkeit liegt etwa auf halber Strecke bei der Raststätte „Ağaçlı Tesisleri" – traumhaft! Die Raststätte verfügt zudem über ein ausgesprochen gutes, wenn auch nicht ganz billiges Selbstbedienungsrestaurant.

Büyükeçeli selbst ist ein absolut verschlafenes Nest – keine Polizeistation, keine Pension, keine Kneipe, nur Tomaten- und Gurkenplantagen im fruchtbaren Hinterland. Doch die Ruhe ist trügerisch. Immer wieder kommt es hier zu Protesten, denn nahe dem Ort soll ein Atomkraftwerk entstehen. 2008 wurde der Bau des 4000-Megawattmeilers ausgeschrieben – ungeachtet der Tatsache, dass bei Büyükeçeli der sog. Ecemis-Graben verläuft, eine aktive Bruchlinie, an der die Erdplatten immer wieder erzittern. Der Energiehunger Anatoliens scheint größer als die Angst der Politiker vor einer Erdbebenkatastrophe. Zu hoffen bleibt, dass die Realisation aufgrund ausbleibender internationaler Bürgschaften scheitert.

Bislang lassen sich in der Gegend auf jeden Fall noch geruhsame Tage verbringen – und zwar am besten in der rund 2 km östlich von Büyükeçeli gelegenen, beschaulichen Bucht Ovacık. Dort gibt es einen schönen Sandstrand, eine Feriensiedlung und drei Unterkünfte.

● *Verbindungen* Büyükeçeli ist mit den Anamur-Silifke-**Bus**sen zu erreichen.

● *Übernachten* **TIPP!** **Hayat Motel**, ein ruhiger, lauschiger Platz in der Ovacık-Bucht, geführt von dem liebenswerten Muammer Öztütüncü. Fremdsprachen sind kein Problem. Schattiges Restaurant direkt am kinderfreundlichen Strand. 14 einfache, aber ordentliche Zimmer in einem grünen Gärtchen dahinter (Fliesenböden, Balkon, Klimaanlage), die in der oberen Etage sind die schöneren. Für Erholungsbedürftige ein Toptipp, das meinen auch Leser. Campingmöglichkeiten. DZ 38 €, 2 Pers. mit Wohnmobil 14 €. Ovacık, ✆ 0324/7532206, www.hayatmotel.com.

Yeşilovacık, Aphrodisias und Tokmar Kalesi

Im kleinen, ruhigen Yeşilovacık wurde kürzlich ein großer Hafen gebaut. Er liegt, wie das Zentrum des Ortes, im Osten einer weiten Bucht, die von einem langen Kiesstrand gesäumt wird. Vor Ort gibt es so gut wie nichts zu tun, auch keine ansprechenden Unterkunftsmöglichkeiten, nur ein paar private Ferienanlagen und einen vermüllten Campingplatz (im Westen der Bucht).

Von der Straße weiter Richtung Taşucu, noch bevor sie in Schlangenlinien durch den Taurus führt, weist ein Schild nach „Aphrodisias/Tisan" (von der Abzweigung noch 8 km). Hinter **Aphrodisias** verbirgt sich das große Bodenmosaik einer frühchristlichen Basilika, hinter **Tisan** eine gepflegte Ferienhausanlage an einer palmengesäumten Badebucht mit einem vorgelagerten Inselchen. Die Stichstraße dorthin endet an einer Schranke. Gegen Vorlage seines Ausweises darf man die Anlage passieren und das Bodenmosaik am südlichen Ende der Bucht beim kleinen Hafen besichtigen. Es soll sehr imposant sein. Da es zum Schutz mit Sand bedeckt ist, kann man jedoch nur kleine Ausschnitte mit der Hand freilegen.

Zurück auf der Küstenstraße, weist rund 4 km vor Boğsak ein Schild zur 3,5 km landeinwärts gelegenen **Tokmar Kalesi**, einer armenischen Festung, die später auch der Johanniterorden nutzte. Ihre thronende Lage im Taurusgebirge ist beeindruckend, die Ruinen selbst sind es wie so oft leider nicht.

Zwischen Anamur und Silifke

Sommer in Boğsak

- *Verbindungen* Yeşilovacık ist mit den Anamur-Silifke-**Bus**sen zu erreichen.
- *Übernachten* **** **Pinepark Holiday Club**, schön gelegene, gepflegte und gut gesicherte All-inclusive-Anlage mit eigenem Strand, Restaurants, Bars, Tennisplätzen etc. Die 68 Zimmer mit Fliesenböden und Balkon gruppieren sich um die Poolanlage.

DZ 85 € all in. 5 km westlich von Yeşilovacık, ✆ 0324/7475518, ✉ 7475066, www.miaresorts.com.
- *Essen & Trinken* **Uğur Restaurant**, das einfache Fischlokal 3 km westlich von Yeşilovacık ist weit und breit konkurrenzlos und zudem preiswert. Terrasse direkt über dem Meer. ✆ 0324/7475238.

Boğsak

Boğsak ist eine 370-Seelen-Häuseransammlung an einer Bucht mit einem weiß glänzenden, wenig verbauten Strand und einigen netten Fischlokalen. Als einer der wenigen Orte des „Rauen Kilikiens" wird Boğsak vom Ausbau der hiesigen Küstenstraße profitieren, denn diese wird dann nicht mehr mitten durch das Dorf führen.

Während der türkischen Schulferien ist der Strand gut belegt, davor und danach kann man die Handtücher an einer Hand abzählen. Die vorgelagerte Insel **Boğsak Adası** ist kraulend oder mit einem Fischerboot zu erreichen. Sie ist übersät mit den Überresten des **antiken Nesulion**: aufgebrochene Sarkophage, umgestürzte Grabdenkmäler, spätrömische Häuserruinen, Grundmauern einer Basilika und einer Kreuzkuppelkirche aus dem 5. Jh. Boğsak Adası ist zugleich ein beliebtes Ziel von Bootsausflüglern aus Taşucu.

Rund 1,5 km östlich von Boğsak erheben sich auf einer flachen Halbinsel die noch gut erhaltenen Überreste der achteckigen Festung **Liman Kalesi**. Im 17. Jh. war sie ein Piratennest. Aus jener Zeit stammen auch die Breschen – ein halbes Dutzend christlicher Kanonenschiffe versuchte damals, gefangen gehaltene Glaubensbrüder zu befreien. Heute liegt die Burg inmitten eines militärischen Sperrgebietes und ist nicht zugänglich. Der NATO-Militärhafen nebenan wurde für den Irakkrieg gebaut.

• *Verbindungen* Boğsak ist mit den Anamur-Silifke-**Bus**sen zu erreichen, zudem mit **Dolmuş**en von Silifke.

• *Übernachten/Camping* Vor Ort zwei spartanische Campingplätze ohne Flair, dazu eine Handvoll einfacher Pensionen, in denen vorrangig türkische Familien Urlaub machen. Unsere Empfehlung:

Intermot Hotel, eine etwas in die Jahre gekommene Anlage, aber immer noch ein super Ort zum Entspannen. 64 riesige Zimmer mit Balkon, Klimaanlage und Steinböden, nur durch einen Park mit Palmen und Nadelbäumen vom Meer getrennt. Schöner, gepflegter Strandbereich. Tauchmöglichkeiten. DZ mit HP 77 €. Boğsak, ✆ 0324/7436161, ✉ 7436004, www.intermot.com.tr.

Taşucu   ca. 10.000 Einwohner

Das Städtchen ist seit eh und je eng mit der Schifffahrt verbunden: In der Antike befand sich hier der Hafen des rund 10 km westlich gelegenen *Seleukia* (→ Silifke/Geschichte, S. 143), später galt Taşucu als ein gefürchtetes Seeräubernest. Heute steht der Name des Ortes für den bedeutendsten türkischen Fährhafen nach Nordzypern. Die ankommenden und ablegenden Fähren sorgen für steten Trubel im kleinen, gepflegten Zentrum. Um die Wartezeit der Passagiere unterhaltsamer zu gestalten, hat man bei den Fährbüros ein kleines **Amphorenmuseum** eröffnet (tägl. außer Do 8.30–12 und 13.30–17 Uhr, Eintritt 1,60 €). Die meisten der rund 300 Amphoren stammen aus gesunkenen Schiffen. Die Form der Amphoren, vor allem der mit Wein gefüllten, ließ übrigens deren Herkunftsort erraten – ganz ähnlich den Etiketten heutiger Weinflaschen.

Auch wenn wenig alte Bausubstanz vorhanden ist: Taşucu ist das freundlichste Städtchen am hiesigen Küstenabschnitt, nicht zuletzt durch so manche von der deutschen Partnerstadt Bergkamen gesponserte Grünanlage. Zudem besitzt Taşucu einen schmalen Strand mit einer niedrigen Ferienhaussiedlung dahinter – Letztere trägt im Sommer dazu bei, dass die Einwohnerzahl auf 15.000 ansteigt. Ein wenig getrübt wird die nette Atmosphäre von der Silhouette der nahe gelegenen, zum Glück stillgelegten SEKA-Papierfabrik. Für das Gelände soll, so die optimistischen Stadtväter, schon bald ein Investor für eine Ferienanlage gefunden werden. Südöstlich des dortigen Hafens beginnt ein kilometerlanger Strand, der anfangs noch von Ferienhäusern gesäumt, dann immer unberührter wird und schließlich als Sandnase im Mittelmeer endet.

Verbindungen

• *Vorwahl* 0324.

• *Verbindungen* **Bus/Dolmuş**: Busbahnhof ca. 1,5 km östlich der Stadt an der Straße nach Silifke. Hier halten nahezu alle Busse, die entlang der Küste unterwegs sind. Ins Zentrum besteht ein Zubringerservice. Vom Hauptplatz regelmäßige **Dolmuş**verbindungen nach Silifke.

Schiff: Mehrmals tägl. Verbindungen ins nordzyprische Girne. Mit der **Autofähre** dauert die Überfahrt 6–7 Std., mit dem **Expressboot** (kein Autotransport) 2 ½ Std. Die meisten Fähren legen mittlerweile nicht mehr vom Stadthafen, sondern vom östlich des Zentrums ausgeschilderten SEKA-Hafen (Seka-Liman) ab, ein Zubringerservice

der Fährgesellschaften existiert. Die beiden alteingesessenen Reedereien **Fergün** (✆ 7412323, ✉ 7412802) und **Akgünler** (✆ 7414033, www.akgunler.com.tr) haben fusioniert, besitzen aber immer noch getrennte Büros im Zentrum an der Uferstraße. Hin und zurück (offene Rückfahrt) pro Person mit dem Schnellboot 65 €, mit der Fähre 58 €, Auto 160 €, Wohnmobil je nach Größe ab 180 €.

> Detaillierte Infos über Zypern erhalten Sie im MMV-Reisehandbuch „Zypern" von Ralph-Raymond Braun.

Übernachten/Camping/Essen & Trinken

Taşucu verfügt über zahlreiche Unterkünfte jeder Kategorie zu fairen Preisen.

***** Mavi Best Resort**, ältere Anlage mit 125 Zimmern, alle mit Meeresblick. Türkisches Bad, Fitnesscenter, Spa-Abteilung, Herren- und Damenfriseur usw. Gepflegter Pool, jedoch kein Strand vor der Tür. Z. T. unfähiges Personal. Wohl das einzige Fünf-Sterne-Hotel der Türkei ohne eigene Webseite! DZ mit Frühstück 95 €, all in 135 €. Am westlichen Ortsende, ✆ 7416300.

Motel Lades, am westlichen Ende des Stadthafens. So altbacken, dass es schon wieder cool ist. Aber egal! Geräumige, sehr saubere Zimmer mit Steinböden, alle mit Balkon und Wahnsinnsblick. Gepflegter Pool, Restaurant. DZ 53 €. Atatürk Cad. 89, ✆ 7414008, ✉ 7414258, www.ladesmotel.com.

Fatih Hotel, ein Lesertipp. Zentral an der Hauptdurchgangsstraße. Saubere, spartanische Zimmer mit Bad, deren einziger Luxus TV und Klimaanlage sind. Zur Straße hin laut, zum Hafen hin jedoch mit Balkon und schönem Blick. DZ 32 €. Atatürk Bul. 29, ✆ 7414125, ✉ 7414248.

Meltem Pansiyon, saubere Familienpension direkt hinter dem Strand, in der sich Leser wohl fühlten. Alle 20 Zimmer mit Fliesenböden, Bad, Kühlschrank und TV, teilweise auch mit Kochgelegenheit. Mit Glück erwischen Sie eines der Zimmer nach vorne – herrlichster Meeresblick! DZ ab 22 €, Frühstück extra. Sahil Cad. 75, ✆ 7414391.

● *Camping* **Akçakıl Camping**, schönes Gelände mit gepflegtem privaten Kiesstrand und passablen Sanitäranlagen. Gemütliches, aber nicht billiges Fischrestaurant angeschlossen. Zudem werden kleine, aber saubere Zimmer in 12 Holzhäuschen mit eigener Terrasse vermietet – nur ein Katzensprung vom kühlen Nass entfernt. Angenehme Atmosphäre, deutschsprachig. Auf dem Gelände tummeln sich auch Hasen und Hühner. Ganzjährig. Nachteil: Im Nacken des Platzes wird künftig die vierspurige Küstenstraße verlaufen. Campen für 2 Pers. mit Wohnmobil 11 €, Bungalows für max. 3 Pers. 45 €. 4 km westlich von Taşucu, ✆ 7414451, ✉ 7414900, www.akcakil camping.com.

● *Essen & Trinken* Viele gute und günstige Lokale an der Uferfront, sehr gut ist das Restaurant des **Akçakıl Campings** (s. o.).

Baba Restaurant, am Westende des Stadthafens. Traumterrasse direkt über dem Meer. Grill- und Pidegerichte, dazu aber auch Hühnchen mit Pilzen oder Pizza mit Thunfisch. Die Gerichte sind auf einer Tafel angeschrieben. Hg. 4,40–7 €. ✆ 7415991.

Denizkızı Restaurant, am Hauptplatz nahe dem Fähranleger. Die „Meerjungfrau" ist ein nett eingerichtetes Lokal mit toller Dachterrasse. „Sehr lobenswert", so ein Leser. Gute Fischauswahl, die Portion zu 4–7 €. ✆ 7414194.

Ayatekla

Ayatekla, einer der bedeutendsten frühchristlichen Wallfahrtsorte, war mit dem antiken *Seleukeia,* dem heutigen Silifke, durch einen Treppenweg verbunden. Einer Legende nach befand sich hier in einer Höhle der Wohn- und Sterbeort der Heiligen Thekla (*Aya Tekla*). Sie war eine Schülerin des Apostels Paulus und mit ihm, als Jüngling verkleidet, durch die Lande gereist. Bereits im 2. Jh. wurde ihre Höhle in eine **Grottenkirche** umgewandelt. Sie ist zu besichtigen, auch finden darin immer wieder Gottesdienste statt. Das Grab darin soll das der Heiligen sein. Im 4. Jh. entstand darüber eine dreischiffige, 90 m lange Basilika, von der noch Teile der Apsis stehen. Im 5. Jh. kam unter Kaiser Zenon (474–491) eine weitere, nach ihm benannte Basilika hinzu. Sie lag etwas weiter nördlich, die Grundmauern sind noch erhalten. Erhalten blieben auch die mächtigen Tonnengewölbe einer dreischiffigen **Zisterne** beim Wärterhäuschen. Der heilige Bezirk umfasste noch weitere Zisternen, Kirchen und eine Therme, von denen jedoch kaum ein Stein mehr erinnert.

● *Anfahrt/Öffnungszeiten* Von der Nationalstraße 400, 4 km südwestlich von Silifke, bei einer ALPET-Tankstelle ausgeschildert (leicht zu übersehendes Hinweisschild).

Von dort noch rund 1,5 km landeinwärts. Die **Dolmuş**e zwischen Taşucu und Silifke passieren die Abzweigung. Tägl. 8–19 Uhr, im Winter bis 17 Uhr. Eintritt 1,70 €.

Diokaisarea, eine der vielen Ausgrabungsstätten rund um Silifke

Silifke

ca. 64.800 Einwohner

Silifke ist ein ruhiges Provinzstädtchen im Schatten einer mächtigen Zitadelle und zugleich ein wichtiger Verkehrsknotenpunkt der Südküste. Der nächste Strand liegt rund 15 km entfernt – Touristen verirren sich hierher meist nur zu einem Tagesausflug.

Das grüne Wasser des *Göksu* teilt Silifke in zwei Hälften. Parks und einladende Teegärten säumen den Flusslauf. Im wenig schmucken Zentrum entlang der Menderes Caddesi herrscht gelassene Betriebsamkeit. Hier gibt es alles zu kaufen, was die Restaurantbesitzer, Hoteliers und Bauern der Umgebung für gewöhnlich benötigen. Mit dem Anbau von Nüssen, Sesam, Erdbeeren, Zitrusfrüchten und sogar Reis verdienen Letztere ihre Brötchen. Ansonsten ist nicht viel los, es gibt keine Clubs, keine schicken Restaurants oder unterhaltsame Bars. Dabei ist Silifke eine expandierende Stadt, rund um das alte Zentrum entstehen mehr und mehr neue Wohnviertel – nicht jedoch von reichen Bürgern, sondern als sichtbares Zeichen der anhaltenden Landflucht.

An einem bewölkten Nachmittag, wenn Staub und Hitze das Leben im Städtchen nicht gar so unerträglich machen, ist ein Ausflug nach Silifke durchaus eine lohnenswerte Abwechslung. Hier erfahren Sie türkischen Alltag und können die Burg und die Museen der Stadt besuchen. Auch rund um den Ort gibt es einiges zu entdecken, so beispielsweise das Göksu-Delta – ein heißer Tipp für Ornithologen. Und ein Ausflug ins Hinterland, in die schroffe Bergwelt des Taurus mit seinen Ruinenstädten, ist mehr als nur empfehlenswert – ein Erlebnis.

Geschichte

Um 300 v. Chr. wurde die Stadt von Seleukos I. Nikator, einem einstigen Feldherrn Alexanders des Großen, gegründet und nach ihm *Seleukeia* benannt. Aufgrund ihrer Lage an einer wichtigen Handelsstraße von der Küste nach Inneranatolien stieg sie zu einer der bedeutendsten Städte des „Rauen Kilikien" (→ Kasten, S. 127) auf. 72 v. Chr. wurde sie römisch und erlebte in der frühen Kaiserzeit ihre Blüte. An das antike Seleukeia erinnert heute nicht mehr viel: Auf den Sitzreihen des einstigen römischen Theaters stehen Apartmenthäuser. Vom **Jupitertempel** am İnönü Bulvarı richtete man lediglich eine korinthische Säule wieder auf – ein Storch nistet dankend darauf. Die antike Bausubstanz ging z. T. in Neubauten unter, antike Kapitelle wurden z. B. in der **Reşadiye-Moschee** (1912) in der Fevzi Çakmak Caddesi als Säulenbasen zweckentfremdet. Und auch wenn die Fundamente der mächtigen steinernen **Brücke** über den Göksu-Fluss römisch sind, ihr Anblick ist wenig spektakulär.

In byzantinischer Zeit entwickelte sich Seleukeia aufgrund des nahe gelegenen Wallfahrtsortes der Hl. Thekla (→ S. 142) zu einem Pilgerzentrum. Im 7. Jh. begannen die Byzantiner zum Schutz vor maurischen Piraten und arabischen Invasoren mit dem Bau der Zitadelle. 1098 geriet sie für kurze Zeit in die Hand der deutschen Kreuzfahrer. Im 13. Jahrhundert ging sie an die Ritter des Johanniterordens über, die sie zu ihrer heutigen Größe ausbauten. Danach gehörte die Zitadelle abwechselnd den Armeniern, den Emiren von Karaman und ab dem 15. Jh. den Osmanen. Unter Letzteren wurde aus Seleukeia Silifke, eine Provinzhauptstadt. Die Türken degradierten sie zur Provinzstadt.

*I*nformation/*V*erbindungen/*A*dressen/*B*aden/*V*eranstaltungen

- *Telefonvorwahl* 0324.
- *Information* In der V. Gürten Bozbey Cad. 6. Hilfsbereit. Mo–Fr 8–12 Uhr und 13–17 Uhr. ✆ 7141151, www.silifke.gov.tr.
- *Verbindungen* **Bus**bahnhof nahe dem İnönü Bul. südöstlich des Zentrums. Gute Verbindungen nach Karaman und Konya (12-mal tägl., 4½ Std., über Mut), Anamur (3½ Std.), Adana (über Mersin, Erdemli und Kızkalesi, 2½ Std.). **Dolmuşe** nach Atakent starten nahe der römischen Brücke an der Atatürk Cad., **Dolmuşe** nach Taşucu und Boğsak an der Cavit Erdem Cad. **Minibusse** nach Kırobası (Uzuncaburç, Diokaisarea/Olba) fahren nahe der Touristeninformation ab.
- *Ärztliche Versorgung* Im staatlichen Krankenhaus **Devlet Hastanesi** an der Atatürk Cad. ✆ 7141159.

- *Baden* Ein Tipp für Selbstfahrer ist der noch so gut wie unbebaute **Sandstrand von Arkum** ca. 20 km östlich von Silifke – würde er noch öfters mal gereinigt werden, wäre er ein Traum. Dafür zweigt man von der Straße Richtung Mersin nach dem Ortseingangsschild von Atayurt/Olukbaşı bei der Ampel mit Moschee rechts ab und folgt dann stets der Beschilderung „Arkum Halk Plajı Cengiz'in Yeri". Für Camper ohne Ansprüche gibt es dort den schattenlosen, spartanischen **Mocamp Cengiz'in Yeri** (ändert hin und wieder seinen Namen) mit einer idyllischen Strandkneipe (nur Juni–Sept., Mückenschutz wegen dem Kanal daneben nicht vergessen!).

- *Einkaufen* Großer **Wochenmarkt** am Fr nahe der Touristeninformation in der Celal Bayar Cad.
- *Polizei* Am südlichen Flussufer. ✆ 155.
- *Post* An der Cavit Erdem Cad.

- *Veranstaltungen* Besuchenswert ist das jährlich vom 20.–26. Mai stattfindende **Musik- und Folklorefestival**. Man sieht herrliche Kostüme, überdimensionierte Masken und tolle Tänze – bei einem davon balancieren Frauen Flaschen auf den Köpfen!

Übernachten/Camping/Essen & Trinken

An was es auch immer liegen mag – die Putzfrauen von Silifke könnten besser arbeiten …

- *Übernachten* ** **Göksu Otel (2)**, nahe der Touristeninformation. In die Jahre gekommen, aber okay und von Lesern immer wieder gelobt. 25 geräumige Teppichbodenzimmer. Nette Terrasse zum Frühstücken mit Blick auf den Göksu. Freundliches Personal. DZ mit Klimaanlage 40 €, EZ 23 €. Atatürk Cad. 20, ✆ 7121021, 📠 7121024.

** **Ayatekla Otel (7)**, in unschöner Lage nahe dem Busbahnhof. Von innen besser als von außen. Dennoch nicht zuviel erwarten. Zimmer mit sauberen Bädern und Klimaanlage, viele mit Balkon. DZ 32 €, EZ 16 €. Saray Mah., ✆ 7151081, 📠 7151083.

Arısan Otel (5), 26 Zimmer mit Steinböden, Kiefernholzmobiliar und Balkon. DZ mit Klimaanlage und Bad 22 €, ohne beides 17 €, Frühstück auf Wunsch (2,70 € extra). İnönü Cad. 89, ✆/📠 7143331.

- *Camping* → Baden.

- *Essen & Trinken* **Kale Restaurant (6)**, hoch über der Stadt bei der Burg. Traumterrasse (die Einrichtung innen eine Katastrophe). Grandiose Ausblicke über Silifke und die Schwemmlandebene, herrlich am Abend. Kleine Auswahl an Meze, dazu Gegrilltes und Bier. Sehr faire Preise. ✆ 7148292.

Babaoğlu Restaurant (4), nicht vom Äußeren und der wenig schönen Umgebung abschrecken lassen! Das Lokal mit seinem gepflegten, holzvertäfelten Speisesaal im ersten Stock gehört zu den besten der Stadt. Auch Alkohol wird serviert. Überdurchschnittliche Meze, Fisch und Grillgerichte. Abends stets gut besucht. Beim Kreisverkehr am östlichen Ende des İnönü Bul. ✆ 7142041.

Restaurant Gözde (3), beim Fischmarkt nahe der Post. Gemütliche Außenbestuhlung. Große Auswahl an Grillgerichten und frischem Fisch, zudem Topfgerichte. Einfach, gut und günstig.

Cañon im Hinterland von Silifke

Ali Usta'nın Yeri (1), Lokanta mit Schwerpunkt auf *İskender Kebap*, Hühnchen-
gerichten und Döner, populär und preiswert. Özcan Seyhan Cad. (Seitengasse der
Atatürk Cad.).

Sehenswertes

Burg (Kale): Die mächtige Burg über der Stadt zeugt von der Zeit, als Männer noch
Ritter sein durften. Die wehrhafte Festung besitzt zwei Mauerringe und insgesamt
13 Türme, eine Besichtigung kostet nichts. Von der Menderes Caddesi sind es 15
schweißtreibende Minuten zu Fuß hinauf. Oben erwartet Sie neben einer schönen
Aussicht auch ein gutes Restaurant (→ Essen & Trinken). Unterwegs kann man einen Blick in eine 12 m tiefe *Zisterne* werfen, in die eine Wendeltreppe führt (dem
Schild „Tekin Ambarı" folgen). Wer mit dem Auto unterwegs ist, findet die Abzweigung zur Burg an der Straße nach Mut, von dort noch 1 km bergauf.

Museen: Das eher zweitklassige *Archäologische Museum* etwas außerhalb an der
Straße nach Anamur (tägl. außer Mo 8–17.30 Uhr, Eintritt 1,70 €) zeigt Funde aus
der Umgebung, die ältesten stammen aus hethitischer Zeit. Im Eingangsbereich
grüßt Sie ein steinerner Löwe aus Diokaisarea (→ S. 150). Außerdem gibt es römische Statuen und einen Teil des berühmten Münzfundes zu sehen, der bei der Meydancık Kalesi (→ S. 138) entdeckt wurde.

Das obligatorische *Atatürk-Museum (Atatürk Evi)* befindet sich in einem rosafarbenen Stadthaus aus dem Jahr 1914. Es erinnert an Atatürks zweitägigen Besuch
zur Einweihung der hiesigen Landwirtschaftskooperative im Januar 1925. Sehenswert ist die Ausstattung des Hauses mit dem Originalmobiliar einer wohlhabenden
Familie aus jener Zeit. Das Museum kostet keinen Eintritt, dafür werden Sie um
Ihre Unterschrift im Gästebuch gebeten (vom İnönü Bul. ausgeschildert, tägl. außer
Mo 8–17 Uhr).

Akgöl-Nationalpark: Das 14.500 ha große Göksu-Delta mit schilfumstandenen Süßwasserseen und Salzwasserlagunen zwischen ausgedehnten Sanddünen besitzt eine bemerkenswerte Flora und Fauna. Ein Teil des Deltas wurde 1990 zum Nationalpark erklärt. Allein 331 der insgesamt 450 in der Türkei vorkommenden Vogelarten sind hier vertreten, darunter das Halsbandfrankolin und das Purpurhuhn, das in der Antike wegen seines Fleisches beliebt war und heute vom Aussterben bedroht ist. Am größten ist die Artenvielfalt im Winter, wenn das Delta zur Heimat oder zum Zwischenstopp nordeuropäischer Zugvögel wird. Das Delta ist auch Brutplatz zweier Meeresschildkrötenarten, der *Chelonia midas* und der *Caretta caretta*, sowie winterliche Heimat von Mittelmeerrobben. Zudem gedeihen hier 441 verschiedene Pflanzen, darunter acht endemische.

● *Anfahrt* Das Vogelschutzgebiet erreicht man über das 8 km südöstlich von Silifke gelegene Dorf Kurtuluş und über Taşucu (dort die Abzweigung zum SEKA-Liman nehmen und hinter dem Hafen weiter gen Südosten durch die Feriensiedlung entlang der Küste fahren).

● *Hinweis* Vermeiden Sie Störungen zur Brutzeit der Vögel zwischen April und Juni und halten Sie sich während der Eiablage der Schildkröten zwischen Mai und Sept. von den Sandstränden im westlichen Teil des Deltas fern.

Im Hinterland von Silifke

Das Hinterland von Silifke ist überaus reich an antiken Stätten. Das Gros davon ist reizvoll gelegen, von der Bausubstanz her aber wenig imposant. Ein eigenes Fahrzeug ist unabdingbar, will man die hier in einem Routenvorschlag beschriebenen Ziele als Rundfahrt kombinieren. Starten Sie früh – Sie werden rund 230 km zurücklegen, und die in mehr als tausend Kurven.

● *Routenvorschlag* Von **Silifke** folgt man der gut ausgebauten Nationalstraße 715 **Richtung Karaman**, einer landschaftlich reizvollen Strecke, die in weiten Zügen der seit Jahrtausenden begangenen Route von der Küste nach Zentralanatolien folgt. Nach rund 9 km steht am rechten Straßenrand ein von der deutschen Botschaft gestifteter **Gedenkstein** (Frederik Barbarossa Anıtı), der an den Tod des Kaisers Friedrich Barbarossa erinnert (→ Kasten, S. 148).

> Mut, Alahan, Diokaisarea und Olba finden Sie auf den folgenden Seiten beschrieben.

Ca. 3 km nach der Ortschaft Değirmendere (ca. 23 km nördlich von Silifke) weist ein kleines Schild nach rechts ins Dörfchen Keben (noch 1 km von der Abzweigung). Wer will, kann sich dort ein hoch über dem Ort gelegenes **hethitisches Felsrelief** einer Frauenfigur mit ausgestreckten Armen zeigen lassen (nach „Çolak Kız" fragen, ca. 30 Min. zu Fuß). Dorfbuben führen gegen ein Trinkgeld dorthin. Etwa 10 km vor Mut

verlässt die Straße das eindrucksvolle Göksutal. 22 km nördlich von Mut (s. u.) lohnt ein Abstecher zur Klosteranlage **Alahan** (→ S. 149). Um die Rundfahrt fortzusetzen, zweigt man – zurück in Mut – auf ein schmales, gen Osten nach Kırobası führendes Sträßchen ab. Nun beginnt die große Kurverei, zudem überwindet man einen Pass auf 1500 m Höhe. Ca. 17 km östlich von Mut zeigt ein Schild zur Burg **Mavga Kalesi** (6 km) – kein Muss. Nach weiteren 20 km verläuft die Straße eine Zeit lang parallel zu einem anderen imposanten **Cañon** mit bizarren Kalksteinformationen und überbrückt diesen schließlich. Einen Zugang zum Cañon hat man von der kleinen Ortschaft **Çömelek** (ausgeschildert) – sie besitzt wie so viele idyllische Dörfchen auf der Strecke mehr Natursteinhäuser als Neubauten und mehr Esel als Autos. Rund 60 km hinter Mut hat man schließlich **Kırobası** erreicht, einen etwas größeren Ort mit schattigen Gartenlokalen. 23 km weiter südlich bietet sich ein Abstecher zu den Ausgrabungen von **Diokaisarea** und **Olba** an (→ S. 150). 7 km vor Silifke passiert man das Dorf **Demircili**. Manche Bauern sind hier noch Halbnomaden, die mit ihrem Hausrat und Vieh in den Sommermonaten auf die höher gelegenen Weiden des Taurus ziehen. Rund um die Häuser des Ortes liegen die Reste der antiken Stadt **Imbriogon**, die im 2. Jh. v. Chr. gegründet wurde und bereits zu christlicher Zeit verlassen war. Reiche Bürger Seleukeias ließen sich hier bevorzugt bestatten, ihre Grabtempel rechts und links der Straße fallen noch heute ins Auge. Auch lassen sich noch Fundamente von Herrenhäusern erkennen.

Mut   37.700 Einwohner

Das antike *Claudiopolis* rund 80 km nördlich von Silifke ist heute eine nüchterne Kreisstadt auf etwa 300 m Höhe. An ihre wechselvolle Vergangenheit erinnern neben einer ursprünglich byzantinischen **Festung** einige Zeugnisse aus der Herrschaft der Karamanoğulları im 14. Jh.: Im Stadtzentrum ausgeschildert sind z. B. die **Lal-Ağa-Moschee**, eine Zentralkuppelmoschee mit einem markanten Minarett, und die **Hocendi Türbe**, ein Grabmal mit einem pyramidenförmigen Dach. Bekannt ist Mut für sein gutes Olivenöl und diverse Festivitäten; in der Stadt selbst und in den Dörfern drum herum wird zu Ehren diverser Früchte viel gefeiert: Ende Mai/ Anfang Juni steigt ein Aprikosenfestival *(Kayısı Festivalı)*, im August ein Feigenfestival *(İncir Festivalı)* und im September ein Apfel- und Weintraubenfestival *(Elma, Üzüm ve Kültür Şenliği)*.

Barbarossas letztes Bad

Am 11. Mai des Jahres 1189 begann der Dritte Kreuzzug. An jenem Tag brach in Regensburg ein 15.000 Mann starkes, deutsches Kreuzfahrerheer mit dem Ziel auf, die heilige Stadt Jerusalem den Muselmanen zu entreißen. An der Spitze des Heeres stand der Stauferkaiser Friedrich I., später wegen seines rötlichen Vollbarts „Barbarossa" genannt. Der Weg führte über das Königreich Ungarn und das serbische Zarenreich an den Bosporus. Von dort wollte man über Konya den langen Weg weiter nach Palästina antreten. Doch der zuvor friedlich vereinbarte Durchmarsch durch das Lehensreich des Seldschukensultans Kılıçaslan II. endete in einem blutigen Gemetzel. Als das Kreuzfahrerheer Konya erreichte, waren die Karten neu gemischt, Kılıçaslan II. bereits abgetreten und seine kaiserfeindlich gesinnten Söhne an der Macht. Es kam zu einer Schlacht, bei der die Kreuzfahrer siegten und anschließend angeblich nahezu alle Einwohner Konyas enthaupteten.

Von Konya zog der Dritte Kreuzzug weiter gen Süden über den Taurus. Am 10. Juni 1190 fand er jedoch mit dem Tode Barbarossas sein Ende. Der Kaiser kam nicht heroisch hoch zu Pferde im Schlachtengetümmel ums Leben und wurde auch nicht aus dem Hinterhalt ermordet: Er ertrank ganz banal im Göksu, 9 km nördlich des heutigen Silifke. Ob er dabei in schwerer Rüstung vom Pferd fiel oder das kühle Bad im Fluss ein Herzversagen auslöste, ist ungewiss.

Nach dem Tod des Kaisers trat das Gros des Heeres entmutigt die Heimreise an. Ein kleiner Trupp von rund 1500 Mann kämpfte sich weiter voran gen Palästina – mit den Gebeinen des Kaisers im Gepäck, um ihn im heiligen Land zu bestatten. Der Verbleib der sterblichen Überreste Barbarossas ist bis heute unbekannt, denn das bereits dezimierte Heer schrumpfte (mehr durch Krankheiten als durch Kämpfe) zunehmend und löste sich schließlich auf. Heute lebt der wohl volkstümlichste deutsche Kaiser in der Kyffhäusersage fort und wartet im gleichnamigen Wald in Thüringen auf seine Wiederkehr.

• *Verbindungen* Mut erreicht man von Silifke mit **Bus**sen auf der Strecke Karaman – Konya.

• *Übernachten* **Neslihan Otel**, ca. 10 km nördlich von Mut an der Straße nach Karaman. Wenig attraktive Lage neben einer Tankstelle. Saubere, geräumige Zimmer mit Balkon, wenig geschmackvoll, aber auf Drei-Sterne-Niveau. DZ 44 €. Yapıntı Köyü Zeytinlik Mevkii, ✆ 0324/7846525.

Mut selbst besitzt keine auch nur ansatzweise empfehlenswerten Unterkünfte. Als „bestes Haus der Stadt" gilt das **Hotel Baykan** an der Hauptstraße. Spartanische DZ mit sauberen Laken und angeschmuddelten Bädern 18 €. ✆ 0324/7741052.

Alahan Manastırı (antike Stätte)

Imposanter können Ruinen nicht liegen. Weltfern, auf 1200 m Höhe an der schroffen Südseite eines Bergmassivs, stehen die Reste einer byzantinischen Klosteranlage aus dem 5. Jh. Die Aussicht mit dem weiten Tal des Göksu zu Füßen ist vom Feinsten.

Vom Parkplatz steigt man zur einst dreischiffigen **Evangelistenbasilika** auf. Beeindruckend ist ihr mit reicher Ornamentik verziertes, aus drei Quadern bestehendes Portal. Oben in der Mitte ist ein Christusmedaillon zu sehen, das von zwei Engeln umrahmt wird. Die Innen-

Alahan – Ruinen der Hauptkirche

seite der Türpfeiler zeigen Reliefs des Erzengels Gabriel (über einem Stier) und auf der anderen Seite Michaels (über barbusigen Frauen), welche den Sieg des Christentums über heidnische Kulte darstellen. Etwas weiter östlich steht das **Baptisterium** mit einem Taufbecken in Form eines Kreuzes. Danach folgen **Felsgräber**, zu sehen ist hier der Sarkophag des Bischofs Tarasis, des Gründers des Klosters, der hier 462 verstarb. Am eindrucksvollsten aber ist die **Hauptkirche** ganz im Osten der Terrasse. Ihre Grundmauern sind weitestgehend erhalten, es fehlt lediglich das Dach. Drei mit Akanthusreliefs geschmückte Portale führen ins Innere.

• *Anfahrt/Öffnungszeiten* Alahan Manastırı Die Abzweigung zum Kloster ist von der Nationalstraße 715 Mut – Karaman ausgeschildert. Wer mit dem Karaman-**Bus** aus Silifke anreist und an der Abzweigung aussteigt, muss sich im Sommer auf den längsten und heißesten Zwei-Kilometer-marsch seines Lebens gefasst machen – in Serpentinen geht es steil bergauf. Decken Sie sich auf jeden Fall mit Getränken ein (gibt es an der Abzweigung zu kaufen). Über dem Parkplatz laden Picknickbänke zu einer Pause ein. Im Sommer tägl. 8–20 Uhr, im Winter bis 17 Uhr. Eintritt 1,70 €.

Sie fahren weiter Richtung Kappadokien? Routenvorschläge finden Sie ab S. 246.

Nekropolen

Wachturm

Nymphäum Café P
Säulen
Kolonnadenstr.
Tyche-tempel
Theater
Zeus-Olbios-Tempel

Anıt Mezarı, Olba, Silifke

Diokaisarea

150 m

Diokaisarea/Olba

(antike Stätten)

Auf knapp 1200 m Höhe liegt das Dorf Uzuncaburç inmitten der Ruinen des antiken Diokaisareas, einem einst heiligen Ort, in dessen Zentrum der Tempel des Zeus Olbios stand. Verwaltet wurde der heilige Bezirk von dem 4 km östlich bei dem heutigen Dörfchen Ura gelegenen Olba. Bis zu dessen Integration in die römische Provinz Cilicia im Jahre 72 herrschte Olbas Priesterdynastie der Teukriden, deren Name auf den Wettergott Tarku zurück geht, auch über Teile der kilikischen Küste.

Zweigt man ca. 25 km nördlich von Silifke von der Straße in Richtung Kırobası nach Uzuncaburç ab, fällt nach kurzer Zeit das **Anıt Mezarı** in der rauen Berglandschaft ins Auge, ein 16 m hoher Grabturm der Teukriden (über einen Fußweg zu erreichen). 2 km weiter erreicht man Uzuncaburç. Dort parkt man bei einem Café (gutes *Pekmez*, Traubensirup) vor fünf imposanten Säulen mit dekorativem Gebälk, die Reste eines **Prunktores** sind. Von hier führte eine Kolonnadenstraße zum **Tempel**, der der Stadtgöttin Tyche geweiht war und von dem ebenfalls noch fünf Granitsäulen stehen. Rechter Hand der Kolonnadenstraße lag das **Nymphäum**, linker Hand der vermutlich im 3. Jh. v. Chr. errichtete **Zeus-Olbios-Tempel**. Die Monumentalität dieser Kultstätte lassen die 30 noch heute in den Himmel ragenden Säulen erahnen. Auf dem Gelände des antiken Diokaisarea warten zudem noch ein **Theater**, das rund 3000 Zuschauern Platz bot (südöstlich des Parkplatzes), und ein fünfstöckiger, über 20 m hoher **Wachturm** der nördlichen Stadtmauer auf ihre Entdeckung. Letzterer diente auch zur Aufbewahrung des Tempelschatzes und als Fluchtturm, und war schließlich Namensgeber der heutigen Siedlung (*uzunca burç* = langer Turm). Rund um die Stadt liegen mehrere **Nekropolen**. Im Altertum war es schick, sich nahe einem heiligen Ort bestatten zu lassen.

Von Uzuncaburç ist der Weg nach Ura bzw. zu den Ruinen der antiken Stadt Olba ausgeschildert. Dazu gehören u. a. die Reste eines **Nymphäums**, eines **Theaters**, einer **Klosteranlage** und mehrere **Felsnekropolen**. Am besten erhalten ist das **Aquädukt**, das ein Tal überbrückt und von der Straße zu sehen ist. Die Straße an den Ruinen vorbei führt übrigens ins 9 km entfernte Dorf **Cambazlı**. Dort kann man neben mehreren **Grabtempeln** auch die **Alakilise** besichtigen, eine bis auf das Dach und den Narthex erhaltene, dreischiffige Basilika aus dem 6. Jh.

Anfahrt/Öffnungszeiten Von Silifke ist Uzuncaburç 6-mal tägl. mit **Minibussen** (an Wochenenden nur 3-mal tägl.) zu erreichen. Beide Ausgrabungsstätten sind stets zugänglich. Diokaisarea kostet 1,70 € Eintritt. Olba ist kostenlos.

Strand von Atakent

Zwischen Silifke und der Çukurova

Nachdem man das Göksu-Delta hinter sich gelassen hat und die Nationalstraße 400 wieder parallel zum Meer verläuft, wechseln Badeorte mit antiken Ausgrabungsstätten ab. Die Kette der internationalen Ferienzentren an der Südküste endet mit Kızkalesi. Der verlockende Dreiklang „Sonne, Strand und Meer" bietet von dort bis zur syrischen Grenze nicht mehr viel Überzeugendes – insbesondere die Strände lassen oft zu wünschen übrig. Je mehr der Taurus sich ins Hinterland verlagert und die kilikische Ebene sich auftut, desto verbauter wird die Küste. Erste Vorboten des türkischen Traums vom Apartment am Meer tauchen zwischen Atakent und Kumkuyu auf. Ab Çeşmeli erleben Sie, wie sich eine Küste verändern kann, wenn Millionen den gleichen Traum verwirklicht haben. Die nächsten 25 km bis Mersin wird das Ufer von einer geschlossenen Häuserfront gesäumt. Es dominieren zehnstöckige Apartmentbauten, die paar antiken Ruinen dazwischen sind nicht der Rede wert.

Atakent

16 km östlich von Silifke liegt die gesichtslose Retortensiedlung Atakent, eine beliebte Sommeradresse von Familien aus Konya, Karaman, Mersin und Adana. Die Küstenstraße trennt ihre Apartmentblocks von einem gepflegten Sandstrand. Ein wechselwarmes Bad verspricht ein Sprung in die direkt östlich an Atakent grenzende Bucht **Yapraklı Koy**: zuoberst eine erfrischende, ca. 8°C kühle Süßwasserschicht, darunter das im Sommer bis zu 28°C warme Meerwasser. In der Gegend findet man noch weitere Buchten, wo süßes Quellwasser auf salziges Seewasser trifft.

Atakent liegt auf dem Boden des antiken *Korasion*, an das aber so gut wie nichts mehr erinnert. Der Ort bietet sich als Startpunkt für Fahrten ins Hinterland zu den ausgeschilderten antiken Stätten **Paslı** (10 km) und **Mezgit Kalesi** (13 km) an. Beide bieten Tempelgräber, Mezgit Kalesi sogar das größte Kilikiens, allzu imposant sollte man es sich aber trotzdem nicht vorstellen.

● *Verbindungen* Regelmäßige **Dolmuş**verbindungen von und nach Silifke.

● *Übernachten* **** **Altın Orfoz Hotel**, in einer Bucht zwischen Atakent und Narlıkuyu direkt am Meer. Nobelste Unterkunft der Gegend (zumindest bis zum Bau des ersten Fünf-Sterne-Hotels, das bereits in Planung ist). In der Lobby wurde mit Marmor nicht gespart. 112 gepflegte Zimmer mit Klimaanlage. Schöner Außenbereich mit großem Pool und eigenem Strand. Hauseigene Tauchbasis. Bestehen Sie auf einem Zimmer mit Meeresblick. DZ mit HP 105 €. Atakent Kuruçay Mevkii, ℡ 0324/7224211, 🖷 7224215, www.altinorfoz.com.

Narlıkuyu und Cennet ve Cehennem

Rund 20 km östlich von Silifke, unterhalb der Nationalstraße 400, liegt die schöne Bucht Narlıkuyu. Sie wird von einer ganzen Reihe überaus gemütlicher **Fischrestaurants** gesäumt. Wen man auch fragt, jeder hat einen anderen Favoriten. Empfehlenswert sind auf jeden Fall das „Lagos" (℡ 7233282) und das „Kerim" (℡ 7233295), wo Sie – wie überall – für ein gutes Abendessen inklusive Meze, Wein und Fisch mit 15–25 € pro Person rechnen sollten. Zur Verdauung bietet sich ein Besuch des in der Nähe gelegenen kleinen **Museums** an. Das einzige Exponat ist ein römisches Bodenmosaik aus dem 4. Jh., das sich in einem hervorragenden Zustand befindet. Es zeigt die unverhüllten Grazien Aglaia und Euphrosyne sowie die Muse Thalia. Das Mosaik ist der einzige erhalten gebliebene Überrest einer Bäderanlage, die in der Antike in der Bucht betrieben wurde. (Wer es besichtigen will, muss in den Restaurants nach dem Museumswärter fragen; der Eintritt beträgt 1,70 €).

Nördlich der Küstenstraße (ausgeschildert) befinden sich die seit der Antike bekannten Grotten **Cennet ve Cehennem (Himmel und Hölle)**. Erdmutter Gaia brachte hier Typhon zur Welt, ein hundertköpfiges, feuerspeiendes Ungeheuer, das einen langwierigen Kampf gegen Wolkensammler Zeus antrat. Schließlich jagte der Göttervater das Ungetüm ins Meer vor Italien, packte eine Insel und beerdigte es lebend darunter. Die Insel wurde später als Sizilien bekannt und der Feueratem des unsterblichen Typhon zum Ätna. Geologisch handelt es sich bei den „korykischen Grotten" um zwei Einsturzdolinen (*Obruks*). Ihre Entstehung erklärt sich durch einen unterirdischen Fluss, der im Karst ein Höhlensystem bildete, und dessen Decke irgendwann einstürzte.

Unmittelbar nördlich des Parkplatzes liegt der **Himmel (Cennet Çöküğü)**. Er ist begehbar. 290 Stufen führen in die 200 m lange Doline mit paradiesischem Baumbewuchs hinab. Ganz unten am Kesselrand steht eine vermutlich aus dem 12. Jh. stammende Kapelle. Sie markiert zugleich den Eingang ins Innere der Erde. In die Höhle, die sich dort auftut, führen weitere rund 150 glitschige Stufen. Dann können Sie mit ein wenig Glück den unterirdischen Fluss rauschen hören. In trockenen Sommern allerdings herrscht Wassermangel – im Himmel wie auf Erden.

Die 128 m tiefe **Hölle (Cehennem Çukuru)** liegt keine 100 m weiter nördlich des Himmels; sie ist über einen Pfad vom Parkplatz zu erreichen. In der Antike galt das mehr oder weniger runde Loch von 50 m Durchmesser als der Eingang zum Hades. Der Abstieg in die Hölle ist hier selbst für den größten Sünder unmöglich – die senkrecht abfallenden Felswände lassen höchstens einen Sprung zu ...

Südlich des Parkplatzes sind noch die Reste eines **Zeusheiligtums** aus dem 3. Jh. v. Chr. zu sehen, das im 5. Jh. in eine Basilika umgebaut wurde. Vom Parkplatz ist zudem die 300 m weiter gelegene **Astım Mağarası** („Asthmahöhle") ausgeschildert. Die sehenswerte Tropfsteinhöhle besitzt neben ästhetischen Qualitäten angeblich auch therapeutische. Achtung – sie ist schlecht ausgeleuchtet, und die Wege sind glitschig. Wir empfehlen feste Schuhe und eine Taschenlampe.

• *Verbindung/Öffnungszeiten* Die **Busse** von Silifke nach Kızkalesi passieren die Abzweigung nach Narlıkuyu bzw. Cennet ve Cehennem. Zu den Dolinen sind es von dort noch ca. 2 km zu Fuß. Tägl. 8–20 Uhr, im Winter bis 17 Uhr. Eintritt Cennet ve Cehennem 1,70 €, Asthmahöhle 1,70 € extra.

Kızkalesi

Alles in einem: Landburg, Sandburg, Hotelhochburg und benannt nach der Seeburg Kızkalesi, der „Mädchenburg". Die malerische Inselfestung – weiße Mauern im blauen Wasser – liegt nur 100 m vom Strand entfernt.

Kızkalesi, neben den Ruinen des antiken *Korykos* (→ Sehenswertes) errichtet, ist eine Hochburg des Badetourismus. Es ist keine Stadt, mehr eine Ansammlung von Hotels, Pensionen und Apartmenthäusern, eine Art improvisiertes Klein-Rimini, in dem mehr geklotzt als gekleckert wurde. Flair besitzt Kızkalesi nur in der ersten Reihe – wer ein Zimmer mit Blick auf den feinen, sandburgfreundlichen Strand, das Meer und die malerische Seeburg hat, kann sich glücklich schätzen. Alle anderen beißen die Hunde: Der architektonische Sündenfall hinter dem im Sommer proppevollen Strand ist nur über-, aber kaum anschaubar. Das war noch anders, als 1983 der damalige Bundespräsident Richard von Weizsäcker in Kızkalesi drei Tage Urlaub machte – worauf man übrigens bis heute stolz ist. Beliebt ist Kızkalesi, der

Zu Besuch bei den „Menschenfelsen"

Zwischen Silifke und der Çukurova

östlichste internationale Ferienort der Südküste, auch bei GIs des US-Luftwaffenstützpunktes İncirlik bei Adana (→ S. 168).

Verbindungen/Ausflüge/Sonstiges

• *Telefonvorwahl* 0324.
• *Verbindungen* Kızkalesi ist mit **Bussen** und **Dolmuşen** von Silifke und Mersin problemlos mind. alle 20 Min. zu erreichen, gehalten wird an der Durchgangsstraße.
• *Organisierte Touren/Autovermietung* Mehrere Veranstalter vor Ort. Deutschsprachig und zugleich die Öger-Tour-Vertretung vor Ort ist **Olcartur** (zur **Nur Café Bar** gehörig, → Übernachten/Essen & Trinken). Angeboten werden u. a. Tagestouren in die Umgebung und Bootstrips zu den umliegenden Buchten; die Preise richten sich

nach der Teilnehmerzahl. Zudem Autoverleih, das billigste Fahrzeug ist ab 35 € zu bekommen. ℡ 5232128, www.kizkalesi.de.
• *Ärztliche Versorgung* Ein deutschsprachiger Arzt ist **Dr. Mustafa Doğaner**, im Zentrum gegenüber dem Rathaus *(Belediye)*. ℡ 5232404.
• *Tauchen/Wassersport* Tauchmöglichkeiten bestehen über das **Clubhotel Barbarossa** (→ Übernachten), jedoch nur für erfahrene Taucher und nur am Wochenende. Jetski, Parasailing und Bananaboot am Strand.

Übernachten/Camping

Alle hier aufgeführten Unterkünfte liegen in erster Reihe am Meer mit Aussicht auf die nachts malerisch beleuchtete Mädchenburg – Disneyland lässt grüßen. Wer billiger wohnen muss, kann in den hinteren Reihen nach einem Zimmer Ausschau halten, wo es ebenfalls Unterkünfte en masse gibt. Überall ist mit nächtlicher Lärmbelästigung zu rechnen, insbesondere an Hochsommerwochenenden. Im Sommer ist ein Zimmer mit Klimaanlage fast ein Muss. Ab Mitte September werden großzügige Rabatte gewährt (angegeben sind wie immer die HS-Preise).

*** Kilikya Hotel, viel deutsches Publikum. Schöner, palmenbestückter Garten mit Pool. Die Balkone der meisten Zimmer (insgesamt 75) gehen leider nicht zur Meerseite, sondern zum Nachbarhotel. Die Bäder könnten für ein Drei-Sterne-Hotel etwas mehr hermachen. DZ mit HP 98 €. Im Westen des Hauptstrandes, ℡ 5232115, ℡ 523 2084, www.kilikyahotel.com.

*** Clubhotel Barbarossa, im Westen des Hauptstrandes. Zimmer mit Fliesenböden, Wandschrank, Bett und Aircondition – das war's. Fast alle Balkone blicken zur großen Poolanlage mit dem Meer dahinter. DZ mit HP 85 €. Çetin Özyaran Cad., ℡ 5232364, ℡ 5232090, www.barbarossahotel.com.

*** Peyda Hotel, größeres, neu restauriertes Haus. Von Lesern gelobt. 32 Zimmer mit grün furnierten Möbeln, lassen Sie sich eines mit Balkon und Meeres- bzw. Mädchenburgblick geben. DZ 68 €. In erster Reihe, ℡ 5232607, ℡ 5232082, www.hotel-peyda.com.

Villa Nur, im ehemaligen Sommerhaus einer reichen Mersiner Familie. Empfehlenswerte Adresse unter deutsch-türkischer Leitung. Familiäre Atmosphäre. Nur 3

Zimmer mit Steinböden, Meeresblick und Klimaanlage. Sehr sauber. Große Sonnenterrasse, tolles Frühstück und gutes Restaurant. Pro Person mit Frühstück 25 €, mit HP 40 €. Gegenüber der Mädchenburg, ℡ 5232128, ℡ 5232340, www.kizkalesi.de.

Hotel Hantur, 20 geräumige, saubere Zimmer, alle mit Fliesenböden, Klimaanlage und Balkon. Freundlicher Wirt, der seine Gäste mit dem Motorboot zur Mädchenburg oder mit dem Auto zu den korykischen Grotten bringt. Auch im Winter geöffnet. Von Lesern gelobt. DZ 40 €. Neben der Villa Nur, ℡ 5232367, ℡ 5232006, www.hotelhantur.com.

• *Camping* **Mocamp Kervan**, beste Adresse der Gegend. Großes Gelände, das in schattigen Terrassen zum felsigen Strand hinunterführt. Sanitäranlagen okay. Nachteile: übΕteuertes Restaurant, viele picknickende Tagesgäste, die für Unruhe sorgen. Es werden auch Zimmer vermietet. 2 Pers. mit Wohnmobil 17 €, DZ 32 €, kein Frühstück. 1 km östlich von Kizkalesi an der Straße nach Mersin (Einfahrt bei einer Tankstelle), ℡ 5232010, ℡ 2380425, kervanmocamp@gmail.com.

Arif Balık Restaurant, 50 m hinter dem westlichen Ende des Strandes. Eine nette Fischadresse mit Tischen direkt am Wasser. Kilopreise ab 17 €. ✆ 5232247.

Nur Café Bar, das Restaurant der Villa Nur (→ Übernachten). Lauschiges Gärtchen unter Palmen direkt hinter dem Strand. Sehr gute türkische und internationale Küche – es gibt alles zwischen Spaghetti mit Tomatensoße, Hühnchenschnitzel und türkischer Hausmannskost, auf Wunsch auch Fisch. Hg. 5–13 €.

Paşa Restaurant, im Zentrum (kennt jeder). Seit Jahren ein Renner. Das Brot kommt so lang wie der Tisch auf den Tisch, bei türkischen Familien sind zwei Meter locker möglich. Internationales Publikum, viele Deutsche. Fisch- und Fleischküche, hervorragende Meze, tagsüber auch ein paar Topfgerichte. Gute Stimmung und faire Preise: Hg. 3,80–6,50 €. ✆ 5232604.

> **Zum Fischessen nach Narlıkuyu** (→ S. 152). Die schön gelegenen Restaurants der Bucht verstehen sich aufs Kochen, Grillen und Brutzeln. Ein Taxi kostet ab Kızkalesi ca. 7 €.

• *Nachtleben* Die Post geht in den beiden Diskotheken **Paradise** und **Korikos** an der Hauptdurchgangsstraße (Ortsausgang Richtung Silifke) ab. Am Strand feiert man am liebsten in den nebeneinander liegenden, etablierten Discobars **Turkish Turtels** und **Club Dream**.

Sehenswertes rund um Kızkalesi

Korykos: Über das antike Korykos ist wenig bekannt, zumal es kaum erforscht und ausgegraben ist. Gegründet wurde die Stadt laut Herodot von einem gleichnamigen zyprischen Prinzen. Anderen Theorien zufolge leitet sich der Name des Ortes von dem einstigen Hauptanbauprodukt der Gegend, dem Safran (griech. *krokos*), ab. Auf jeden Fall war Korykos von der hellenistischen bis weit über die byzantinische Zeit hinaus eine der bedeutendsten Städte des östlichen Kilikiens.

Die meisten Überreste der antiken Stadt schließen sich im Osten an Kızkalesi an. Unübersehbar, direkt am Meer, steht dort die *Landburg,* die früher landeinwärts von einem Wassergraben umgeben war und den heute verlandeten Hafen schützte (tägl. 8–20 Uhr, im Winter bis 17 Uhr, Eintritt 1,70 €). Im 11. und 13. Jh. wurden ihre Mauern verstärkt, insbesondere mit der antiken Bausubstanz von Korykos. So lassen sich in der Nordwand beispielsweise Altarsteine und Säulentrommeln finden. Im Inneren der Burg sind lediglich Reste von Zisternen und dreier Kapellen zu entdecken.

Gegenüber liegt die sagenumwobene *Seeburg,* die sog. *Mädchenburg,* früher trockenen Fußes über eine Mole von der Landburg zu erreichen. Heute müssen Sie die

Die Papylos-Kirche von Kanlıdivane

100 m hinüberschwimmen, ein Tretboot mieten oder sich für einen Obolus übersetzen lassen. Die achttürmige Festung diente ebenfalls zum Schutz des Hafens.
Ihre Entstehungslegende geht so: Einem Sultan wurde prophezeit, dass seine Tochter jung an einem Schlangenbiss sterben werde. Aus Sorge errichtete er die Burg
auf einem Felsen im Meer, wo sein Kind fernab aller Schlangen aufwachsen sollte.
Doch Pustekuchen – eine in einem Obstkorb auf die Insel geschickte Natter erfüllte die Weissagung. Die Legende hört man übrigens in der Türkei fast überall, wo
es eine kleine Insel mit einem Turm bzw. einer Burg darauf gibt.

Die Ruinen des Stadtgebiets erstrecken sich östlich der Landburg, im Gestrüpp
rechts und links der Ausfallstraße nach Mersin. Auf das weitläufige Gelände verirrt
sich selten jemand. Am beeindruckendsten ist die große *Nekropole* mit Sarkophagen und Felsengräbern, dazwischen findet man byzantinische *Kirchenreste*.

Adamkayalar: Rund 7 km nördlich von Kızkalesi liegen die „Menschenfelsen" –
hervorragend erhaltene, römische Felsreliefs aus dem 1. Jh. in einer fast senkrech-
ten Felswand am Rande des reizvollen *Şeytan Deresi* („Teufelstal"). Sie stellen Frau-
en und Männer dar, teilweise als Krieger – keine Szene gleicht der anderen. Die Re-
liefdarstellungen zeigen sich am Vormittag in ihrem schönsten Licht. Für den loh-
nenswerten und abenteuerlichen Ausflug sollten Sie absolut trittsicher und schwin-
delfrei sein, in jedem Fall sollten Sie nicht alleine oder mit Kindern gehen.

● *Anfahrt* Der Weg nach **Adamkayalar** ist
von der Nationalstraße 400 in Kızkalesi (bei
der einzigen Moschee) ausgeschildert. Dabei folgt man der Straße nach Hüseyinler.
Nach ca. 5 km geht es links ab (Hinweisschild, wer keinen Jeep hat, sucht sich hier
am besten einen Parkplatz). Nach weiteren
700 m erreicht man antike Ruinen. Von dort
führt ein rot markierter Pfad den Felshang
hinab (teils sind die Markierungen mit grau-
er Farbe übermalt – nicht verwirren lassen!)
Bis zu den Reliefs noch ca. 20 Min.

Ayaş/Elaiussa-Sebaste

Rund 5 km trennen Kızkalesi von Ayaş. Auf dem Weg dahin passiert man zahlreiche Grabbauten, daher wird dieser Abschnitt der Küstenstraße auch *Via Sacra*, „Heilige Straße", genannt. Ayaş selbst präsentiert sich als eine weit verstreute Feriensiedlung mit mehreren kleinen Stränden direkt an der Straße und erstreckt sich auf dem Boden der antiken Stadt Elaiussa-Sebaste. Vor rund 2000 Jahren, als der hiesige Küstenverlauf noch anders aussah, lagen mehrere Bauten der antiken Stadt auf einer Insel 100 m abseits der Küste – heute mit dem Festland verbunden. Viele Ruinen sind noch immer unter Sanddünen begraben. Die italienische Università degli studi di Roma Laspenzia ist bemüht, diesen Sachverhalt zu ändern. Im weitläufigen Trümmerfeld im Westen von Ayaş (gut von der Straße zu sehen) kamen u. a. bereits ein **Theater**, mehrere **Tempelanlagen**, **Stadtmauerteile**, Überreste eines **Aquädukts**, **Nekropolen** und eine byzantinische **Basilika** ans Tageslicht. Ein Infoplan am Straßenrand erklärt, was Sie wo entdecken können. Die zwischen Wohnhäusern verstreuten, teils recht imposanten Ruinen sind stets zugänglich und kosten keinen Eintritt.

Verbindungen Alle **Busse** auf der Strecke Kızkalesi – Mersin passieren Ayaş.

Kanlıdivane (antike Stätte)

Von Ayaş zweigt eine 3 km lange, z. T. von Sarkophagen gesäumte Straße landeinwärts nach Kanlıdivane ab, dem antiken *Kanytelleis*. Die wildromantische Ruinenstätte mit überwucherten Mauerresten gruppiert sich um eine 60 m tiefe, fußballplatzgroße Doline. Im 2. Jh. gehörte der Ort zum Priesterstaat Olba-Diokaisareia (→ S. 150), im 11. Jh. wurde er vermutlich aufgegeben. Der Parkplatz liegt vor einem noch 17 m hohen, einst dreistöckigen **Wehr- und Wohnturm** mit polygonalem Mauerwerk. Weiter westlich stehen die Reste einer **Basilika**, ein Zwillingsfenster ziert die Apsis. Spaziert man am Rand der Doline weiter, kann man auf der Südseite ihrer Abbruchkante ein Felsrelief mit sechs Personen erkennen. Es stellt die Familie Armaronxas dar – welche Stellung diese je besaß, weiß man allerdings nicht. Auf der Nordseite der Doline fallen die imposanten Reste einer einst dreischiffigen **Basilika** ins Auge – nur die Südwand, das Dach und ein Teil des Narthex sind eingestürzt. Sie ist die jüngste der Basiliken von Kanytelleis,

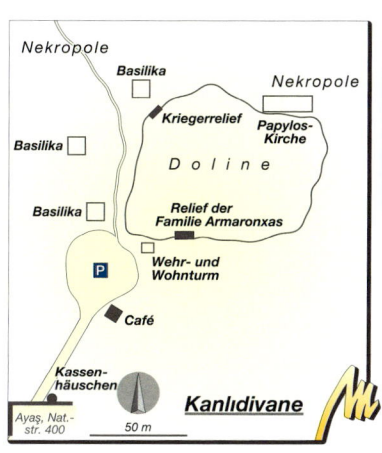

die alle im 5. oder 6. Jh. erbaut wurden. Nach ihrem Stifter (von dem eine Inschrift am Haupttor berichtet) wird sie auch **Papylos-Kirche** genannt. Von ihr führte einst ein Tunnel ins Innere der Doline. Rund um den Ort lassen sich zudem mehrere **Nekropolen** erkunden.

Verbindungen/Öffnungszeiten Ohne eigenes Fahrzeug muss man die 3 km von Ayaş zu Fuß zurücklegen. Tägl. 8–20 Uhr, im Winter bis 17 Uhr. Eintritt 1,70 €.

Zwischen Silifke und der Çukurova

Mersin aus der Vogelperspektive

Durch die Çukurova

Die Çukurova, auch Kilikische Ebene genannt, erstreckt sich von Mersin bis Osmaniye. Die fruchtbare Schwemmlandebene wird geprägt von weiten Baumwollfeldern und boomenden Industriestädten – sollte die Entwicklung der letzten Jahre anhalten, bilden Mersin, Tarsus und Adana irgendwann ein einziges Häusermeer. Es ist noch kein Jahrhundert her, da war die Gegend dünn besiedelt und in erster Linie Überwinterungsplatz von Nomaden, die die Sommermonate in den Bergen des Taurus verbrachten. Denn bis in jüngere Zeit war die Çukurova Brutstätte der Malariafliege. Erst mit der Trockenlegung der Sümpfe änderte sich dies, die Bewässerungskanäle durch die Baumwollplantagen werden überwacht.

Abseits der großen Städte kann man zu Burgen hinaufklettern und antike Ruinenstätten entdecken. Gute Bademöglichkeiten findet man bei Yumurtalık. In manchen Dörfern der Çukurova wird übrigens noch Arabisch gesprochen. Ihre Einwohner stammen von den im 18. Jh. aus Nordsyrien eingewanderten Fellachen ab und gehören der alawitischen Glaubensrichtung an.

Mersin (İçel)   775.000 Einwohner

Mersin ist die wohlhabende Hauptstadt der Provinz İçel. Sie besitzt schnurgerade Straßen und den zweitgrößten Hafen des Landes.

Mersin ist eine junge Großstadt, noch 1890 zählte man lediglich 9000 Einwohner. Der rapide Aufstieg ging mit dem Ausbau des Hafens einher. Dieser wurde seit dem Beginn des 20. Jh. mehrmals erweitert, anfangs um die landwirtschaftlichen Produkte der Umgebung und des Hinterlandes (v. a. Zitrusfrüchte, Bananen und

Baumwolle), später um auch industrielle Güter verschiffen zu können. In den späten 1980ern erklärte man den Hafen zudem zur größten Freihandelszone der Türkei. Boomtown Mersin bekam dadurch ihren letzten Kick. Planlos und ungehemmt wurde und wird noch immer gebaut, die Stadt wuchert nach allen Seiten. An der Straße Richtung Silifke schießen moderne Vorstädte aus dem Boden. Und weit hinter der Küste zimmerte sich ein neues Subproletariat schiefe, ärmliche Behausungen zwischen Raffinerien, Textil- und Düngemittelfabriken. Es sind zum Großteil Kurden, die ihr altes Elend oft nur gegen ein neues vertauscht haben.

Ein Zwischenstopp in der Metropole Mersin bringt einem die Türkei aber näher als jeder Badeort der Südküste. Das Zentrum ist sympathisch, lebendig und modern, auch wenn es mehr vor architektonischer Ein- als Vielfalt sprüht. Ein 46-stöckiges Nobelhotel, die Dominante in der Silhouette der Stadt, überragt es. Dessen Bar unterm Dach ist die Sundowner-Adresse schlechthin. Weitere Wahrzeichen sind die neue **Muğdat Camii** mit sechs (!) Minaretten im Osten der Stadt und das ebenfalls neue Kongresszentrum im golfplatzmäßig begrünten **Atatürk Parkı** an der Uferfront. Dazwischen laden palmengesäumte Fußgängerzonen mit vielen schicken Geschäften und Lokalen zum Bummeln ein.

Alte Bausubstanz hingegen ist rar, nur wenige schöne Stadthäuser aus dem 19. Jh. wurden vor dem Abriss bewahrt. So hat Mersin wenig Kulturhistorisches zu bieten, auch wenn die Gegend, wie Grabungen am 3 km westlich gelegenen Hügel **Yümüktepe** bewiesen, seit 8000 Jahren besiedelt ist. An die Antike erinnern ein paar Säulen des griechischen *Soloi*. Sie liegen in dem zur Trabantenstadt mutierten **Viranşehir** 10 km südwestlich und lohnen – wie Yümüktepe – nicht den Weg. Auch die zwei Museen an der Atatürk Caddesi, das **Atatürk Evi** (Eintritt frei) und das einen Steinwurf entfernte **Archäologische Museum** (Eintritt 1,60 €), beherbergen keine Sensationen. Ersteres zeigt wie alle Atatürk-Museen der Türkei ein paar Erinnerungsstücke an den Staatsgründer, Letzteres Funde aus der Umgebung, insbesondere aus römischer Zeit. Beide Museen sind täglich (außer montags) zwischen 9 und 16.30 Uhr geöffnet.

Information/Verbindungen/Parken

- *Telefonvorwahl* 0324.
- *Information* Am Hafen (İsmet İnönü Bul. 5/1), etwas ab vom Schuss in einem großen ockerfarbenen Gebäude. Mo–Fr 8–12 und 13–17 Uhr. ✆ 2383271, www.mersinkultur turizm.gov.tr.
- *Verbindungen* **Bus/Dolmuş:** Busbahnhof 15 Fußmin. östlich des Zentrums. Von dort Verbindungen in alle Landesteile. Stadtbusverbindungen zwischen Busbahnhof und Bahnhof sowie zwischen Busbahnhof und Zentrum. Die Dolmuşe nach Tarsus starten am Busbahnhof. Zum Flughafen Adana → Reisebüros.
Zug: Vom Sackbahnhof (✆ 2311267) nördlich der Touristeninformation regelmäßig über Tarsus nach Adana, 2-mal tägl. nach İskenderun sowie 1-mal nach Osmaniye. **Schiff:** 3-mal wöchentl. (im Sommer 2008

Mo, Mi u. Fr) Fährverbindungen nach Zypern (Famagusta), Ablegestelle nahe der Touristeninformation. Einfache Fahrt 32 €/ Person, Auto 74 €. Dauer 12–13 Std. Bessere Verbindungen ab Taşucu (→ S. 141). Büro der Fährgesellschaft **Kuzeymanlar** am Hafen, ✆ 2339858, kuzeymanlar@ kuzeymanlar.com.

> Detaillierte Infos über Zypern erhalten Sie im MMV-Reisehandbuch „Zypern" von Ralph-Raymond Braun.

- *Parken* Tiefgarage *(Kapalı Otopark)* unter dem Uluçarşı-Platz bei der unübersehbaren Ulu Cami am Uferboulevard, Einfahrt vom İsmet İnönü Bul.

*A*dressen/*B*aden/*V*eranstaltungen

- *Ärztliche Versorgung* Staatl. Krankenhaus **Devlet Hastanesi** nördlich des Zentrums an der Hastane Cad. ☎ 3363950.

- *Autoverleih* Mehrere lokale Autoverleiher am İsmet İnönü Bul. gegenüber dem Kongresszentrum, z. B. **Hitit Rent a Car**, ☎ 2377468, www.hititrentacar.com. Billigstes Auto ab 38 €.

- *Baden* Durch Hafen und Industrie ist das Wasser rund um Mersin belastet. Mehrere Pools, diverse Sportangebote sowie Restaurants und Bars bietet der **Club Armada** nahe dem Hilton westlich des Zentrums.

Einen netten Strandabschnitt weist der Picknickplatz **100. Yıl Gümüşkum Piknik-Mesire Yeri** ca. 14 km westlich von Mersin in Davultepe auf. Aber Achtung – auf türkischen Picknickplätzen fällt viel Müll an! Von Mersin kommend, am Ortseingang von Davultepe links ab, unauffälliges braunes Hinweisschild.

- *Diplomatische Vertretung* **Österreichisches Honorarkonsulat**, Atatürk Cad. 4302 Sok. Toroğlu Apt. Kat 1/1, ☎ 2313606, mersin@avusturyakonsolos.org.

- *Einkaufen* Die größte, 2007 eröffnete Shoppingmall der Stadt nennt sich **Forum Mersin**. Sie liegt im südwestlichen Stadtteil Yenişehir (Dolmuşverbindungen vom Zentrum). Auf 65.000 m² gibt es alle bekannten türkischen und viele internationale Modemarken, Kinos, Restaurants und Supermärkte.

- *Polizei* Nahe der Touristeninformation am İsmet İnönü Bul. ☎ 155.

Übernachten
1 Taksim International
4 Nobel Oteli
5 Hotel Gökhan
7 Hotel Savran
9 Mersin Oteli
12 Hilton

Essen & Trinken
2 Özkan Tantuni Salonu
3 Özlem 2 Ocakbaşı & Sabah Lokantası
6 Balıkçı Yaşar
8 Taş Han Antik Gallery
10 Alibaba Kordon Restaurant
11 Mavi Yelken

- *Post* Zentral am İsmet İnönü Bul.

- *Reisebüro* **Caner** bucht Flüge von THY, Onur Air usw. und gibt zudem Auskünfte über die Abfahrtszeiten der Servicebusse zum Flughafen Adana. İsmet İnönü Bul. 15, ☎ 2383134, ✆ 2312970.

- *Veranstaltungen* Größtes Ereignis ist das **Internationale Musikfestival** Ende Mai.

*Ü*bernachten

Mersin ist ein relativ teures Pflaster. Meist nächtigen hier türkische Spesenritter, hinzu kommen wohlhabende Araber.

***** **Taksim International (1)**, das Wahrzeichen der Stadt. 46 Stockwerke hoch, im obersten eine Bar. Viel Luxus, wenn auch nicht ganz so viel wie im **Hilton (12)**, das jedoch etwas außerhalb des Zentrums im Westen der Stadt liegt. DZ 125 €, EZ 93 €. Kuvayi Milliye Cad. 107, ☎ 3361010, ✆ 336 0722, www.taksimotelcilik.com.tr.

**** **Mersin Oteli (9)**, in die Jahre gekommenes Haus in erster Reihe – viele Zimmer mit Meeresblick! Komfort mit Falten und Flecken, dennoch okay. Die Rezeptionisten

sind nicht immer die geduldigsten. EZ 50 €, DZ 80 €. İsmet İnönü Bul. 62, ☎ 2381040, ✆ 2312625, www.mersinoteli.com.tr.

*** **Nobel Oteli (4)**, nicht ganz so nobel, wie der Name verspricht, dennoch ordentliche Zimmer mit Klimaanlage. Alles leicht angeschrammt, aber erheblich besser, als die Fassade vermuten lässt. DZ 43 €. İstiklal Cad. 73, ☎ 2377700, ✆ 2313023, www.nobel otel.com.tr.

** **Hotel Gökhan (5)**, unspektakuläres Zwei-Sterne-Haus. 28 abgewohnte, aber geputz-

te Zimmer mit Brandlöchern in den Teppichen. DZ 37 €. Soğuksu Cad. 20, ✆ 2324665, ✉ 2374462.

Hotel Savran (7), recht geräumige Zimmer mit frischen Laken, Klimaanlage, Kühlschrank und Bädern, die etwas besser geputzt sein dürften. DZ 25 €. Soğuksu Cad. 14, ✆ 2324472, ✉ 2324417.

Essen & Trinken/Nachtleben

Lokale Spezialitäten sind *Cezire*, eine um geschälte Walnüsse gewickelte, feste Möhrenmasse, *Biberli Ekmek*, eine Art Minipizza mit scharfer Paprikasoße und *Tantuni*, gebratenes Hackfleisch mit Kräutern im Fladenbrot – ein leckerer Snack.

Alibaba Kordon Restaurant (10), eines der besten Lokale der Stadt. Serviert werden die türkischen Klassiker, jedoch auf hohem Niveau, dazu auch Steaks. Zudem gibt es Alkohol. In der gleichen Straße noch weitere gute, gepflegte Restaurants. Höheres Preisniveau. Adnan Menderes Bul. 18/D, ✆ 3250680.

Özlem 2 Ocakbaşı (3), angenehme Lokanta auf 2 Etagen. Große Auswahl: viele leckere Meze, Pide, Topfgerichte und Fleischspieße. Günstig. İstiklal Cad. Ein ähnlich gutes Angebot bietet das **Sabah Lokantası (3)** in der Nachbarschaft.

Özkan Tantuni Salonu (2), hier schmeckt *Tantuni* besonders lecker. Einfache, größere Lokanta. Auch gute Suppen. Cemal Paşa Cad. 181.

Balıkçı Yaşar (6), eine der urig-einfachen Fischlokantas im Fischmarkt mit ein paar Tischen auf dem Gehweg. Eine Portion Sardinen oder Calamares (die bessere Wahl, leckere Soße!) mit Bier und Salat sollte nicht mehr als 6 € kosten. Preise am besten im Voraus erfragen.

Leckerer Grillfisch wird auch auf den schaukelnden Restaurantbooten am Fischerhafen etwas westlich des Zentrums serviert. Faire Preise, bei manchen gibt es auch Alkohol. Schöne Atmosphäre am Abend – zugleich ein kleines Mersin-Erlebnis. Wir empfehlen das **Mavi Yelken (11)** mit sehr freundlichem Service.

● *Nachtleben* Einen teuren Cognac und eine fabelhafte Aussicht über Mersin bietet

die Bar des **Taksim International** (→ Übernachten). Billiger wird die Nacht in der **Taş
Han Antik Gallery (8)**. Die alte Karawanserei beherbergt etliche lustige Kneipen und
Cafés auf zwei Etagen. Viele Studenten. Jeden Abend gibt es in fast jeder Kneipe Livemusik – Stimmung und Geräuschpegel

sind somit vorstellbar. Wer auch noch Hun-
ger bekommt: Das **Piknik Balık Restorant**
im Innenhof des Hans serviert frischen
Fisch der mittleren Preisklasse (für den
Winter rustikal-gemütliches Inneres). Nahe
der Post in der 13. Sok. 23.

Tarsus

229.900 Einwohner

**Tarsus ist Ziel von christlichen Glaubenstouristen aus aller Welt und fest mit
dem Namen des Apostels Paulus verbunden, der hier das Licht der Welt erblickt haben soll. Weniger Fromme zeigen sich von den hiesigen Sehenswürdigkeiten jedoch meist enttäuscht.**

Die rege, recht gepflegte Industriestadt Tarsus, 27 km östlich von Mersin, präsentiert sich – ungeachtet ihrer Einwohnerzahl – kleinstädtisch-hinterwäldlerisch.
Durch ein weites Delta ist sie von der Küste getrennt. Im ziemlich unübersichtlichen Zentrum gibt es zwar einige schöne Ecken, von biblischer Schönheit sind sie
jedoch weit entfernt. Das Gleiche gilt für die wenigen Relikte, die an die 3000-jähri-
ge Vergangenheit der einst wichtigsten Stadt der Çukurova erinnern. Tarsus, das
nie seinen Namen änderte, besaß aufgrund seiner Lage am Fuße der „Kilikischen
Pforte" (→ S. 251) – der 1050 m hohe Pass galt im Altertum als wichtigste Taurus-
überquerung – eine immense strategische Bedeutung. In der Antike war die Stadt
zudem durch den damals noch schiffbaren Tarsus-Fluss (der antike *Kydnos*) mit
dem Meer verbunden. Die Geburt jenes Mannes, der vom Christenhasser zum
Apostel aufstieg, soll sich im Jahre 10 hier zugetragen haben. Fünf Jahrzehnte zuvor
nahm eine weltberühmte Liebesgeschichte in Tarsus ihren Anfang (→ Kasten).

Hirtenidylle im Hinterland von Tarsus

Durch Verlandung des Hafens verlor Tarsus nach und nach an Bedeutung, bis es in jüngster Zeit von Mersin und Adana als neue Zentren der Schwemmlandebene abgelöst wurde.

• *Information* **Tourist Information** in einem Kiosk vor der „Antik Şehir" (→ Sehenswertes). Hält einen brauchbaren Stadtplan parat. Tägl. (außer So) 8–17 Uhr. ✆ 0324/6222536, www.tarsus.bel.tr.

• *Verbindungen* **Busbahnhof TAŞTI**, ca. 3,5 km östlich des Zentrums nahe der Verbindungsstraße Mersin – Adana, Minibusverbindungen ins Zentrum. Mit dem **Dolmuş** bestehen vom Busbahnhof alle 10–15 Min. Verbindungen nach Adana und Mersin. Nach Mersin kann man auch am zentraler gelegenen Kleopatra-Tor zusteigen, nach Adana am Adana Bul. **Zug**verbindungen ebenfalls nach Adana und Mersin.

• *Übernachten* ****** Tarsus Mersin Oteli**, in die Jahre gekommener Kasten, der von außen wie kurz vorm Zusammenbruch aussieht. Innen bietet er relativ viel Komfort, aber wenig Stil. 55 geräumige, lichte Zimmer mit mitgenommenen Teppichböden. Da häufig Zimmer leer stehen, eines der günstigsten Vier-Sterne-Häuser des Landes. DZ 62 €. Beim Wasserfall, ✆ 0324/6140600, ✆ 6140033, www.tarsusmersinoteli.com.tr.

Cihan Palas Oteli, im Zentrum an der Durchgangsstraße (von Mersin kommend ca. 200 m hinter dem Kleopatra-Tor rechter Hand). Einfach. Düstere Gänge, aber recht saubere Zimmer mit Bad und Klimaanlage. DZ 23 €. Mersin Cad. 21, ✆ 0324/6241623, ✆ 6247334.

• *Essen & Trinken* Gemütliche **Fischlokale** findet man am Wasserfall (s. u.).

Kleopatra und Mark Anton

„Sie kam den Kydnos herauf in einer Galeere mit vergoldetem Heck. Die Ruderstangen bewegten sich zum Klang von Flöten, Pfeifen und Harfen. Die Königin, nach Art der Aphrodite sich kleidend und gehabend, lag hingestreckt auf einer mit Goldbrokat überzogenen Liege wie auf einem Bild, und rings um sie standen als Amoren aufgemachte hübsche Knaben und fächelten ihr zu. Wolken duftender Essenzen trieben vom Schiff her aufs Land, wo am Ufer sich tausende von Schaulustigen versammelt hatten." So beschrieb Plutarch (46–125) über ein Jahrhundert später die Ankunft der ptolemäischen Königin Kleopatra im Jahr 41 v. Chr. In Tarsus soll sie erstmals auf den römischen Imperator Mark Anton getroffen sein – der Auftakt einer Liebe, auf die vier Jahre später die Heirat folgte. Doch das Liebesglück sollte nicht lange währen. Mark Antons politischer Widersacher Oktavian, der spätere Kaiser August, trieb das Paar mit der Einnahme Alexandrias am 3. August des Jahres 30 v. Chr. in den Freitod. Ganz nebenbei: Münzbilder mit dem Porträt Kleopatras zeigen, dass diese gar keine besonders schöne Frau gewesen war. Ihr Ruhm begründete sich außer durch ihren Charme und Geist vor allem durch ihr vorheriges Verhältnis mit Cäsar. An Kleopatras Tarsusvisite soll heute das *Kleopatra Kapısı* erinnern, ein 8 m hohes Tor, das man (von Westen kommend) auf dem Weg ins Zentrum passiert. Kleopatra durchschritt es jedoch niemals, es entstand erst Jahrhunderte später.

Sehenswertes

Museum: Das etwas außerhalb des Zentrums gelegene Museum ist türkeitypisch in eine *archäologische* und eine *ethnographische Abteilung* gegliedert. Während Letztere vorrangig mit den üblichen Kelims aufwartet, ist die archäologische Abteilung recht interessant. Präsentiert werden Funde aus der Umgebung wie z. B. Terra-

Durch die Çukurova

kottasarkophage aus dem 4. Jh. v. Chr., Münzen, Büsten und Torsi aus dem 3. bis 1. Jh. v. Chr. sowie osmanische Grabstelen. Zudem informiert das Museum über Grabungsarbeiten in Tarsus und Umgebung.
Adresse/Öffnungszeiten Das Museum befindet sich im Kulturzentrum *(Kültür Merkezi)* an der Muvaffak Uygur Cad. Das Zentrum Richtung Mersin verlassen, beim ersten Kreisverkehr nach dem Kleopatra-Tor rechts ab, nach ca. 500 m linker Hand. Tägl. (außer Mo) 9–12 und 13–16.30 Uhr. Eintritt 1,60 €.

St.-Paul-Brunnen (Senpol Kuyusu): So wenig das Kleopatrator mit Kleopatra zu tun hat, so wenig hat vermutlich auch dieser antike Ziehbrunnen mit dem Hl. Paulus zu tun. Ob daneben jemals sein Geburtshaus stand, lässt sich heute nicht mehr nachvollziehen. Und ob Paulus jemals aus dem Brunnen trank, auch nicht. Wer jedoch noch nie in seinem Leben einen Brunnen gesehen haben sollte, hat hier auf jeden Fall beste Gelegenheit dazu, einen Klassiker zu bestaunen: An einer Eisenkette hängt ein Eimer, den man durch Drehen an einem Kutschrad aus einem Wasserloch zieht. Das Wasser im Brunnenloch soll Wunder wirken. Drum herum stehen ein paar schön restaurierte, osmanische Häuser.
Anfahrt/Öffnungszeiten Von der Hauptstraße mit „Senpol Kuyusu" ausgeschildert. Tägl. 8–19 Uhr. Eintritt 1,10 €.

Antik Şehir: Die „Antike Stadt" – etwas hochgegriffen – bezieht sich auf das ausgeschilderte Ausgrabungsgelände am zentralen Cumhuriyet Meydanı. Hier entdeckte man Reste einer römischen Straße. Das Gelände ist umzäunt und war zum Zeitpunkt der letzten Recherche wegen fortlaufender Grabungsarbeiten nur von außen zu besichtigen. Attraktiver mag für den einen oder anderen das nette Lokal „Anadolu Sofrası" daneben sein. Eine weitere römische Pflasterstraße von rund 3 km Länge können Sie übrigens ca. 18 km nördlich von Tarsus nahe dem Dorf Sağlıklı besichtigen. Die einstige „Zufahrtsstraße" in die Stadt schmückt ein kleiner Torbogen (von der Nationalstraße 750 auf dem Weg nach Pozantı mit „Roma Yolu" ausgeschildert, von der Abzweigung noch ca. 3 km).

Eski Cami und Ulu Cami mit Umgebung: Die Gebetsstätten sind bei einem Spaziergang durchs Zentrum kaum zu verfehlen und zudem ausgeschildert. Bei beiden handelt es sich um ursprünglich armenische Gotteshäuser, die nach dem Eroberungszug der muslimischen Mameluken (1359) in Moscheen umgewandelt wurden. Die *Eski Cami (Alte Moschee)* erfuhr in islamischer Zeit nur sehr geringe Umbauten. In Kunstgeschichtlerkreisen gilt sie als einzige noch vollständig erhaltene dreischiffige Kirche des Kleinarmenischen Reiches.

Die *Ulu Cami (Große Moschee)* weist syrischen Einfluss auf und wurde im 19. Jh. mit einem atypischen Uhrturm versehen. Gleich nebenan findet man den sog. *Vierziglöffel-Markt (Kırkkaşık Bedesteni),* der 1579 als Medrese entstand und dann als Armenküche diente, bis er zur osmanischen Basarhalle wurde. Heute, frisch restauriert, wird darin Kunsthandwerk verkauft. Ebenfalls in unmittelbarer Nachbarschaft zur Ulu Cami liegt der *Yeni Hamam,* der gar nicht so „neu" ist wie der Name vermuten lässt (erbaut 1785). Frauen baden Do–So von 12–17 Uhr, sonst ist der Hamam den Männern vorbehalten.

Nur fünf Fußminuten sind es von dort bis zur *St.-Paul-Kirche (Senpol Kilisesi).* Ihre heutige Gestalt erhielt sie Mitte des 19. Jh., allerdings soll es bereits ab dem 5. Jh. an gleicher Stelle Vorgängerkirchen gegeben haben. Seit ihrer letzten, leider ziemlich kitschig-dilettantischen Restaurierung ist sie als „St.-Paul-Museum" zugänglich – allerdings ohne ein einziges Exponat darin (tägl. außer Mo 8–17 Uhr, Eintritt 1,60 €).

Wasserfall (Şelale): Im Nordosten der Stadt laden schattige Restaurants und Parkanlagen am *Tarsus Çayı* zu einer Pause oder einem faulen Nachmittag ein. In mehreren Katarakten rauscht das Wasser hernieder, sonderlich spektakulär ist der Fall dennoch nicht. Alexander der Große holte sich übrigens 333 v. Chr. nach einem Bad im Fluss ein heimtückisches Fieber, das ihn zwei Monate ans Bett fesselte.
Anfahrt/Verbindungen Ca. 1 km nördlich des Zentrums, ausgeschildert. **Dolmuşe** von der Durchgangsstraße.

Tarsusdelta: In der Antike lag Tarsus rund 3 km vom Meer entfernt, heute sind es 15 km. Der Tarsus-Fluss sorgte für die weite Schwemmlandebene und dafür, dass große Teile der antiken Stadt heute einige Meter unter der Erde liegen. Das ursprüngliche Sumpfgebiet wurde durch die Kanalisation des Flusses und die Bepflanzung mit Eukalyptusbäumen, die dem Boden viel Feuchtigkeit entziehen, trockengelegt. So verwandelte man das einst malariaverseuchte Delta in ein Naherholungsgebiet. Von den hindurch führenden Wegen lassen sich im Frühjahr und Herbst rastende Zugvögel beobachten.

Adana ca. 1.530.300 Einwohner

Adana ist ein prosperierender Wirtschafts- und Industriestandort. Kaum eine andere Stadt des Landes blüht wie diese – kein Wunder bei feuchtwarmen 45°Celsius im Sommer. Nur wirklich schön ist sie nicht.

So abstoßend viele Touristen das laute, schwüle und stickige Adana finden, so anziehend ist die Stadt am Seyhan-Fluss für viele Türken, insbesondere aus dem Osten des Landes: Hier gibt es Arbeitsplätze. Die bedeutendsten Industriezweige sind das Textilgewerbe, entstanden vor dem Hintergrund der riesigen Baumwollplantagen der Umgebung, und die Petrochemie – bei Yumurtalık (→ S. 174) enden Erdölpipelines aus Aserbaidschan und dem Irak. Viele ansässige Betriebe gehören einer Frau: Güler Sabancı. Sie trat 2004 die Nachfolge ihres mit 71 Jahren verstorbenen Onkels Sakıp Sabancı an, der bis zu seinem Tod Konzernchef der gleichnamigen Holding und reichster Mann der Türkei war. Dass man den amerikanischen Traum auch in der Türkei träumen kann, erzählt die Familienlegende: Der Vater Sakıps begann als einfacher Baumwollpflücker, bevor er der lukrativeren Tätigkeit des „Importierens" von Tagelöhnern aus dem armen Osten nachging und dann ganz groß in den Baumwollhandel einstieg. Sakıp Sabancı hat sich in der Stadt vielfach verewigt, z. B. als Stifter von Kulturzentren und einer überdimensionierten Moschee (→ Sehenswertes).

Vorwiegend austauschbare Architektur und auf die Schultern tropfende Klimaanlagen an jedem zweiten Fenster prägen das Bild der vor sich hin schwitzenden Großstadt. Mehrstöckige Apartmenthäuser und überbreite Boulevards ersticken unaufhaltsam die Reste ihrer morgenländischen Vergangenheit. Die meisten Touristen passieren den Verkehrsknotenpunkt Adana lediglich auf der Durchreise – viel mehr als ein paar Museen gibt es auch nicht zu sehen. Urlauber, die in Adana landen oder abfliegen, müssen hier jedoch oft eine Nacht verbringen.

Durch die Çukurova

Orientierung: Die Nationalstraße 400 von Tarsus nach Osmaniye führt direkt durch das Zentrum. Dort trägt sie den Namen Turan Cemal Beriker Bul. An einem Kreisverkehr schneidet der Boulevard die Atatürk Cad. Folgt man dieser nach Norden, gelangt man in die modernen Stadtviertel Adanas mit gepflegten, palmengesäumten Boulevards, gen Süden, vorbei an der Touristeninformation, in die älteren und ärmeren.

Frischer Fisch vom Markt

Geschichte

Die Geschichte Adanas ist bis zu Beginn des 20. Jh. schnell erzählt. Der Name der Stadt geht auf *Adanija* zurück, eine späthethitische Siedlung – dies bekunden Keilschrifttexte aus dem 8./9. Jh. v. Chr. Bezüglich ihrer politischen Machtverhältnisse teilte Adanija von da an über Jahrhunderte hinweg das Schicksal anderer Städte der Region. Nur stand Adanija stets in deren Schatten: Wer wollte schon abseits jeglichen Windzugs in einem malariaverseuchten Gebiet leben? Die Römer verbannten hierher gar kilikische Seeräuber. Erst im 11. Jh. setzte ein größerer Zuzug nach Adanija ein, es waren vorwiegend Armenier, die die Seldschuken aus Zentralanatolien verdrängt hatten. Doch als die Stadt durch den Bau der Bagdadbahn (ab 1903) endlich zu blühen begann, endete das armenische Leben in Adana: Bei einem Massaker im Jahr 1909 wurden unter Beteiligung von Regierungstruppen binnen zweier Tage 15.000–20.000 Armenier niedergemetzelt (→ Kasten, S. 173).

Mit der Trockenlegung der Sümpfe in den 1950ern verwandelte sich die Çukurova in ein riesiges Baumwollfeld. Das neu geschaffene, textilverarbeitende Gewerbe legte den Grundstein für eine moderne Industriestadt, was eine Bevölkerungsexplosion auslöste. Seit Mitte der 1960er hat sich die Einwohnerzahl mehr als verzehnfacht. Heute ist Adana die fünftgrößte Stadt der Türkei, Hauptstadt der Provinz Seyhan und Heimat von rund 35.000 lebenslustigen Studenten.

Information/Verbindungen

● *Telefonvorwahl* 0322.
● *Information* Zentral an der Atatürk Cad. 13. Mo–Fr 8–12 und 13–17 Uhr. ✆ 3631448, www.adanakulturturizm.gov.tr. Eine wei-

tere Touristeninformation befindet sich am Flughafen (s. u.).
● *Verbindungen* Der kleine **Flughafen Şakirpaşa** liegt ca. 5 km westlich des Zent-

rums (aufgrund der expandierenden Stadt schon nahezu im Zentrum). Im Ankunftsbereich des internationalen Terminals befinden sich eine Touristeninformation (✆/📠 4369214, i. d. R. nur zu den Ankunftszeiten der Flugzeuge besetzt) und mehrere Autoverleiher (darunter National/Alamo, s. u.). Ins Zentrum gelangt man am schnellsten und einfachsten mit dem Taxi (ca. 5 €). Flüge aller Airlines bucht **Nextur**, Ziyapaşa Bul. 15/C, ✆ 4573771, www.nextour.com.tr.

Bus: Großer Busbahnhof 7 km außerhalb an der Nationalstraße 400 Richtung Tarsus. Von dort sehr gute Verbindungen in alle Landesteile, insbesondere entlang der Küste: Alanya 10 Std., Antakya 3½ Std, Inlandroute nach Antalya 11 Std. Nach Niğde (3 Std.) und weiter nach Kappadokien 4-mal tägl. (5 Std.). Büros der Busgesellschaften im Zentrum an der Ecke Atatürk Cad./Turhan Cemal Beriker Bul., von dort auch Zubringerbusse zum Busbahnhof. Zudem fahren Dolmuse entlang dem Turhan Cemal Beriker Bul. zum Busbahnhof.

Dolmuş: Dolmuşe nach Karataş fahren von der Karataş Cad. südlich des Hilton ab, Dolmuşe nach Yakapınar und Ceyhan vom *Yüreğir Otogar*. Dieser zweite, kleinere Busbahnhof Adanas liegt im Osten der Stadt, Dolmuşe dahin starten im Zentrum z. B. an der Ecke İnönü Cad./Cemal Gürsel Cad. (auf die Aufschrift „Kiremithane" achten). Dolmuşe nach İncirlik fahren u. a. im Zentrum am Turhan Cemal Bereker Bul. vor dem Einkaufszentrum Gizerler ab.

Metro: Die neue U-Bahn (soll bis 2009 fertig gestellt sein) führt in die Vororte und ist für Touristen uninteressant.

Zug: Der schöne alte Bahnhof (✆ 4533172) liegt ca. 15 Gehmin. nördlich des Zentrums. Regelmäßig über Tarsus nach Mersin, mind. 1-mal tägl. nach İskenderun, 3-mal nach Osmaniye, bis zu 2-mal (über Pozantı) nach Karaman und Konya sowie (ebenfalls über Pozantı) nach Kayseri (bzw. Boğazköprü bei Kayseri).

• *Parken* Gebührenpflichtige Parkplätze im Zentrum, auf die Beschilderung „Otopark" achten.

Mit der Bahn von Adana über den Taurus nach Pozantı: Auf dieser schönen, knapp zweistündigen Fahrt passieren Sie Burgruinen und kleine Dörfer, zu denen kaum eine Teerstraße führt, die aber Bahnhöfe im deutschen Stil besitzen. Der Streckenabschnitt ist Teil der legendären, von İstanbul über Konya führenden Bagdadbahn, an deren Bau zu Beginn des 20. Jh. viele deutsche Ingenieure und Unternehmen (Philipp Holzmann AG, Friedrich Krupp AG, Hanomag, Henschel u. a.) beteiligt waren. Daran erinnert auch die imposante *Alman Köprüsü*, die „Deutsche Brücke", auf welcher der Zug bei Hacıkırı eine wilde Schlucht überquert. Bald darauf folgt Tunnel auf Tunnel, 20 km lang, darunter Galerietunnel, die in eine senkrechte Felswand geschlagen sind und immer wieder atemberaubende Ausblicke bieten. Am Ende der Tunnelstrecke liegt die Ortschaft Belemedik. Hier wohnten die deutschen Ingenieure während des Baus dieses Streckenabschnitts. Nicht wenige ließen dabei ihr Leben.

---

*A*dressen/*B*aden/*E*inkaufen (siehe *K*arte *S*. 169)

• *Ärztliche Versorgung* Das neue Deutsche Krankenhaus **Alman Hastanesi** an der Gazipaşa Cad. sollte bis zu Ihrem Besuch geöffnet haben, alternativ dazu kann man sich an das staatliche **Devlet Hastanesi** an der Karataş Cad. (südlich des Hilton) wenden. ✆ 3211552.

• *Autoverleih* Ab ca. 43 € pro Tag z. B. bei **National/Alamo**, Ziyapaşa Bul. 46, ✆ 4530987 (am Flughafen ✆ 4322743), www.yesnational.com. **Hertz**, Ziyapaşa Bul. 9, ✆ 4585062, www.hertz.com.

• *Baden* **Aqualand** mit etlichen Pools und Rutschen östlich des Seyhan-Flusses nahe dem Orhan Kemal Bul., Eintritt 8 €, Kinder 6,50 €, am Wochenende teurer. Wer ins Meer springen will, fährt nach **Karataş** (50 km, → S. 172).

• *Diplomatische Vertretung* **Deutsches Honorarkonsulat** am Karataş Yolu 184, ✆ 3114353, ipaksoy@paksoy.com.tr.

• *Einkaufen* **Schicke Klamotten- und Schuhläden** gibt es in der Ramazanoğlu Cad. und Valiyolu Cad. Das alte **Basarvier-**

tel liegt südlich des modernen Geschäftszentrums beim Uhrturm aus dem 19. Jh. Ein netter Spaziergang führt vorbei an Hanen und überdachten Gässchen. Adana gilt übrigens als „Stadt des Goldes". Vor allem Araber sind hier als Goldschmiede tätig. Die **Goldhändler** haben ihre Geschäfte beim **S. Ocak Meydanı (16)**.

● *Post* U. a. an der İnönü Cad. und der Kurtuluş Cad.

● *Polizei* Nahe dem Fluss an der İnönü Cad. ✆ 155.

● *Türkisches Bad (Hamam)* **Mestan Hamamı**, osmanisches Bad mit 300-jähriger Geschichte. Guter Service. Nur für Männer! Eintritt mit Massage ca. 11 €. Pazarlar Cad. 3 (am großen Platz am Südende der Çakmak Cad.).
Erst 1945 wurde das **Çarşı Hamamı** erbaut, hier können auch Frauen ein Bad nehmen (bis 15 Uhr, danach sind die Männer dran). Ulucami Cad. (beim Uhrturm).

İncirlik – Amerika in Adana

Rund 10 km östlich von Adana liegt İncirlik, der einst größte US-Luftwaffenstützpunkt in der Türkei. Im Kalten Krieg starteten von hier Spionageflugzeuge in die Sowjetunion, heute ist die Basis eine Drehscheibe für Material von und in den Irak: Drei Viertel der gesamten Luftfracht und ein Viertel des Treibstoffes für den Irak laufen über İncirlik. Für Angriffsflüge im 3. Golfkrieg durfte der Stützpunkt jedoch nicht verwendet werden. Die US-Militärplaner zogen daraufhin verärgert das Gros ihrer Truppen ab. Von den einst 450 Läden in İncirlik wurde deswegen die Hälfte dicht gemacht – die türkischen Händler folgten den Soldaten in den Irak und verkaufen dort nun Teppiche oder Bermudashorts. Auch die bierseligen Kneipen mit Namen wie „Turkish Turtle" oder „Wagon Wheel" sind mittlerweile meist leer, da sich die GIs kaum mehr aus ihrer Kaserne trauen. Wie lange die Militärbasis noch Bestand haben wird, ist fraglich, immer wieder droht Ankara den Amerikanern, die Lizenz für İncirlik zu entziehen.

---

*Ü*bernachten

Die angeschlagenen Tarife der meisten Hotels gelten nur bei großen Kongressen in der Stadt, ansonsten liegen die Preise weit darunter. Adana weist viele gepflegte Vier- und Fünf-Sterne-Hotels auf, dazu viele abgewirtschaftete Zwei- und Drei-Sterne-Häuser – es herrscht ein Mangel an empfehlenswerten Mittelklassehotels. Prüfen Sie, ob die Klimaanlage funktioniert – ohne diese schmelzen Sie im sommerlichen Adana wie Schokolade!

***** **Adana Hilton SA (14)**, bestes Haus der Stadt. Viel Schnickschnack und jeglicher Luxus. DZ ab ca. 130 €. Am östlichen Zentrumsrand (bei der Abzweigung nach Karataş), ✆ 3555000, ✆ 3555050, www.hilton.com. Auf ebenfalls hohem Niveau, aber preiswerter und zentraler, nächtigt man im 2008 neu eröffneten **** **Çukurova Park Hotel (12)**, DZ 70 €, İnönü Cad. 99, ✆ 3633777, www.cukurovaparkotel.com; oder eine Tür weiter im **** **Hotel Mavi Sürmeli (12)**, DZ 95 €, İnönü Cad. 109, ✆ 3633437, www.mavisurmeli.com.tr.

Butik Hotel Princess Maya (8), komfortables Haus mit familiärem Charakter. Vorteil: leicht zu finden, da direkt an der Durchgangsstraße. Nachteil: deswegen laut (nach hinten jedoch okay). 32 gemütliche und großzügige Zimmer, eigene Parkplätze. DZ 63 €, EZ 42 €. Turhan Cemal Beriker Bul. 16/A, ✆ 4590966, ✆ 4597710, www.princessmayahotel.com.

** **Hosta Hotel (13)**, älteres Haus der unteren Mittelklasse mit welligen Teppichböden. Sauber, freundlicher Service. DZ mit Klimaanlage 32 €. Bakımyurdu Cad. 3, ✆ 3525241, ✆ 3523700.

** Otel Selibra (9), von außen schäbig, von innen abgewohnt. Der Aufzug macht Geräusche, als bleibe er jede Sekunde stecken. Dennoch: in dieser Preisklasse die besten Zimmer, dazu sehr sauber. DZ 32 €, EZ 22 €. İnönü Cad. 50, ☎ 3633676, ☏ 363 4283, www.otelselibra.com.

Gümüş Otel (10), winzige Zimmer mit sauberen Laken, Klimaanlage und Bädern, die zuweilen eine schlechte Bezahlung der Putzfrau vermuten lassen. Dennoch: fast genauso gut wie das Drei-Sterne-Haus A. Doruk nebenan. DZ 18 €. İnönü Cad. 87, ☎ 3634540.

● *Außerhalb* **Motel Green Club**, Bungalowanlage außerhalb des Zentrums an der Straße nach Ceyhan (ca. 1 km östlich der Abzweigung nach Karataş). Etwas für Durchreisende mit Auto, die sich die Innenstadt von Adana nicht antun wollen. Begrünte Anlage mit Orangenbäumen. Pool, in Straßennähe etwas laut. 12 ältere und abgewetzte, dafür recht geräumige Zimmer, dazu 40 neue, die erst 2008 entstanden. Kein Restaurant. EZ 34 €, DZ 42 €. Girne Bul. 114–116, ☎ 3212758, ☏ 3212775, www.cetinel.com.

Die Küche Adanas ist wesentlich schärfer als in der Türkei sonst üblich, der arabische Einfluss schlägt sich nieder. Berühmteste Spezialität der Stadt ist der *Adana Kebap:* Das Hackfleisch wird dünn um einen flachen Metallspieß geknetet, über Holzkohle gegrillt (ohnehin wird viel gegrillt in Adana!) und anschließend abgezogen. Bekannt ist die Gegend um Adana auch für den *Tereyağlı Ayran,* eine mit Butter versehene Variante des türkischen Joghurtgetränks. *Şalgam* nennt sich ein bizarrer, leicht bitter schmeckender Steckrübensaft, der zuweilen auf der Straße verkauft wird. Etliche schicke Cafés und Fastfoodläden befinden sich im nördlichen Bereich des Ziyapaşa Bul.

TIPP! Kazancılar Tarihi İstanbul Kebap ve Lahmacun Salonu (17), ein Grund, um eine Nacht in Adana zu verbringen! Eine halbe Gasse voller Tische. Meze, die aus großen Blechgefäßen geschöpft werden. Ein mächtiger, stets rauchender Grill und hin und wieder Livemusik. Der Tipp für ein fröhliches Abendessen mit viel Rakı oder Bier in einfachem Ambiente. Nicht teuer. Sarıyakup Mah. 6. Sok. 53 (im Wirrwarr des Basarviertels nicht ganz einfach zu finden – kennt aber jeder, durchfragen), ✆ 3513512.

Yüzevler (3), von 8 (!) Brüdern betriebenes, äußerst gepflegtes Kebablokal – die Anlaufstelle für den allerbesten *Adana Kebap.* Dafür kommen Berühmtheiten aus der ganzen Türkei, die Fotos an den Wänden erzählen nichts anderes. Es gibt auch Alkohol. Mittlere Preisklasse. Ziyapaşa Bul. Yüzevler Apt. Zemin Kat 25/A, ✆ 4547513.

Kebap 52 (7), noch mal Kebab, alle möglichen leckeren Sorten, dazu Meze. Sehr sauber. Mittlere Preisklasse. Ramazanoğlu Cad., ✆ 4586452.

Otobüs Restaurant (1), gehoben wirkendes Grilllokal ohne gehobene Preise. Klimatisierter Innenraum, nette Terrasse, auf der auch gegrillt wird, leider etwas laut. Cevat Yurdakul Cad., ✆ 4530587.

Anadolu Sofrası (11), gepflegte, alteingesessene Lokanta mit einem großen offenen Grill, auf dem die Kebabs brutzeln. Dazu bestes *Saç Kavurma* und diverse Topfgerichte. Flinker Service. İnönü Cad. 99.

Akoluk (15), gemütlicher, einfacher Fischimbiss auf 2 Etagen. Jugendlich-relaxtes Ambiente. Es gibt Forelle (die Portion im Brot 1,60 €) und ein paar Meeresfische, das war's aber auch schon. Cemal Gürsel Cad. 6 Sok. 10/B (Seitengasse gegenüber dem YU-PA-Shoppingcenter).

Güllüoğlu Baklavacı (2), lichtes modernes Café. Hier serviert man die beste Baklava des Landes in zig Variationen. Ecke Gazipaşa Bul./Valiyolu Cad.

Time Out (6), nettes, fast europäisch wirkendes Café in einer ruhigen Seitengasse. Außenbereiche. Gute Kuchen, dazu Sandwichs. 62029 Sok.

● *Nachtleben* **Cazara Bar (5)**, am Ziyapaşa Bul. in einer Reihe von ähnlichen Bars gelegen. Regelmäßig Livemusik und 80s-Partys. Wenig innovativ eingerichtet, dafür meist super Stimmung.

Ganz lustig ist außerdem die **Pick Up Rockbar (4)** in der Valiyolu Cad. Originelle Deko, wechselndes Programm zwischen Alternative Rock, Metal oder türkischen Oldies, mal live und mal vom Plattenteller.

Sehenswertes

An Überbleibseln aus der Antike kann Adana nur noch eine robuste **Steinbrücke** aus der Zeit Kaiser Hadrians (2. Jh. n. Chr.) vorweisen: Die 14-bogige *Taş Köprü* ist 319 m lang und überspannt östlich des Zentrums den Seyhan, einen im Altertum schiffbaren Fluss.

Museen: Es gibt drei. Das sehenswerteste ist das *Archäologische Museum (Adana Bölge Müzesi)* an der Fuzuli Caddesi. Es präsentiert beachtliche Funde der Umgebung, vorrangig aus hethitischer und römischer Zeit. Prunkstück ist ein Bronzestandbild im ersten Stock (aufgrund der Kleidung vermutlich ein römischer Senator), das ein Taucher bei Karataş (→ Umgebung) in 15 m Tiefe entdeckte. Des Weiteren sieht man eine Steintafel (5. Jh.) aus Anavarza (→ S. 175) mit Steuerangaben für Wein, Salz oder Safran, ein Orpheus-Mosaik, antiken Gold-schmuck, hethitische Statuetten u. v. m. (tägl. außer Mo 8–12 und 13–16.30 Uhr, Eintritt 2,60 €).

Das *Ethnographische Museum (Etnoğrafya Müzesi)* am Ziyapaşa Bulvarı unterscheidet sich kaum von den 1001 anderen türkischen Museen dieser Art. Im kleinen Garten stehen ein paar osmanische Grabstelen und Schrifttafeln, im Inneren werden hauptsächlich Teppiche und osmanische Gebrauchsgegenstände ausgestellt. Einzige Abwechslung: ein vollständig eingerichtetes Nomadenzelt (tägl. außer Mo 8.30–12 und 13.30–17.30 Uhr, Eintritt 1,60 €).

Wie jede türkische Großstadt besitzt auch Adana ein *Atatürk-Museum,* das an den großen Staatsmann erinnert. Es befindet sich in jenem schmucken Konak an der Seyhan Caddesi, in dem der Vater der Türken im März 1923 einige Tage verweilte. Zahlreiche vergilbte Zeitungsausschnitte und Fotos erinnern an seinen Aufenthalt (tägl. 8.30–12 und 13–16 Uhr, Eintritt frei). Rund um das Museum sind noch mehrere alte Konaks, wie sie einst typisch für Adana waren, zu entdecken. Viele davon befinden sich jedoch in einem ruinösen Zustand.

Weißes Gold für harte Arbeit – Baumwollernte in der Çukurova

Die Çukurova ist das größte Baumwollanbaugebiet der Türkei und die Türkei selbst der sechst-größte Baumwollproduzent der Welt. Zwischen August und Oktober wird das weiche weiße Gold geerntet. Entlang der Plantagen fallen dann Zeltstädte ins Auge – vorübergehende Behausungen kurdischer Baumwollpflücker (insbesondere Frauen) aus Ostanatolien. Mehr als fünf Euro nimmt keine von ihnen nach einem qualvollen 12-Stunden-Tag mit ins Zelt. Einen Teil ihres Hungerlohns müssen die Pflückerinnen zudem an die Dorfältesten daheim abtreten, welche die Arbeitskontrakte für sie unterzeichnet haben. Die Groß-grundbesitzer der Çukurova, sog. *Ağas,* stellen die Pflücker nämlich nicht direkt ein, sondern mieten sie über Unterhändler, die in Ostanatolien die Geschäfte regeln. Das Verhältnis der Pflücker zum Grundbesitzer ähnelt hier teilweise immer noch der Leibeigenschaft – auch wenn dies der Staat seit langem zu unterbinden versucht.

Gastarbeiter im eigenen Land

Durch die Çukurova

Moscheen: 25.000 Menschen passen in die *Sabancı Merkez Camii*, die größte Moschee der Stadt, die unübersehbar am westlichen Ufer des Seyhan liegt. Das 1998 fertig gestellte, überdimensionierte Bauwerk – es besitzt 6 (!) Minarette und die mit 56 m höchste Kuppel des Landes – stiftete die Sabancı-Holding für die Zuzügler aus dem Osten, wie Spötter meinen. Die *Ulu Cami (Große Moschee)* in der Kızılay Caddesi macht so seit ein paar Jahren ihrem Namen keine Ehre mehr. Die Fassade des etwas gedrungenen Baus aus dem 16. Jh. schmücken schwarzweiße, horizontale Muster, ähnlich den Moscheen Nordsyriens. Sehenswert ist der Fliesendekor im Inneren – verwendet wurden feine Fayencen aus İznik und Kütahya. Die Anlage ist von einer hohen Mauer umgeben und beherbergt auch eine Medrese.

Umgebung von Adana

Karataş: Adanas nächstgelegener Badeort (60 km südlich), übrigens eine Partnerstadt von Memmingen im Allgäu, ist ein unspektakuläres und ungepflegtes, wild wucherndes 10.000-Einwohner-Städtchen. Karataş besitzt einen Hafen, einen kleinen Park davor und rechts und links davon annehmbare Bademöglichkeiten. Hinter den Stränden entstanden in den letzten Jahren die typisch türkischen Feriendörfer. So viele Häuschen wurden gebaut, dass sich die Einwohnerzahl an Sommerwochenenden vervierfacht. Das Angebot an Unterkünften ist insgesamt bescheiden und das Gros der Pensionen vorrangig auf türkische Familien eingestellt. Ausländer sind dennoch gern gesehene, aber seltene Gäste.

Westlich von Karataş mündet der Seyhan ins Meer, östlich der Ceyhan, die Hauptflüsse der Çukurova. Die Strände nahe den Mündungen sind bevorzugte Brutplätze von Schildkröten. Das Gebiet ist zudem ein Vogelparadies: Ornithologen können westlich von Karataş rund um den *Akyatan-See* z. B. der Graunachtigall nachspüren. Vor dem See lockt ein über 20 km langer, gebührenpflichtiger Strand, der durch passierbare Flussmündungen unterbrochen wird. Er ist bis auf den ersten Bereich komplett unverbaut, aber leider nicht überall vom angeschwemmten Müll befreit (Anfahrt: von Adana kommend beim ersten Kreisverkehr hinter der Petrol-Ofisi-Tankstelle rechts ab, exakt 1 km weiter wieder rechts und dann stets der geteerten Straße gen Westen folgen).

● *Verbindungen/Anfahrt* Regelmäßige **Dolmuşe** von und nach Adana. Karataş ist in Adana bei der Zufahrt zum Hilton ausgeschildert.

● *Übernachten* Keine wirklichen Empfehlungen, probieren Sie Ihr Glück bei folgenden beiden Adressen:
Öyküm Butik Otel, nur nicht vom Namen täuschen lassen! 2008 eröffnete, größere Anlage mit Zimmern und Apartments, dazu ein Garten und ein großer Pool mit Rutschen. Eigener Strandabschnitt. Komfortable Zimmer mit Flachbildschirm und Safe. Leider jedoch insgesamt eine schlimme Geschmacksverirrung, dazu billigst ausgestattet – kann in einigen Jahren schon übelst abgewohnt sein. DZ mit HP 80 €. Am Oststrand, ☎ 0322/6812508, ✉ 6812578,

www.oykumbutikotel.com.
Rıhtım Pension, beliebteste Pension vor Ort. 19 simple Dreibett-Zimmer, alle mit Bad, Balkon, Kühlschrank und Klima, viele mit Meeresblick. Freundliche Bewirtung. Großes Fischrestaurant über dem Meer. DZ 27 € ohne Frühstück. Am Oststrand, ☎ 0322/ 6814253, www.balikcifevzi.com.

● *Essen & Trinken* **Mavi Kum Restaurant**, zentral gelegenes Fischrestaurant direkt am Meer mit schöner Terrasse. Ein gutes Essen kommt pro Person mit Bier auf ca. 12 €. ☎ 0322/6812137. Weitere gute Fischlokale sind das **Salim'in Yeri** und das **Savaş'ın Yeri Yelken Restaurant** ca. 5 km abseits des Zentrums, von der Straße nach Adana ausgeschildert.

Ein gebeuteltes Volk – die Geschichte der Armenier

Man schätzt, dass heute rund 65.000 Armenier in der Türkei leben. Vor 100 Jahren, im Osmanischen Reich, waren es Millionen. Die Geschichte der Armenier ist eines der schwärzesten Kapitel des Landes und wird erst langsam enttabuisiert.

Die indogermanischen Vorfahren des armenischen Volkes siedelten vor etwa 2500 Jahren im Kaukasus und in weiten Teilen Ostanatoliens. Im 1. Jh. v. Chr. schuf Tigranes der Große ein armenisches Großreich, das sich vom Kaukasus über Ost- und Südostanatolien bis ans Mittelmeer erstreckte. 40 Jahre währte es, dann kamen die Römer. Es folgten die Parther, Byzantiner, Sasaniden und Araber – über etliche Jahrhunderte waren die armenischen Siedlungsgebiete Zankapfel der benachbarten Völker. Die Selbstständigkeit der im 3. Jh. zum Christentum übergetretenen Armenier war auf kurze Interimsphasen beschränkt.

Nach der legendären Schlacht von *Manzikert* (dem heutigen Malazgirt in Ostanatolien) flohen 1071 viele Armenier vor den vordringenden Seldschuken nach Kilikien. Hier gründeten sie einen von Byzanz unabhängigen Herrschaftsbereich: das Fürstentum der Rubeniden, Kleinarmenien genannt. Stumme Zeugen dieser Zeit sind neben der Burg Yılan Kalesi u. a. auch Kızkalesi (→ S. 153), Yumurtalık (→ S. 174) und Anavarza (→ S. 175). In der zweiten Hälfte des 14. Jh. brach Kleinarmenien zusammen – dafür sorgten die Flotte König Peters I. von Zypern, die einfallenden ägyptischen Mameluken und die Verwüstungen der Mongolen.

Im Osmanischen Reich waren die Armenier als nichtmuslimische Minderheit bis in die zweite Hälfte des 19. Jh. loyale Untertanen des Sultans und bekleideten vielfach hohe Stellen in Regierung, Verwaltung und Wirtschaft. Doch dann blühte der armenische Wunsch nach nationaler Unabhängigkeit auf. Autonomiebestrebungen mit Terrorakten führten zu einem Misstrauen zwischen den Volksgruppen und zu ersten Massakern. Als die Armenier von Van 1915 mit einem Aufstand die Einnahme ihrer Stadt durch russische Truppen unterstützten, eskalierte die Situation. Die jungtürkische Regierung, die ebenfalls einen Nationalstaat favorisierte, beschloss die Radikallösung – die kollektive Deportation der armenischen Bevölkerung Süd- und Ostanatoliens in die syrische Wüste. Dies kam einem systematischen Genozid gleich, schätzungsweise 1,5 Millionen Armenier fielen den Verfolgungen zum Opfer. Die armenischen Geschichtsbücher verwenden dafür heute den Begriff *Mez Eghern* („Das große Gemetzel").

1918, nach dem Ersten Weltkrieg, wurde Armenien unabhängig. Doch schon 1920 annektierten kemalistische Truppen dessen westlichen Teil, den östlichen schnappten sich die Bolschewiki. Erneut starben 30.000 Armenier. Nach dem Zusammenbruch der UdSSR besitzen die Armenier zwar endlich einen eigenen Staat mit rund 3,2 Millionen Einwohnern, wirklichen Frieden aber nicht: Das Verhältnis zu Aserbaidschan ist infolge des Berg-Karabach-Konflikts noch immer gespannt. Und auch der Weg zu einer Versöhnung mit dem Nachbarn Türkei – es gibt weder diplomatische Beziehungen noch durchlässige Grenzen – ist noch weit.

Rund 90 Jahre lang verweigerte die Türkei eine historische Aufarbeitung des Völkermordes. Wer von Genozid sprach, dem drohte Gefängnis. Bei dem „Holocaust vor dem Holocaust" (Friedensnobelpreisträger Elie Wiesel) handelte es sich nach türkischer Lesart lediglich um die tragischen Folgen einer Zwangsumsiedlung. Erst seit 2005 – die Enttabuisierung des Genozids wurde von der EU als Voraussetzung für Beitrittsverhandlungen gefordert – ist ein Umdenken wahrzunehmen: Im gleichen Jahr fanden in der Türkei erstmals kritische Ausstellungen und Kongresse zum Thema statt – ganz zum Ärger türkischer Nationalisten, die davon nichts wissen wollen.

Yakapınar (Misis)

Der kleine Ort, der seit einigen Jahren Yakapınar genannt wird und vorher Misis hieß, liegt am Ufer des Ceyhan-Flusses rund 25 km östlich von Adana. An gleicher Stelle befand sich im Altertum die durch ihre günstige Lage an der Seidenstraße recht prosperierende Stadt *Mopsuestia*. Ein paar Ruinen erinnern noch heute an die lange Geschichte des Ortes: Über den Ceyhan führt eine byzantinische **Steinbrücke** – rund 1400 Jahre hielt sie Fuhrwerken und später Lkws stand, erst 1998 fügte ihr ein Erdbeben schwere Schäden zu. Südlich davon sieht man zwei **Karawansereien**, eine aus mamelukischer und eine aus osmanischer Zeit. Des Weiteren besitzt Yakapınar ein **Mosaikenmuseum** (ausgeschildert, tägl. außer Mo 9–17 Uhr, Eintritt 2,60 €). Das Einraum-Museum beherbergt das Fußbodenmosaik einer einst dreischiffigen Basilika aus dem 4. Jh., von welchem aber nur wenig erhalten blieb. Es zeigt u. a. Szenen der alttestamentarischen Arche-Noah-Geschichte.
Verbindungen Regelmäßige **Dolmuş**verbindungen von und nach Adana.

Yılan Kalesi und Ceyhan

Die kleinarmenische Festung Yılan Kalesi auf einem felsigen Bergplateau wurde Anfang des 13. Jh. errichtet. Seit hunderten von Jahren beherrscht sie die Ebene drum herum, doch wird sie heute von der Nationalstraße 400 und der Autobahn Adana–Gaziantep unschön umringt. Worauf ihr Name „Schlangenburg" zurückgeht, weiß man nicht. Legenden gibt es viele, von Schlangenplagen bis zu sagenhaften Schlangenkönigen, die hier herrschten. Zumindest sollen einmal Schlangenreliefs den Burgeingang und diverse Räumlichkeiten geziert haben. Der 20-minütige Anstieg bringt Ihnen hoffentlich keinen Schlangenbiss ... (stets zugänglich, kein Eintritt). Das rund 6 km nordöstlich der Burg gelegen **Ceyhan** (108.000 Einwohner) hat für Touristen nur als Minibus-Umsteigestation nach Yumurtalık oder Anavarza Bedeutung.

• *Anfahrt* Die Burg ist von der Landstraße Yakapınar – Ceyhan bereits zu sehen und ausgeschildert.
• *Verbindungen* Von Ceyhan bestehen regelmäßige **Minibus**verbindungen nach Adana, Yumurtalık und Kozan (Richtung Anavarza). Alle Minibusse fahren vom Busbahnhof im Osten der Stadt ab.

Yumurtalık

Das Städtchen mit dem seltsamen Namen „Eierbecher" ist eine Mischung aus Fischer- und Badeort und das mit Abstand sympathischste und geruhsamste Fleckchen der Çukurova. Lediglich an Sommerwochenenden ändert sich dieser Sachverhalt, wenn tausende von

Yumurtalık – einer der wenigen Urlaubsorte der Çukurova

Adanalılar die schattigen Teegärten und Restaurants rund um den Fischerhafen sowie den gepflegten Ortsstrand belagern.

In und um Yumurtalık bereichern armenische Ruinen aus dem 12. bis 14. Jh. die Badekulisse. Damals hieß das Städtchen noch *Ayas*, besaß den wichtigsten Hafen der Çukurova und war ein bedeutender Handelsstützpunkt der Genuesen und Venezianer. Selbst Marco Polo (1254–1324) kam zweimal vorbei. Wie in Kızkalesi (→ S. 153) standen sich auch in Ayas eine Land- und eine Seeburg gegenüber. Zu den Ruinen der vorgelagerten Inselfestung kann man hinausschwimmen, von der Landburg sind noch vier Türme und angefressene Mauerteile erhalten. Weitere Ruinen dämmern im Ort vor sich hin, findet man als schmückende Säulen in Gärten oder in neuzeitliche Gebäude integriert. Die Bewohner machten sich die alten Brocken zunutze, bevor die ersten Archäologen und Historiker aufkreuzten. Ein paar Funde sind zudem in einem bescheidenen „Open-Air-Museum" (eigentlich der Vorplatz des Landratsamtes schräg gegenüber der Post) ausgestellt.

Östlich von Yumurtalık wird das Öl der hier endenden Pipelines aus dem irakischen Kirkuk (900 km) und der aserbaidschanischen Hauptstadt Baku (1760 km) in alle Welt verschifft. Die so genannte Baku-Ceyhan-Pipeline gilt übrigens als eine der teuersten und technisch aufwändigsten Pipelines der Welt und befördert rund 1 Million Barrel pro Jahr.

● *Verbindungen* Regelmäßige **Dolmuş**verbindungen nach Ceyhan, von dort Anschluss nach Adana.

> Auf dem Weg von Ceyhan nach Yumurtalık – 35 km durch Felder und über sanfte Hügel – weist ein Schild zur **Kurtkulağı Kervansarayı** (4 km) im gleichnamigen Ort. In osmanischer Zeit war die Karawanserei ein wichtiger Stopp an der Handelsstraße nach Aleppo, heute führt sie ein recht unbeachtetes Dasein und ist meist verschlossen.

● *Übernachten* Es gibt recht wenig Unterkünfte für den hochsommerlichen Andrang – reservieren Sie an Wochenenden besser im Voraus!
Hotel Öztur, älteres Haus. Zweckmäßige Zimmer mit Balkon und Klimaanlage, die nach vorne werden als geräumige Suiten mit Meeresblick verkauft, die zur Seite sind kleiner. DZ je nach Größe 32–42 €. An der Durchgangsstraße nahe dem Strand, ✆ 0322/6712167.

Küçük Aile Pansiyon, im westlichen Ortsteil. Ordentliche Familienpension. 16 schlichte Zimmer mit Bad, Klimaanlage, TV und Kühlschrank, alle mit Balkon, viele mit schönem Meeresblick. Die Gäste teilen sich 4 saubere Küchen und die Gartenterrasse. Auf Wunsch wird gekocht oder Fisch gegrillt – Herr Küçük ist Fischer. Ganzjährig. DZ 27 €, Familienzimmer für 4 Pers. 42 €. Kumburlu Cad. 19, ✆ 0322/6712 215, ✉ 6713215.

● *Essen & Trinken* **Baba'nın Yeri**, freundlich-bescheidenes Fischlokal direkt am Hafen. Die rege Fischfangflotte Yumurtalıks sorgt stets für Nachschub. ✆ 0322/6712176.

Anavarza (antike Stätte)

Die Festungsanlage Anavarza bzw. *Anazarbus* stellt alle anderen Sehenswürdigkeiten der Çukurova in den Schatten. Auf einem 200 m hohen Felsplateau gelegen, dominiert die Burg die weite fruchtbare Ebene, wo im Sommer Abertausende von Sonnenblumen blühen. Yaşar Kemal (→ S. 179), der die Gegend um Anavarza als Heimat des *İnce Memed* literarisch verewigte, gab übrigens einmal lachend zu, niemals auch nur einen Fuß auf den Felsen gesetzt zu haben – er hat etwas verpasst. Schöner liegen Ruinen nur selten.

Zu Füße des Burgbergs, rund um das stille Nachfolgedörfchen Dilekkaya, ruhen weit verstreut die Relikte einer im 1. Jh. v. Chr. gegründeten Stadt. Die meisten

Durch die Çukurova

stammen aus römischer Zeit – das begehrte Anavarza war später wechselweise auch unter persischer, byzantinischer, arabischer und mamelukischer Herrschaft. Bei der Einfahrt ins Dorf fällt zunächst die **Stadtmauer** mit ihrem schmucklosen **Westtor** auf. Wer sich von hier gen Norden hält, gelangt zu einem noch recht gut erhaltenen **Aquädukt**. In entgegen-

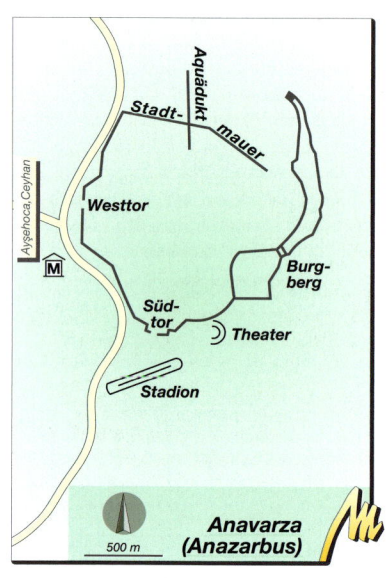

gesetzter Richtung liegt ein kleines aber feines **Museum**, das mit zwei schönen Mosaiken vom Boden eines Badebeckens aus dem 3. Jh. n. Chr. angeben kann – vor Besuchern wird gerne ein Eimer Wasser über die Mosaike gekippt, damit die Farben besser zur Geltung kommen. Wer vom Museum durch das Dorf weiter nach Südosten läuft, sieht vielleicht ein paar Kühe zwischen den Resten des **Stadions**, des triumphbogenartigen **Südtors** und des **Theaters** grasen. Nördlich des Südtores, bei den letzten Häusern Dilekkayas, beginnt der Aufstieg zur alles überragenden **Zitadelle** (Hinweisschild). Denken Sie an feste Schuhe und genügend Wasser; Trittsicherheit und Schwindelfreiheit sind Voraussetzung! Im Hochsommer kann der halbstündige Aufstieg schnell zur Tortur werden, belohnt aber mit grandiosen Aussichten. Die Ruinen auf dem Burgberg, darunter eine Kirche aus dem frühen 12. Jh., zeugen vorrangig von der Herrschaftsepoche der armenischen Rubeniden, die Anavarza zu ihrer Sommerresidenz wählten. Mit der Eroberung der Stadt durch die ägyptischen Mameluken 1375 fiel hier die letzte Bastion des kleinarmenischen Reiches (→ Kasten, S. 173).

● *Anfahrt/Verbindungen* Von Ceyhan führt die Nationalstraße 817 Richtung Kozan. Nach ca. 20 km im Dorf Ayşehoca rechts ab (ausgeschildert), nach weiteren 5 km ist man am Ziel. Mit dem **Dolmuş** von Ceyhan Richtung Kozan, an der Abzweigung nach Anavarza aussteigen und ca. 1 Std. etwas für die Beinmuskulatur tun – zusammen mit der Besichtigung der Zitadelle eine schöne, mehrstündige Wanderung.

● *Öffnungszeiten* Ruinen und Museum sind stets zugänglich, der Museumswärter wohnt im Ort – er bzw. seine Kinder finden Sie bestimmt! Ticket für alle Sehenswürdigkeiten 1,60 €.

Toprakkale

Die „Lehmburg", ursprünglich von Byzantinern auf einem 60 m hohen Basaltfelsen errichtet, liegt weithin sichtbar mitten im Dreieck der Fernstraßen nach Adana, İskenderun und Gaziantep. Sie hatte aufgrund ihrer exponierten Lage nicht nur Blickkontakt zu den Festungen Yılan Kalesi (→ S. 174) und Anavarza (→ s. o.), sondern auch eine ähnliche Geschichte. Als Burgherren wechselten sich Byzantiner, Araber, Kreuzritter, Armenier, Mameluken und Osmanen ab. Der größte Teil der recht gut erhaltenen Anlage mit einigen unterirdischen Gängen stammt aus kleinarmenischer Zeit.

Burg Anavarza

• *Öffnungszeiten/Anfahrt* Stets zugänglich. Ein selbst ernannter Burgwächter verlangt zuweilen einen kleinen Obolus für seine Führung. Gut ausgeschildert, den braunen Schildern „Toprakkale" folgen, alle anderen führen ins gleichnamige Städtchen. Ohne eigenes Fahrzeug erreicht man die Burg, indem man ein Osmaniye-İskenderun-**Dolmuş** nimmt und unterwegs aussteigt – sagen Sie dem Fahrer Bescheid.

Osmaniye und Karatepe-Nationalpark (Karatepe Milli Parkı)

Osmaniye, eine recht unansehnliche Provinzhauptstadt mit 174.000 Einwohnern, ist Ausgangspunkt für Fahrten in den 34 km nördlich gelegenen Karatepe-Nationalpark, ein 77 km² großes Naherholungsgebiet. Es liegt am **Aslantaş Barajı**, einer künstlichen Stauung des Ceyhan-Flusses. Weite Kiefern- und Eichenwälder prägen den Park, der zugleich Heimat von Wölfen, Schakalen und Wildschweinen ist. Hoch über dem See lassen sich die Ruinen der hethitischen Burganlage **Karatepe-Aslantaş** besichtigen. 2007/8 geriet die Burganlage in einen wissenschaftlichen Disput, der selbst die Feuilletons der Tageszeitungen weltweit füllte. Grund: Der österreichische Komparatist Raoul Schrott hatte die These aufgestellt, dass Homer ein assyrischer Hofdichter war und Troja nicht an der Ägäis, sondern hier zu suchen sei.

Entdeckt wurde Karatepe-Aslantaş 1946 von dem in İstanbul lehrenden deutschen Archäologen Hellmuth Bossert. Zusammen mit seiner Kollegin Halet Çambel – ganz nebenbei die erste Türkin, die je an Olympischen Spielen teilnahm (1936 in Berlin) – legte er die Ruinen frei. Ihr spektakulärster Fund waren Steinplatten mit zweisprachigen Inschriften, welche eine Gegenüberstellung der bereits bekannten phönizischen Schrift mit hethitischen Hieroglyphen erlaubte. Letztere konnten so erstmals entziffert werden.

Die Festung war vermutlich vom 12. bis zum 8. Jh. v. Chr. bewohnt, zuletzt diente sie als Sommerresidenz des Hethiterkönigs Asitawanda. (Laut Schrott jedoch

Durch die Çukurova

Begegnungen im Karatepe-Nationalpark

ereigneten sich hier um 700 v. Chr. die aus der *Ilias* bekannten Geschehnisse). Vom ehemaligen Palast ist kaum mehr etwas erhalten. Sehenswert sind jedoch zwei Toranlagen, die von Löwen (*aslantaş* = Löwenstein) und zwei Sphinxen bewacht werden. Beide besitzen fein gearbeitete Reliefs – sie sind einmalig in der hethitischen Welt, da sie keine „langweiligen" Darstellungen des höfischen Lebens, sondern humoristische Szenerien zeigen. Am Südtor ist ein molliger Fürst zu erkennen, dem gerade Essen aufgetragen wird; unter dem Tisch hockt ein Äffchen. Am besser erhaltenen Nordtor – Jahrhunderte lang lag es geschützt unter der Erde – ist die Darstellung einer stillenden Mutter auszumachen.

Karatepe-Aslantaş ist nicht die einzige Ruinenstätte, die Sie bei einem Ausflug in den Nationalpark besichtigen können. Auf halbem Weg zwischen Osmaniye und dem Nationalpark passiert man das antike **Hierapolis Kastabala**. Es liegt inmitten von Feldern zu Füße eines Hügels, den die mittelalterliche Burg **Bodrum Kalesi** krönt. In der Antike war Hierapolis, dessen Name im 2. Jh. v. Chr. erstmals auf Münzen auftauchte, bekannt für den hier gepflegten Artemiskult. Der Geograph Strabo (64 v. – 23 n. Chr.) berichtet von Zeremonien der Priesterinnen, die nach ausgiebigen Tänzen in Trance fielen und anschließend über glühende Kohlen laufen konnten. Auf dem Ruinengelände geht es heute weit weniger mystisch zu. An Hierapolis, die „Stadt der Tempel", erinnern nur noch spärlichste Ruinen. Zu sehen sind u. a. eine 300 m lange Kolonnadenstraße mit 78 Säulen, die teils noch über schöne korinthische Kapitele verfügen, zudem die Ruinen eines Stadions, zweier Bäder und zweier Kirchen aus dem 5. oder 6. Jh. Das Gelände ist stets zugänglich. In den Sommermonaten verkauft hin und wieder jemand Tickets. Im Eintrittspreis von 1,60 € ist in der Regel ein englischsprachiger Flyer, der die Orientierung erleichtert, inbegriffen.

• *Öffnungszeiten* Der Park und die Anlage Karatepe-Aslantaş sind von Sonnenauf- bis -untergang zugänglich. Der Nationalpark kostet pro Fahrzeug 2,70 €, die Ausgrabung pro Person 1,60 €, hinzu kommt eine Parkgebühr. Ist kein Wärter vor Ort, einfach hineinlaufen (er wird schon kommen und Sie finden). Striktes Fotografierverbot (soll wohl den Absatz der eigenen Dias fördern). Der Nationalpark eignet sich hervorragend zum Picknicken, Camping wird geduldet.

• *Anfahrt* Der Weg zum Nationalpark ist von der Hauptdurchgangsstraße in Osmaniye ausgeschildert. Er führt zunächst Richtung Kadirli, nach ca. 10 km geht es in Çevdetiye rechts ab auf ein geflicktes, asphaltiertes Sträßchen. Den Weg zum Stausee (mit „Aslantaş Barajı" beschildert) kann man sich sparen – die Straße endet an einer Schranke, der Damm ist nicht zugänglich.

• *Verbindungen* Es fahren keine Busse oder Dolmuşe in den Nationalpark. **Taxi** von Osmaniye retour je nach Wartezeit ab 32 €. Busbahnhof von Osmaniye an der Durchgangsstraße. **Busse** bzw. **Minibusse** nach Adana starten hier, die **Dolmuşe** nach İskenderun fahren vom Dolmuşbahnhof neben dem Migros-Supermarkt (ebenfalls an der Durchgangsstraße) ab.

• *Übernachten* **Şahin Otel**, die beste Adresse Osmaniyes. 67 anständige Zimmer mit ordentlichen Bädern, leicht abgeschrammt, aber okay. Man verlässt den Busbahnhof rechter Hand und hält sich an der ersten Ampel links. EZ 27 €, DZ 42 €. Dr. Ahmet Kalkan Cad. 27, ✆ 0328/8124444, ✆ 8138484.

Ansonsten bleiben nur Absteigen wie das **Çınar Otel** gegenüber dem Migros-Supermarkt (nach Verlassen des Busbahnhofs links halten).

Yaşar Kemal, Persona non grata aus der Çukurova

Yaşar Kemal, einer der bedeutendsten zeitgenössischen Schriftsteller der Türkei, machte die Çukurova zum Schauplatz der Weltliteratur. Sie ist zugleich seine Heimat. Als Kind zugezogener kurdischer Eltern wurde er 1923 in einem kleinen Dorf in der Schwemmlandebene geboren. Mit fünf Jahren musste er ansehen, wie sein Vater bei einem Familienstreit in der Moschee erstochen wurde. Später verlor er ein Auge, als seinem Onkel beim Hammelopfer das Messer ausrutschte. Als Hirte und Tagelöhner schlug er sich durch, bevor er zum Journalisten und literarischen Anwalt der Armen und Unterdrückten avancierte. Das Gros seiner Romane ist in der Çukurova angesiedelt, darunter auch sein erfolgreichstes, 1955 erstmals erschienenes und heute in über 40 Sprachen übersetztes Werk *İnce Memed* („Memed mein Falke"). Wer den poetischen Kampf eines anatolischen Robin Hoods gegen erbarmungslose Großgrundbesitzer im Reisegepäck hat, wird die Çukurova mit anderen Augen sehen.

Während Yaşar Kemal in seinen Erzählungen den täglichen Überlebenskampf der Landlosen und ihrer Heimat beraubten Nomaden mit viel Metaphorik beschrieb, übte der bekennende Sozialist im realen Leben offene Kritik an seinem Land und dessen Menschenrechtspolitik. Was ihm im Ausland viele Preise einbrachte (1997 beispielsweise den Friedenspreis des deutschen Buchhandels), bescherte ihm im eigenen Land Gefängnisaufenthalte und Verachtung. Die frühere Ministerpräsidentin Tansu Çiller nannte ihn einen „Strolch", und Burhan Özfatura, der Ex-Bürgermeister von İzmir, einen „Halunken, der krumme Bücher schreibt". Erst im Zuge der türkischen EU-Ambitionen änderte sich diese Haltung. 2008 wurde Yaşar Kemal erster Träger des neuen „Kulturpreises des Staatspräsidenten". Den Preis nannte er „ein Zeichen, dass der Weg zum sozialen Frieden geöffnet ist."

Durch die Çukurova

Morbider Kolonialcharme in der Altstadt von Antakya

Durch das Hatay

Abseits der großen Touristenströme liegt die südlichste Provinz der Türkei, das Hatay. Blickt man auf die Landkarte, so sitzt es wie ein Dorn zwischen Syrien und dem Mittelmeer. Nach dem Zusammenbruch des Osmanischen Reiches war das Hatay wie Syrien französisches Protektorat. Erst 1939 fiel es nach einer Volksabstimmung an die Türkei. Bis heute erkennen manche syrische Politiker diese Abstimmung nicht an. Auf arabischen Landkarten verläuft deswegen die syrisch-türkische Grenze zuweilen noch immer nördlich von İskenderun.

Die Landschaft des Hatay ist reizvoll und vielfältig. Schluchtenreiche Gebirgszüge wechseln mit fruchtbaren, üppig grünen Talsenken, in denen es im Sommer stickig-heiß wird. Abkühlung versprechen die *Yaylas,* idyllische Bergalmen im Landesinneren. Klima und Bodenbeschaffenheit erlauben intensiven Ackerbau, diesbezüglich gehört das Hatay zu den reichsten Gebieten der Türkei. Hauptprodukte sind hochwertige Baumwolle, Getreide und vielerlei Sorten von Gemüse. Alawitische Araber und syrisch-orthodoxe Christen machen das Hatay zudem zu einer Multikultiregion. Wer nicht unbedingt auf reinen Badeurlaub aus ist – es gibt hübschere Ferienorte als die am industriereichen Golf von İskenderun – kann hier viel entdecken: Klöster, Burgen, antike Stätten und mit Antakya eine sympathische Provinzmetropole.

Epiphania/Issos (antike Stadt)

Drei drei drei – bei Issos Keilerei. Die Eselsbrücke aus dem Geschichtsunterricht verweist auf die legendäre Schlacht von 333 v. Chr., bei der Alexander der Große am Golf von İskenderun dem persischen Großkönig Darius III. eine vernichtende

Niederlage bescherte. Ein Heer aus „nur" 40.000 abendländischen Soldaten kam dabei gegen 500.000 Perser an, so zumindest steht es in den Geschichtsbüchern. Der angebliche Schauplatz der Keilerei ist von der Nationalstraße 817 Osmaniye – Dörtyol (nahe der Autobahn) an einem Kreisverkehr mit „Issos Harabeleri" ausgeschildert – eine gewollte oder ungewollte Irreführung. Wer hier abzweigt, gelangt über Bahngleise und dahinter auf einem Schotterweg zu einem Orangenhain. In diesem liegen ein paar unspektakuläre Ruinen, darunter ein Aquädukt. Sie sind jedoch keine Überreste des geschichtsträchtigen Issos, sondern die einer antiken Stadt namens Epiphania, über die man kaum etwas weiß. Das Schlachtfeld von Issos lag einige Kilometer südlich von Epiphania.

Payas (Yakacık)

Im auch Yakacık genannten Payas, in dem Stahlwerke die Luft verpesten, steht die gut erhaltene **Sokullu Mehmet Paşa Kervansarayı** mit Moschee, Medrese, Hamam und Bedesten (gedeckter Basar) aus dem Jahre 1574. Sie wird dem großen osmanischen Architekten Sinan zugeschrieben. Damals war der Ort Endstation der Karawanenstraße von Mesopotamien zum Mittelmeer und ein wichtiger Hafen. Ende der 1980er versuchte man, das Hauptgebäude der Karawanserei in eine Art Shoppingcenter umzufunktionieren – erfolglos. Die immer noch leer stehende, langsam verwahrlosende Geschäftszeile gibt dem Gebäudeinneren ein recht tristes Aussehen. Das **Kastell** gegenüber der Karawanserei wurde von den Kreuzfahrern erbaut und von den Osmanen zum Schutz der Karawanserei restauriert. Etwas weiter westlich, am heute verlandeten Hafen, kann man zudem die Ruinen des **Çin Kulesi** („Geisterturm") besichtigen, ein wahrscheinlich ebenfalls von den Kreuzfahrern errichteter Wachturm.

Anfahrt/Öffnungszeiten Die Karawanserei ist von der Nationalstraße 817 ausgeschildert. Offiziell tägl. 8–12.30 Uhr und 13.30–20 Uhr, in Wirklichkeit jedoch mehr nach Lust und Laune des Aufsehers. Kein Eintritt.

İskenderun ca. 200.000 Einwohner

İskenderun steht für Stahlwerke und Ölraffinerien. Das klingt schlimmer als es ist, zumal man davon im Zentrum nichts mitbekommt. Dort präsentiert sich İskenderun als eine offene, lebenslustige Stadt mit adretten Straßenzügen hinter einem palmengesäumten Uferboulevard.

Das ehemalige *Alexandrette* wurde von Alexander dem Großen (türk. *Büyük İskender*) nach der Schlacht von Issos gegründet. Irgendwelche Schlagzeilen in der Geschichte machte die Stadt allerdings nie. Antike Überbleibsel sind Fehlanzeige, ausgeschilderte Sehenswürdigkeiten und Museen ebenso. Einzig und allein ein paar armenisch-katholische und orthodoxe Kirchen können besichtigt werden (sie werden noch genutzt, einfach klingeln). Am einstigen christlichen Einfluss mag es vielleicht auch liegen, dass die gemütliche, ruhige Stadt bis heute so ganz und gar untürkisch wirkt. Wer versucht, Frauen mit Kopftüchern zu zählen, wird sich schnell langweilen – besser probiert man es mit Minikleidchen und Trägertops. Auch das Zentrum zeigt sich modern und adrett, İskenderun hat in den letzten Jahren an seinem Image gearbeitet. Beim sommerlichen Einkaufsbummel muss man aufs Windowshopping allerdings verzichten: Die Jalousien der Ladenfronten sind oft bis auf Kniehöhe hinabgezogen – die stickig-schweißtreibende Stadt zählt zu den heißesten der Türkei. Im Winter, bei stets frühlingshaften Temperaturen, lässt es sich in İskenderun dagegen gut aushalten.

Vom Uferboulevard blickt man auf ein paar Werften in der Ferne, in der Bucht von İskenderun liegen zudem mehrere Militärhäfen. Drum herum rauchen die Schlote der Stahlindustrie und zahlreicher Ölraffinerien. Baden ist aufgrund fehlender Strände und fragwürdiger Wasserqualität vor Ort unmöglich. Auch die Kiesstrände auf dem Weg nach Arsuz (s. u.) kann man seit der Verbreiterung der Küstenstraße vergessen.

Information/Verbindungen/Parken/Adressen/Veranstaltung

• *Telefonvorwahl* 0326.

• *Information* Etwas versteckt in einer Gasse hinter dem Uferboulevard, 40. Sok. 6/2. Freundlich und sehr kompetent. Mo–Fr 8–12 und 13.30–17.30 Uhr. ✆ 6141620, www.iskenderun.bel.tr.

• *Verbindungen* **Bus/Dolmuş**: Busbahnhof in Laufnähe südöstlich des Zentrums nahe der Sanayi Cad. Gute Verbindungen nach Antakya (1½ Std., über Belen) und nach Adana (2 Std.). Die Dolmuşe nach Arsuz und Belen starten vom Dolmuşbahnhof nahe dem Mete Aslan Bul., Minibusse nach Antakya, Payas, Dörtyol und Osmaniye am Pac Meydanı nahe dem Hotel Ontur.
Zug: Bahnhof (✆ 6140049) ebenfalls in Laufnähe östlich des Zentrums. 2-mal tägl. Züge über Adana nach Mersin.

• *Ärztliche Versorgung* Staatliches Krankenhaus **Devlet Hastanesi** an der Prof M. Aksoy Cad. nahe dem Pac Meydanı. ✆ 6133570.

• *Polizei* Hauptstelle an der Şehit Pamir Cad. ✆ 155.

• *Post* Z. B. an der 5. Temmuz Cad. und an der Şehit Oğuz Yener Cad.

• *Reisebüro* **Silpiyus Tourism & Travel Agency**, in einer Gasse hinter dem Atatürk Bul., Ünsal Han 10, ✆ 6133357, alpgunes berk@gmail.com. Bietet auch Transfers zu den Flughäfen Hatay und Adana.

• *Veranstaltung* **Internationales Tourismus- und Kulturfestival** alljährlich Anfang Juli.

Uferpromenade von İskenderun

Übernachten

Die hiesigen Hotels bieten ein recht schlechtes Preis-Leistungs-Verhältnis. Prüfen Sie vorm Einchecken, ob die Klimaanlage funktioniert.

**** Grand Hotel Ontur (10), eines der bizarrsten Vier-Sterne-Häuser der Welt. Die Decken sind z. T. so niedrig, dass größere Personen das Gefühl bekommen, geduckt laufen zu müssen! Zimmer leicht abgewohnt, aber okay. DZ 75 €, EZ 42 €. Prof. M. Aksoy Cad. 8, ☎ 6162400, 🖷 6162410.

*** Hataylı Oteli (6), gepflegte Mittelklasse nahe der Uferpromenade. 60 komfortable Zimmer mit Klimaanlage, z T. mit einem Miro über dem Bett. Dachterrasse. DZ 66 €, EZ 47 €. Mete Aslan Bul. 2, ☎ 6141590, 🖷 617 8751, www.hataylioteli.com.

** Hotel Cabir (8), gutes Stadthotel mit z. T. großen Zimmern. Statt Balkon nur schwere Gardinen. Freundlicher Service. Restaurant. DZ 42 €, EZ 32 €. Ulucami Cad. 16, ☎ 6148081, 🖷 6134510.

Hotel Altındişler (7), ein bunter Stilmix. 35 frisch restaurierte, recht modern ausgestattete Zimmer, viele mit Balkon. DZ 37 €, EZ 28 €. Şehit Pamir Cad. 11, ☎/🖷 6171011, altindisler@altindisler.com.

Kıyı Otel (1), direkt an der Uferpromenade. Einst ein ganz gutes Haus, doch mittlerweile recht heruntergekommen. Der Aufzug ist kaputt, die Bäder sind etwas schmuddelig, selbst eine Telefonnummer besitzt das Haus nicht mehr. Vorne raus mit Balkon und tollem Bucht- und Palmenblick (aber auch etwas laut). Ohne Meeresblick billiger, aber sein Geld nicht wert. Klimaanlage, Restaurant. DZ 32 € mit Meeresblick, aber ohne Frühstück. Atatürk Bul. 64.

● *Außerhalb* ***** Club Casmin Hotel**, ca. 7 km südlich von İskenderun an der Straße nach Arsuz. Grünbereich zum Meer hin, Pool mit Rutsche. Das Hotel liegt jedoch etwas unschön direkt an der Straße und könnte insgesamt etwas gepfleter sein. 49 der Sternenzahl entsprechend ausgestattete Zimmer. DZ 57 €. Arsuz Yolu, ☎ 6428125, 🖷 6428250, www.clubcasminhotel.com.

Durch das Hatay

Im Hinterland von İskenderun – Heimkehr vom Feld

Essen & Trinken/Nachtleben (siehe Karte S. 183)

Zur Spezialität von İskenderun gehören Garnelen *(karides)*. Es gibt sie in verschiedenen köstlichen Variationen – ein Muss! Für Besonderheiten der Hatay-Küche → Antakya/Essen & Trinken, S. 189. Die besten Restaurants findet man außerhalb der Stadt in der Siedlung Karaağaç an der Uferstraße nach Arsuz.

Hasan Baba (9), sehr gutes Restaurant mit großer, schattiger Terrasse (hinten raus). Hoch gelobt. Kleine Auswahl an Meze, 1a-Salatteller, köstliche Grillspieße. Ulucami Cad. 35. ✆ 6176420.

Kılçık Restaurant (3), gehobeneres Restaurant im Uferpark, nur ein paar Schritte vom Meer. Große Holzveranda. Im Herbst 2008 Pächterwechsel. Hoffen wir, dass der neue Betreiber wieder für die gleiche Qualität wie der alte sorgt. Die Lage ist auf jeden Fall toll. Atatürk Bul.

TIPP! Petek Pastanesi (4), Hochglanzkonditorei mit angeschlossenem Café im Kaffeehausstil. Tolle Torten, etliche Sorten Baklava, dazu hausgemachtes Eis. Ein Tipp.

Mareşal Çakmak Cad. 16.

● *Außerhalb* **Saray Lokantası**, ca. 7 km außerhalb des Zentrums in Karaağaç (der Uferstraße nach Arsuz folgen, dann passiert man es automatisch), jedoch nicht am Meer, sondern an der Durchgangsstraße. Gilt als eines der besten Restaurants der Gegend. Terrasse. Neben großartigen Meze und Kebabs auch Fisch und Meeresfrüchte. Alkoholausschank. ✆ 6416546.

● *Nachtleben* Zwei nette Adressen für den Abend sind das **Anıt Café (2)** zwischen Atatürk-Denkmal und Restaurant Kılçık (gemütliche Holzterrasse) und das in der Nähe gelegene **İskele Café (5)**, gelegentlich mit Livemusik.

Arsuz

Das einstige Fischerstädtchen 33 km südlich von İskenderun lebt vom nationalen und syrischen Tourismus. Mittlerweile ist es ziemlich verbaut und besteht fast ausschließlich aus Ferienhäusern, zu denen sich ein paar Pensionen und Hotels gesellen. An Sommerwochenenden avanciert Arsuz zum beliebten Ziel der in der Hitze brütenden Bewohner İskenderuns. Dann ist der Ort restlos überlaufen und dann wird bis spät in den Abend in den hervorragenden Fischrestaurants am Fluss getafelt (Mückenschutz nicht vergessen!). Ziemlich mäßig hingegen ist leider der örtliche Strand (Halk Plajı).

Wer von Arsuz weiter nach Çevlik (→ S. 193) will, sollte über einen robusten Wagen und gute Nerven verfügen. Die Strecke ist wildromantisch, vor allem der letzte Abschnitt am Meer entlang, aber nur zur Hälfte geteert.

● *Verbindungen* Regelmäßige **Dolmuş**-verbindungen von und nach İskenderun. Die Dolmuşe fahren weiter nach Konacık (Camping).

● *Übernachten* *** **Arsuz Otel**, gehobeneres freundliches Hotel (zwar älteren Datums, aber gepflegt) mit eigenem kleinen Strandabschnitt. Alle Zimmer mit Balkon. Zum Meer hin überdachtes Terrassenrestaurant. Wie die meisten Unterkünfte hier nur von Mai–Okt. geöffnet. DZ 69 €, EZ 47 €. Im Zentrum, ✆ 0326/6432444, 📠 6432448, www.arsuzotel.com.

Hotel Yunus, im Zentrum von Arsuz neben der Moschee. Ordentliches Mittelklassehotel. Neu möblierte Zimmer, alle mit Terrasse oder Balkon, von den oberen Meeresblick. Eigene Parkplätze. DZ 39 €. Dz. K. K. Özel Eğt. Mrkz. Bitişiği, ✆ 0326/6432088, 📠 6433767, www.arsuzyunushotel.com.

Ercan Otel, ein Lesertipp ca. 11 km nördlich von Arsuz an der Straße nach İskenderun (eingeklemmt zwischen Meer und Straße). Etwas in die Jahre gekommen, doch okay. 23 Zimmer mit einfachen Bädern, gefliesten Böden und Klimaanlage. Große Terrasse zum Meer, in das man über rostige Treppen gelangt. Deutschsprachig, die Betreiber lebten in Frankfurt. Gutes Preis-Leistungs-Verhältnis. DZ 32 €, EZ 22 €. Madenli Beldesi, ✆ 0326/6582360, 📠 6582210, www.asercanotel-arsuz.com.

● *Camping* **TIPP! Camping Orient**, ca. 9 km südlich von Arsuz in der Siedlung Konacık, von Arsuz bestens ausgeschildert. 2008 eröffnet. Liebevoll angelegter, künstlerisch gestalteter Platz. Der Besitzer, ein Bildhauer, hat 19 Jahre in Holland gelebt und spricht gut deutsch. Die Anlage samt einem Paraglider-Zentrum ist noch im Aufbau, verspricht aber paradiesisch zu werden. Schon jetzt üppig grün, Obstbäume en masse, lauschige Sitzecken, Openairküche etc. Gute Sanitäranlagen, kleines Restaurant. Leider nicht am Meer gelegen, dafür tolle Berglandschaft drum herum. Zum Strand und zu den nächsten Restau-

Im Hafen von Arsuz

rants ca. 1 km. 2 Pers. mit Wohnmobil 16 €. Konacık 64, ✆ 0326/6675767, www.orientcamping.com.

● *Essen & Trinken* **Derya Restaurant**, einfaches großes Restaurant am Fluss und unser Favorit – selten haben wir in der Türkei besser gegessen! Fantastische Meze mit Hatay-Einschlag. Dann in Butter gebratene Garnelen – einfach himmlisch! Mittlere Preisklasse. ✆ 0326/6432094.

Belen

18.600 Einwohner

Den 750 m hohen Belen-Pass und das gleichnamige, am Berg klebende Städtchen 13 km südöstlich von İskenderun passiert man auf dem Weg nach Antakya. Als *Porta Syriae* war der Pass schon im Altertum ein wichtiger Punkt auf der Route von Anatolien nach Syrien. Außer ein paar guten Restaurants (ein Tipp das preiswerte „Kurtoğlu" mit vorzüglicher Mezeauswahl direkt an der Durchgangsstraße, ✆ 0326/4412114) bietet der Ort aber nicht viel. Nachdem man den Pass überquert hat, ca. 4 km nach der Abzweigung nach Aleppo (Halep/Syrien), weist ein Schild zur **Bakras Kalesi**. Man erreicht sie nach weiteren 4 km und 20 Fußminuten im Anschluss. Die byzantinische, recht gut erhaltene Festung aus dem 10. Jh. wurde zur Sicherung des Passes auf einem Felskegel errichtet. In ihrem Inneren befindet sich eine Kirchenruine. Freier Eintritt.

Verbindungen Regelmäßige **Dolmuş**verbindungen nach İskenderun und Antakya.

Antakya (Antiochia)

ca. 186.300 Einwohner

Französischer Kolonialcharme trifft 1001 Nacht. Das geschichtsträchtige Antakya lädt zu einem Besuch seiner pittoresken Altstadt und seines bedeutenden Mosaikenmuseums ein.

Die abgelegene Provinzstadt im fruchtbaren Schwemmland des Hatay ist identisch mit *Antiochia*, das im Altertum eine Weltmetropole war. Von der antiken Bebauung blieb jedoch nichts übrig. Dafür entschädigen arabische Architektur, prächtige osmanische Konaks und selbst Jugendstilfassaden in der enggassigen Altstadt – vieles ist jedoch heute in einem leprösen Zustand. Im orientalisch pulsierenden Labyrinth des Basarviertels macht Umherirren Spaß, herauskommen wird man immer. Ganz anders hingegen das moderne Antakya. Der wenig romantische, fast kloakenhafte Flusslauf des Asi, des antiken Orontes, trennt diesen Teil vom historischen Kern. Hier wechseln türkische Renommierpaläste und die typisch-türkischen Apartmentblocks einander ab.

In Antakya wird neben Türkisch auch Arabisch gesprochen. Der arabischsprachige Teil der Bevölkerung zählt überwiegend zur Minderheit der Alawiten, einer schiitischen Glaubensrichtung, nicht zu verwechseln mit den Aleviten (→ Islam, S. 41). Den französischen Herren von einst ist es wahrscheinlich zu verdanken, dass sich Antakya eine relative Freizügigkeit bewahrt hat. Frauen in Shorts bestimmen das Straßenbild ebenso wie zahlreiche Bierpinten. Kein Wunder also, dass Antakya ein beliebtes Ausflugsziel von (vornehmlich jungen und männlichen) Touristen aus den sittenstrengeren arabischen Nachbarländern ist, insbesondere aus Syrien.

Geschichte

Im Jahre 307 v. Chr. gründete hier Antigonos, einer der Feldherren Alexanders des Großen, eine Siedlung namens *Antigoneia*. Nur sieben Jahre später fiel diese in die Hände seines einstigen Weggefährten, des Seleukidenkönigs Seleukos I. Nikator. Dieser machte Antigonos zur Hauptstadt seines Reiches. Die Stadt avancierte in kürzester Zeit zu einem wohlhabenden Handelszentrum, dem die sinnenfrohen Bewohner den Ruf eines Sündenbabels anhefteten. Daran änderte sich nichts, als Antiochia, wie die Stadt nun hieß, 64 v. Chr. Hauptstadt der römischen Provinz Syrien

Berbersalon in Antakya

wurde. Eine halbe Million Einwohner zählte man zu jener Zeit, darunter 200.000 Sklaven. Damit war Antiochia nach Rom und Alexandria die drittgrößte Stadt des Imperiums. Nach der Zerstörung Jerusalems 70 n. Chr. stieg sie zudem zum bedeutendsten Zentrum des frühen Christentums auf. Hier nämlich hatten Paulus und Barnabas verweilt, hatte Matthäus sein Evangelium geschrieben und Petrus zu missionieren begonnen. Gott strafte die Stadt dennoch mit mehreren Erdbeben. Das schwerste brach 526 über Antiochia herein, es soll mehr als 250.000 Opfer in der Provinz gefordert haben.

Trotzdem, Antiochia war begehrt. Jahrhundertelang stritten sich Römer, Perser, Byzantiner, Araber und schließlich auch noch die Kreuzfahrer um die Stadt. Erst nachdem die ägyptischen Mameluken Antiochia 1268 vollständig zerstört hatten, wurde die Stadt uninteressant. In osmanischer Zeit duckten sich auf dem Trümmerhaufen der einstigen Weltmetropole nur noch ein paar hundert ärmliche Steinhütten. Nach dem Ersten Weltkrieg schlugen die Siegermächte Antakya dem französischen Protektorat Syrien zu, aus dem es nach einer Volksabstimmung 1939 in die Türkei entlassen wurde. Partnergemeinde der lebenslustigen Provinzhauptstadt ist heute übrigens das exakt 3310 km entfernte Aalen in Baden-Württemberg.

Durch das Hatay

Information/Verbindungen/Ausflüge

- *Telefonvorwahl* 0326.
- *Information* Abseits der Altstadt am Vali Ürgen Meydanı. Mo–Fr 8–12 und 13.30–17.30 Uhr, im Sommer auch Sa/So. Nicht immer fremdsprachig. ✆ 2166098, www.antakya.bel.tr.
- *Verbindungen* **Flugzeug**: 2008 wurde der **Hatay Havaalanı** ca. 25 km nördlich von Antakya an der Straße nach İskenderun eröffnet. Bislang nur Flüge nach İstanbul, Ankara und Nordzypern. Transfer zu und nach

den Flügen mit Bussen der Gesellschaft Havaş (bis zu 4-mal tägl., Infos auf www.havas.com.tr). In Antakya kann man vor der Touristeninformation zusteigen.

Busbahnhof ca. 5 km nördlich des Zentrums nahe der Straße nach İskenderun, Busse dahin vom Zentrum (s. u.). Gute Verbindungen in alle großen Städte der Türkei. Zudem tägl. mehrmals nach Jordanien (Amman, ca. 16 Std.) und Syrien (Aleppo/Halep ca. 4 Std., Damaskus ca.

10 Std.). Bedenken Sie, dass Grenzformalitäten die Reise um einige Stunden verlängern können.

Dolmuş: Städtische Busse zum Busbahnhof fahren vor der Post im Zentrum ab, Dolmuşe nach İskenderun (über Belen) etwas nördlich des Kreisverkehrs bei der Touristeninformation vor der Forstverwaltung *(Orman Dairesi)*. Dolmuşe nach Reyhanlı (an der Petrusgrotte vorbei), zum Yenişehir Gölü, nach Altınözü (Burg), Samandağ, Yayladağı und Çevlik starten am alten Busbahnhof nordöstlich des Zentrums. Die Dolmuşe nach Harbiye fahren ebenfalls am alten Busbahnhof ab, man kann jedoch auch entlang der Kurtuluş Cad. zusteigen.

• *Organisierte Touren* Das Reisebüro **Antakya Turizm** an der Atatürk Cad. 8 bie-

tet Touren nach Syrien an. Eintagesausflug (Sa) nach Aleppo inkl. Visum (Mi muss dafür der Pass abgegeben werden) 25 €, Zweitagesausflüge (Sa/So, nicht im Sommer) nach Damaskus inkl. Übernachtung 85 €. ☏ 2166600, www.antakyatur.com.

> **Hinweis:** Individualtouristen benötigen für die **Einreise nach Syrien** ein Visum, das bei der zuständigen Vertretung im Heimatland vorab beantragt werden muss. Eine Erteilung an der Grenze ist nicht möglich (anders bei → Organisierten Touren), zudem werden Besitzer von Pässen mit israelischen Einreisestempeln grundsätzlich abgewiesen (Stand: 2008).

Adressen/Einkaufen/Veranstaltungen

• *Ärztliche Versorgung* Staatliches Krankenhaus **Devlet Hastanesi** im Nordwesten Antakyas. Der Cumhuriyet Cad. stadtauswärts folgen, dann ausgeschildert. ☏ 2271515.

• *Autoverleih* **Gülturizm**, schräg gegenüber dem Hotel Güney. Billigstes Fahrzeug 38 € inkl. Versicherungen. Ada Çarşısı 1, ☏ 213 4150, www.gulturizm.com.

• *Einkaufen* In den engen Gässchen des **Basars** zwischen İstiklal und Kurtuluş Cad. sieht man Sattler neben Kesselmachern, kann Schafsfelle, exotische Käsesorten oder Gewürze erstehen. Klamottenläden findet man entlang der Atatürk Cad. Ein Tipp: Die in der Türkei berühmte **Daphne-Seife** *(defne sabunu)* wird ausschließlich aus Lorbeeröl hergestellt, das im Hatay gewonnen wird. Die Naturseife ist hautscho-

nend und soll gegen piesackende Insekten helfen. In vielen Geschäften erhältlich.

• *Polizei* Hauptstelle außerhalb des Zentrums an der Straße nach Harbiye. ☏ 155.

• *Post* An der Atatürk Cad. nahe der Ata Köprüsü.

• *Reisebüro* **Antakya Turizm** (→ Organisierte Touren). Tickets für alle Airlines, zudem Infos über die Abfahrtszeiten der Zubringerbusse zu den Flughäfen Hatay und Adana.

• *Türkisches Bad (Hamam)* Im historischen **Meydan Hamamı** baden nur Männer. Eintritt inkl. *Kese* u. Massage 8 €. Bis spät in den Abend geöffnet. Im Basarviertel hinter dem Hotel Onur.

• *Veranstaltungen* Ende Juli **Internationales Tourismus- und Kulturfestival**.

Übernachten

In der unteren Preisklasse gibt es zwar viele Hotels, aber keine wirklichen Empfehlungen. Vielleicht macht ja mal etwas Neues auf.

Savon Hotel (5), niveauvolle Unterkunft in einer stilvoll umgebauten Seifenfabrik aus dem 19. Jh. 43 klassisch-moderne, sehr komfortable Zimmer und Apartments. Restaurant, Bar mit Kamin. Netter Hof. DZ 125 €, EZ 80 €. Kurtuluş Cad. 192, ☏ 2146355, ☏ 2146365, www.savonhotel.com.tr.

Antik Beyazıt Hotel (12), familiäres, gut geführtes, wenn auch mittlerweile leicht ergrautes Hotel in einem über 100 Jahre alten Stadthaus. 27 rustikale Zimmer mit alten Steinböden und Klimaanlage. DZ 85 €.

Hükümet Cad. 4, ☏ 2162900, ☏ 2143089, www.antikbeyazitoteli.com.

**** Büyük Antakya Oteli (4), älteres, aber gepflegtes Haus mit der Sterneanzahl entsprechend ausgestatteten Zimmern. Alle mit Balkon, z. T. mit schöner Aussicht. Zuvorkommender, mehrsprachiger Service. DZ 77 €. Atatürk Cad. 8, ☏ 2135858, ☏ 2135869.

Antik Grand Hotel (8), eine gute Wahl in dieser Preisklasse. Schöne, geräumige Zimmer mit hübschem Mobiliar und Fliesen-

Übernachten

Ottoman Palace
Mosaik Otel
Büyük Antakya Oteli
Savon Hotel
Hotel Saray
Antik Grand Hotel
Antik Beyazıt Hotel

Dolmuşe nach İskenderun, Adana, İskenderun, Flughafen

BUS **1**

i Vali
Ürgen
Meydanı

● **Dolmuşstation**
(Alter Busbahnhof)

Yavuz Sultan Selim Cad.

Apostelkirche,
Burg, Reyhanlı,
Aleppo (Syrien)

Fatih Cad.

Karaoğlanoğlu

Atatürk Cad.

Kapalı Cad.

İnönü

Asi

İstiklal Cad.

Abdürrahman Melek Cad.

Işık Cad.

Cumhuriyet Cad.

Gülturizm
(Reisebüro)

Antakya Turizm
(Reisebüro)

2

Meydan Hamamı
(Türkisches Bad)

4

3

B a s a r v i e r t e l

Adnan Menderes Cad.

**Busse
zum
Bussbahnhof**

E C

**Ata
Köprüsü**

WC

6

**Ulu
Cami**

Kemal Paşa Cad.

5

A l t s t a d t

M
**Mosaiken-
museum**

Gündüz Cad.

7

Kutlu Sk.

Saray Cad.

**Habib
Naccar
Camii**

8

Hürriyet Cad.

9

Dolmuşe:
Harbiye

**Katholische
Kirche**

**Syrisch-
orthodoxe
Kirche**

10

**Griechisch-orthodoxe
Kirche**

Kurtuluş

Synagoge

Hükümet Cad.

11

12

**Protestantische
Kirche**

Vali Ürgen Bul.

Asi

İnönü Cad.

Essen & Trinken

2 Sultan Sofrası
6 Süper 96
9 Antik Han Restaurant
10 Anadolu Restaurant
12 Antakya Evi

Antakya

*Harbiye, Polizei,
Yayladağı, Syrien*

150 m

**Belediye
Parkı**

---

böden, komfortabel. Gutes Restaurant. DZ 48 €. Hürriyet Cad. 18, ℡ 2157575, 📠 2156067, www.antikgrand.com.

Mozaik Otel (3), neueres Haus, das von Frauen geführt wird. Gänge mit Mosaiken geschmückt. Freundliche, pastellfarbene Zimmer mit Laminatböden. Von Lesern hoch gelobt. DZ 37 €, EZ 26 €. Istiklal Cad. 18, ℡ 2155020, 📠 2155120, www.mozaik otel.com.

Hotel Saray (7), nicht perfekt, doch recht saubere Zimmer, ein paar wenige mit Balkon. DZ mit Du/WC 27 €, EZ 17 €. Hürriyet Cad. 3, ℡/📠 2149002.

● *Außerhalb* **★★★★★ Ottoman Palace (1)**, ca. 13 km nördlich des Zentrums nahe der Straße nach İskenderun. 2008 eröffneter Luxus-Kitschpalast mit 252 Zimmern. Thermalbereich, große Poolanlage. DZ 135 €. Güngör Uydu Kent, ℡ 2551616, 📠 2551717, www.antakyaottomanpalace.com.

*E*ssen & *T*rinken

Die hervorragende, meist scharf gewürzte Hatay-Küche weist starke arabische Einflüsse auf. Statt dem herkömmlichen Weißbrot kommt hier dünnes Fladenbrot auf den Tisch. *Humus*, ein sämiges Kichererbsen-Sesammus, ist eine beliebte

Vorspeise. Zu den Spezialitäten Antakyas zählen zudem *Kağıt Kebap* („Papierkebab"), auf hauchdünnem Teig verteiltes Fleisch, *Peynirli Künefe*, eine mit Käse versetzte, zuckersüße Nachspeise, sowie *Kadayıf*, ein Dessert aus Fadennudeln. Ausgezeichnet isst man übrigens auch in Harbiye (→ S. 191) – die dortigen Restaurants sind bekannt für ihre hervorragenden Meze. Für den gemütlichen Nachmittagskaffee bieten sich die Teegärten im Belediye Parkı westlich des Flusses an.

Antakya Evi (13), gediegenere Lokalität im ersten Stock eines alten Kolonialgebäudes mit z. T. herrlichen Fliesenböden. Große Auswahl an leckeren Meze und Kebabspezialitäten, dazu kaltes Efes. Für das Gebotene preislich okay. So geschl. Silahlı Kuvvetler Cad. 3, ✆ 2141350.

Anadolu Restaurant (11), ebenfalls eine der ersten Adressen der Stadt. In einem Konak aus dem frühen 20. Jh. mit schönem Außenbereich. Rund 30 verschiedene Meze, dazu köstliche Fleisch- und Fischgerichte. Gehobeneres Preisniveau. Hürriyet Cad. 30/A, ✆ 2153335.

Sultan Sofrası (2), gepflegte Lokanta und beste Adresse, um lokale Spezialitäten wie *Kağıt Kebap* und *Künefe* zu testen. So gut besucht, dass man zuweilen auf einen Tisch warten muss. Faire Preise. İstiklal Cad. 20/A, ✆ 2138759.

Antik Han Restaurant (10), alteingesessenes Restaurant. Schöne Terrasse und netter Innenhof. Vielfältige Küche: Meze, regionale Hausmannskost, Kebabs, Döner etc. Kein Alkohol. Hürriyet Cad. 17, ✆ 2146833.

Süper 96 (6), einfache, kleine Lokanta. Neben zahlreichen Sorten knuspriger Pide und Lahmacun gibt es auch diverse Gerichte aus der heißen Tonpfanne *(Kiremit)* – probieren Sie das mit Käse überbackene Hühnchensauté. Billig. Uzunçarşı Cad. 9.

Sehenswertes

Mosaikenmuseum: Auch wenn ein nagelneues Mosaikenmuseum im südostanatolischen Gaziantep dem hiesigen den Rang abgelaufen hat – die Sammlung von Antakya ist immer noch weltberühmt und sehenswert. In fünf Sälen werden Mosaiken aus dem 2. bis 5. Jh. präsentiert, die einst die Villen reicher Bürger in Antakya und Umgebung zierten. Die Mosaiken, z. T. aus farbigen Flusskieseln entstanden, sind auf hohem künstlerischen Niveau, kaum verblasst und z. T. mehrere Quadratmeter groß. Sie zeigen Szenen aus der Mythologie, aber auch Alltägliches. Dionysos taucht gleich mehrmals auf, und dies stets betrunken. Herkules sieht man als mopsigen Helden mit den Schlangen kämpfen. Auf dem bekannten sog. *Yakto-Mosaik* schlagen sich die mythologischen Heroen mit Löwen, Tigern und Bären herum. Viel Beachtung wird dem *Glücklichen Buckligen* gezollt, dessen Glück auf Hüfthöhe zu erkennen ist... Neben all den Mosaiken wirken die übrigen archäologischen Exponate zweitklassig.

Adresse/Öffnungszeiten Gündüz Cad. Im Sommer tägl. (außer Mo) 9–12 und 13–19 Uhr, im Winter 8.30–12 und 13.30–17 Uhr. Eintritt 4,20 €.

Habib Naccar Camii: Antakyas älteste Gebetsstätte an der Kurtuluş Caddesi ist eine ehemals byzantinische Kirche, die wiederum auf antiken Tempelfundamenten entstand. Von den Mameluken wurde sie im 13. Jh. in eine Moschee umgewandelt, das Minarett kam im 17. Jh. hinzu – ein hübsches Beispiel für den türkischen Barock. Seinen Namen erhielt die Moschee von einem Lokalheiligen, der nahe Antakya in einer Höhle lebte.

Kirchen in der Altstadt: Aus kunsthistorischer Sicht sind die Kirchen in Antakyas Altstadt wenig spannend, dafür werden sie noch heute für Gottesdienste genutzt, wie z. B. die *syrisch-orthodoxe Kirche* (19. Jh.) im Gassenwirrwarr nahe der Hürriyet Caddesi. Sie ist das Zentrum einer 1500-köpfigen, arabischsprachigen Gemeinde. In ihrem Inneren überraschen ein paar Ikonen aus Russland (i. d. R. immer zugänglich). Nur noch 75 Mitglieder zählt die Gemeinde der *katholischen Kirche* nahe der Kurtuluş Caddesi (von der Prof. Ataman Demir Sok. ausgeschildert). Sie wurde erst in den 1970ern den Aposteln Petrus und Paulus geweiht, zuvor diente das Gebäude anderen Zwecken (12–15 Uhr geschlossen). Die Katholiken feiern seit 1988 übrigens ihr Osterfest am gleichen Tag wie die orthodoxen Christen, um beim Eiersuchen nicht ganz alleine zu sein. Wer aufmerksam umherspaziert, wird noch weitere Kirchen entdecken.

Apostelkirche (Petrus-Grotte): Dass Petrus in Antiochia missionierte, gilt als gesichert. Ob er jedoch gerade hier die erste christliche Gemeinde gegründet hat, ist eher eine Glaubensfrage. Papst Johannes Paul II. sprach die „erste Kathedrale der Welt" 1983 auf jeden Fall heilig. Dabei handelt es sich um eine Grotte, deren Inneres aus nicht viel mehr als nacktem Fels sowie einem Altar und einem Bischofssitz aus Stein besteht. Der Tunnel links des Altars diente den Christen als Fluchtweg bei nahender Gefahr. Die vor der Grotte errichtete Kirchenfassade mit drei großen Bögen ist ein Werk der Kreuzfahrer aus dem ausgehenden 11. Jh. Jährlich am 29. Juni, dem Todestag des Petrus, wird in der Kirche ein Festgottesdienst gehalten, hin und wieder finden hier auch klassische Konzerte statt. Nur 2008 nicht – nach einem Felssturz musste die Apostelkirche geschlossen werden. Bis zu Ihrem Besuch sollten die Restaurierungsarbeiten aber beendet sein.

Etwa 200 m nordwestlich der Apostelkirche lässt sich zudem ein etwa 5 m hohes *Felsrelief* aus hellenistischer Zeit besichtigen, der Trampelpfad dorthin ist ausgeschildert. Unklar ist, ob das Relief den Totenschiffer Charon aus dem Hades oder Stadtgründer Seleukos Nikator darstellen soll. Ganz sicher aber ist es *nicht* die Muttergottes, wie einem minderjährige Führer zuweilen auftischen wollen...

● *Anfahrt/Öffnungszeiten* Die Kirche befindet sich ca. 2 km abseits des Zentrums. Von der Straße nach Reyhanlı mit „St. Pierre Kilisesi" bzw. „St. Peter Church" ausgeschildert. Mit den Reyhanlı-Dolmuşen vom Zentrum zu erreichen. Im Sommer tägl. (außer Mo) 8–12 und 13.30–18.30 Uhr geöffnet. Eintritt 4,20 €.

Burg (Antakya Kalesi): Um zu der Zitadelle auf einem steil abfallenden Bergrücken im Süden der Stadt zu gelangen, muss man einen 14 km langen Umweg auf sich nehmen. Allzu viel ist von der ursprünglich hellenistischen Anlage, die die Römer und Byzantiner erweiterten, nicht mehr übrig. Ein Ausflug lohnt jedoch wegen des phantastischen Panoramas. Antakya liegt Ihnen hier zu Füßen, nachts als funkelndes Häusermeer und im Morgengrauen in seinem besten Licht – ein Leckerbissen für jeden Fotografen!

● *Verbindungen/Anfahrt* Mit dem Altınözü-**Dolmuş** bis zur beschilderten Abzweigung zur Burg und die letzten 1,5 km zu Fuß gehen. Mit dem **eigenen Fahrzeug** von Antakya zunächst Richtung Reyhanlı, beim Ortsausgangsschild Richtung Altınözü abzweigen, dann nach 12 km rechts hoch (Schild).

Harbiye

„Komm, lass uns nach Harbiye gehen!" lautet für viele Bewohner des Hatay die Aufforderung zu einem ganz irdischen Saufgelage im ehemals heiligen „Hain der Daphne" 9 km südlich von Antakya. Man setzt dabei eine lange Tradition der Ausschweifung fort: Im Hain jagte der Gott Apollon so liebestoll der Nymphe Daphne hinterher, dass sie sich sicherheitshalber in einen Lorbeerbaum verwandelte (griech. *daphne* = türk. *defne* = Lorbeer). Später feierten die Antiochier hier rauschende Feste zu Ehren diverser Gottheiten. 37 v. Chr. war der Hain schließlich Schauplatz der glamourösen Hochzeitsfeier von Kleopatra und Mark Anton (→ Kasten, S. 163). Heute ist die mit Terrassenlokalen bestückte Grünanlage bei Harbiye – mit Antakya mittlerweile zusammengewachsen – ein lauschiges

Durch das Hatay

Ausflugsziel, wenn auch manchmal ein wenig überfüllt. Ein Quellwasser bildet zahlreiche kleine Wasserfälle und Rinnsale in einem Zypressen- und Lorbeerwald, der stufenweise ins Tal abfällt.

• *Anfahrt/Verbindungen* Von der Straße nach Yayladağı mit „Şelale" ausgeschildert. Regelmäßige **Dolmuş**verbindungen von und nach Antakya.

• *Essen & Trinken/Übernachten* Die Restaurants an der Straße oberhalb des Hains (nach Lesermeinung hat dort das **Boğaziçi Restaurant** die „genialste Küche des Hatay") und im Hain selbst bieten regionale Schmankerl mit besten Meze auf weinumrankten Gartenterrassen. Mittlere Preisklasse. Wo kein Essen serviert wird, darf man sich hinsetzen, das Getränk bestellen und Mitgebrachtes auspacken. Im Oktober sollte man unbedingt die berühmten Harbiye-Datteln kosten.

Oberhalb des Hains findet man auch einige Mittelklassehotels.

Simeon-Stylites-Kloster

Der Wunderheiler Simeon der Jüngere (521–592) war ein Säulenheiliger, ein sog. Stylit (griech. *stylos* = Säule) – nach dem Vorbild des Säulenheiligen Simeon des Älteren, der eine Kultstätte im heutigen Nordsyrien besaß. Fast sein ganzes Leben verbrachte der Extremasket auf einer rund 12 m hohen Säule. Der Verkehr mit der Außenwelt – und auch die sagenumwobenen Heilungen durch Handauflegen – erfolgten über eine Leiter, die man an die Säule legte. Das teilweise aus dem Felsen gehauene Kloster Simeons des Jüngeren auf einem Bergrücken zwischen Antakya und Samandağ wurde 541 eingeweiht. Bis zum 13. Jh. war es ein Pilgerziel der Massen. Heute liegen die kläglichen Ruinen in der gebirgig-windigen Einsamkeit des Hatay. Von der berühmten Säule Simeons, dem einstigen Mittelpunkt des Klosters, sind noch 4–5 m der Basis erhalten. Zudem stehen noch die Überreste dreier Kirchen im Osten der Anlage. Die Aussicht von dort ist herrlich.

• *Anfahrt* Von Antakya in Richtung Samandağ, nach ca. 15 km in der Ortschaft Uzunbağ links abzweigen (ca. 400 m hinter dem Hinweisschild „Samandağ 10 km"). Von dort noch 6 km auf einem mit Schlaglöchern gespickten Sträßlein (komplett ausgeschildert).

• *Öffnungszeiten/Eintritt* Stets zugänglich. Offiziell kostenlos, allerdings werden Ihnen möglicherweise selbst ernannte Aufseher etwas abknöpfen wollen.

Samandağ/Vakıflı

Samandağ, 26 km südwestlich von Antakya, ist ein schäbiges Kaff mit 42.000 Einwohnern. Es bietet nichts außer langen, aber ungepflegten Sandstränden – Wochenendziele der Antakyalılar. Interessant hingegen ist ein Ausflug in die nördlich von Samandağ gelegenen Bergdörfer rund um den 1281 m hohen *Musa Dağı* (Mosesberg). Leicht zu erreichen ist Vakıflı, das einzige verbliebene, rein armenische Dorf der Türkei. Traurige Berühmtheit erlangte es durch Franz Werfels 1000-seitigen Tatsachenroman *Die 40 Tage des Musa Dagh*. Die Einwohner von Vakıflı (armenisch *Wakef*) gehörten zu jenen rund 5000 Armeniern der sieben christlichen Mosesbergdörfer, die 1915 vor ihrer Deportation in die syrische Wüste (→ Kasten, S. 173) auf den Musa Dağı flüchteten und nach 40 Tagen von französischen Schiffen gerettet wurden. Nach Kriegsende kehrten die meisten von ihnen nach Vakıflı zurück. Sylvester Stallone wollte die erschütternde Geschichte verfilmen, weswegen er in der Türkei über Nacht zum Feind erklärt wurde. Sein Projekt scheiterte jedoch nicht an fanatischen Nationalisten, sondern an einer juristischen Frage: Die Rechte an der Verfilmung liegen beim deutschen Produzenten Ottokar Runze, der angeblich schon in den Drehvorbereitungen steckt.

In Vakıflı leben heute noch rund 140, meist ältere Armenier. Pittoreske Natursteinidylle darf man jedoch nicht erwarten – das herausgeputzte Dorf mit Friedhof und Kirche wirkt sehr modern. An die anderen armenischen Dörfer erinnern in der Einsamkeit der Gegend nur noch wenige traurige Reste.

Verbindungen/Anfahrt Regelmäßige **Dolmuş**verbindungen zwischen Samandağ und Antakya. Vakıflı ist von Samandağ (von der Straße nach Çevlik) ausgeschildert, von dort noch ca. 4 km.

> **Tipp für Selbstfahrer**: Gen Süden führt von Samandağ ein romantisches Sträßchen, teils eng und holprig mit Aussicht auf das Mündungsgebiet des Orontes über die Dörfer Çöğürlü, Gözeme, Sebenoba, Karaköse und Leylekli nach Yayladağı (s. u.).

Çevlik

Der schäbig-provisorische Low-Budget-Badeort Çevlik ist mit Samandağ mittlerweile fast zusammengewachsen. Viele Syrier und Jordanier machen hier Urlaub. Der Alkohol fließt in Strömen, zum Abendessen wird bisweilen eine Flasche Whiskey geköpft. Tagsüber vertreibt man sich die Zeit am feinen grauen, aber leider ziemlich schmutzigen Sandstrand.

In der Antike lag hier **Seleukeia Pieria**, die Hafenstadt Antiochias mit rund 30.000 Einwohnern und erste Station der Missionsreise des Paulus. Reste der Stadt- und Hafenmauern sowie einige Felsengräber („Kaya Mezarları") sind noch erhalten. Zu besichtigen ist auch ein mit „Titus Tüneli" ausgeschilderter 1300 m langer, in den Fels geschlagener, schluchtartiger **Tunnel**, eine der gewaltigsten Tiefbauarbeiten der Antike. Er entstand unter dem römischen Kaiser Titus im 1. Jh. zur Umleitung eines Wildbaches, der die Stadt immer wieder überschwemmte. Eine Taschenlampe ist empfehlenswert (Eintritt 1,60 € für alle Sehenswürdigkeiten, sofern jemand da ist, der abkassiert).

Von Çevlik führt eine wildromantische, allerdings nur etwa zur Hälfte geteerte Straße nach Arsuz (→ S. 184). Zu Anfang bieten sich dabei Bademöglichkeiten an einsamen Stränden.

• *Verbindungen* **Dolmuş**verbindungen von und nach Samandağ.

• *Übernachten/Essen & Trinken* Zahlreiche einfache, z. T. kakerlakenlastige Pensionen und ein kleiner, mehr als spartanischer Campingplatz vor Ort. In den Terrassenlokalen grillt man Fisch, *Harbiye Kebabı* (leckeren Hackfleischspieß mit Tomaten und Zwiebeln) und manchmal auch Wachteln *(bıldırcın)*. Letztere werden auf Wunsch direkt vor den Augen des Gastes geschlachtet!

Yayladağı

Die verschlafene 6000-Seelen-Gemeinde 55 km südlich von Antakya ist der letzte türkische Ort vor der syrischen Grenze – dahinter ein wenig frequentierter Grenzposten vor einem schmalen, öden Streifen Niemandsland. Ein Ausflug nach Yayladağı ist jedoch ein Erlebnis, auch wenn man nicht nach Syrien will: Die Straße von Antakya windet sich durch einsame Landschaften und kleine Dörfer. Vor den Kulissen einer herben, zerklüfteten Bergwelt trifft man auf schnaufende, überladene Lkws, Ziegenherden und erstaunte Eselsreiter.

Verbindungen Mit dem **Dolmuş** von Antakya aus problemlos zu erreichen.

Durch das Hatay

Kappadokien

Mondlandschaft Kappadokien

Kappadokien (Kapadokya)

Kappadokien ist ein Weltwunder der Natur im Herzen Anatoliens: eine einzigartige Tuffsteinlandschaft mit bizarren Felsgebilden, unterirdischen Städten und Höhlenkirchen. Was vor Millionen von Jahren Vulkanausbrüche in die Wege leiteten, besuchen heute mehr als eine Million Touristen jährlich.

Die schönsten Tufflandschaften Kappadokiens liegen im Dreieck Nevşehir – Avanos – Ürgüp. Hier erwartet Sie eine Fülle natürlicher Plastiken, einer Märchenwelt gleich, in der nur noch Kobolde und Feen fehlen, um sie perfekt zu machen. Es gibt nur wenige Gegenden der Welt, die sich schöner durchstreifen lassen. Neben dieser faszinierenden Landschaftsszenerie besitzt die Region auch ein großes kulturgeschichtliches Erbe aus byzantinischer Zeit – mehr als 1000 Höhlenkirchen, nicht wenige davon mit prachtvollen Fresken ausgemalt. Nur ein Bruchteil davon wurde bislang zugänglich gemacht.

Entstehungsgeschichte

Als „Väter Kappadokiens" kann man die Vulkane *Erciyes Dağı* (3916 m) nahe Kayseri, *Hasan Dağı* (3253 m) nahe Aksaray und *Melendiz Dağı* (2963 m) nahe Niğde bezeichnen. 10 bis 30 Millionen Jahre ist es her, dass sie das Innere der Erde nach außen kehrten: In wiederholten Ausbrüchen schleuderten sie Tuffasche in das umliegende Gebiet, die sich in Schichten von verschiedener Festigkeit und Farbe ablagerte. Durch Witterungseinflüsse wurden diese Schichten aufgespalten und tiefe Schluchten ausgewaschen. Das Tuffmaterial wurde in jahrtausendelanger Arbeit abgetragen, die weichen poröseren Schichten schneller als die wasserundurchlässigen harten. So bildeten sich die charakteristischen Tuffpyramiden, die so genannten Feenkamine (türk. *peri bacaları*), die der Naturgesetze zu spotten scheinen und die heute den Reiz der kappadokischen Landschaft ausmachen.

Der Erosionsprozess ist noch in vollem Gange, in vielen Tälern findet man Feenkamine im Geburtsstadium, die sich eben erst aus der Tufflandschaft herauszuschälen beginnen. Andernorts stürzen Felsformationen ein – insbesondere solche, die der Mensch aushöhlte und bewohnte. Hier drang Sickerwasser ein, das in den strengen kappadokischen Wintern gefror und die Fassaden wegbrechen ließ. So blickt man dort, wo einst nur ein paar kleine Löcher für den Lichteinfall und zur Belüftung im Fels waren, auf aufgerissene Flächen, die aussehen, als hätte man einen Burgfelsen aufgesägt, um im Querschnitt eine Innenansicht zu präsentieren.

Siedlungsgeschichte

Funde belegen, dass das Gebiet bereits im Neolithikum besiedelt war. In hethitischer Zeit gehörte es zum Kernland des von Hattuşa (nahe dem heutigen Yozgat nördlich von Kappadokien) aus regierten Reiches. Als Kappadokien bzw. *Katpatuka* („Land der schönen Pferde") wurde die Region erstmals unter den Persern erwähnt. Damit war aber ein viel größeres Terrain gemeint, das sich nicht nur auf die Tuffsteinlandschaft beschränkte. In hellenistischer Zeit gab es ein Kappadokisches Königreich, das von *Mazaca,* dem römischen *Caesarea Cappadociae* und heutigen Kayseri, regiert wurde. Bekehrt durch den Apostel Paulus, entwickelten sich schon sehr früh christliche Gemeinden. Bereits im 2. Jh. war Kappadokien überwiegend christlich, im 3. Jh. wurden hiesige Bischöfe gar bis nach Mailand entsandt.

Zum wichtigsten Mann der Region avancierte im 4. Jh. Basilius, der Bischof von Caesarea, der die Liturgie der Ostkirche reformierte. Das entstehende Mönchstum wurde durch kleine, geschlossene Gemeinschaften gekennzeichnet. Sie nutzten die geographische Beschaffenheit der Tuffregion mit ihren natürlichen Verstecken und zogen in die abgeschiedenen Täler. Im 7. Jh. wurde Kappadokien mehrmals Frontgebiet des Byzantinischen Reiches. Auf die Perserkriege folgten die Einfälle der Araber, die *Sebaste* (Sivas) und Gebiete östlich von Caesarea besetzt hielten.

Mit dem Siegeszug des Islam über Vorderasien suchten viele Christen aus Syrien, Palästina und Ägypten in Kappadokien Zuflucht. Der Tuffstein war den Ankömmlingen ein dankbares Material: Es war leicht, Wohnungen in den weichen Stein zu schlagen. Selbst Sitzbänke, Regale und sogar Salatschüsseln haute man gleich mit in den Fels. Zudem hatten die Behausungen den Vorteil, im Sommer kühl und im Winter warm zu sein. Drohte Gefahr, wurden Wohnungen wie Kirchen zu Fluchtburgen und Verstecken, selbst ganze Städte legte man dafür unterirdisch an (→ Kasten, S. 238). Sicherer wurde die Lage für das kappadokische Christentum erst wieder, als die in religiösen Fragen toleranten Seldschuken im 11. Jh. große Teile Anatoliens eroberten. Im 13./14. Jh. gesellten sich zu den bereits hier lebenden Christen viele Armenier, die vor den Mongolenheeren im Osten des Landes geflüchtet waren. All die verschiedenen Kulturen, die lediglich das Christentum gemeinsam hatten, haben auf die Vielfalt der hiesigen Kirchenkunst Einfluss genommen.

Unter osmanischer Herrschaft wurden die Klöster aufgelöst und in Wohnungen bzw. Ställe umgewandelt. Viele Christen verließen die Gegend, die letzten mussten 1923 infolge des Bevölkerungsaustauschs gehen. Heute bemüht sich die UNESCO, die Relikte der reichen Kirchen- und Klosterkultur Kappadokiens zu schützen. Die bedeutendsten Täler im Kerngebiet Kappadokiens wurden zum „Geschichtsnationalpark" *(Göreme Tarihi Milli Parkı)* zusammengefasst.

Karte hintere Umschlagklappe außen

Kappadokien

Kappadokien – ein Wanderparadies im Herzen Anatoliens

Kappadokien im Überblick

Anreise mit dem Bus: Von allen größeren Städten der Südküste gelangen Sie per Bus nach Kappadokien (Fahrtdauer → Nevşehir/Verbindungen, S. 201). Endstation vieler Busse nach Kappadokien ist Nevşehir (von dort Dolmuşverbindungen ins kappadokische Kerngebiet, → Nevşehir/Verbindungen, S. 201). Direktverbindungen (im Sommer häufig, im Winter stark eingeschränkt) gibt es auch nach Göreme und Ürgüp, und zwar durch die Busgesellschaften Metro, Kent, Süha und Nevşehir Seyahat. Achtung: Manche Gesellschaften werben mit Direktbussen nach Göreme und lassen ihre Passagiere dennoch, oft mitten in der Nacht, an der Fernstraße nahe Nevşehir aussteigen – fragen Sie deswegen explizit nach dem Ankunftsort in Kappadokien! Für ein Taxi von Nevşehir nach Göreme müssen Sie mit ca. 28 € rechnen, nach Uçhisar mit 16 €.

Anreise mit dem Flugzeug: Der **Flughafen Nevşehir** ca. 25 km nördlich von Nevşehir beim Örtchen Tuzköy wurde 2008 nur von spanischen Chartermaschinen und der THY von İstanbul aus angeflogen. Zu den THY-Flügen besteht ein Zubringerservice von und nach Nevşehir, Göreme und Ürgüp (8 €, Infos bei Argeus Turizm, → Ürgüp/Organisierte Touren). Ein Taxi vom Flughafen nach Nevşehir kostet ca. 37 €, nach Gülşehir (dort Verbindungen mit dem Bus nach Nevşehir) ca. 11 €. In der Ankunftshalle gibt es keine Bankomaten. Vertreter der Autoverleiher von Avis, Europcar und Decar sind nur anwesend, wenn eine Reservierung vorliegt.

Der **Flughafen Kayseri** knapp 70 km nordöstlich des kappadokischen Kerngebiets wird hingegen auch von Deutschland, Österreich und der Schweiz aus direkt angeflogen (u. a. von THY, Öger und Pegasus). Des Weiteren bestehen zum Flughafen Kayseri innertürkische Verbindungen von İstanbul, İzmir, Antalya und Adana (u. a. von THY, Pegasus und Onur Air, Stand: Sommer 2008). Der Flughafen liegt 4 km nördlich des Zentrums von Kayseri. Im Terminal gibt es keinen Bankomat. Sie finden einen Hertz-Schalter (✆/✉ 0352/3389555), Vertreter anderer Autoverleiher erscheinen nur bei vorheriger Reservierung. Es gibt keine

Servicezubringer von und nach Kayseri, am einfachsten gelangt man mit dem Taxi ins ins Zentrum (ca. 8 €). Transfers von und zum Flughafen organisieren auch Reisebüros in Göreme und Ürgüp (→ dort) – die einfachste Variante (ca. 11 €).

Drei Übernachtungsadressen für in Kayseri Gestrandete: **** **Grand Eras Hotel**, möchtegernschickes Vier-Sterne-Haus mit 100 gut ausgestatteten Zimmern. Restaurant, Fitness, Sauna. DZ 75 €. Şehit Miralay Nazım Bey Cad. 6, ✆ 0352/3305111, www.granderashotel.com. *** **Hotel Çapari**, an der Donanma Cad. 12. Ein etwas älteres Haus, aber noch in gutem Zustand und sehr sauber. DZ 52 €. ✆ 0352/2225278, www.hotelcapari.com. **Hotel Kadıoğlu**, restaurierte Zimmer, zwar klein, aber ordentlich. DZ 32 €. Kıçıkapı Serdar Cad. 45, ✆ 0352/2316320, ✆ 0352/2228296.

Auto- und Zweiradverleih: → Göreme, Ürgüp und Avanos.

Ballonfahrten: → Göreme.

Campingplätze: → Göreme, Soğanlı-Tal und Ihlara-Schlucht. Viele Campingplätze haben nur von Mai–Okt. geöffnet.

Highlights: Zu den großen Attraktionen gehören das Göreme Open Air Museum, Zelve, das Paşabağı-Tal und Uçhisar. Zum Pflichtprogramm zählt ferner der Abstieg in eine unterirdische Stadt – es muss dabei nicht unbedingt der Kassenrenner Derinkuyu sein. Wer etwas mehr Zeit mitbringt, sollte sich die Ihlara-Schlucht nicht entgehen lassen.

Karten: Für eines der meistbesuchten Reisegebiete der Türkei gibt es leider nach wie vor wenig gutes Material. Wanderskizzen halten u. a. die Touristeninformation in Ürgüp (→ S. 226) und das Reisebüro Kirkit in Avanos (→ S. 221) bereit.

Reiten: → Göreme und Avanos.

Reisezeit: → Wissenswertes von A bis Z, S. 43.

Standorte/Übernachten: Die meisten Besucher übernachten in Göreme und Ürgüp. Göreme ist aufgrund seiner zahlreichen Pensionen das Mekka der Rucksacktouristen. Ürgüp besitzt eine Vielzahl gehobenerer Unterkünfte. Von beiden Orten lässt sich das kappadokische Kerngebiet recht gut mit öffentlichen Verkehrsmitteln erkunden. Flair besitzen jedoch auch Uçhisar und Mustafapaşa – wer sich dort niederlässt, sollte jedoch an einen Mietwagen denken. Alle besseren Unterkünfte verfügen über eine Heizung, trotzdem können die romantischen Felsenzimmer bis weit ins Frühjahr hinein feuchtklamm sein.

Verbindungen innerhalb Kappadokiens: Zu fast allen Sehenswürdigkeiten gelangt man (mehr oder minder) mit öffentlichen Verkehrsmitteln. Zwischen den größeren Ortschaften wie Nevşehir, Göreme, Ürgüp und Avanos fahren tagsüber (von 7–18 Uhr regelmäßig, bis 20 Uhr nur noch unregelmäßig) kommunale Busse und Dolmuşe. Schlecht sind die Verbindungen an Sonntagen und im Winter. Ein Moped oder Mietwagen ist stets von Vorteil. Es werden vor Ort auch organisierte Rundreisen angeboten.

Wandern: Feste, knöchelhohe Schuhe mit guter Profilsohle sind empfehlenswert. Zwischen den Feentürmen geht es auf rutschigem Untergrund oft steil bergauf oder bergab. Leider existieren keine topographisch exakten Wanderkarten, zum Glück wird aber die Markierung der Wege von Jahr zu Jahr besser. Die Gegend ist jedoch überschaubar, Orientierungspunkte gibt es viele, und ein Verlaufen ist kaum möglich – an irgendeiner Straße kommt man immer heraus. Im Reiseteil finden Sie Anregungen für Touren. Starten Sie früh, um für den Rückweg noch ein Dolmuş oder einen Bus zu erwischen. Wanderungen zu versteckten Kirchen abseits der ausgetretenen Pfade bietet der deutsche „Wandercharismatiker" **Bernd Junghans** an, der sich der Erforschung der kappadokischen Felsenkirchen widmet. Tagestouren für max. 4 Pers. 80 €. Zu erreichen über die Pension Position Uçhisar (→ S. 206).

Nevşehir

ca. 81.700 Einwohner

Von Süden oder Westen kommend, ist Nevşehir das Tor nach Kappadokien. Zum längeren Verweilen lädt die Provinzhauptstadt jedoch nicht ein.

Nevşehir ist Verkehrsknotenpunkt, Markt- und Verwaltungszentrum, aber mehr auch nicht. Das Bild der auf 1200 m gelegenen Stadt ist nüchtern, Sehenswürdigkeiten und Unterkünfte sind im Vergleich zu den Tuffsteindörfern der Umgebung zweitklassig.

Das ehemalige *Muşkara* war bis zur Tulpenzeit (ca. 1703–1730), einer Art Belle Époque des Osmanischen Reiches, ein Dorf wie so viele der Gegend. Erst mit der Ernennung des hier geborenen Damat İbrahim Pascha zum Großwesir wurde auf dessen Geheiß das Dorf zur „Neuen Stadt" (= Nevşehir) ausgebaut. Und wer heute in Nevşehir strandet und ein paar Stunden bis zum nächsten Bus verbringen muss, kann ihm danken, dass es so manches, wenn auch nicht gerade Spektakuläres zu besichtigen gibt. Da wäre zum einen die nach dem Großwesir benannte, 1727 errichtete **Damat İbrahim Paşa Külliyesi**. Zu dem Komplex nahe der Lale Caddesi in der Altstadt gehört neben einer Moschee eine Medrese (heute eine Bibliothek) und ein noch immer dampfendes Hamam (Eintritt inkl. *Kese* und Massage 11 €, tägl. 6–24 Uhr, Frauen baden Sa 10–16 Uhr). Die Moschee selbst ist ein klassisch-osmanischer Zentralkuppelbau, der über einen Vorhof mit einem hübschen Reinigungsbrunnen betreten wird. Im Inneren sieht man die Loge des Großwesirs und die seines Gefolges.

Vom Damat-İbrahim-Paşa-Komplex kann man durch die Gassen der Altstadt zur **Zitadelle** hoch über Nevşehir aufsteigen (Selbstfahrer folgen von der Straße nach Aksaray dem gelben Schild „Kale"). Sie wurde in seldschukischer Zeit errichtet und unter Damat İbrahim Pascha erweitert. So imponierend sie aus der Froschperspektive ist, so enttäuschend ist sie bei näherer Betrachtung: Die Zitadelle präsentiert sich in einem arg verwahrlosten Zustand und bietet keinen grandiosen Kappadokien-Panoramablick, sondern lediglich die Aussicht über eine nicht besonders schöne Stadt (frei zugänglich). In entgegensetzter Richtung, an der Yeni Kayseri Caddesi, beherbergt ein trister staatlicher Kulturkomplex das städtische **Museum** mit der türkeitypischen Mischung aus archäologischer und ethnographischer Abteilung. Erste zeigt ein buntes Sammelsurium aus allen möglichen Epochen und Gegenden, Exponate aus Mesopotamien und Zypern, von den Urartäern und Phrygern. Die Römer steuerten Terrakotta-Sarkophage und Münzen bei, die Osmanen Handschriften. In der ethnologischen Abteilung sind u. a. Schmuck und Werkzeuge ausgestellt (tägl. außer Mo 8–12 und 13–17 Uhr, Eintritt 1,70 €).

Orientierung: Der Atatürk Bulvarı ist die Hauptachse der Stadt und durchschneidet das Zentrum von West nach Ost, der östliche Abschnitt wird auch Yeni Kayseri Caddesi genannt. Am Atatürk Bulvarı liegen die Touristeninformation, die Polizei, das Museum sowie mehrere Hotels. Die kleine Altstadt liegt südlich des Atatürk Bulvarı bzw. westlich der Lale Caddesi.

*I*nformation/*V*erbindungen/*S*onstiges

- *Telefonvorwahl* 0384.
- *Information* Yeni Kayseri Cad. Mo–Fr 8–17 Uhr, im Sommer auch Sa/So. ☎ 2134260, www.nevsehirkulturturizm.gov.tr.
- *Verbindungen* **Intercitybus**: Neuer Busbahnhof an der Straße nach Aksaray ca. 3 km westlich des Zentrums. Dolmuşe dorthin verkehren entlang der Kayseri Cad., Lale Cad. und Osmanlı Cad. Direktverbindungen nach Kayseri (1½ Std.), Konya (3 Std.), Alanya (10 Std.), Antalya (12 Std.), Mersin (5 Std.) und Adana (5 Std.).

Kommunaler Bus/Dolmuş: Die Dolmuşe bzw. Busse nach Göreme, Ürgüp, Uçhisar, Ortahisar, Avanos, Aksaray, Derinkuyu und Kaymaklı starten von der Dolmuşhaltestelle an der Saatçi Hoca Cad., die nach Hacıbektaş gleich ums Eck von der Lale Cad./Ecke Saatçi Hoca Cad. Wer nach Gülşehir oder Çat will, steigt beim Vilton Hotel an der Gülşehir Cad. ein. Die Dolmuşe nach Acıgöl (häufig) und Tatlarin (nur max. 3-mal tägl.) starten beim Kreisverkehr im Norden des Atatürk Bul.

- *Ärztliche Versorgung* Staatliches Krankenhaus **Devlet Hastanesi** an der Straße nach Avanos/Kayseri ca. 2,5 km abseits des Zentrums. ✆ 2153300.
- *Einkaufen* **Markt** am Sonntag und Montag im Norden des Zentrums.
- *Polizei* An der Yeni Kayseri Cad., ca. 100 m östlich der Touristeninformation. ✆ 155.
- *Post* **Hauptpost** im Norden des Zentrums an der Osmanlı Cad.

Übernachten/Essen & Trinken (siehe Karte S. 201)

Gehobenere Hotels ohne Charme am Ortsrand – allesamt auf organisierte Busreisegruppen ausgerichtet. Auch die Hotels im Zentrum sind nicht der Rede wert – fahren Sie besser gleich weiter nach Zentralkappadokien, abends notfalls auch mit dem Taxi. Zwei zentrale Adressen für Gestrandete:

**** Altınöz Hotel (3), eine der besten Adressen in der Innenstadt, wenn auch recht geschmacklos und billig ausgestattet. 120 Zimmer mit lilafarbenem Mobiliar, Teppichböden und Klimaanlage. Hamam, Fitnesscenter, Pool. DZ 63 €. Ragıp Üner Cad. 23, ✆ 2139961, ✎ 2132817, www.altinozhotel.

Hotel Şems (2), schmales, leicht in die Jahre gekommenes Haus mit 25 kleinen, sauberen Zimmern, für den Notfall okay. DZ 22 €. Atatürk Bul. 27 (ca. 200 m oberhalb der Touristeninformation), ✆ 2133597, ✎ 2124967.

- *Essen & Trinken* **Nevşehir Konağı Restaurant (1)**, im neu angelegten Kulturpark etwas außerhalb des Zentrums. Nachgebauter kleiner Han, drum herum eine nette Grünanlage. Große Auswahl: Pide, Grillgerichte, Mantı und Meze zu fairen Preisen. Kein Alkohol. Von der Touristeninformation dem Atatürk Bul. für rund 700 m bergauf folgen, beim Kreisverkehr links ab Richtung Aksaray, nach weiteren 700 m rechter Hand hintor dem unübersehbaren *Kapadokya Kültür ve Sanat Merkezi*. ✆ 2136183.

Hacıbaba (4), gehobene Lokanta an der Durchgangsstraße gegenüber der Polizei. Bester *İskender Kebap*, dazu auch andere gute Kebabs und *Lahmacun*. Yeni Kayseri Cad. 45.

> Für zentralkappadokische Ziele wie Uçhisar (8 km) und Göreme (12 km) östlich von Nevşehir lesen Sie weiter ab S. 204, für die unterirdischen Städte von Kaymaklı und Derinkuyu südlich von Nevşehir ab S. 238.

Nördlich von Nevşehir

Im Gegensatz zu den Attraktionen der zentralkappadokischen Tuffsteinlandschaft führen die Sehenswürdigkeiten nördlich von Nevşehir ein eher stiefmütterliches Dasein. Es kommt gar nicht selten vor, dass man der einzige Besucher ist. Dies hat seinen Reiz, auch wenn die Täler, Felsenkirchen und unterirdischen Städten zugegebenermaßen weit weniger imposant sind.

Çat und Çat Vadisi: Çat (2600 Einwohner), rund 6 km nordwestlich von Nevşehir, ist das, was man ein unverfälschtes Bauerndorf nennt. Ähnlich sah das Gros der Ortschaften Kappadokiens aus, bevor der Massentourismus Einzug hielt. Von Çat kann man einen längeren Spaziergang durch das wildromantische Çat Vadisi unternehmen, ein Tal mit niederen, hellen Tuffsteingebilden und Weinreben dazwischen. Der 4 km lange Rundwanderweg beginnt im Norden des Dorfes (Wegweiser).
Anfahrt/Verbindungen Çat ist von der Straße nach Gülşehir ausgeschildert. **Dolmuş**verbindungen ab Nevşehir.

Açıksaray: Bei dem „Offenen Palast" 15 km nördlich von Nevşehir an der Straße nach Gülşehir handelt es sich um einen verschachtelten, mehrstöckigen Komplex aus Kirchen- und Klosteranlagen. Er gehört zu den ältesten christlichen Relikten Kappadokiens, die Kirchen datieren z. T. aus dem 6. Jh. Keine Freskenkunst, vielmehr schlichte, rote Wandzeichnungen sind hier zu sehen, u. a. Stierdarstellungen. Der Stier, der von vielen Völkern aufgrund seiner Zeugungskraft verehrt wurde, ist in Kappadokien ein selten verwendetes Symbol. Seine Bedeutung für das frühe Christentum ist nicht bekannt. In der Nähe des Palastes befindet sich eine auffällige pilzähnliche Felsformation, die man nach einem staubigen Spaziergang erreicht. Sie ist das Logo der 7 km nördlich gelegenen Stadt Gülşehir.

Verbindungen/Öffnungszeiten Problemlos mit Gülşehir-**Dolmuşen** oder -**Bussen** von Nevşehir zu erreichen, einfach unterwegs aussteigen. Tägl. 8–19 Uhr, im Winter bis 17 Uhr. Kein Eintritt.

Johannes-Kirche/Gülşehir: Das 8500 Einwohner zählende Städtchen Gülşehir am Flusslauf des *Kızılırmak* liegt zu Füße eines breiten Tufffelsen. Am Ortseingang (von Nevşehir kommend) ist die *Johannes-Kirche* mit „St. Jean Kilisesi" ausgeschildert. Die aufwändig restaurierte, zweigeschossige Kirche, auch „Karşı Kilise" genannt, gehört zu den Vorzeigekirchen Kappadokiens. Eine Wendeltreppe führt in die gänzlich mit prachtvollen Fresken (vermutlich 13. Jh.) ausgemalte Oberkirche. Mit Ausnahme der Darstellungen in der Apsis ist die

Klosterkomplex Açıksaray

Bildergalerie vollständig erhalten. Medaillons mit byzantinischen Heiligen schmücken die Decke, an der Rückwand kämpfen die Heiligen Georg und Theodor gegen zwei Drachen. Eindrucksvoll sind auch die Szenen aus dem Neuen Testament: Letztes Abendmahl, Judaskuss und Auferstehung (tägl. 8–19 Uhr, im Winter bis 17 Uhr, Eintritt 4,20 €).

Im Zentrum von Gülşehir lässt sich zudem die schmucke *Karavezir-Mehmet-Pascha-Moschee* aus dem 18. Jh. besichtigen, kunstvoll verzierte Koranausgaben werden darin ausgestellt. Der zinnenbewehrte Komplex, der auf dem Tufffelsen hoch über der Stadt thront, war übrigens einst ein Drei-Sterne-Hotel.

Verbindungen Regelmäßige **Dolmuş**verbindungen von und nach Nevşehir.

Längs des Uzunyol

Die Strecke von Nevşehir nach Aksaray war einst ein Teil des *Uzunyol* („Langer Weg"), einer der ältesten Handelsstraßen der Welt. Auf ihr zogen die Karawanen aus Persien in die Seldschukenhauptstadt Konya. Aus jener Zeit zeugen noch einige Karawansereien, so z. B. der **Alayhan** rund 15 km südwestlich von Acıgöl. Der Han

Karte hintere Umschlagklappe außen

Kappadokien

entstand in der Mitte des 13. Jh., wurde jedoch nie restauriert und zeigt sich in einem erbärmlichen Zustand. Lediglich das reich verzierte Portal, das noch zu drei Vierteln steht, ist sehenswert. Um einiges besser erhalten und daher auch besuchenswerter ist der aus gleicher Zeit stammende **Ağızkarahan** 15 km weiter Richtung Aksaray. Beachtenswert ist neben dem Portal die auf wuchtigen Säulen stehende Moschee im Innenhof (tägl. 7.30–20 Uhr, Eintritt 1,10 €). Die Busse zwischen Aksaray und Nevşehir passieren beide Karawansereien.

Acıgöl/Tatlarin: Hier gibt es unterirdische Städte (→ Kasten, S. 238) zu entdecken. Da sie um einiges kleiner sind als z. B. Derinkuyu oder Kaymaklı, kommen nur wenige Besucher. Die unterirdische Stadt von Acıgöl 21 km westlich von Nevşehir ist in Privatbesitz. Der Eigentümer, der direkt neben dem Eingang wohnt, entdeckte sie vor Jahren zufällig bei Bauarbeiten und ließ sie in Eigeninitiative teilweise ausgraben (tägl. 8–19 Uhr, Eintritt 2,70 €).

Rund 9 km nördlich von Acıgöl liegt das urtümliche Dorf Tatlarin – lohnenswert für alle, die ein bisschen mehr Zeit für Kappadokien haben. Die „unterirdische" Stadt Tatlarins befindet sich in einer Felswand hoch über dem Ort. Das Besondere darin: eine Toilette. Kaum eine andere unterirdische Stadt Kappadokiens kann eine solche aufweisen, die Toilettenfrage ist bis heute nicht geklärt. Nebenan befindet sich der Eingang zu einer Kirche mit gut erhaltenen Fresken vom Lebens- und Leidensweg Jesu (tägl. 8–19 Uhr, Eintritt 4,20 €).

Anfahrt/Verbindungen Die Sehenswürdigkeiten sind in bzw. von Acıgöl ausgeschildert. Nach Acıgöl häufige **Dolmuş**verbindungen ab Nevşehir, nach Tatlarin nur max. 3-mal tägl.

Falls Ihr nächstes Ziel Aksaray ist, lesen Sie weiter ab S. 246. Fahren Sie in die Ihlara-Schlucht, lesen Sie weiter ab S. 241.

Uçhisar

Wie ein Emmentaler ist der gewaltige Burgfels durchlöchert, in dessen Schatten sich das reizvolle Dorf duckt. Uçhisar ist nicht nur eine Stippvisite wert, Uçhisar bietet sich auch als gemütlicher Standort an.

Tagsüber bevölkern Busgruppen das kappadokische Vorzeigedorf und seinen Burgfelsen, einen majestätischen Brocken von 60 m Höhe. Im Inneren ist er zerfressen von Gängen und Räumen, die mittlerweile teils zugeschüttet oder unpassierbar sind. Um die 1000 Menschen wohnten hier einst. Der nicht sehr beschwerliche Aufstieg über Außen- und Innentreppen (Burgeintritt 1,70 €) belohnt mit einer fantastischen Aussicht über die Täler und Städte Kappadokiens – am schönsten abends zur „Blauen Stunde", wenn sich die Landschaft in bezaubernden pastellfarbenen Tönen zeigt. An klaren Tagen präsentiert sich im Hintergrund – meist mit schneebedecktem Gipfel – der fast 4000 m hohe *Erciyes Dağı*, auf dem man im Winter übrigens Ski fährt.

Viele Einwohner Uçhisars leben heute in Frankreich, so manche Franzosen dafür hier. Kein Wunder also, dass man im Dorf mit Französisch besser als mit Englisch oder Deutsch zurechtkommt. Im unteren, sich gen Göreme erstreckenden Ortsbereich wohnt jedoch kaum noch jemand. Immobilienmakler und Architekturbüros haben sich hier eingekauft und verhökern die Häuser – fast allesamt mit tollen Ausblicken – an künftige Pensionsbesitzer und Hoteliers aus aller Welt weiter. Der be-

Der Burgfelsen von Uçhisar

schaulich-friedfertigen Atmosphäre tut dies keinen Abbruch, doch verwandelt sich Uçhisar dadurch mehr und mehr zu einem sterilen Museumsdorf ohne Alltagsleben. Für Kappadokienbesucher, denen Ürgüp und Göreme zu laut und zu voll sind, ist Uçhisars jedoch nach wie vor ein guter Standort. Nahe Uçhisar laden das **Taubental** und das **Liebestal** zu ausgedehnten Spaziergängen ein (→ Wandern).

Verbindungen/Einkaufen

- *Telefonvorwahl* 0384.
- *Verbindungen* Die **Dolmuşe** von Göreme nach Nevşehir passieren Uçhisar, Zustieg an der Umgehungsstraße.
- *Einkaufen* **Kappadokische Weine** (rot, weiß und rosé) kann man in der Weinkellerei **Kocabağ** ca. 1,5 km außerhalb an der Umgehungsstraße nach Göreme kosten und erstehen. **Onyx**produkte bieten die ortsansässigen Fabriken, z. B. **Özler** an der Straße nach Göreme (→ Kasten). **Deutsche Zeitungen** (teuer!) verkauft gelegentlich und mit etwas Verspätung **Kemal'ın Yeri** am Dorfplatz.

Übernachten/Essen & Trinken

Rucksacktouristen mit kleinem Budget übernachten besser in Göreme. Wer bereit ist, etwas mehr auszugeben, findet in Uçhisar jedoch herrliche Unterkünfte, jedes Jahr werden es mehr. Die meisten Hotels, Pensionen und Restaurants sind vom Dorfplatz ausgeschildert.

Les Maisons de Cappadoce, eine außergewöhnliche Adresse. 15 auf das Dorf verteilte Ferienhäuser und -wohnungen für 2–9 Pers. im traditionellen Stil, die ein französischer Architekt mit viel Liebe zum Detail in die Felslandschaft integrierte. Keine Wohnung gleicht der anderen, z. T. mit traumhaften Gärten. Nur nach Vorreservierung. Für 2 Pers. ab 130 €. Uçhisar, kein Telefon, ✆ 2192782, www.cappadoce.com.

Wandern im Liebestal – Phalli oder Pilze?

Museum Hotel, Boutiquehotel mit viel Charme und Komfort. Folkloristisch-stilvolle, luxuriöse Zimmer in gemütlichen Höhlen, Terrasse mit Wahnsinnsblicken auf die Tufflandschaft, ein Bonus ist zudem der Pool. Wertvolle Antiquitäten und Teppiche. Sehr gutes Restaurant mit regionalen Spezialitäten auf Fine-Dining-Niveau. DZ ab 130 €. Tekelli Mah. 1, ✆ 2192220, ✉ 2192444, www.museum-hotel.com.

Kandil House, von Lesern gelobte, kleine Pension. 6 süße Zimmer, z. T. mit offenem Kamin, 4 mit eigenem Bad, 2 teilen sich eines. 2 Terrassen mit tollen Ausblicken, die untere wird gleichzeitig als gemütliches Café genutzt. DZ 52 €. Göreme Cad. 54, ✆ 2193191, www.kandilhouse.com.

Position Uçhisar, verschachtelter Komplex, zugleich Wohnhaus, alternatives Gästehaus und Galerie. Von der deutschen Künstlerin Almut Wegner ins Leben gerufen und mit viel Liebe und Phantasie in Eigenarbeit ausgebaut. Tolle Terrasse mit unverbautem Blick auf das Taubental, Zimmer z. T. mit Tonnengewölben und moderner Kunst. Für ältere und/oder fußkranke Gäste werden Führungen in Sänften (!) angeboten. Sehr familiäre Atmosphäre. Pro Person 30 € mit HP. Konak Sok. 1 (nicht ausgeschildert, im unteren Ortsteil rechts der Moschee Ausschau halten oder einfach nach Almut fragen), ✆ 2192172, www.projekt-uchisar.org.

Les Terrasses d'Uçhisar, von einer freundlich-legeren und hilfsbereiten Auswandererfamilie aus Frankreich geführt. 15 schlichte, aber nette Zimmer, darunter auch Felsenzimmer. Von der Terrasse schöne Blicke über die Feenkamine im Tal. Angeschlossen ein Restaurant mit französisch-türkischer Küche (viergängiges Menü 11 €). DZ 38 €. Eski Göreme Yolu, ✆ 2192792, ✉ 2192762, www.terrassespension.com.

Kilim Pansiyon, 7 freundliche Zimmer mit Bad, z. T. mit herrlichen Ausblicken. Von Trauben überrankter Innenhof. Gutes Preis-Leistungs-Verhältnis. DZ 35 €. Tekelli Mah., ✆ 2192774, ✉ 2192660, www.sisik.com.

Uçhisar Pension, 8 einfache Zimmer mit Massivholzmöbeln. 2 Terrassen mit tollen Ausblicken, auf der unteren frühstückt man, auf der oberen relaxt man. DZ 32 €. Kale Yanı 5, ✆ 2192662, www.uchisar pension.com.

● *Essen & Trinken*   **Elai Restaurant**, eine sehr gediegene und für hiesige Verhältnisse sehr teure Angelegenheit, dennoch ausgesprochen populär. Tolle Terrasse und erlesene internationale Küche mit stark italienischem Einschlag (Steaks, Risotto, Caprese, Carpaccio), Hg. 11–20 €. Nahe der Pension Terrasses d'Uçhisar, ✆ 2193181.

House of Memories, schöne Terrasse und gutes Essen (Meze, Fleischgerichte und Gerichte aus dem Tontopf) der mittleren Preisklasse. Freundliche Wirtsleute. Im unteren Ortsbereich an der Göreme Cad. 41, ✆ 2192947.

Wandern

Von Uçhisar kann man durch das weiße **Taubental** (mit „Güvercin Vadisi" ausgeschildert) in 1½ Stunden nach Göreme wandern. Das Tal erhielt seinen Namen von den vielen Taubenschlägen in den Felsen. Der Einstieg ist an der Straße nach Ürgüp (vom Zentrum der Beschilderung zum „Kaya Hotel" folgen) bei der Göreme Onyx Factory mit „Hiking Trail Pidgeon Valley" ausgeschildert und weitestgehend orange markiert. Sollte Ihr Weg nach ca. 40 Min., wenn sich das Tal in einen kleinen aber imposanten Cañon verwandelt, an einer steil abfallenden Felswand enden, dann müssen Sie für ca. 100 m zurückgehen und dann dem breitesten Pfad bergauf folgen (dabei hat man zuweilen das Gefühl, Richtung Uçhisar zurückzulaufen). Man umgeht so den nicht begehbaren Abschnitt an seiner höchsten Stelle. Dabei müssen Sie nicht kraxeln! Die Markierungen sind hier spärlich.

Zudem bietet sich eine kleine Wanderung durch das **Liebestal** (Aşk Vadisi bzw. Bağlı Dere) an. Anfangs ist es recht eng, später wird es weiter und überrascht mit seltsamen phallusartigen Tuffformationen. Den Einstieg finden Sie am nördlichen Ortsende von Uçhisar an der Straße nach Göreme. Dort den Feldweg links an der Onyxfabrik Özler vorbei nehmen, nach ca. 250 m bei der ersten Möglichkeit rechts ab. Nach weiteren 5 Min. erblickt man das Tal, durch das ein Pfad führt. Ca. 1½ Std. kann man hindurchwandern, bis man am Ende des Tals ein geteertes Sträßchen erreicht, das nach rechts zur Verbindungsstraße Göreme–Avanos führt. Von dort bestehen Dolmuşverbindungen in beide Richtungen.

Onyx – Stein des Reichtums und der Alpträume

Kein Souvenirshop in Kappadokien, der nicht eine breite Palette von Onyxprodukten anzubieten hätte. Dabei handelt es sich genau genommen um Onyxmarmor, der nicht ganz so kostbar ist wie echter Onyx und vor allem in der Gegend um Hacıbektaş (50 km nördlich von Nevşehir) in verschiedenen Farbtönen abgebaut wird. Der Stein wird zu Aschenbechern, Vasen, Mörsern, Schachfiguren, Perlenketten oder sinnlosen Eiern (na ja, nicht ganz: man kann sie in die Milch legen, damit diese nicht so schnell überkocht ...) gedrechselt, geschliffen und poliert – eine ziemlich staubige und für die Lungen mörderische Angelegenheit. Wer die Metamorphose vom unbearbeiteten Stein zum Schmuckstück verfolgen will, hat z. B. im „Özler Centre Artisanal" in Uçhisar (→ Uçhisar/Einkaufen) Gelegenheit. Wer sich anschließend mit Onyxprodukten eindecken will, sollte sich die Eigenschaften des Steins durch den Kopf gehen lassen und abwägen: Angeblich bewirkt er schlechte Träume, gleichzeitig aber auch eine Vermehrung des Vermögens ...

Göreme

ca. 2000 Einwohner

Das Dorf inmitten einer surrealen Tufflandschaft ist heute fast ein Synonym für Kappadokien. Es lockt die meisten Besucher an, zumal die kulturhistorischen Hotspots der Gegend in Laufweite liegen, allen voran das Göreme Open Air Museum.

Als Göreme noch Avcılar hieß, war es ein verträumtes Bauerndorf inmitten einer bizarren Ansammlung von Feenkaminen, Tuffkegeln und Höhlenwohnungen. Mit den großen Touristenströmen in den 1980ern änderte sich vieles für die Einwohner,

Karte hintere Umschlagklappe außen

Kappadokien

Göreme – ein Treffpunkt von Rucksacktouristen

selbst der Name ihres Dorfes. Auch wenn hier heute fast jedes zweite Haus eine Pension ist und nahezu jeder Bewohner in irgendeiner Weise vom Tourismusgeschäft abhängig ist– dem genialen Gesamtkunstwerk Göreme, einem ineinander greifenden Triumph von Natur und Architektur, ist kaum etwas anzuhaben. Felsenwohnungen und Tuffsteinhäuser fügen sich zu einem Gesamtbild zusammen, als hätte das Amt für Landschaftsschutz unter der Regie von Friedensreich Hundertwasser die Bauaufsicht geführt.

Göremes Beliebtheit resultiert vor allem aus der Tatsache, dass man rund um den Ort die meisten und besterhaltenen Felsenkirchen Kappadokiens findet. Das Kirchental rund 1,5 km südöstlich von Göreme, heute ein Open-Air-Museum, deklarierte die UNESCO zum Welterbe. Göreme selbst besitzt hingegen kaum Sehenswürdigkeiten. Die Überreste eines antiken Felsengrabes mit zwei dorischen Säulenstümpfen kann man an der so genannten **Roma Kalesi** („Römische Burg"), dem auffälligsten Tuffsteinkegel Göremes entdecken – auf ihm weht stets eine türkische Flagge. Das Grab gehört zu den wenigen erhaltenen Zeugnissen aus vorchristlicher Zeit. Ansonsten lässt man sich am besten durch das Gassenwirrwarr treiben. Schauen Sie sich beispielsweise östlich der Orta-Mahallesi-Moschee um – dort, wo noch ein bisschen traditionelles Leben herrscht, alte Herren Tavla spielen und dunkel gekleidete Bäuerinnen vor ihren Häusern ein Schwätzchen halten.

Information/Verbindungen/Ausflüge

● *Telefonvorwahl* 0384.

● *Information* Viele Reisebüros schmücken ihren Eingang mit dem Schriftzug „Information" – das ist Etikettenschwindelei. Es gibt keine Touristeninformation, lediglich ein kleines kommunales **Accomodation Office** am Busbahnhof, das (wenn überhaupt besetzt) bei der Zimmersuche weiterhilft.

● *Verbindungen* Vom zentralen **Bus**bahnhof im Sommer gute Verbindungen in fast alle Landesteile (→ Kappadokien im Überblick/Anreise mit dem Bus).

Halbstündl. **Dolmuş**verbindungen über Uçhisar nach Nevşehir, mind. stündl. kommunale **Busse** nach Çavuşin und Avanos sowie alle 2 Std. nach Ürgüp und Ortahisar.

● *Organisierte Touren* Angeboten werden diverse Tagestouren zu den Topzielen Kappadokiens, Ausflüge zu Esel und zu Pferd, geführte Wanderungen oder Busreisen zu entfernteren Zielen. Langweilig sind die häufigen Stopps bei Teppichknüpfvorführungen und anderen Verkaufsveranstaltungen – lassen Sie sich genau sagen, wohin die Tour führt und wie lange wo gehalten wird. Tagestouren kosten i. d. R. um die 30 €, weniger, wenn mehr Shoppingpausen enthalten sind. Über 20 Agenturen sind im Geschäft. Unsere Empfehlung:

Middle Earth Travel, professionelle Agentur. Der Schwerpunkt liegt auf Adventure und Trekking. Neben Tageswanderungen durch Kappadokien werden auch mehrtägige Besteigungen des Hasan Dağı und des Erciyes Dağı angeboten (2-Tages-Trip ab 135 €). Cevizler Sok. 20, ✆ 2712528, www.middleearthtravel.com.

Tipp: Mit dem Heißluftballon über eine Märchenlandschaft!

Sieben Gesellschaften offerieren in Kappadokien Ballonfahrten, die meisten von April bis Oktober, ein paar wenige auch ganzjährig, sofern das Wetter mitspielt. Gestartet wird bei Sonnenaufgang – frühmorgens sind die Windverhältnisse am besten. Die Cracks unter den Piloten schweben mit ihren kleinen Gondeln entlang der Tuffsteintäler, die Dilettanten fahren mit ihren Megagondeln gen Himmel und plumpsen wieder hinab. Wer bei diesem Abenteuer spart, hat keinen Spaß! Wählen Sie eine kleine Montgolfiere! Es gibt Anbieter, die 40 Leute in eine Gondel quetschen, die nur für 30 Personen zugelassen ist. Wer dann einen Platz in der Mitte hat …

Am längsten im Geschäft und sozusagen Wegbereiter der kappadokischen Ballonfahrt ist **Kapadokya Balloons** aus Göreme (Adnan Menderes Cad., Göreme, ✆ 271 2442, www.kapadokyaballoons.com, nicht zu verwechseln mit „Cappadocia Balloon"). Das Team um die Pilotin Kaili und ihren Kollegen Lars wird von Lesern hoch gelobt. Vor der Fahrt gibt es heißen Tee, hinterher Sekt und Urkunden. Festes Schuhwerk, warme Kleidung und Fotoapparat nicht vergessen! Inkl. Hoteltransfer zahlt man für eine 1½- bis 2-stündige Fahrt in der Zehner- oder Zwölfergondel 230 € cash. Billiger (165 €) und kürzer (1 Std.) sind Promotionfahrten mit Werbeballons in Zwanzigergondeln. Empfehlenswert und ebenfalls von Lesern gelobt: **Kaya Ballooning** (✆ 3433100, www.kayaballooning.com), buchbar über diverse Agenturen in Göreme und Ürgüp, am besten aber über den gleichnamigen Campingplatz in Göreme (fragen Sie dort nach Yaşar, er spricht fließend Deutsch und wird darauf achten, dass Sie in einer kleinen Gondel unterkommen). Kaya Ballooning arbeitet mit Piloten der türkischen Luftwaffe (THK) zusammen und stellt ebenfalls hohe Ansprüche an die Sicherheit. Im Einsatz sind hier Gondeln für 10, 12, 18 und 20 Personen, die Fahrtdauer beträgt ca. 1. Std., Kostenpunkt 120 € inkl. Pickup-Service.

---

*A*dressen *(siehe Karte S. 211)*

● *Ärztliche Versorgung* **Krankenstation** nahe der Post. ✆ 2712126.

● *Baden* Der **Göreme Camping** (→ Übernachten) hat einen Pool, der zugleich als öffentliches Freibad dient. Eintritt teure 8 €.

● *Auto- und Zweiradverleih* Jede Reiseagentur besorgt Ihnen ein Auto, bei **Neşe Tour** (→ Reisebüro) bekommen Sie z. B. ein Fahrzeug ab 45 €. Für international operierende Verleiher → Ürgüp, S. 226.

Beim Busbahnhof werden Scooter (z. B. bei **Hitchhiker Tour**, ✆ 2712169) für 16–22 € und Fahrräder (je nach Qualität für 5–12 €) vermietet, schauen Sie sich um, welcher Anbieter die neuesten Modelle hat.

● *Polizei* Notruf 155. Vor Ort nur eine Jandarma-Station.

● *Post* Nahe der Straße nach Avanos in der Posta Sok.

Karte hintere Umschlagklappe außen

Kappadokien

• *Reisebüro* **Neşe Tour**, seit langem im Geschäft. Neben Flugtickets und Transfers zum Flughafen Kayseri (11 €/Pers.) auch diverse Touren durch Kappadokien. Avanos Yolu, ✆ 2712525, www.nesetour.com.

• *Reiten* **Rainbow Ranch**, auf dem Weg nach Çavuşin, über diverse Agenturen vor Ort zu buchen. Zweistündige Ausritte durch die umliegenden Täler (schön!) 32 €. ✆ 2712413, www.rainbowhorsecenter.com.

• *Türkisches Bad* **Elis Hamam**, gepflegtes Hamam nahe dem Busbahnhof, 2007 im alten Stil neu eröffnet. Im Männertrakt darf gemischt gebadet werden, im Frauentrakt nicht. Eintritt inkl. *Kese* und Massage 19 €. Tägl. 10–22.30 Uhr.

• *Waschsalon* Einen Laundryservice bietet u. a. der **Berbersalon Mehmet Uluat** an der Müze Cad., 5 kg 5,70 €.

• *Zeitungen* in deutscher Sprache beim **Ali Baba Market (16)** an der İsalı Cad.

Übernachten/Camping

Es gibt rund 60 einfache, aber überwiegend sehr gemütliche Travellerpensionen (oft mit Felsenzimmern), ein paar Mittelklassehäuser und ein bescheidenes Angebot an luxuriösen Unterkünften. Die Accomodation Office (→ Information) kann Unentschlossenen weiterhelfen. Eine Auswahl:

TIPP! **Anatolian Houses (13)**, die erste First-Class-Unterkunft Göremes, auf Fünf Sterne-Niveau. Traumhaft schöner und traumhaft komfortabler, aber auch traumhaft teurer, in Felshöhlen integrierter Komplex. Archäologische Funde schick platziert, herrliche Indoor- und Outdoorpoolanlage. Großzügige, individuell eingerichtete Suiten mit jeglichem Schnickschnack. Für 2 Pers. 180 €. Gaferli Mah., ✆ 2712463, ✆ 2712229, www.anatolianhouses.com.

Kelebek (18), Hotel und Pension, auf vier Gebäudekomplexe verteilt. 52 Zimmer zwischen mäßig ansprechend und einfach und sehr komfortabel und sehr schön. Tolle Terrassen. Eigenes Hamam und Pool befanden sich zuletzt im Bau. DZ zwischen 30 € (ohne Bad) und 220 € (sämtlicher Luxus). Yavuz Sok., ✆ 2712531, ✆ 2712763, www.kelebekhotel.com.

TIPP! **Fairy Chimney Inn (20)**, hoch über Göreme. Einst befand sich hier die Höhlenkelterei eines frühbyzantinischen Klosters. Heute wachen darüber der deutsche Ethnologe Andus Emge (promovierte über kappadokische Höhlenwohnungen), seine türkische Frau Gülcan und Haushund Beyaz. 9 individuell ausgestattete, liebevoll restaurierte Zimmer (unser Tipp das „Kale") mit z. T. schnuckelig integrierten Bädern samt Fußbodenheizung. Diverse Terrassen mit Top-Ausblicken, stets eine schattig und eine sonnig. Auf Wunsch sachkundige Exkursionen. DZ je nach Größe und Ausstattung 55–110 €, für Studenten 20 % Ermäßigung. Güvercinlik Sok. 5/7, ✆ 2712655, ✆ 2712862, www.fairychimney.com.

Local Cave House Hotel (11), kleine Herberge mit 12 freundlichen Höhlenzimmern (Holzböden, z. T. Antiquitäten). Gemütliche Terrasse, Pool, schöne Aussicht. DZ 60 €. Cevizler Sok. 11, ✆ 2712171, ✆ 2712498, www.localcavehouse.com.

Village Cave House Hotel (15), eine Adresse für die schon „ausgewachsene" Travellerszene. 9 sehr saubere Zimmer, angenehm, aber ohne großen Schnickschnack, dafür mit herrlichen Terrassen und tollen Ausblicken. Nette Wirtsfamilie. DZ 32 €. Gaferli Sok., ✆ 2712182, www.villagecavehouse.com.

Anatolia Cave Pension (7), unspektakulär möblierte Zimmer, alle mit Bad, die schöneren direkt im Feenkamin. Lauschiges Gärtchen, nette Atmosphäre. Hilfsbereiter Betreiber. DZ 27–35 €. Etwas zurückversetzt von der Müze Cad., ✆ 2712221, ✆ 2712710, www.anatoliacave.com.

Kemal's Guest House (6), hier gefällt es Lesern seit Jahren. Kleine, äußerst freundliche Pension mit 12 schlichten Zimmern, unter holländisch-türkischer Leitung. Der holländische Part heißt Barbara (deutschsprachig) und ist eine versierte Wanderführerin. Kemal, der türkische Teil, kocht am Abend phantastische Vier-Gänge-Menüs und sorgt für gute Stimmung. DZ mit Dusche 30 €, ohne Dusche 25 €, Bett im Dormitory 8,50 €. Zeybek Sok. 3, ✆ 2712234, www.kemalsguesthouse.com.

Shoe String Cave Pension (17), eine nette Bleibe, die Leser immer wieder loben. Hübsche Höhlenzimmer um einen gemütlichen Innenhof, ganz oben eine Terrasse mit Pool. DZ mit Bad 26–32 €, ohne Bad 17 €, Frühstück extra. Orta Mah., ✆/✆ 2712450, www.shoestringcave.com.

Nachtleben
4 Flintstones

Essen & Trinken
2 Orient Restaurant
5 Café Turca
9 À la Turca
10 Fırın Expres
12 Kale Terrasse
   Restaurant

Einkaufen
16 Ali Baba Market

Übernachten
1 Panorama Camping
3 Berlin Camping
6 Kemals's Guest House
7 Anatolia Cave Pension
8 Göreme Camping
1 Local Cave House Hotel
3 Anatolian Houses
4 Kookaburra Motel &
   Pansiyon
5 Village Cave House
   Hotel
7 Shoe String Cave
   Pension
8 Kelebek Hotel
9 Traveller's Cave Pension
0 Fairy Chimney Inn

Traveller's Cave Pension (19), Backpacker-herberge. Heizung in den schlichten, sauberen, naturgemäß aber ziemlich dunklen Höhlenzimmern. Terrassen mit toller Aussicht, Waschservice, Küchenbenutzung. Viel japanisches Publikum. Sauber, von Lesern gelobt. DZ mit Bad 22 €, ohne Bad 17 €, Bett im Schlafsaal 7 €. Gaferli Mah., ☎ 2712707, www.travellerscave.com.

Kookaburra Motel & Pansiyon (14), recht zentral gelegen. Freundliche Zimmer mit schmiedeeisernen Betten. Das Schönste aber sind die 3 Terrassen – auf der obersten schwebt man über den Dächern und Feentürmen der Stadt. DZ mit Bad 21 €. Orta Mah., ☎ 2712549, kookagoreme@hotmail.com.

● *Camping* Es gibt mehrere Plätze rund um Göreme:

Göreme Camping (8), keine Aussicht, aber ganz okay. Großer Pool mit Rutsche, drum herum stehen die Wohnmobile und Zelte. 2 Pers. mit Wohnmobil 11 €. Zwischen Göreme und dem Open-Air-Museum links ab, ☎ 2712523.

Panorama Camping (1), recht kleiner Platz, eigene Parzellen für Zelte (jedoch staubig),

schöner Blick auf Göreme. Ältere, aber saubere Sanitäranlagen. 2 Pers. mit Wohnmobil 11 €. Ca. 1 km abseits des Zentrums Richtung Uçhisar, ☎ 2712352, ✆ 2712632, panoramacamping@hotmail.com.

Berlin Camping (3), im Osten von Göreme. Der Pluspunkt ist die Zentrumsnähe. Schatten, Sanitäranlagen okay. Deutschsprachig. 2 Pers. mit Zelt 7,50 €, mit Wohnmobil und Strom überteuerte 17 €. Von der Straße zum Museum ausgeschildert, ☎ 2712249.

TIPP! Kaya Camping, traumhaft gelegener Platz (der beste weit und breit) mit Aussicht über ein Tal voller Feenkamine. Sehr gepflegt mit sehr sauberen sanitären Einrichtungen. Waschmaschine, Küche, Laden, Matratzen für Zeltler. Großer Pool. Der liebenswerte Betreiber Yaşar spricht perfekt Deutsch und steht mit Rat und Tat zur Seite. Eigene Agentur für Ballonfahrten. 2 Pers. mit Zelt und Auto oder Wohnmobil 13,50 €, Rabatte für Müller-Leser. Rund 3,5 km von Göreme entfernt, etwas oberhalb des Open-Air-Museums, ☎ 3433100, kayacamping@www.com.

Essen & Trinken/Nachtleben

Typisch türkische Lokantas gehören in Göreme der Vergangenheit an. Dafür gibt es eine Vielzahl von stilvollen und möchtegern-stilvollen Restaurants. Neben Türkischem werden Porridge, Cheese Toast, Spaghetti, Steaks und andere internationale Backpackergerichte serviert – leider zu Preisen weit über dem Landesdurchschnitt. Unbedingt kosten: den Schmortopf *Testi Kebap!* Rindfleisch, verschiedene Gemüsesorten, Knoblauch, Zwiebeln und Gewürze schmoren tagsüber etwa 2 Std. in einem Tonkrug. Am Abend wird der Krug aufgewärmt und mit viel Brimborium und großem Hallo am Tisch zerschlagen. Hier ein paar aus der Reihe fallende Lokale:

À la Turca (9), das gediegenste Restaurant Göremes, die Adresse für ein romantisches Abendessen. Schöne Einrichung und gemütliche Terrasse. 1a-Meze und leckeres Brot. Hg. 5–15 €, trotz Eigenwerbung „Home of Anatolian Cuisine" eher zweitklassig: Man imitiert etwas hilflos die europäische Küche. ✆ 2712882.

Café Turca (5), beliebt bei türkischen Touristen. Mit Stil geführtes Terrassenlokal. Freundliche Bedienungen und sehr gute Küche. Leckere Meze (2,70–4,20 €), danach *Saç Kavurma* (6,50 €) oder den hiesigen *Testi Kebap* (8 €). Bilal Eroğlu Cad. 1, ✆ 2712888.

Orient Restaurant (2), sehr gepflegtes Restaurant mit schöner Terrasse. Die preiswerten *Fix Menus* sind eher langweilig, besser à la Carte essen. Neben türkischer Küche auch internationale Gerichte – *Penne Al Arrabiata* z. B. für satt machende 13 €. Dennoch „sein Geld wert", meinen auch Leser. An der Straße nach Uçhisar, ✆ 2712346.

Kale Terrasse Restaurant (12), neben der Roma Kalesi. Derart beliebt, dass man auf einen Tisch in der Hochsaison nicht selten warten muss. Breite Auswahl an Gerichten: Meze, Pizza, Pasta (na ja), Kebabs und Gerichte im heißen Tontopf (empfehlenswert). Für die Lage sehr faire Preise, flinkes Personal. Müze Cad., ✆ 2712808.

Fırın Expres (10), gegenüber der Roma Kalesi auf der anderen Bachseite. Treffpunkt von Travellern mit kleinem Budget. Pide, Lahmacun und ein paar Fleischgerichte. Einfaches Ambiente.

● *Nachtleben* Es gibt diverse Bars und Discobars, in denen kräftig gebechert wird. Der Renner ist seit Jahren die Discobar **Flintstones (4)** am Ortsausgang Richtung Open Air Museum. Los geht die Party gegen 23.30 Uhr, bis ca. 4 Uhr beschallt der DJ dann die umliegenden Pensionen mit vorrangig elektronischen Beats.

Wandern

Göreme ist dank seiner zahlreichen Täler in der nächsten Umgebung ein idealer Ausgangspunkt für kleine Wanderungen und längere Spaziergänge. Eine knapp zweistündige Wanderung führt z. B. durch das **Taubental** *(Güvercin Vadisi)* nach Uçhisar. Um den Einstieg zu finden, folgt man der Uzundere Cad. gen Südwesten und wandert, wenn es nach links zum Ataman Hotel bergauf geht, einfach geradeaus weiter, Verlaufen unmöglich. Von Uçhisar gelangen Sie mit dem Dolmuş wieder zurück. In entgegengesetzter Richtung, also von Uçhisar nach Göreme, ist der Weg weniger anstrengend (→ Uçhisar/Wandern, S. 207), aber nicht immer so einfach zu finden.

Westlich des Open-Air-Museums erstreckt sich das **Zemi-Tal** (→ El-Nazar-Kirche) mit vielen phallusartigen Feentürmen – herrlich zum Durchstreifen! Den Einstieg finden Sie nahe den Tourist Hotels auf der Straße zum Museum.

Das Hinweisschild ins **Schwertertal** *(Kılıçlar Vadisi)* taucht ebenfalls an der Straße zum Open-Air-Museum auf, ca. 50 m nach der *Saklı Kilise* (→ S. 214) linker Hand. Der Pfad führt vorbei an vielen spitz zulaufenden Felsengebilden und endet in Çavuşin. In dem Tal versteckt sich die gleichnamige Felsenkirche (Taschenlampe mitnehmen!).

Kirchenkunst in Kappadokien

Das Gros der Klöster, Kapellen und Einsiedeleien Kappadokiens, Bauten ohne strenge Statik, wurde zwischen dem 8. und 13. Jh. in den weichen Tuffstein gehauen. Vielerorts beeindrucken großartige, teils auch filigran ausgeführte Malereien mit sakralen Themen. Andere Kirchen zeigen hingegen nur ein paar Symbole und geometrische Muster – Kreuze, Zickzacklinien, Rosetten, Rauten oder einfache Ornamente, die mit roter Farbe auf den Stein aufgetragen wurden.

Der Grund dafür liegt im Ikonoklasmus ("Bilderstreit"), der im 8. und 9. Jahrhundert das Byzantinische Reich erschütterte. Unter dem Einfluss jüdischer und arabischer Anschauungen wurde unter Leo III. (717–741) die bildliche Darstellung von Christus, den Aposteln und Heiligen als Sünde angesehen und die Verehrung von Heiligenfiguren verboten. Sämtliche Ikonen wurden aus den Kirchen entfernt, unzählige Kunstwerke zerstört – eines der wenigen Beispiele vorikonoklastischer Kirchenkunst findet man in der Ağaçaltı Kilisesi im Ihlara-Tal (→ S. 245). Erst in der Mitte des 9. Jh. fand die kulturelle Stagnation ihr Ende, viele Kirchen wurden mit umso prächtigeren figurativen Ausdrucksformen neu geschmückt. In manchen Kirchen, in denen der Putz bröckelt, sieht man hinter schönen Fresken noch die alten ikonoklastischen Verzierungen.

Anhand der Malereien ist eine ungefähre Datierung somit auch für Laien möglich. Die mit Pinsel sehr detailliert ausgeführten Fresken sind die jüngsten und entstanden ab dem 11. Jh. Man nimmt an, dass es Kartonsammlungen für Künstler gab, welche die Anbringung der ersten Umrisse ermöglichte. Diese mussten später nur noch ausgemalt werden. Beabsichtigt war eine klare, graphische Interpretation der heiligen Texte, also eine stereotypisierte, didaktische Kunst, die eine einfache Auffassung der Bilder ermöglichte. Die Zyklen hatten den Prediger in seiner Aufgabe zu unterstützen, Analphabeten zu belehren. Die gängigsten Themen waren die Kindheit Marias, die Verkündigung, Christi Geburt, die Taufe Jesu durch Johannes, die Wunder Jesu, der Verrat des Judas, die Verleugnung Petrus', das Abendmahl, die Kreuzigung, die Grablegung, die Auferstehung und Pfingsten. Viele Fresken wurden durch Steinwürfe – mit Vorliebe wurde auf die Augen gezielt – stark in Mitleidenschaft gezogen. Dies geschah durch eine spätere, islamisch begründete Bilderstürmerei.

Zwischen Göreme und dem Open-Air-Museum

Die Täler rund um Göreme waren den frühen Christen willkommen – hier konnten sie ungestört eine fromme Existenz führen, und wurden sie doch gestört, so war die Natur das beste Versteck. Die wichtigsten Kirchen an und abseits der Straße von Göreme zum Open-Air-Museum machen Appetit auf Letzteres.

El-Nazar-Kirche: Im 10. Jh. schlug man sie mit dem Grundriss eines griechischen Kreuzes mit drei Apsiden in einen Tuffkegel. Irgendwann brach ein Teil ihrer Außenwand weg, so dass die Sonne ihre Fresken, darunter den ikonongraphischen Zyklus über das Leben Christi, etwas ausbleichten. Der Kirchentorso war eines der beliebtesten Plakatmotive Kappadokiens. Vor wenigen Jahren wurde die Kirche

Karte hintere Umschlagklappe außen

Kappadokien

Wohnen im Tuffstein

überaus aufwändig restauriert. Hinter der Kirche erstreckt sich das *Zemi-Tal*, durchsetzt von Weingärten und Aprikosenbäumen. Die Form der dortigen Feenkamine soll schon so mancher züchtigen Besucherin die Schamröte ins Gesicht getrieben haben...

● *Wegbeschreibung/Öffnungszeiten*   Am Ortsausgang von Göreme, kurz hinter den Tourist Hotels, zweigt rechter Hand ein befahrbarer Schotterweg zur El-Nazar-Kirche ab (beschildert). Nach ca. 400 m links halten – ab hier sollten auch Motorisierte laufen (5 Min.). Tägl. 8–18.30 Uhr, im Winter bis 16.30 Uhr. Eintritt 4,20 €.

Saklı Kilise („Versteckte Kirche"): Die Kirche am Abschluss einer Bergwand entstand vermutlich im 11. Jh. und wurde erst 1957 entdeckt. Ihre reiche Ikonographie illustriert die klassischen Themen: Entschlafung der Jungfrau, Taufe im Jordan und den Hl. Michael beim Bezwingen des Drachen. Auf den Fresken in auffällig hellen Farben entdeckt man auch Feenkamine – der Maler verwendete die kappadokische Landschaft als Bühnenbild für biblische Szenen. Dass die Ausschmückung noch so gut erhalten ist, führt man darauf zurück, dass die Kirche bereits kurz nach ihrer Fertigstellung wegen Einsturzgefahr aufgegeben wurde und in Vergessenheit geriet.

● *Wegbeschreibung/Öffnungszeiten*   Auf halbem Weg zwischen Göreme und dem Open-Air-Museum weist ein Schild beim „Hidden Cave Café" nach rechts zur Kirche, dort parken. Den Weg am Café vorbei bergauf nehmen und dem Pfad stets bergauf folgen, bis man in das dahinter liegende Zemi-Tal mit seinen phallusartigen Feenkaminen blicken kann. Auf dem Kamm wiederum bergauf halten und rechter Hand einem bergab führenden Treppchen Ausschau halten. Die Kirche ist mit einer Gittertür versperrt, aber einsehbar. Kein Eintritt.

Tokalı Kilise („Kirche mit der Schnalle"): Die Kirche, ca. 100 m unterhalb des Eingangs zum Open-Air-Museum, gehört zu den größten Felsenkirchen Kappadokiens. Ihre farbenfrohen Fresken aus dem 10. Jh., z. T. sehr feine, aristokratisch anmutende Malereien, sind ungewöhnlich gut erhalten und nicht verblasst. Der Grund: Die Bauern der Gegend nutzten die Kirche einst als Taubenschlag und mauerten den tonnengewölbten Eingang bis auf ein kleines Flugloch zu. Nur einmal im Jahr öffneten sie ihn, um den Dung abzutransportieren. Benannt wurde die Kirche nach ihrem schnallenförmigen Dekor im Gewölbe. Im Tuffhügel über der Tokalı Kilise verstecken sich weitere Kirchen. Leider ist die mit den schönsten Fresken, die *Meryem Ana Kilisesi (Marienkirche)* aus dem 11. Jh., wegen Einsturzgefahr nicht mehr zugänglich.

Öffnungszeiten → Open-Air-Museum. Eintritt nur mit Ticket des Open-Air-Museums.

Göreme Open Air Museum (Göreme Açık Hava Müzesi)

Kappadokiens Weltkulturerbe ist ein Tal voller Kirchen und Kapellen. Als man sie schuf, führte der Weg ins Himmelreich durch die Erde. Heute steht man trotz satter Eintrittspreise vor vielen Kircheneingängen zuweilen Schlange.

Die besondere Geologie der Region hat die Entwicklung einer Felsenarchitektur ermöglicht, bei welcher die Formen von Gebäuden im Negativen – also nicht durch Aufbau, sondern durch Aushöhlung – reproduziert wurden. Im Göreme Open Air Museum handelt es sich dabei insbesondere um Kirchen und Kapellen – zu besichtigen sind hier einige der schönsten Kappadokiens. Diese waren aber nicht nur Stätten des Gebets und der Meditation, auch Trauerfeierlichkeiten wurden darin abgehalten. Die zahlreichen Gräber (Steinmulden) in den Kirchen lassen darauf schließen, dass das kappadokische Christentum einen ausgeprägten Totenkult pflegte. In den Felsen der Umgebung kann man zudem Räumlichkeiten entdecken, die den Mönchen als Scheunen, Ställe für Ziegen und Schafe, Refektorien und Klosterzellen dienten. Auf dem vulkanischen, fruchtbaren Boden der Umgebung baute man Getreide, Wein und Gemüse an. Arg viel mehr ist über die Lebens- und Überlebensweise der christlichen Gemeinden Kappadokiens leider nicht bekannt. Das gilt auch für die ursprünglichen Namen der Kirchen. Ihre heutigen Bezeichnungen entspringen größtenteils dem einfachen Wortschatz der hier später ansässig gewordenen türkischen Bauern, die die Kirchen nach ganz simplen Kriterien unterschieden.

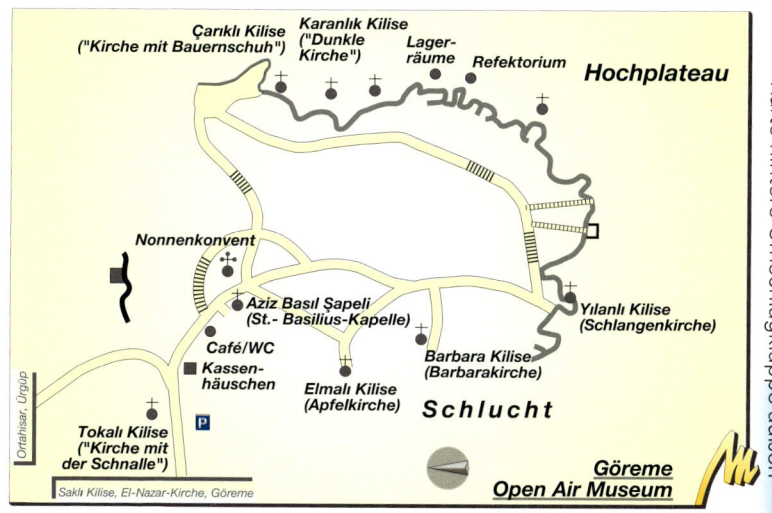

Karte hintere Umschlagklappe außen

Kappadokien

Gleich linker Hand hinter dem Eingang führen Stufen zum Rahibeler Manastırı (Nonnenkonvent) – er ist am Ende des Rundgangs beschrieben. Geradeaus gelangt man an einem Café und einem öffentlichen WC vorbei zur **Aziz Basil Şapeli (St.-Basilius-Kapelle)**, die einen kleinen Vorgeschmack auf das gibt, was Sie noch erwartet. In ihr Inneres fällt nur wenig Licht, die Fresken in den drei Apsiden, darunter Maria mit Jesus, lassen sich ohne Taschenlampe nur schwerlich ausmachen. In den Mulden am Boden des Vorraumes wurden einst Verstorbene beigesetzt.

Von hier führt der Weg weiter zur **Elmalı Kilise (Apfelkirche)**, einer kleinen Kreuzkuppelkirche, die zugleich eine der berühmtesten des Tals ist. Durch einen schmalen Gang gelangt man in den vollständig ausgemalten Innenraum. Die Kirche besitzt neun Kuppeln, die mittlere zeigt Jesus Pantokrator, drum herum Heilige, Engel (darunter können Sie Gabriel mit dem Apfel suchen) und Märtyrer. Die Fresken, einst durch mutwillige Zerstörung und Besuchermonogramme schwer in Mitleidenschaft gezogen, wurden jahrelang mühevoll restauriert. Stellenweise sieht man noch die alte, nichtfigurative Bemalung.

Im gleichen Felsblock befindet sich die **Barbara Kilise (Barbarakirche)**. Das vorrangig nichtfigurative Dekor dieser Kirche spricht für die Entstehung in der Zeit des Bilderstreits. Später wurden die Ornamente z. T. farbig übermalt. Das große axialsymmetrisch angeordnete Reiterbild stellt Georg und Theodor dar, die mit der Tötung des Drachens beschäftigt sind – dieses Bild findet man noch in weiteren hiesigen Kapellen. Auf der anderen Seite der Hauptapsis, die Jesu Pantokrator zeigt, sieht man die Schutzherrin der Kirche.

Die **Yılanlı Kilise (Schlangenkirche)** war ursprünglich eine Grabkammer, die später zur Kirche ausgebaut wurde. Die Apsis ist unvollendet. Auch hier lassen sich noch

Im Göreme Open Air Museum

die alten geometrischen Muster in roter Farbe erkennen, und auch hier taucht wieder ein Fresko mit der Darstellung Georgs und Theodors im Kampf mit einem reptilienartigen Drachen auf – daher übrigens auch der Name der Kapelle. Beachtenswert ist das Fresko mit den Heiligen Basilius, Thomas und Onuphrius – Letzterer, übrigens Schutzpatron der Stadt München, steht nackt, mit stattlichem Bart und weiblicher Statur samt Brüsten vor einer Palme. Zu dieser seltsamen Figur gibt es mehrere Legenden. Es heißt, Onuphrius sei eine Frau gewesen und zwar von so hinreißender Schönheit, dass sie sich wünschte, Gott möge sich ihrer erbarmen und sie vor den Nachstellungen der Männer schützen. Gott kam ihrem Wunsch nach, entstellte ihr zum Schutze das Gesicht und ließ ihr einen Bart wachsen. Böse Zungen behaupten, Onuphrius sei als Frau eine hemmungslose Sünderin gewesen und habe Gott gebeten, ihr noch mehr Gelegenheit zu geben, ihrem lasterhaften Lebenswandel zu frönen. Dieser verwandelte sie daraufhin aus Zorn in einen alten Mann.

Auf dem Weg weiter zur Karanlık Kilise passiert man ein **Refektorium** (Speisesaal) mit einem aus dem Fels gehauenen Tisch, der 40 bis 50 Personen Platz bot. Anbei sind in den Fels noch Lagerräume und Küchen geschlagen.

Über eine Treppe gelangt man schließlich zur **Karanlık Kilise ("Dunkle Kirche")**, für die ein separater Eintritt zu zahlen ist. Die Kirche hält, was ihr Name verspricht: Die Augen müssen sich erst an die Dunkelheit gewöhnen, bevor man die auf nachtblauen Hintergrund gemalten Fresken wahrnehmen kann. Diese zählen mit denen der Elmalı Kilise zu den vollkommensten Kappadokiens, wahrscheinlich wurden sie auch von dem gleichen Künstler im 11. Jh. gemalt. Dieser, so vermutet man, kam aus Konstantinopel, denn die Gewänder der Heiligen entsprechen der damaligen Mode am byzantinischen Hofe. Die Fresken, die vorrangig Szenen aus dem Leben Christi zeigen, sind dank dem geringen Lichteinfall und einer Restauration in einem sehr guten Zustand.

Vorbei an weiteren kleinen Kirchen (z. T. mit vielen Grabnischen) gelangt man zur **Çarıklı Kilise ("Kirche mit dem Bauernschuh")**. Ihren Namen verdankt sie einer Mulde in Form eines Schuhabdrucks unter dem Himmelfahrtsbild. Obwohl nur mit zwei Säulen ausgestattet, ist sie ebenfalls eine Kreuzkuppelkirche. Jesu Pantokrator schmückt die Zentralkuppel, die Deesis (Darstellung des Jüngsten Gerichts) ziert die Hauptapsis.

Auf dem Weg zurück zum Eingang passiert man noch den bereits angesprochenen **Rahibeler Manastırı (Nonnenkonvent)**. In das Felsgebilde wurden mehrere Etagen gegraben, die unterste diente vermutlich als Speisesaal, darüber befinden sich Kapellen. Durch tunnelartige Gänge sind die Etagen miteinander verbunden. Bei Gefahr konnten sie durch Steinplatten verschlossen werden.

Öffnungszeiten Tägl. 8–19 Uhr, im Winter bis 17 Uhr. Open-Air-Museum 8 €, Karanlık Kilise zusätzliche 4,20 €. Parken extra.

Aynalı Kilise ("Kirche mit Spiegel"): Dieses kaum ausgeschmückte Felsenkirchlein befindet sich ober- und außerhalb des Open-Air-Museums. Es besitzt eine sehr symmetrische Form, daher auch der Name. Der Besuch des Areals rund um die Kirche ist nichts für Leute mit Platzangst. Es geht über enge, stockdunkle Gänge und Schächte hinauf und hinab – ohne Taschenlampe gefährlich! Prüfen Sie vor dem Betreten den Zustand der Batterien, vor allem dann, wenn Sie sich einer Taschenlampe des Aufsehers bedienen.

Anfahrt/Öffnungszeiten Von Göreme kommend das Open-Air-Museum passieren. Wenn auf der Anhöhe linker Hand der Kaya Camping auftaucht, ist die Kirche rechter Hand ausgeschildert. Von dort dem Feldweg folgen. Okt.–April geschl., Eintritt tagsüber 1,70 €.

Sie wollen weiter gen Osten? Ortahisar finden Sie auf S. 223, Ürgüp auf S. 226.

Çavuşin

5 km nördlich von Göreme, an der Straße nach Avanos, liegt Çavuşin, ein guter Ausgangspunkt für Wanderungen. Das bäuerlich geprägte Dorf breitet sich zu Füße einer großen, eingestürzten Felswand aus. Das Unglück, das mehrere Tote kostete, ereignete sich 1963 und raubte dem Ort zugleich seine größte Attraktion: Denn mit

Karte hintere Umschlagklappe außen

Kappadokien

dem Felssturz brachen Säle der berühmten **Täuferkirche** weg, eine der ältesten Kirchen Kappadokiens (vermutlich 5. Jh.). Die noch verbliebenen Säulen und Fresken in der Felswand sind eigentlich keinen Besuch wert. Trotzdem steigen viele zur Kirche auf und genießen von dort den Anblick Çavuşins aus der Vogelperspektive. Der Pfad hinauf beginnt gegenüber dem Eingang zum Hotel Green im oberen Ortsbereich. Er führt über den Bergfelsen. Auf der anderen Seite müssen Sie nach einem Holzsteg in der Felswand Ausschau halten. Nach dem Felssturz wanderten übrigens viele Dorfbewohner nach Deutschland ab, insbesondere in den Raum Göppingen und Esslingen. Andere bauten sich neue Häuser in sicherer Entfernung zur Felswand.

Zum Glück hat man mit Kirchen in Kappadokien nicht gespart, und so besitzt Çavuşin auch noch eine sehenswerte: die **Çavuşin Güvercinlik Kilisesi ("Taubenschlagkirche")** etwas nördlich des Dorfes, rechts der Straße nach Avanos. Hier ist lediglich der Kirchenvorraum eingestürzt, sodass die dort noch verbliebenen Fresken – die heute gesichtslosen Erzengel Gabriel und Michael – gänzlich dem Sonnenlicht ausgesetzt sind. Über eine Eisentreppe tritt man direkt ins hintere Kircheninnere, ein Tonnengewölbe mit drei Apsiden, das im 10. und 11. Jh. vollständig ausgemalt wurde. Dem Betrachter bietet sich ein ausführlicher Bilderzyklus von der Verkündigung der Geburt Christi bis zur Himmelfahrt. Ein Plan am Eingang gibt Auskunft über die einzelnen Bilder, mehrere haben die Zeiten ganz gut überstanden (tägl. 8–19 Uhr, Eintritt 4,20 €).

• *Verbindungen*   Mind. stündl. ein **Bus** nach Göreme und Avanos.

• *Übernachten*   Mehr und mehr Unterkünfte sind im Entstehen.

The Village Cave, Anlage mit 6 Zimmern, 3 davon im Fels (4 weitere sollen folgen). Sehr charmant. Schöne Terrasse mit Blick auf den Burgberg. DZ 60–120 €. Im Ort ausgeschildert, ✆ 0384/5327197, ✉ 5327144, www.thevillagecave.com.

In Pension, unter der gastfreundlichen Lei-tung von Ahmet Kılınç (französischsprachig, sein Sohn spricht Englisch und Deutsch). 14 einfache, saubere Zimmer mit und ohne Bad, z. T. mit Gewölbedecken und Holzböden. Netter Innenhof. Viel junges französisches Publikum. DZ 30 €. Im Zentrum nicht zu verfehlen, ✆ 0384/5327070, ✉ 532 7195, www.mephistovoyage.com.

• *Wandern*   Folgt man vom Dorfplatz der Straße vorbei am Hotel Green bis zu ihrem Ende, findet man bei der dortigen Moschee

Bizarre Felsformationen im Paşabağı-Tal

die ersten Hinweisschilder zum **Rosental** (mit „Rose Valley" und „Güllüdere" ausgeschildert), das seinen Namen von den rosafarbenen Felsformationen erhielt. Im Tal passiert man ein paar Kirchen, darunter die *Ayvalı Kilise* (Quittenkirche), wo man im Sommer meist einen Getränkeverkäufer findet. Vom Rosental führt ein Pfad weiter zur **Kızılçukur** (Roten Schlucht → S. 225) und dem darüber liegenden Aussichtspunkt.

Von Çavuşin bietet sich auch die Möglichkeit einer Durchquerung des **Meskendir-Tals** an (erst der Beschilderung Richtung Rosental folgen, dann dem Hinweisschild „Meskendir Vadisi"). Dabei gelangt man vorbei am Kaya Camping (→ S. 211) zur Verbindungsstraße Göreme – Ürgüp. Keine Angst vorm Verlaufen – der 1320 m hohe Akdağ (auch *Boztepe* genannt) zur Linken hilft als Orientierungspunkt. Umrundet man den Boztepe von Çavuşin übrigens entlang seiner Nordwestflanke, gelangt man über das **Paşabağı-Tal** nach **Zelve**.

Zudem kann man von Çavuşin über das **Liebestal** *(Aşk Vadisi* bzw. *Bağlı Dere)* nach **Uçhisar** wandern. Um den Einstieg zu finden, verlässt man Çavuşin in Richtung Göreme und zweigt knapp 1 km nach dem Ortsausgangsschild bei einem Brunnen nach rechts auf ein asphaltiertes Sträßchen ab. Nach ca. 200 m geht es von dort links ab auf einen Feldweg (dort zuletzt nur noch eine Stange, auf der das Hinweisschild einst montiert war). Bis hierher kann man auch mit dem Auto fahren.

Paşabağı-Tal

Das Paşabağı-Tal beherbergt die höchsten und imposantesten Feenkamine Kappadokiens. Die Natur hat hier eine besondere Posse gerissen. Umgeben von Weingärten und Souvenirshops stehen die Riesen teils zu Zwillingen und Drillingen zusammengewachsen in der Landschaft. Einige von ihnen wurden schon vor Jahrhunderten ausgehöhlt und fanden Verwendung als Mönchszellen, Kapellen, Grabkammern oder mehrstöckige Wohnungen. Selbst die Jandarma hat sich hier in einem Tuffsteinkegel einquartiert. Vor allem zum Sonnenuntergang ist im Tal die Hölle los. Um es zu erreichen, zweigt man von der Verbindungsstraße Göreme – Avanos rund 2 km nördlich von Çavuşin Richtung Zelve (ausgeschildert) ab – man passiert das Tal kurz darauf automatisch. Wer mit dem kommunalen Bus unterwegs ist, steigt an der Abzweigung aus und geht den Rest zu Fuß (ca. 10 Min.).

Zelve

Im rötlichen Tuffstein Zelves wohnten Römer, Byzantiner, Seldschuken, Osmanen, Griechen und Türken. Das Dorf wurde erst 1953 aufgegeben, nachdem die Felsen reihenweise einzustürzen begannen.

Das heute zum Museum erschlossene Areal ähnelt dem Göreme Open Air Museum (→ S. 215). Seine Felsenkirchen sind zwar weniger kunstvoll ausgemalt, dafür ist Zelve erheblich größer und landschaftlich reizvoller. Es umfasst drei durchlöcherte Täler, die zu den ältesten besiedelten Gegenden Kappadokiens zählen. Mehrere tausend Jahre lang lebten hier Menschen. Erst als das Wohnen in den Höhlen Mitte des 20. Jh.

Höhlenklettern in Zelve

Karte hintere Umschlagklappe außen

Kappadokien

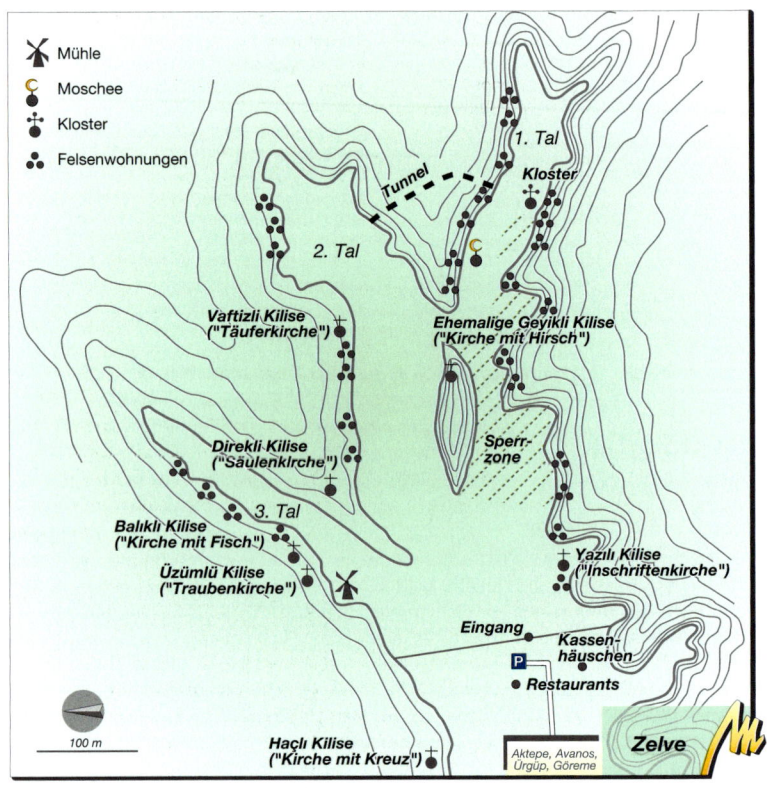

Mühle

Moschee

Kloster

Felsenwohnungen

1. Tal

Tunnel

Kloster

2. Tal

Vaftizli Kilise
("Täuferkirche")

Ehemalige Geyikli Kilise
("Kirche mit Hirsch")

Direkli Kilise
("Säulenkirche")

Sperr-
zone

3. Tal

Balıklı Kilise
("Kirche mit Fisch")

Üzümlü Kilise
("Traubenkirche")

Yazılı Kilise
("Inschriftenkirche")

Eingang

Kassen-
häuschen

Restaurants

100 m

Haçlı Kilise
("Kirche mit Kreuz")

Aktepe, Avanos,
Ürgüp, Göreme

Zelve

immer riskanter wurde, entstand mit staatlichen Mitteln 2 km nördlich Yeni Zelve (Neu-Zelve, heute Aktepe). Bis in die Gegenwart rutschen in Alt-Zelve Felswände ab, zuletzt traf es den freistehenden Felskoloss mit der **Geyikli Kilise ("Kirche mit dem Hirsch")** zwischen dem ersten und dem zweiten

Tal – er brach bereits 2002 auseinander, 2008 zerfiel er in weitere Stücke. Die dreieckigen Schilder entlang den Fußwegen, die sonst in den Alpen vor Steinschlag warnen, sind also durchaus ernst gemeint, die riskantesten Ecken sind aber abgesperrt. Die drei Täler verlocken zu Streifzügen. Man kann Felsenwohnungen erklettern, ein **Kloster** erblicken, dessen Fassade wegbrach und von dessen Decke ein Baum erdwärts wächst, alte **Mühlen** erkunden und eine **Felsenmoschee** mit einem typisch kappadokischen Mini-Minarett besichtigen: Zwischen den vier Säulen blieb dem Muezzin gerade noch genug Platz zur Erfüllung seiner Pflichten. Von den Kirchen ist die **Üzümlü Kilise (Traubenkirche)** die am besten erhaltene. Aufgrund ihres Dekors wird sie in die Zeit des Bilderstreites (8./9. Jh.) datiert. Abenteuerlich ist schließlich der Tunnel, der das erste und das zweite Tal verbindet. Der Eingang ist im zweiten Tal anhand einer auffälligen Eisentreppe leicht zu finden, im ersten Tal ist es schwieriger. In jedem Falle sollten Sie für die Durchquerung eine Taschenlampe zur Hand haben.

• *Anfahrt* Von der Straße Göreme – Avanos zweigt man 2 km hinter Çavuşin rechts ab, von da noch weitere 3 km bis Zelve (ausgeschildert). Wer mit dem Avanos-**Bus** von Göreme kommt, steigt an der Abzweigung nach Zelve aus und muss die restlichen 3 km laufen.

• *Öffnungszeiten* Im Sommer tägl. 8.30–19 Uhr, im Winter bis 17 Uhr. Eintritt 4,20 €.

Falls Sie von Zelve weiter nach Ürgüp wollen, passieren Sie das Devrent-Tal, einen versteinerten Zaubergarten. Lesen Sie dazu weiter ab S. 231.

Avanos   ca. 12.000 Einwohner

„Selbst ein Blinder findet den Weg nach Avanos", sagen die Einheimischen, „er folgt den Scherben zerbrochener Tonkrüge". Avanos ist das Zentrum des kappadokischen Töpferhandwerks.

Avanos besitzt zwar eine bis in die Hethiterzeit zurückreichende Siedlungsgeschichte, nahezu sämtliche Spuren davon sind jedoch verwischt. Nur die Tradition des Töpferhandwerks hat die Jahrtausende überlebt. Die Tonerde dazu gewinnt man aus den roten Hügeln der Umgebung und aus dem Bett des *Kızılırmak* („Roter Fluss"), an dem sich die Stadt erstreckt. Der Fluss ist mit 915 km der längste der Türkei, und Avanos selbst wohl eines der zersiedeltsten, auseinandergezogensten Städtchen des Landes. Es liegt abseits der Feentürme und des internationalen kappadokischen Trubels. Lediglich als Durchgangsstation von Busgruppen wird Avanos gerne genutzt: Die Tourenanbieter haben Verträge mit den rund 50 Töpfereien des Ortes, mit dem örtlichen Hamam, mit einigen Großrestaurants und den charakterlosen Komforthotels am Stadtrand.

Avanos ist nett, ruhig und unspektakulär. Die Hauptachse des Städtchens ist die Atatürk Caddesi, die parallel zum *Kızılırmak* verläuft und das Zentrum durchschneidet. Nordöstlich des Cumhuriyet Meydanı – den Hauptplatz ziert ausnahmsweise keine Atatürkstatue, sondern die eines unbekannten Töpfers – erstreckt sich die Altstadt. Viele der schönen, wenn auch heute renovierungsbedürftigen alten Steinhäuser gehörten einst Armeniern. Hier findet man auch Kappadokiens kuriosestes Museum, das **Haarmuseum** des Töpfers Galip („Chez Galip"), der seit über 25 Jahren Frauenhaar aus aller Welt sammelt. Etliche tausend Exemplare baumeln hier von der Gewölbedecke. Für Männer ist der Eintritt frei, Frauen müssen Haar lassen.

Information/Verbindungen/Ausflüge

• *Telefonvorwahl* 0384.

• *Information* Westlich des Zentrums an der Atatürk Cad. Mo–Fr 8–18 Uhr, gelegentlich auch am Wochenende. Man tut sein Bestes. ✆ 5114360, www.avanos.bel.tr. Für Informationen jeglicher Art kann man sich auch an das Reisebüro Kirkit (→ Organisierte Touren) wenden.

• *Verbindungen* **Bus**bahnhof ca. 2,5 km außerhalb des Zentrums an der Kapadokya Cad. Direktbusse (z. B. *Metro*) in alle größeren Städte an der Küste und nach Konya. Auf die kommunalen Busse und Dolmuşe (stündl. nach Özkonak, halbstündl. bis stündl. nach Nevşehir, Uçhisar, Göreme, Çavuşin und Zelve, alle 2 Std. nach Ürgüp) kann man am Hauptplatz zusteigen.

• *Organisierte Touren* Freundlich, deutschsprachig und sehr hilfsbereit wird man im Reisebüro **Kirkit** beraten. Breites Programm: Tageswandertouren pro Person 29 € mit Lunch, Ausritte (halber Tag 30 €, ganzer 40 €, 7 Tage inkl. allem 650 €), Kanutrips bei 2 Teilnehmern 60 € pro Person, Sightseeingtouren mit dem Minibus ca. 40 € mit Lunch. Atatürk Cad. 50, ✆ 5113259, www.kirkit.com.

Karte hintere Umschlagklappe außen

Kappadokien

Özkonak, Gülşehir

Özkonak, Kayseri

Atatürk Cad.

Busse und Dolmuşe

Töpfer- statue

Haarmus. Töpferwei statt Chez Galip

M

Cumhuriyet Meydanı

1

2

P

Atatürk Cad.

Alaeddin Hamamı

3

Polizei

Cad.

Uğur Mumcu Cad.

4

5

Fußgänger- brücke

Hacı Nuri Bey Konağı

Reisebüro Kirkit

i

K ı z ı l ı r m a k

Ü bernachten
1 Venessa Pansiyon
4 Sofa Hotel
5 Kirkit Pension

E ssen & Trinken
2 Tafana Restaurant
3 Bizim Ev

BUS

Sarıhan Cad.

Avanos

Nevşehir

Çavuşin, Zelve, Devrent-Tal, Göreme

Devrent-Tal, Zelve, Ürgüp

250 m

Adressen/Sonstiges

• *Ärztliche Versorgung* **Krankenstation** nahe dem Busbahnhof an der Straße zum Sarıhan. ℡ 5114021.

• *Auto- und Zweiradverleih* Über das Reisebüro **Kirkit** (→ Organisierte Touren). Autos ab 48 € pro Tag, Fahrräder 10 €.

• *Einkaufen* Alles dreht sich um **Ton** und das, was man daraus herstellen kann. Etliche Werkstätten bieten im Zentrum ihre Waren an und geben Busgruppen eine Kurzdemonstration ihrer Kunst. Zudem haben **Teppich**knüpferei und -weberei in Avanos eine lange Tradition. Sonntags ist **Markt**.

• *Polizei* Ganz im Westen der Stadt hinter dem Hamam. ℡ 155.

• *Post* Etwas südlich der Atatürk Cad. in zentraler Lage.

• *Töpferkurse* Kann man in der Werkstatt von **Galip** (→ Avanos/Einleitung) belegen. Preise sind Verhandlungssache.

• *Türkisches Bad (Hamam)* **Alaaddin Hamamı** ganz im Westen der Stadt. Gemischtes Bad, finnische Holz- und türkische Steinsauna! Oft von Busgruppen reserviert. Eintritt 10 € mit Massage. Offiziell tägl. 8–2 Uhr, besser vorher anmelden: ℡ 5115036, ufukgokhan@hotmail.com.

• *Zeitungen* In deutscher Sprache beim Reisebüro Kirkit (→ Organisierte Touren).

Übernachten/Essen & Trinken

TIPP! **Sofa Hotel (4)**, schöner, verwinkelter Komplex aus mehreren alten Häusern und einem idyllischen, begrünten Innenhof. Mit sehr viel Liebe gestaltet, teils herrliche Decken, trödeliges Mobiliar. 32 urgemütliche Zimmer. DZ je nach Zimmer 40–70 €. Im Westen des Städtchens, ℡ 5115186, ℡ 5114489, www.sofa-hotel.com.

Kirkit Pension (5), 17 unterschiedliche Zimmer, alle freundlich-stilvoll eingerichtet. Sie verteilen sich auf mehrere an den Fels ge-

drückte alte Häuschen. Schöner Innenhof zum Frühstücken für warme Tage und ein Felsenrestaurant für kalte. Viele französische Gäste. Ganzjährig. DZ mit Bad 40 €, Abendessen 7 €. Genç Ağa Sok. 40, ℡ 5113148, ℡ 5112135, www.kirkit.com.

Venessa Pansiyon (1), nette Pension in einem historischen Gebäude in zentraler Lage. 7 liebevoll gestaltete Zimmer auf mehrere Etagen verteilt. Hübsche Terrasse, Kunstgalerie und -atelier in einer ehemaligen Höhlenwohnung unter dem Haus. DZ 32 €. Hafızağa Sok. 21, ✆ 5113840, www.avanosum.org.

• *Essen & Trinken* **Restaurant Bizim Ev (3)**, direkt oberhalb des Sofa Hotels, die Nummer eins im Ort. Sehr gepflegt. Traditionell-gemütlich eingerichtet, im Sommer wird auf der Dachterrasse getafelt. Großes Mezeangebot. Als Hauptgang empfehlen wir *Bostan Kebap* (Lammfleisch mit Aubergi-

nen), die Spezialität des Hauses. Gute Weine der Umgebung, preislich ein bisschen höher angesiedelt. ✆ 5115525.

Tafana Restaurant (2), nahe dem zentralen Platz und ebenfalls zu empfehlen. Vorrangig Pide (3,20–6 €) und Kebab (4–7,50 €). Holzig-warme Einrichtung, innen wie außen ziemlich verspielt. Atatürk Cad. 31, ✆ 5114862.

Umgebung von Avanos

Sarıhan: 6 km östlich von Avanos liegt der Sarıhan (auch: Saruhan), der „gelbe Han", eine seldschukische Karawanserei aus dem Jahre 1249. Bei dessen Restaurierung vor rund 25 Jahren wurde darauf geachtet, denselben gelblichen Stein wie im 13. Jh. zu verwenden. Seitdem sieht der Han wieder aus, als wäre er erst gestern gebaut worden. Tagsüber ist er als Museum zugänglich (Eintritt 1,10 €). Sehenswert ist das reich dekorierte Eingangsportal mit einer kleinen Moschee darüber. Allabendlich (im Sommer um 21.30 Uhr, im Winter um 21 Uhr) finden im großen Hof, wo einst Kamele be- und entladen wurden, eindrucksvolle Derwischzeremonien statt. Die 50-minütigen Vorführungen kosten 25 € pro Person.

Verbindungen/Öffnungszeiten Der Weg nach Sarıhan ist ausgeschildert. Keine Dolmuş-anbindung. **Taxi** von Avanos retour ca. 11 €.

Özkonak: Die unterirdische Stadt im Dorf Özkonak 21 km nördlich von Avanos ist weit weniger imposant als jene von Derinkuyu oder Kaymaklı – was jedoch nicht heißt, dass Sie hier der einzige Tourist sein werden. Entdeckt hat die Stadt, die – wie man vermutet – einst mehreren tausend Menschen Unterschlupf bieten konnte, übrigens der Dorfmuezzin, der bei Arbeiten auf seinem Grundstück 1972 zu tief stocherte. Mitte der 1980er folgten offizielle Grabungsarbeiten, bei denen man einen Weinkeller, eine Küche sowie Kindergräber fand. Von den vermuteten 19 (!) Stockwerken, die einst mit bis zu 500 kg schweren Rollsteinen geschlossen werden konnten, sind momentan erst fünf zugänglich. Die Gänge sind trotz Elektrifizierung ziemlich dunkel.

Verbindungen/Öffnungszeiten Stündl. **Dolmuş**verbindungen von Avanos. Im Dorf Özkonak mit „Yeraltı Şehri" ausgeschildert. Tägl. 8–19 Uhr. Nur mit Führung. Eintritt 4,20 €.

Von Avanos nach Ürgüp? Auf dem Weg dorthin passieren Sie das bizarre Devrent-Tal (→ S. 231). Für Ürgüp lesen Sie weiter ab S. 226.

Ortahisar

Der Koloss von Ortahisar ist ein 90 m hoher Burgfels, der sich wie die Nadel einer Sonnenuhr über den Häusern des Ortes erhebt und zu gegebener Zeit Schatten spendet. Das ruhige Landstädtchen ist nebenbei eines der größten Obst- und Gemüselager der Türkei.

Ortahisar ist ein gemütlicher, ursprünglicher Ort. Touristen kommen nicht allzu viele – abgesehen von ein paar Busgruppen, die in den Hotels am Ortsrand absteigen. Dabei kann man auch im holprigen Auf und Ab des morbid-idyllischen

Alt-Ortahisars übernachten. Hier entstanden in den letzten Jahren hübsche Unterkünfte für eine anspruchsvolle Klientel auf der Suche nach Ruhe.

Die Einwohner von Ortahisar leben in erster Linie von den rund 600 riesigen Tuffsteinhöhlen der Umgebung, natürliche Kühlräume mit einer Durchschnittstemperatur von 10°C. Vor allem Zitronen und Orangen (aus der Gegend um Mersin), aber auch Lkw-Ladungen voller Kartoffeln, Äpfel oder Zwiebeln werden nach ihrer Ernte vor die Höhlen gekarrt. In Kisten verpackt, warten die Früchte dann auf den Weitertransport. Die halbe Türkei wird von Ortahisar beliefert, und es wird auch nach Europa exportiert.

Nach Feierabend spielt sich das Leben auf dem Platz vor der Burg ab, wo die Männer im Teegarten die Zeit beim Tavlaspiel totschlagen oder den Touristen beim Erkraxeln der Burg zuschauen: Der majestätische **Burgfels**, der den kappadokischen Christen einst als Versteck vor den Arabern diente, ist Ortahisars Attraktion. Die Höhlenwohnungen waren bis weit ins 20. Jh. noch bewohnt. Der Aufstieg über Gänge, Treppen und Leitern ist nicht gerade bequem, aber die Anstrengung wird mit einem Panoramablick auf das landwirtschaftlich genutzte Umland belohnt (stets zugänglich, kein Eintritt).

Wer mag, kann anschließend dem ehemaligen Rathaus am Dorfplatz einen Besuch abstatten. Von dessen Balkon sprach einst Atatürk zum kappadokischen Volk. 2004 richtete man darin ein **Museum** ein – keine Atatürkgedenkstätte, sondern eine ethnographische Exposition mit 30 lebensgroßen Figuren (vom Spannungsgrad aber Atatürkmuseen ähnlich, tägl. 9–19 Uhr, Eintritt 2,70 €). Angeschlossen ist ein hübsches, gepflegt-rustikales Restaurant, in dem 2007 Königin Sophie von Spanien speiste, worauf man sehr stolz ist.

- *Telefonvorwahl* 0384.
- *Information* Beim Burgfels. Hier trifft man i. d. R. auf Crazy Ali, den Besitzer des Trödelgeschäftes nebenan und eine Institution im Ort. Tägl. 10–19 Uhr. ☎ 3433071.
- *Verbindungen* Regelmäßig **Bus**se nach Nevşehir, zudem jede halbe Std. **Dolmuşe** nach Ürgüp.
- *Hamam (Türkisches Bad)* **Ortahisar Hamamı**, ca. 150 m unterhalb des Marktplatzes, sporadisch ausgeschildert. Winzig. Gemischtes Bad ist kein Problem. Tägl. 10–23 Uhr. Eintritt mit *Kese* und Massage 11 €.
- *Wandern* Bei einem Über-Stock-und-Stein-Spaziergang kann man das **Balkan-Tal** *(Balkan Deresi)* mit mehreren abgeschiedenen Kirchen entdecken. Um dahin zu gelangen, läuft man links der Touristeninformation vorbei, bis ein Fahrweg oder ein Tal mit einem meist ausgetrockneten Bachbett ansetzt. Hier dreht man bei einem vierbeinigen Stromverteiler eine 180°-Kurve nach links und nimmt die kleine Unterführung. Dahinter führt der Weg ins Tal, die ersten Kirchen erreichen Sie bereits nach ca. 15 Min.
Eine kleine 45-minütige Wanderung führt zudem ins **Pancarlık-Tal** (→ S. 231). Dafür

überquert man das oben erwähnte Tal mit dem meist ausgetrockneten Bachbett, folgt dahinter der Straße und hält sich 600 m weiter bei einem Brunnen links (von da an auch ausgeschildert).
Einen Überblick über mögliche Routen gibt auch ein Plan nahe der Touristeninformation.
- *Übernachten* **Alkabris**, feinfühlig restauriertes Felsenhaus, das Luxus in dörflicher Idylle bietet. Nur 5 geschmackvolle Zimmer. Bäder mit Jacuzzi oder Hydromassage-Duschen. Traumterrasse mit Blick bis zum Erciyes Dağı. Die freundlichen Wirtsleute sprechen Französisch. DZ 80–140 €. Im alten Ortsteil unterhalb des Burgfelsens (ausgeschildert), ☎ 3433433, www.alkabris.com.

Mantar Evi, das kleine „Pilzhaus" ist ein Tipp für alle, die ländliches Leben hautnah kennen lernen möchte. Die gastfreundliche Familie Mantar vermietet 2 hübsche, folkloristisch eingerichtete und geräumige Zimmer mit Bad in ihrem Wohnhaus. Leckeres Abendessen auf Wunsch. DZ 39 €. In unmittelbarer Nähe zum ausgeschilderten „Hisarevi Cave House", ☎ 343368, www.mantarevi.net.

Atılgan Kapadokya Hotel, simple Adresse am Dorfplatz. Die Hauptkundschaft sind Obst- und Gemüsehändler. 36 überwiegend einfache, kleine Zimmer mit ebensolchen Bädern. DZ 27 €. Ulus Meydanı, ✆ 3432220, ✆ 3432249, www.atilganotel.com.

● *Essen & Trinken* Eine gute und einfache Adresse ist der **Yenihisar Pide Salonu** zwischen dem oberen und dem unteren Marktplatz. Wir empfehlen das Hühnchen im Tontopf – sehr lecker und sehr große Portion.

Umgebung von Ortahisar

Hospital-Kloster: Die wenig besuchte, einst riesige Klosteranlage hat im Laufe der Jahrhunderte unter der Erosion stark gelitten. Was heute wie ein Hof aussieht, waren einst überdachte Kirchenräume. In der noch zugänglichen, dreischiffigen Hauptkirche des früher mehrstöckigen Komplexes sind Darstellungen aus der Ikonoklastenzeit zu erkennen. Etliche Reliefs an verschiedenen Stellen lassen vermuten, dass hier später auch armenische Steinmetzen Hand anlegten. Wie das Kloster zu seinem seltsamen Namen kam, ist nicht bekannt.

● *Anfahrt/Öffnungszeiten* Der Weg zum Kloster ist sowohl von der östlichen Zufahrtsstraße nach Ortahisar als auch von der Straße Nevşehir – Ürgüp mit „Hospital Monastery" ausgeschildert. Frei zugänglich, die Hauptkirche ist zuweilen durch ein Eisengitter versperrt.

Rote Schlucht (Kızılçukur): Rund 4 km nördlich von Ortahisar erstreckt sich die von hohen Felswänden eingebettete, rosafarbene Tuffschlucht. Über dieser, auf der Südwestseite des 1320 m hohen *Akdağ* (auch *Boztepe* genannt), liegt der „Panoramic View Point". Der Aussichtspunkt ist einer der beliebtesten Orte für den Sonnenuntergang über Kappadokien – mit etlichen Busladungen teilen Sie die romantische Stimmung. Am Aussichtspunkt beginnt ein schöner, 4,5 km langer Rundwanderweg (ca. 2 Std.) durch die Rote Schlucht und das Rosental *(Güllü Dere)*. Dabei passiert man mehrere Kirchen, u. a. die *Üzümlü Kilise („Weinkirche")* wenige hundert Meter nach Beginn der Wanderung. Sie besitzt Wandmalereien in Form von Weinornamenten aus dem 9. Jh. Außerdem kann man vom Aussichtspunkt auf einem schmalen Pfad mit herrlichen Ausblicken, der ungefähr auf halber Höhe des Bozdağ verläuft, in ca. 2 Stunden nach Çavuşin wandern – feste Schuhe sind Voraussetzung.

● *Anfahrt/Verbindungen* Der „Panoramic View Point" ist von der Straße Nevşehir – Ürgüp bei Ortahisar ausgeschildert. Von der Kreuzung noch ca. 2,5 km auf einem Asphaltsträßchen – wer mit dem Nevşehir-Ürgüp-**Dolmuş** kommt, muss die 2,5 km laufen oder trampen.

● *Öffnungszeiten* Der Aussichtspunkt ist tägl. von Sonnenauf- bis nach Sonnenuntergang geöffnet. Wer den regulären asphaltierten Weg zum Aussichtspunkt wählt (Autofahrer haben keine andere Möglichkeit), findet sich bald vor einer Schranke: Eintritt pro Person 1,70 €.

Ohne Aufzug – Burgfels von Ortahisar

Ürgüp

ca. 15.500 Einwohner

Ein zweitklassiges Ausflugsziel, aber ein erstklassiger Ausgangspunkt: Das lebendige Städtchen bietet stilvolle Unterkünfte und ist zudem bekannt für seine guten Weine.

Zu Fuße eines markanten, hoch aufragenden Felsens liegt Ürgüp, eine der Hotelhochburgen Kappadokiens. Im Gegensatz zu Göreme lebt man hier aber nicht ausschließlich vom Tourismus, Ürgüp ist nach wie vor auch ein wichtiges Marktzentrum für die Bauern der Umgebung. Der älteste Teil des Städtchens erstreckt sich westlich des Hauptplatzes. Malerische Steinhäuser aus der Zeit vor dem Bevölkerungsaustausch erinnern hier an die griechische Vergangenheit des Ortes. Auch die Tradition der Weinkelterei (→ Kasten) wurde von den Griechen übernommen.

Der Stadtfelsen, auch **Temenni** („Hügel der Wünsche") genannt, wird nachts in Flutlicht getaucht. Auf den Felsen gelangt man von der Ahmet Refik Caddesi über unzählige Stufen (tägl. 8.30–19 Uhr, im Hochsommer bis 23 Uhr, Eintritt frei). Oben findet man neben einem Terrassencafé mit Panoramablick eine alte Medrese und die Türbe des Seldschukenfürsten Kılıçaslan IV., der 1264 von seinem Bruder ermordet wurde. Am spannendsten ist ein unterirdischer Gang von 75 m Länge, durch den man zu einer der zahlreichen, von außen sichtbaren Felsenhöhlen gelangt. Der Tunnel ist stellenweise sehr eng, eine Taschenlampe empfiehlt sich. Die auf dem Felsen herumstreunenden Kinder zeigen Ihnen den Gang gerne.

Ein etwas langweiligeres Unterfangen ist der Besuch des örtlichen **Museums** an der Kayseri Caddesi. Hier werden wenig spektakuläre Funde aus der Region präsentiert: Schmuck, Kandelaber, Waffen, Grabstelen und Keramik aus prähistorischer, hellenistischer und römischer Zeit. Das überraschendste Exponat ist der riesige Stoßzahn eines Mammuts, der angeblich 10 Millionen Jahre alt ist (tägl. außer Mo 8–17.30 Uhr, Eintritt 1,60 €).

Information/Verbindungen/Ausflüge/Wandern

- *Telefonvorwahl* 0384.
- *Information* **Tourist Information** neben dem Museum an der Kayseri Cad. Deutschsprachiges Personal, hilfreich. Tägl. 9–17 Uhr. ✆/📠 3414059, www.urgup.gov.tr. Man stellt eine halbwegs brauchbare Wanderkarte und Stadtpläne mit Rundgangsvorschlägen zur Verfügung.
- *Verbindungen* **Bus/Dolmuş**: Vom kleinen zentralen Busbahnhof mind. 1-mal tägl. (über Nevşehir oder Göreme) in alle größeren Touristenzentren der Südküste, zudem nach Konya und Kayseri. Bessere Verbindungen von Göreme. Es starten die Gesellschaften *Nevşehir Seyahat*, *Metro* und *Kent*. Jede halbe Std. Dolmuşe bzw. Busse nach Ortahisar, stündl. nach Mustafapaşa (So nur 3-mal), alle 2 Std. über Göreme und Zelve nach Avanos sowie alle 30 Min. nach Nevşehir.

Taxi: Einen guten Ruf besitzt **Göreme Taxi** am Busbahnhof, ✆ 3414193. Kappadokienrundfahrten 55–65 €.
- *Organisierte Touren* Diverse Veranstalter bieten Ausflüge zu den Hauptattraktionen Kappadokiens an. Unterwegs stoppt man bei Onyxfabriken, Teppichknüpfereien usw. – je billiger das Angebot, desto mehr derartige Stopps. Eine gute Adresse ist **Argeus,** zugleich die örtliche THY-Vertretung (bucht Ihnen aber auch Flüge mit anderen Fluggesellschaften). Zudem Flughafentransfers nach Kayseri und Nevşehir (8 €/Person, Reservierungen telefonisch oder über www.cappadociaexclusive.com). Tagestouren in kleinen Gruppen zu verschiedenen Zielen für 75 €/Person (keine Einkaufsstopps, Eintrittsgelder und Mittagessen in kleinen Lokalen inkl.). İstiklal Cad. 7, ✆ 3414688, www.argeus.com.tr.

E ssen & Trinken
1 Sunset Restaurant
6 Şükrüoğlları
7 Şükrüoğlları
8 Restaurant Ocakbaşı
9 Han Çırağan Restaurant
11 Şömine Restaurant
15 Develi'li Deringöller
  Kebap Salonu

N achtleben
13 Armağan

E inkaufen
12 Gazete Bayii

Ü bernachten
1 Yunak Evleri
2 Elkep Evi
3 Kayadam Pension
4 Selçuklu Evi
5 Esbelli Evi
10 Sun Pansiyon
14 Hotel Akuzun
16 Hotel Elvan
17 Razziya Evi

Devrent-Tal, Zelve, Avanos, Kayseri

Kaya-kapı

Esbelli

Yunak

Asmalı Konak

Weinkellerei Turasan

Ortahisar, Göreme, Nevşehir

Alt-Ürgüp

Burg-felsen

Polizei

Türbe (Grabmal)

National/Alamo

Alpin Adventure (Reisebüro)

Cumhuriyet Meydanı

Europcar

Hamam

Istiklal Cad.

Argeus (Reisebüro)

Avis

Barbaros Hayrettin Sk.

Şehit Turan Cad.

Kayseri Cad.

Postane Sk.

Karabekir Cad.

Dağ Anlı Sok.

Güllüce Cad.

Elgin Sk.

Kayseri

Dumlupınar Cad.

Mehmet Akif Bul.

Ahmet Refik Cad.

Ali Baran Numanoğu Bul.

Pancarlık-Tal, Gomeda, Ayvalı, Mustafapaşa

Ürgüp

100 m

• *Ärztliche Versorgung* Staatliches Krankenhaus **Devlet Hastanesi** nördlich des Zentrums. ✆ 3414031.

• *Autoverleih* Vertretungen diverser internationaler Verleiher vor Ort, z. B.: **Avis**, İstiklal Cad. 19, ✆ 3412177, www.avis.com.tr. **National/Alamo**, Cumhuriyet Meydanı 4, ✆ 3416541, www.yesnational.com. **Europcar**, gegenüber von Avis an der İstiklal Cad. 10, ✆ 3418855, www.europcar.com.tr. Billigste Autos ab ca. 45 €. Daneben betätigen sich auch die lokalen Reiseagenturen als Verleiher, hier bekommt man ein Auto rund 30 % billiger.

• *Einkaufen* Entlang der Kayseri Cad., der Haupteinkaufsstraße, findet man Antiquitäten, Schmuck (großes Angebot an Silber) und Teppiche. **Kappadokische Weine** bekommt man bei der Kelterei **Turasan** am Ortsende an der Straße nach Nevşehir. Degustation selbstverständlich. Im Angebot sind Weiß-, Rot- und Roséweine zu einem Flaschenpreis von 5,50–18 €. Am besten sind die preisgekrönten Rotweine „Kalecik Karası" und „Seneler".

Wochenmarkt am Sa an der Straße nach Mustafapaşa.

• *Polizei* An der Postane Sok. ✆ 155.

• *Post* Schräg gegenüber der Polizei.

• *Türkisches Bad (Hamam)* Das kleine, aber gepflegte Hamam Ürgüps liegt am Cumhuriyet Meydanı und wurde 1900 errichtet. Tägl. 7–23 Uhr, keine Geschlechtertrennung. Eintritt mit Massage und *Kese* 8 €.

• *Veranstaltung* **Weinlesefest** Mitte Sept. mit Musik- und Folkloreabenden (auch Filme und Vorträge rund um den Wein).

• *Zeitungen* in deutscher Sprache beim **Gazete Bayii (12)** am Busbahnhof.

• *Zweiradverleih* Z. B. bei **Alpin Adventure** am Cumhuriyet Meydanı 32. Bietet geführte Touren und gibt auch Tourenratschläge. Mountainbike pro Tag 11 €, 8 Std. Scooter 25 €. ✆ 3417522, alpintur@hotmail.com.

Tröpfchen aus dem Tuff: Kappadokische Weine

Kappadokien steht in der Türkei nicht nur für Feenkamine und Felsenkirchen, sondern auch für trockene, erfrischende Weine. Vor allem in der Umgebung von Ürgüp und Ortahisar wird Weinanbau auf dem äußerst fruchtbaren vulkanischen Boden betrieben. Die Reben werden dabei jedoch nicht wie bei uns hochgezogen, sondern machen sich am Grund breit. Auf die Winzereien der Gegend wird mit „Şarap Fabrikası" oder einfach „Wine Factory" hingewiesen; sie können u. a. in Ürgüp, Uçhisar (→ S. 205) und Mustafapaşa (→ S. 233) besichtigt werden. Turasan, Kappadokiens größte Winzerei, liegt in Ürgüp (→ Einkaufen). Über zwei Millionen Liter werden hier jährlich gekeltert und in Tuffsteinkellern zur Reife (6–18 Monate) gelagert. Da man mit den lokalen Reben die Nachfrage gar nicht decken kann, werden Trauben aus Ostanatolien hinzugekauft und mitgekeltert.

Übernachten (siehe Karte S. 227)

Einfachere Hotels und Pensionen gibt es nur wenige – diesbezüglich bietet Göreme die bessere Auswahl. Dafür kann man in Ürgüp günstiger und besser essen gehen! Überaus stilvolle kleine Herbergen – darunter ein paar der schönsten der Türkei – befinden sich nahe der Straße nach Nevşehir, große 08/15-Hotels für Gruppen u. a. im Osten der Stadt. Westlich der Straße nach Avanos, im aufgegebenen Viertel Kayakapı, soll seit Jahren eine Mega-All-inclusive-Clubanlage entstehen. Um den Gästen aber Disneylandatmosphäre auf kappadokisch präsentieren zu können, müssen die 1969 nach Felsstürzen verlassenen Höhlenwohnungen erst noch gesichert und saniert werden.

Yunak Evleri (1), ein Kappadokientraum. Fünf-Sterne-Komfort in einem der Natur angepassten Fels- und Häuserkomplex. Terrassen mit herrlichen Panoramen, enge Passagen und kleine Innenhöfe geben dieser Unterkunft etwas Märchenhaftes. 30 stilvoll-elegante Zimmer. Gutes Restaurant. DZ 100–180 €. Von der Straße nach Nevşehir ausgeschildert, ☎ 3416920, 🖷 3416924, www.yunak.com.

Esbelli Evi (5), die alteingesessenste Nobelpension Ürgüps, von der Straße nach Nevşehir ausgeschildert. In einem über 80 Jahre alten Steinhauskomplex, der geschmackvoll und ideenreich restauriert und mit Antiquitäten bestückt wurde. 10 wunderschöne, komfortable Zimmer und 5 Suiten, alle mit Panoramaterrassen davor. Es wird weiter ausgebaut. DZ 65 €, Suite 135 €. Esbelli Sok., ☎ 3413395, 🖷 3418848, www.esbelli.com.tr.

Selçuklu Evi (4), 20 unterschiedliche Zimmer mit folkloristischem Touch und viel Komfort (Wasserkocher mit Teebeuteln, Pantoffeln etc.). Tolle geschnitzte Türen und Holzdecken, ein Zimmer mit privatem Hamam. 1a-Restaurant mit landestypischer Küche, netter kleiner Innenhofgarten. Erstklassiger Service. EZ 60 €, DZ 80 €. Yunak Mah., ☎ 3417460, 🖷 3417463, www.selcukluevi.com.

Weitere Traumadressen nahe dem Selçuklu Evi zu ähnlichen Preisen sind das **Elkep Evi (2)** und die **Kayadam Pension (3)**.

Für Soapfans ganz nebenbei: In der Nähe des Selçuklu Evi steht das **Asmalı Konak** – keine feine Übernachtungsadresse, sondern Schauplatz und Namengeber der erfolgreichsten türkischen Fernsehserie aller Zeiten und seitdem ein Pilgerziel. Die Seifenoper über eine wohlhabende kappadokische Familie fand ihren krönenden Abschluss mit dem Kinofilm *Asmalı Konak – Villa mit Weintrauben* (2003).

Huhn oder Kamel – im Devrent-Tal können Sie Ihrer Fantasie freien Lauf lassen

Hotel Akuzun (14), kein Altbau und keine Höhlenräume, sondern ein ganz normales Hotel. Freundlicher Familienbetrieb, hilfsbereiter deutschsprachiger Service, von Lesern gelobt. Gepflegte Zimmer, lassen Sie sich eines mit Balkon geben. Gemütliche Dachterrasse. DZ offiziell 65 €, MMV-Leser bekommen 20 % Rabatt. İstiklal Cad., ℡ 3413869, ✆ 3413785, www.hotelakuzun.com.

Razziya Evi (17), recht charmante Herberge. 8 gepflegte und freundliche Zimmer, z. T. in der Höhle, z. T. im historischen Haupthaus. Dachterrasse, Blumengarten, eigenes Hamam (Betrieb nur im Winter). Für das Gebotene sehr faire Preise. DZ 40 €. Cingilli Sok. 24, ℡ 3415089, ✆ 3412370, razziya@hotmail.com.

Hotel Elvan (16), kleines, einfaches, familiäres Haus. Saubere Zimmer mit TV und Bad, z. T. unter schönem Gewölbe. 2 nette Terrassen, freundlicher Empfang. DZ 32 €. Barbaros Hayrettin Sok. 11, ℡ 3414191, ✆ 3413455.

Sun Pansiyon (10), oberhalb des Hamams, an den Felsen gebaut. Von einem netten älteren Paar geführt, das etwas Deutsch und Englisch spricht. Leider wissen beide nicht, wie lange sie die Pension noch betreiben können – Zukunft ungewiss. Zimmer von unterschiedlichem Niveau – von der Felsenkammer ohne Bad bis zum einfachen, aber sehr sauberen DZ mit privatem Bad. Gemütliche Dachterrasse. DZ mit Bad 23 €. Hamam Sok., ℡ 3414493, ✆ 3414774.

Essen & Trinken/Nachtleben (siehe Karte S. 227)

In Ürgüp gibt es zum Glück noch ein paar einfache, kleine Lokantas, die in Göreme bereits verschwunden sind.

Sunset Restaurant (1), den Yunak Evleri (→ Übernachten) angegliedert. Feine Küche, Traumterrasse, aber alles andere als für den schmalen Geldbeutel. ℡ 3416920.

Şömine Restaurant (11), gepflegtes Lokal mit Terrasse im hinteren Bereich des Cumhuriyet Meydanı – nicht mit den „vorderen" Restaurants verwechseln, die teils einen ziemlich schlechten Ruf besitzen. Große Auswahl an Meze, Pizza, Kebabs, Pide und selbst Meeresfrüchten. Hg. 5,50–11 €. ℡ 3418442.

Han Çırağan Restaurant (9), außen (2 Terrassen) wie innen recht nett. Exzellente Küche, die Spezialität des Hauses sind *Mantı*. Auch das *Güveç* wird hier sehr zart zubereitet. Wer sich nach europäischer Küche sehnt, kann zu diversen Steaks greifen. Gute kappadokische Weine. Hg. 5–8,50 €. Cumhuriyet Meydanı 4, ℡ 3412566.

Restaurant Ocakbaşı (8), am Busbahnhof. In Bezug auf Fleischgerichte gilt das Restaurant mit großem Grill als Spitzenreiter.

Faire Preise, Dachterrasse, großer Speisesaal mit Teppichboden. Eher etwas für den Abend. Güllüce Cad. 2, ☎ 3413277.

Develi'li Deringöller Kebap Salonu (15), neben guter Pide und Grillvariationen ist hier der *Kiremit Kebabı*, eine Kebabspezialität aus dem Tontöpfchen, zu empfehlen. Wintergartenähnlicher Anbau. Abends stets gut besucht. Dumlupınar Cad.

Şükrüoğulları Pastanesi (6 & 7), zweimal vertreten, am Busbahnhof (Güllüce Cad.)

und am Hauptplatz. Gute Konditorei. Der Renner ist jedoch das hausgemachte Eis – unbedingt das dunkle Maulbeereis *(Karadut dondurması)* kosten!

● *Nachtleben* Es gibt mehrere Discos, die z. T. in Felshöhlen untergebracht sind. Etabliert ist das **Armağan (13)** an der Straße nach Mustafapaşa, wo in den Räumen eines alten Kamelstalls türkische Folklore und der bei uns bekannte Sound serviert werden.

Devrent-Tal

Auch hier scheint sich die Natur wie im Paşabağı-Tal (→ S. 219) künstlerisch betätigt zu haben. Das Devrent-Tal gleicht einem Wildpark versteinerter Ungetüme, die Darstellungen sind verblüffend: ein neugieriger Seelöwe, ein Hase, ein Kamel usw. Von einigen Feenkaminen ist der Basalthut bereits heruntergefallen, andere halten gerade noch die Balance. Der aberwitzige Skulpturengarten ist ein beliebter Busgruppenstopp, zumal er keinen Eintritt kostet.

Anfahrt Durch das Tal führt die Straße von Ürgüp nach Zelve/Avanos. Es passieren daher auch die Ürgüp-Avanos-**Busse**.

> Falls Sie von Ürgüp (vorbei am Devrent-Tal) weiter nach Zelve fahren, lesen Sie weiter ab S. 219, für Avanos auf S. 221.

Pancarlık-Tal

Ein Abstecher ins Pancarlık-Tal führt Sie zu alten Felsenkirchen. Noch auf dem Weg dahin passiert man die **Sarıca-Kirche**, die zwischen dem 10. und 13. Jh. entstand. Für deren Restaurierung (2003) zeichnete Dr. Yusuf Örnek, Geschäftsführer der Reiseagentur *Vasco* aus Antalya, verantwortlich. Dafür wurde er u. a. mit der „Grünen Palme" von *Geo Saison* geehrt. Nahebei liegen die zwei ruinösen sog. **Kepez-Kirchen**. Rund einen Kilometer weiter steht die sehenswertere und nach dem Tal benannte **Pancarlık-Kirche**. Der Handvoll Besucher im Jahr offenbart sie ein recht gut erhaltenes, farbenfrohes Deckenfresko sowie Heiligenfresken aus dem 10. und 11. Jh., deren Gesichter gelangweilten Schäfern z. T. als Zielscheiben dienten. Außerhalb der Öffnungszeiten kann man durch ein Gitter hineinblicken.

Das Kirchental bietet sich auch als Ziel eines netten längeren Spaziergangs von Ürgüp oder Ortahisar (→ Ortahisar/Wandern, S. 224) an.

● *Anfahrt* Von der Straße Ürgüp – Mustafapaşa exakt 1,2 km nach dem Ortsschild von Ürgüp auf einen Schotterweg rechts ab, beschildert. Ca. 2 km weiter liegt bereits linker Hand die Sarıca-Kirche.

● *Öffnungszeiten/Eintritt* Die Kirchen sind tägl. 8–17 Uhr geöffnet (die Sarıca-Kirche offiziell nur April–Okt.). Eintritt Sarıca-Kirche 1,70 €, Pancarlık-Kirche 1,10 €, Kepez-Kirchen frei.

Gomeda Harabeleri

Die Tuffruinen des byzantinischen Dorfes Gomeda präsentieren sich als Kleinausgabe von Zelve (→ S. 219) – zwar sind sie weniger spektakulär, dafür hat man sie auch meist für sich alleine. Einsame Spaziergänge, begleitet von Vogelgezwitscher, führen zu Höhlenwohnungen und Felskirchen. Von den Kirchen Gomedas ist die **Timos-Stavros-Kirche** mit einigen Fresken aus dem 7. Jh. am interessantesten.

Karte hintere Umschlagklappe außen

Kappadokien

- *Anfahrt* 3 km hinter dem Ortsschild von Ürgüp, an der Straße nach Mustafapaşa, rechts ab Richtung Ayvalı. Nach weiteren 3 km wieder rechts ab (beschildert), nach ca. 1,5 km (erst Kopfsteinpflaster, dann Schotterpiste und bei der Gabelung dort wieder rechts halten) parken und zu Fuß entdecken.
- *Übernachten* **Gamirasu Cave Hotel**, in Ayvalı, einem abgeschiedenen Tuffstein-dorf ca. 11 km südwestlich von Ürgüp. Ein kleines Paradies. Komfortabel eingerichte-te, teils enorm große Felsenzimmer, über mehrere Etagen verteilt. Lauschig-idylli-scher Innenhof. Abgesehen vom Ruf des Muezzins absolute Ruhe. Über dem Hotel die Ruinen einer byzantinischen Kirche mit einigen Freskenresten. Restaurant. DZ ab 95 €. Von der Straße nach Mustafapaşa ausgeschildert, 📞 0384/3415825, 📠 3417487, www.gamirasu.com.

Mustafapaşa

ca. 2500 Einwohner

Das Bilderbuchdorf lädt auf erholsam-ruhige Tage ein. Allabendlich, nach dem letzten Tourenbus, bleibt in Mustafapaşa nichts anderes als ländlich-verschlafenes Kappadokien zurück.

Als das 5 km südlich von Ürgüp gelegene Dorf noch Sinasos hieß, wohnten hier überwiegend Griechen, die weit über die Grenzen Kappadokiens hinaus als kunst-fertige Steinmetzen bekannt waren. 1923 musste die angestammte Bevölkerung ihre Heimat verlassen, Türken aus Griechenland übernahmen ihre prächtigen Häu-ser und Anwesen. Viele davon sind heute liebevoll restauriert. Entlang den Pflaster-gässchen und in den Tufffelsen der Umgebung verstecken sich weitere Zeugen der griechischen Vergangenheit – nichts anderes als Kirchen und Klöster, das Gros da-von ist ausgeschildert. Wer schon zu viele davon gesehen hat, kann den Tag in Mus-tafapaşa auch mit einem gemütlichen Glas Wein „ausfuseln" lassen (→ Einkaufen).

Im Zentrum selbst steht die dreischiffige **Ayios-Konstantinos-Kirche** (auch: **Eleni-Kirche**) aus dem Jahre 1729. Sie ist eine der wenigen Kirchen Kappadokiens, die nicht in den Tuff geschlagen wurde (falls geschlossen, in der Infostelle gegenüber fragen; Eintritt 4,20 €). Rund 1 km nördlich des Dorfes kann man die unterirdische **Ayios-Vasilios-Kirche** am Rande eines Plateaus besichtigen – sie ist zwar über 1000 Jahre alt, ihre Fresken stammen jedoch aus dem 19. Jh. (meist geschlossen, in der Infostelle nach einer Begleitperson fragen; Eintritt 4,20 €).

In entgegengesetzter Richtung gibt es gleich drei christliche Felsenstätten zu be-sichtigen (frei zugänglich und kostenlos): die **Ayios-Stefanos-Kirche**, das **Ayios Ni-kolaos Manastırı**, ein ehemaliges Felsenkloster, und die **Sinasos-Kirche**. Um sie zu finden, folgt man der Beschilderung dahin und parkt an der gepflasterten Wende-platte – nun heißt es den Text genau lesen, fortan fehlt jede Ausschilderung. Die mit Seitenaltären ausgestattete Ayios-Stefanos-Kirche liegt gleich rechter Hand hinter der Wendeplatte. Folgt man dem Feldweg von dort für ca. 100 m und hält sich dann rechts, taucht linker Hand das von einem verwunschenen Garten umge-bene, große, aber schmucklose Ayios Nikolaos Manastırı auf. Nochmals 100 m weiter liegt die Sinasos-Kirche, deren Decke komplett einzustürzen droht.

Information/Verbindungen/Wandern/Einkaufen

- *Vorwahl* 0384.
- *Information* **Übersichtstafeln** zum Dorf, zu den Kirchen und zur Umgebung beim kleinen, selbst ernannten **Infokiosk** mit Ticketverkauf am zentralen Platz gegenüber dem Rathaus *(Belediye)*. Tägl. 8.30–12 und 13–19 Uhr.
- *Verbindungen* Stündl. ein **Bus** nach Ür-güp (So nur 3-mal).

Griechische Architektur in Mustafapaşa

• *Wandern* Von Mustafapaşa besteht die Möglichkeit, ins Dorf **Ayvalı** (→ Gomeda Harabeleri/Übernachten) oder nach **Gomeda** (s. o.) zu wandern – schöne Strecken über Wiesen und Felder. Folgen Sie dem bergauf führenden Pflastersträßchen gegenüber dem Rathaus *(Belediye)* im Zentrum und wählen Sie, wenn das Sträßchen bei einem Friedhof endet, den rechts davon verlaufenden Feldweg. So erreichen Sie nach ca. 1 km die Straße von Ayvalı nach Ürgüp, auf der anderen Straßenseite geht der Weg weiter. Bei der Weggabelung nach weiteren ca. 400 m, also nachdem man ein Tal passiert hat, geht es rechts nach Gomeda, links nach Ayvalı.

• *Einkaufen* Wein! In der **Winzerei Kapadokya** (ausgeschildert), einem über 50 Jahre alten Familienbetrieb mit ca. 15 Beschäftigten, werden jährlich rund 1,5 Mio. Liter Wein gekeltert. Mit 11 € Flaschenpreis ist der 5 Jahre alte „Kapadokya" am teuersten und in einigermaßen trinkbarem Zustand. Eine Kostprobe wert ist auch der Kirschlikörwein.

Übernachten/Essen & Trinken

Restaurants gibt es nur wenige, dafür verköstigt im Ort fast jede Unterkunft seine Gäste. Alle Hotels und Pensionen sind ausgeschildert.

Sinasos Gül Konakları, eine der elegantesten und besten Unterkünfte Kappadokiens. 19 im traditionellen Stil eingerichtete, komfortable Zimmer mit Steingewölbe oder Holzdecken. Lauschige Innenhöfe, Rosengärten, Bibliothek. Zum stilvollen Abendessen gibt es eine frische Rose auf jedem Tisch. Ein Tipp für Flitterwöchner. EZ 230 €, DZ 308 € mit HP. Sümer Sok., ✆ 3535486, ✉ 3535487, www.rosemansions.com.

Bebek Müzesi ve Konuk Evi, Radiye Gül hat sich mit diesem herrlichen alten Stadthaus aus dem 19. Jh. (mit eigener Kapelle!) einen Traum erfüllt. Zum einen stellt sie ihre riesige Puppenkollektion (über 1500 Stück aus 28 Ländern, darunter unzählige selbstgemachte) in einem Museum aus, zum anderen vermietet sie 6 großzügige, liebevoll und mit vielen Details dekorierte Zimmer. Sehr familiäre Atmosphäre, schöne Terrassen, auf Wunsch leckeres Abendessen. DZ 68 €. Gazi Sok. 6, ✆ 3535221, ✉ 35 35370, www.kapadokyabebekmuzesi.com.

TIPP! Old Greek House, charmantes griechisches Landhaus mit herrlichem Innenhof. 16 schlicht-geschmackvolle Zimmer

Kappadokien

Karte hintere Umschlagklappe außen

drum herum und darüber, teilweise sehr geräumig, mit schönen Holzböden, handbestickten Tagesdecken, altem Mobiliar, Zentralheizung und Tonnengewölbe. Eigener kleiner Hamam. Der freundliche Inhaber Süleyman Öztürk spricht gut Englisch und bietet Eselstouren an. Seine Frau kocht hervorragend. Von Lesern seit Jahren hoch gelobt. Im Ort werden noch weitere schöne Zimmer vermietet. DZ 60 €. Mustafapaşa, ☎ 3535306, 🖷 3535141, www.oldgreekhouse.com.

Monastery Pension, einfach-schnuckelige Pension an und in den Felsen. 13 simple Zimmer von unterschiedlicher Größe mit ebenfalls simplen Bädern. Betreiber wie Atmosphäre sehr freundlich. Gemütliches Straßenrestaurant angeschlossen. DZ 27–32 €. Mustafapaşa, ☎ 3535005, 🖷 3535344, ercankaragoz@hotmail.com.

Pacha Hotel, 12 ordentliche Zimmer mit Bad. Begrünter Innenhof. Restaurant mit schöner Aussicht. Leser waren mit dem Haus zufrieden. DZ 28 €. Zentrale Lage beim Kreisverkehr, ☎/🖷 3535331, www.pachahotel.com.

Von Mustafapaşa weiter gen Süden

Rund 40 schmale Landstraßenkilometer trennen Mustafapaşa vom Soğanlı-Tal. Nackte Felslandschaften wechseln mit sanften Hügeln und bewaldete Täler mit im Sommer trockenen Flussläufen ab. Ca. 5 km südlich von Mustafapaşa weist ein Schild zum **Damsa-Stausee** (Damsa Barajı). Hier kann man picknicken (kleine Gebühr), Baden ist leider verboten.

Etwas weiter südlich passiert man **Cemil**, ein terrassenförmig angelegtes, malerisches Dorf mit einer großen, freistehenden griechischen Kirche. Das Innere des dreischiffigen Gotteshauses war einst überaus farbenfroh ausgeschmückt, heute erinnern daran nur noch ein paar schöne Fresken im Chor (frei zugänglich, kein Eintritt).

2 km hinter Cemil befinden sich ca. 200 m abseits der Straße die Ruinen des **Keşlik-Klosters** (ausgeschildert). Früher wurde es von den Bauern der Gegend als Stall genutzt, heute ist das kleine Kirchenareal teilweise restauriert und gebührenpflichtig (tägl. 9–19.30 Uhr, Eintritt 1,70 €). Besucht werden kann das Refektorium, die St.-Stephanos-Kirche und die Archendos-Kirche, die einstige Hauptkirche. In Letzterer gibt es – sobald sich das Auge an die Lichtverhältnisse gewöhnt hat – noch gut erhaltene, wenn auch vom Vandalismus mitgenommene Fresken zu entdecken.

Über **Taşkınpaşa** geht es nach **Şahinefendi**. Hier kann man sich die Überreste der antiken Siedlung **Sebastos** (türk. *Sobesos*) anschauen (ausgeschildert, von der Abzweigung noch 1,5 km, Wächter vor Ort, kein Eintritt). Ihre Entdeckung 2002 war dem Zufall bzw. der erfolglosen Suche nach Gold zu verdanken. Heute gräbt hier die Universität Nevşehir; ans Tageslicht kamen bislang ein römisches Mosaik, auf das die Byzantiner eine Kirche setzten, ein Versammlungssaal, ein Badehaus, Wohnhäuser und ein Grab mit einem Skelett.

Südlich von Şahinefendi taucht nach einem Hochplateau das Dorf **Güzelöz** auf. Von dort sind es noch rund 10 km, bis es nach rechts ins Soğanlı-Tal abgeht. Auf der gesamten Strecke fahren nur sehr unregelmäßig Dolmuşe. Trampen ist wegen geringen Verkehrsaufkommens schwierig, ein eigenes Fahrzeug daher empfehlenswert.

> **Sie wollen weiter zu den unterirdischen Städten?** Von der Straße ins Soğanlı-Tal zweigt 2 km südlich von Şahinefendi eine Straße nach Mazıköy (→ S. 239) ab, von wo Sie zu den unterirdischen Städten von Kaymaklı (→ S. 238), Özlüce (→ S. 239) und Derinkuyu (→ S. 237) gelangen. Derinkuyu erreicht man auch über Güzelöz.

Soğanlı-Tal

Durch fehlende Dolmuşverbindungen ist das Soğanlı-Tal vom restlichen Kappadokien etwas isoliert. Das gleichnamige Dorf darin besteht aus zwei Siedlungen: Auf der Stichstraße ins Kirchental passiert man zunächst **Aşağı Soğanlı** („Unteres Soğanlı") mit vielen uniformen Häuschen. Diese Siedlung entstand, nachdem Felseinstürze das Leben in **Yukarı Soğanlı** („Oberes Soğanlı") unsicher gemacht hatten. Dort gibt es heute nur noch ein paar Ställe, wohnen will dort niemand mehr.

Der Besuch von Yukarı Soğanlı ist gebührenpflichtig. Hier gabelt sich das Tal. In seinen beiden Armen sollen sich einst – je nach Schätzung – zwischen 100 und 200 Kirchen befunden haben. Viele sind eingestürzt, manche vergessen, andere nur den einheimischen, verschwiegenen Hirten bekannt, die die ehemaligen Kirchen und Kapellen als Ställe nutzen und nicht wollen, dass sich daran etwas ändert.

Auffällig sind die zahlreichen, mit weißer Farbe gekennzeichneten Taubenschläge an den Talhängen. Noch heute wird hier wie seit Hunderten von Jahren Taubenmist gesammelt und als Düngemittel verwendet. Schon die Mönche von einst gaben den Mist ihren Rebstöcken bei, und kelterten aus den Trauben den angeblich besten Wein weit und breit. Als Kloster- und Kirchenzentrum diente das romantische Zwillingstal bis ins 13. Jh. Heute spaziert (oder fährt) man hier oft alleine hindurch. Unterwegs begegnet man Dörflerinnen, die den Winter über kleine, possierliche Stoffpuppen anfertigen, um sie im Sommer an die Touristen zu verkaufen. Die bedeutendsten Kirchen sind ausgeschildert, hier ein kleiner Überblick:

Kirchen zwischen Aşağı und Yukarı Soğanlı (gebührenfrei): Rechts der Straße liegt die *Tokalı Kilise (Schnallenkirche)*. Fünfzig in den Fels gehauene Stufen führen zu ihr. Vor dem Eingang, an dem sich schon griechische Besucher aus dem 19. Jh. mit Monogramm und Jahreszahl verewigt haben, kann man mehrere Grabmulden erkennen. Innen überrascht die großräumige Felsarchitektur mit drei sehr langen, hohen Schiffen. Leider sind sämtliche Fresken bis zur Unkenntlichkeit zerstört. Auf der anderen Straßenseite ist die *Gök Kilise (Himmelskirche)* zu besichtigen.

Kirchen im nördlichen Tal: Die nördliche Talhälfte (hinter dem Kassenhäuschen nach rechts abbiegen) beherbergt die interessantesten Kirchen Soğanlıs. Zunächst erreicht man rechter Hand die *Karabaş Kilisesi*, die „Kirche mit den schwarzen Köpfen". Sie besteht aus einem Schiff mit Tonnengewölbe. Ihre Fresken zeigen vorrangig Szenen aus dem Leben Jesu, aber der Name der Kirche trügt: Nicht die Köpfe sind schwarz, sondern ihr Hintergrund.

Karte hintere Umschlagklappe außen

Kappadokien

Viele Fresken der *Yılanlı Kilise (Schlangenkirche)*, etwas weiter auf der gleichen Seite, wurden irgendwann – vielleicht zum Schutz – mit schwarzer Farbe übermalt, sind aber größtenteils noch zu erkennen. Schräg gegenüber der Yılanlı Kilise führt ein Pfad zu zwei weiteren Kirchen. Die *Kubbeli Kilise (Kuppelkirche)* aus dem 10. Jh. ist vor allem wegen ihrer eigenartigen Kuppel interessant, bei der die Baumeister den Fels zu einem runden Turm geformt haben. Nahebei findet man die *Saklı Kilise („Versteckte Kirche")*, die ihrem Namen alle Ehren macht: Man entdeckt sie erst, wenn man mehr oder minder davor steht.

> **Hinweis**: Wer zu Fuß unterwegs ist und nicht den gleichen Weg, den er gekommen ist, wieder zurücklaufen will, kann auf der anderen Talseite von der Saklı Kilise auf einem Pfad, vorbei an der Kubbeli Kilise, zurück nach Yukarı Soğanlı gehen.

Die Karabaş Kilisesi im Soğanlı-Tal

Kirchen im südlichen Tal: Neben der *Geyikli Kilise (Hirschkirche)* ist hier vor allem die *Tahtalı Kilise (Holzkirche)* sehenswert. Ihren Namen erhielt sie von einer Holzbrücke, über die sie bis heute erreichbar ist. Zuweilen wird die Kirche auch *Barbara-Kirche* genannt.

● *Anfahrt/Öffnungszeiten* Soğanlı ist von der Straße Mustafapaşa – Yeşilhisar ausgeschildert (von dort noch 5 km). Wer nicht individuell motorisiert ist, schließt sich am besten einer organisierten Tour an, die das Kirchental mit einschließt. Tägl. 8–19 Uhr. Eintritt für Yukarı Soğanlı 1,70 €.

● *Übernachten/Camping/Essen & Trinken* Mehrere Restaurants und eine einfache Pension vor Ort.

Überaus idyllisch ist das **Restaurant Cappadocia** vor dem Eingang ins gebührenpflichtige Gelände. Man kann dort auch campen – kostenlos, sofern man das Restaurant in Anspruch nimmt. 2 nagelneue Duschen! ✆/✆ 6531045.

Gut isst man im **Soğanlı Restaurant**, das sich bereits im gebührenpflichtigen Teil befindet. Unbedingt kosten: den hauseigenen Yoghurt mit Honig aus der eigenen Imkerei.

Das Kirchental von Erdemli

Hierher verirrt sich nur selten ein Tourist. Auch Wissenschaftler kamen bislang wenige. Das elegische kleine Kirchental beim 290-Seelen-Dorf Erdemli ca. 20 km nordöstlich des Soğanlı-Tals ist bislang noch kaum erforscht. Rund 20 byzantinische Kirchen werden hier vermutet. Manche sind ausgebrannt, andere besitzen noch Freskenreste und interessante Reliefs, die imposantesten ähneln kleinen Kathedralen. Mit Taschenlampe und Picknickkorb ausgerüstet, kann man hier auf Entdeckungstour gehen oder einen geruhsamen Tag verbringen.

● *Anfahrt/Öffnungszeiten* Von der National-straße 805 Niğde – Kayseri 1,5 km nördlich von Yeşilhisar (Ortsausgangsschild) mit „Kaya Kiliseleri" ausgeschildert. Nach 4 km erreicht man Erdemli, wo ein weiteres Schild den Einstieg in den Fußweg ins Kir-chental markiert. Dem Bachbett für 200–300 m folgen, bei einem Staubecken kann man nach den ersten Kirchen Ausschau halten. Nur für Selbstfahrer. Stets zugäng-lich, kein Eintritt.

> **Weiter Richtung Süden**, knapp 10 km vor Niğde, befindet sich mit dem **Gümüşler Manastırı** das besterhaltene Felsenkloster Kappadokiens (→ S. 252).

Derinkuyu

Wer Derinkuyu nicht gesehen hat, hat Kappadokien nur zur Hälfte gesehen, heißt es. Kappadokiens berühmteste unterirdische Stadt entstand aus dem Entschluss von Menschen, es den Maulwürfen gleichzutun.

Oberirdisch präsentiert sich der zersiedelte 10.300-Einwohner-Ort 29 km südlich von Nevşehir als ein ödes, graubraunes, anatolisches Städtchen. Lediglich die bun-ten Tourenbusse bringen etwas Farbe in die Eintönigkeit. Nach dem Besuch der **un-terirdischen Stadt** (s. u.) gibt es kaum einen Grund zum Bleiben. Klaustrophoben, die ihrem Partner nicht folgen und das Warten nicht mit nervenden, puppenver-kaufenden Dorfkindern verbringen wollen, können einen Blick auf die **armenische Basilika** 100 m südlich des Eingangs zur unterirdischen Stadt werfen. Der wuchtige, von einer Mauer umgebene, dreischiffige Bau aus dem Jahr 1858 wurde im frühen 20. Jh. von griechischen Christen übernommen und nach deren Vertreibung als Mühle und Lagerhaus verwendet. Die Kirche wurde von außen zwar umfangreich restauriert, ist Besuchern jedoch nicht zugänglich. Abgetrennt von der Basilika steht der Glockenturm, auf dem sich hin und wieder Störche einnisten. Die **Cum-huriyet Camii (Republiksmoschee)** nördlich der unterirdischen Stadt war einst ebenfalls eine Kirche (19. Jh.). Mitte des 20. Jh. versah man sie mit einem Minarett. Eine rein islamische Geburt hingegen ist die **Park Camii**, ein geradezu kühner archi-tektonischer Entwurf (man beachte das dreiseitig-pyramidale Minarett) aus den Jahren 1971–89 ca. 150 m südlich der armenischen Basilika.

● *Verbindungen* Derinkuyu erreichen Sie alle 30 Min. von Nevşehirs Busbahnhof, entweder mit einem kommunalen **Bus** oder einem Reisebus nach Niğde (dann unterwegs abspringen).

● *Öffnungszeiten der unterirdischen Stadt* Tägl. 8–19 Uhr, im Winter kürzer. Eintritt 8 €.

Unterirdische Stadt (Yeraltı Şehri): Derinkuyu, so vermutete einst Bestsellerautor und Pseudowissenschaftler Erich von Däniken, sei kein Werk von Menschenhand. Acht Stockwerke wurden seit der zufälligen Entdeckung der unterirdischen Stadt 1963 freigelegt. Die oberen Stockwerke waren als *Wohn- und Schlafräume* einge-richtet, aber auch Tiere, eine *Weinpresse* und selbst ein ganzer *Klosterkomplex* fan-den hier Platz. Angeblich war diesem Kloster die erste Nervenheilanstalt der Welt angeschlossen, in dem psychisch Kranke zur Therapie an Säulen gebunden wurden (!). In den unteren Stockwerken befanden sich *Versammlungs-* und *Lager-räume* sowie ein *Kerker* für kriminelle Unterweltler. Durch einen *Tunnel,* so vermu-tet man, war Derinkuyu mit der 9 km entfernten Nachbarstadt Kaymaklı (s. u.) verbunden. Bemerkenswert sind zudem die sog. *Rollsteintüren*, die wie Mühlsteine aussehen. Sie wurden bei Gefahr – von innen vor den Eingang gerollt – ein un-überwindbares Hindernis. Die Kommunikation mit der Außenwelt wurde dann

Karte hintere Umschlagklappe außen

Kappadokien

über 3–4 m lange Kanäle von 10 cm Durchmesser aufrecht erhalten, die von den ersten beiden Stockwerken ins Freie führten.

Am imposantesten ist das *Belüftungssystem*. Von der ersten unterirdischen Ebene sollen insgesamt über 15.000 kleine Schächte nach oben geführt haben. In den tieferen Etagen sind es weniger, aber die Luftzirkulation funktioniert noch heute bis zum achten Stockwerk hinunter. Hielte man dort eine brennende Zigarette an den zuführenden Luftschacht, so zöge der Rauch nach unten, wechselte man zum luftabführenden Schacht, nach oben – doch herrscht striktes Rauchverbot. Das Belüftungssystem mit seinen 70–85 m tiefen Schächten diente gleichzeitig dem Wassertransport. Noch bis kurz vor der Entdeckung der unterirdischen Stadt schöpfte die Bevölkerung Derinkuyus (*derin kuyu* = tiefer Brunnen) ihr Wasser aus diesen Schächten – ohne von dem dazugehörigen, künstlichen Höhlensystem zu wissen.

Unterirdische Städte – Wunder im Untergrund

Rund 50 unterirdische Städte werden in Kappadokien vermutet, 36 wurden bereits entdeckt, aber nur die wenigsten sind bislang dem Fremdenverkehr zugänglich gemacht worden. Ein Abstieg in die Unterwelt gehört zum Pflichtprogramm eines Kappadokienbesuchs.

Bereits in der Hethiterzeit vor rund 4000 Jahren, so nimmt man an, entstanden in Kappadokien die ersten Siedlungen im Untergrund. Infolge der Christenverfolgungen durch die Römer und im Zuge der Arabereinfälle im 7. Jh. wurden sie, als Fluchtstätten der kappadokischen Christen, über mehrere Stockwerke ausgebaut. Beim geringsten Anzeichen einer Gefahr packten die christlichen Bewohner des Umlands Kind, Kegel und Proviant und verschwanden – teilweise bis zu sechs Monate – in die Unterwelt. Noch 1838 brachte man sich so vor den ägyptischen Truppen in Sicherheit. Zugänglich waren die riesigen unterirdischen Städte, in denen meist mehrere tausend Menschen unterkamen, durch gut getarnte Höhleneingänge. Ein ausgeklügeltes Belüftungssystem sorgte für Frischluft. Es gab Lager für Wein, Öl und Wasser, noch heute sind rußgeschwärzte Küchen zu sehen.

Die Besichtung einer unterirdischen Stadt hat etwas Abenteuerliches: Man kraxelt durch ein Labyrinth aus schmalen Gängen mit ausgetretenen Stufen, durch unzählige Löcher und Durchbrüche. Ein aufrechtes Gehen ist oft nicht möglich. Wer Neigungen zur Platzangst hat, sollte insbesondere Derinkuyu und Kaymaklı mehr als alle anderen unterirdischen Städte meiden. In der Hochsaison stecken hier die Gruppen in den niedrigen Gängen zuweilen fest. So kann man sich zumindest die Situation der Bewohner von einst vorstellen, die darin eng auf eng und monatelang hausten. Grundsätzlich empfiehlt sich ein Führer und – obwohl die Gänge in der Regel beleuchtet sind – die Mitnahme einer Taschenlampe. Und noch etwas: Auch wenn draußen die Sonne brennt – die Räume unter Tag haben eine gleichbleibende Temperatur von 7–8°C.

Kaymaklı und Umgebung

Auch der kleine Ort Kaymaklı 9 km nördlich von Derinkuyu besitzt eine unterirdische Stadt. Vorbei an einer Rampe mit aufdringlichen Souvenirhändlern gelangt man zu einem schlichten Höhleneingang, der in ein Labyrinth aus Tunneln und

Räumen in bis zu 35 m Tiefe führt. Die Anlage ist nicht so groß wie die von Derinkuyu – in Kaymaklı sind von acht Stockwerken nur fünf freigelegt –, in ihrem Aufbau aber ähnlich. Man schätzt, dass hier einst bis zu 3000 Menschen unterkommen konnten. Rechnen Sie für den Rundgang mit ca. 20 Minuten – auf die vor dem Eingang lauernden, teuren Führer kann man verzichten.

Verbindungen/Öffnungszeiten Alle **Bus**se von Nevşehir nach Derinkuyu passieren Kaymaklı. Die unterirdische Stadt ist mit „Yeraltı Şehri" ausgeschildert. Tägl. 8–19 Uhr, im Winter kürzer. Eintritt 8 €.

Özlüce: Das von Kürbisfeldern umrahmte Dorf Özlüce 7 km westlich von Kaymaklı (ausgeschildert) ist mit öffentlichen Verkehrsmitteln nicht erreichbar. Die Ausgrabung der hiesigen unterirdischen Stadt steckt noch in den Kinderschuhen – bislang wurde nur ein Stockwerk freigelegt. Einen kleinen Einblick in das Leben unter der Erde von einst vermittelt Özlüce aber auch. Und im Juli und August, wenn sich vor den Eingängen zu den unterirdischen Städten von Derinkuyu und Kaymaklı lange Schlangen bilden, ist das tagsüber stets zugängliche Özlüce gar eine Alternative. Die Reise in die Unterwelt kostet hier offiziell keinen Eintritt, eine Spende sollte jedoch drin sein.

Unterwegs in einer bizarren Tufflandschaft

Mazıköy: In dem ärmlichen Dörfchen Mazıköy 10 km östlich von Kaymaklı (ausgeschildert) wurde die christliche Zufluchtsstätte nicht ausschließlich unter der Erde angelegt, sondern auch in einen aufsteigenden Tuffsteinfelsen gegraben. Die Besichtigung der spannenden Anlage ist ein Erlebnis, erfordert aber sportliches Geschick, da es einige senkrechte Röhren zu durchklettern gilt. Insgesamt gibt es zwölf Stockwerke, sieben kann man bislang besichtigen. Vor Ort warten Führer, die entlohnt werden wollen. Auf dem Felsen findet man Gräber. Wer sich keiner Tour anschließt, die Mazıköy einschließt, ist auf ein eigenes Fahrzeug angewiesen.

Richtung Süden, knapp 10 km vor Niğde, befindet sich mit dem **Gümüşler Manastırı** das besterhaltene Felsenkloster Kappadokiens (→ S. 252).

Güzelyurt

3000 Einwohner

Im beschaulichen Ort Güzelyurt trifft man auf Altherrenrunden in den Kaffeehäusern am Marktplatz, aber auch auf unterirdische Städte und ein Klostertal.

Güzelyurt, zwischen Derinkuyu und dem Ihlara-Tal in der kappadokischen Peripherie gelegen, besitzt Charme und kulturhistorische Sehenswürdigkeiten. Das Städtchen auf 1485 m inmitten einer einsamen Höhenlandschaft blickt auf eine lange

Karte hintere Umschlagklappe außen

Kappadokien

Geschichte zurück; stummen Zeugen der Vergangenheit begegnet man an jeder Ecke und vielerorts in der Umgebung. Hier war die Heimat des Heiligen Gregor von Nazianz, dessen Geburtsort Arianzos (= Sivrihisar) nur einige Kilometer entfernt liegt. Der berühmte griechische Theologe, Bischof und Literat (330–390) machte *Karballa,* wie der Ort damals hieß, zu einem religiösen Zentrum. Mehr als 100 Kirchen und Kapellen entstanden. Bis in die osmanische Zeit war der Ort vornehmlich griechisch besiedelt und bekannt für seine Töpferkunst und Goldschmiede. Noch Anfang des 20. Jh. lebten hier rund 1000 griechische Familien, unter die sich rund 50 muslimische mischten. Die Türken, die nach dem Bevölkerungsaustausch von 1923 zuzogen, nannten Karballa fortan Güzelyurt, „Schöne Heimat".

Strenge Auflagen sorgen heute dafür, dass Güzelyurt auch *güzel* bleibt und nicht den durchschnittstürkischen Vorstellungen von rein zweckmäßiger Architektur zum Opfer fällt. So dürfen Neubauten nicht mehr als zwei Stockwerke besitzen und müssen aus Naturstein errichtet werden. Das Ergebnis ist ein pittoresker, von Touristen relativ wenig beachteter Ort, der einen entspannten Aufenthalt garantiert.

● *Verbindungen* 7-mal tägl. (Sa/So nur 4-mal!) ein **Dolmuş** vom und zum *Eski Terminal* in Aksaray (→ Routen nach Kappadokien/Aksaray, S. 249).

● *Einkaufen* Güzelyurt ist bekannt für seine **Töpferwaren**. Montags findet ein bunter **Wochenmarkt** statt.

● *Veranstaltung* Zum **Dorffest** Ende August reisen auch viele Griechen an, Nachfahren der ehemaligen Bewohner.

● *Übernachten* **Hotel Karballa**, untergebracht in einem ehemaligen Kloster aus dem 19. Jh. Herrliche Anlage mit jedoch lieblos restaurierten und eingerichteten Zimmern. Pool. DZ 55–65 €, Abendessen 10 €. Über dem Dorfplatz, ✆ 0382/4512103, www.kirkit.com.

Hotel Karvalli, unterhalb des Dorfes in absolut ruhiger Lage. 20 zweckmäßige Standardzimmer, z. T. mit Aussicht auf einen Stausee und den Hasan Dağı. Unter deutsch-türkischer Leitung. DZ 40 €, EZ die Hälfte. Karvalli Cad. 4, ✆/📠 0382/4512736, www.karvalli.com.

Halil's Family Pension, Leserentdeckung. Wer anatolisches Familienleben kennen lernen möchte, ist hier richtig. Altes griechisches Haus mit Innenhof. 7 geräumige, saubere Zimmer, teilweise mit Balkon. Terrasse mit tollen Ausblicken. Die nette Dame des Hauses kocht hervorragend. DZ mit HP 47 €. Amaç Sok. 53, ✆ 0382/4512707, www.halilspension.com.

Asrav Pansiyon, von der Durchgangsstraße ausgeschildert. Schöne Unterkunft in einem Natursteinhaus. 7 freundliche, sehr saubere Zimmer mit Holzböden und nettem Mobiliar. Vom kleinen Gemeinschaftsbalkon toller Blick auf den Hasan Dağı. Von Lesern immer wieder gelobt. DZ 32 €. Sağlık Sok. 24, ✆ 0382/4512501, www.asrav.com.tr.

Sehenswertes

Klostertal: Die ersten Klostergemeinschaften in dem 6 km langen, anfangs zwischen steil aufragenden Felswänden eingebetteten Tal, wurden im 3. Jh. gegründet. Bereits im 4. Jh. sollen hier angeblich rund 60.000 (!) Menschen gelebt haben, heute sind es etwa 50 Familien. Von den über 100 Kirchen und Kapellen sind nur rund 15 zugänglich (auch wenn man mit 54 Kirchen wirbt). Die ehemalige Hauptkirche des Klosterzentrums, die *St.-Gregor-Kirche,* steht nur wenige Meter unterhalb des Kassenhäuschens rechter Hand. Sie entstand bereits Ende des 4. Jh., wurde mehrmals renoviert und umgebaut, zuletzt in eine Moschee umgewandelt. Leider ist sie von außen viel ansehnlicher als von innen. Ihre Fresken sind übertüncht. Was sich hinter der weißen Farbe befindet, weiß der freundliche, leider nur Türkisch sprechende Imam, der nebenan wohnt und gerne durch seine Moschee führt. Im Kirchengarten befindet sich eine unterirdische „Heilige Quelle", deren Wasser gegen allerlei Zipperlein helfen soll. Von den anderen Kirchen im Tal sei noch die *Çömlekçi*

Kilisesi („Töpferkirche", ausgeschildert) erwähnt. Ihre Fresken im Kirchenschiff besitzen noch kräftige, klare Farben.

● *Wegbeschreibung/Öffnungszeiten* Folgt man im Ort der Beschilderung zum „Monastery Valley" (zu Fuß ca. 10 Min.), gelangt man automatisch zum Kassenhäuschen. Motorisierte können von dort noch ca. 2 km ins Tal fahren, danach heißt es laufen. Das Tal lädt zum Durchwandern ein. Tägl. 8– 18.30 Uhr. Eintritt 2,70 €.

Unterirdische Städte: Davon besitzt Güzelyurt gleich vier – eine im Zentrum, eine auf dem Weg zum Klostertal und zwei im Tal selbst (ausgeschildert). Da die unterirdischen Städte bislang nur ansatzweise ausgegraben sind und eher Höhlenwohnungen mit unterkellerten Stockwerken ähneln, sind sie kaum besucht und gerade deswegen reizvoll. Für die unterirdische Stadt im Zentrum und für die auf dem Weg ins Tal bieten sich selbst ernannte Führer an, die entlohnt werden wollen. Der Besuch der beiden anderen unterirdischen Städte ist im Eintritt für das Klostertal enthalten.

Umgebung von Güzelyurt

Kızıl Kilise: Einsam erhebt sie sich in der kargen Landschaft. Allein die Anfahrt ist ein Erlebnis. Die frei stehende, kreuzförmige Langbaukirche entstand irgendwann zwischen dem 5. und dem 7. Jh. Ihren Namen hat die „Rote Kirche" von der roten Färbung ihres Mauerwerks. Sie gehört zu den besterhaltenen und schönsten byzantinischen Bauwerken Kappadokiens, leider ist von ihrem Freskenschmuck kaum mehr etwas erhalten.

● *Anfahrt* Man verlässt Güzelyurt in Richtung Osten (Çiftlik) und sieht die Kirche, nachdem man den 1770 m hohen Sivrihisar-Pass (5 km hinter Güzelyurt) überwunden hat, von der Straße aus linker Hand auf freiem Feld. Im spitzen Winkel zweigt ein Sträßlein ab, das zu ihr führt.

Yüksek Kilise: Die ebenfalls freistehende „Hohe Kirche" liegt 5 km südwestlich von Güzelyurt und ist auf dem Weg nach Ihlara linker Hand kaum zu übersehen. Der imposante burgähnliche Bau ist eine Dominante in der Landschaft, aus der Ferne jedoch imposanter anzusehen als aus der Nähe. Die Fresken der Kirche wurden von den Bewohnern Güzelyurts übermalt – islamisch fundierter Ikonoklasmus der Neuzeit. Zur Kirche gehören zwölf zellenartige Zimmer, in denen einst Mönche lebten. Die Anlage wurde ansatzweise restauriert und ist frei zugänglich.

Anfahrt Güzelyurt Richtung Ihlara/Aksaray verlassen, 1,5 km nach dem Ortsschild links ab (Hinweisschild), von dort noch 2 km.

Ihlara-Schlucht

Die 15 km lange Schlucht wird auch als „Grand Canyon der Türkei" bezeichnet. Die Wanderung hindurch, vorbei an mittelalterlichen Felsenkirchen, zählt zu den schönsten Kappadokiens.

Die imposante, bis zu 150 m hohe Schlucht entstand wahrscheinlich durch den unterirdisch fließenden *Melendiz*, der das felsige Terrain so lange unterhöhlte, bis es irgendwann einstürzte. Zahlreiche Felsbrocken im Tal stimmen für diese Entstehungstheorie.

Im 8. Jh. wurde das *Peristrema-Tal*, so der frühere Name der Schlucht, zum Rückzugsgebiet byzantinischer Mönche. In Zeiten der Verfolgung bot die schwer zugängliche Schlucht ein ideales Versteck. Von Abgeschiedenheit kann heute keine

Blick auf die Ihlara-Schlucht

Rede mehr sein – alle kappadokischen Tourenveranstalter haben den Cañon im Programm. Trotzdem ist die Erkundung des Tals mit seiner üppigen Vegetation und den schroff aufsteigenden Felswänden noch immer ein einmaliges Erlebnis.

Von Derinkuyu bzw. Güzelyurt kommend erreicht man zunächst das zwischen Felsen eingequetschte gleichnamige Dorf **Ihlara** am Südende der Schlucht. Eine gut ausgebaute Straße führt von Ihlara am Westrand des Cañons gen Norden, Richtung Aksaray. Wer aus Aksaray anreist, muss die folgenden Abschnitte von hinten aufrollen.

Folgt man am nördlichen Ortsende von Ihlara der Abzweigung zum **Ihlara Vadisi**, gelangt man über eine Stichstraße zum Haupteingang des Cañons.

> **Hinweis**: Steigt man vom Haupteingang beim Lokal *Vadi Başı Turistik Tesisleri* in die Schlucht hinab, stößt man am unteren Ende der Treppe auf die *Ağaçaltı Kilisesi* („Kirche unter dem Baum"). Links der Treppe führt ein Weg zur *Sümbüllü Kilise* (Hyazinthenkirche). Über eine Brücke gelangen Sie auf die andere Flussseite zur *Yılanlı Kilise* (Schlangenkirche). Damit haben Sie die wichtigsten Kirchen der Schlucht gesehen (für eine detaillierte Beschreibung der Kirchen s. u.). Kalkulieren Sie für den Weg hinab in die Schlucht (382 Treppenstufen), inklusive Besichtigung und Wiederaufstieg, rund 2 Std. ein.

Ein paar Kilometer weiter nördlich zweigt wieder eine Stichstraße nach rechts ab, diesmal nach **Belisırma**, ein in die Schlucht gepresstes Bilderbuchdörfchen mit ein paar einladenden Restaurants am Fluss – traumhaft! Auf dem Weg in den Ort passiert man zwei einst reich ausgeschmückte Felsenkirchen (mit „Direkli Kilise" und „Bahattin Samanlığı Kilise" ausgeschildert), deren Fresken heute jedoch arg in Mitleidenschaft gezogen sind.

Zurück auf der Straße nach Aksaray, folgen die 47°C warmen **Thermalquellen von Ziga**. Schon die Römer wussten sie zu schätzen, heute tun dies konservative Türken.

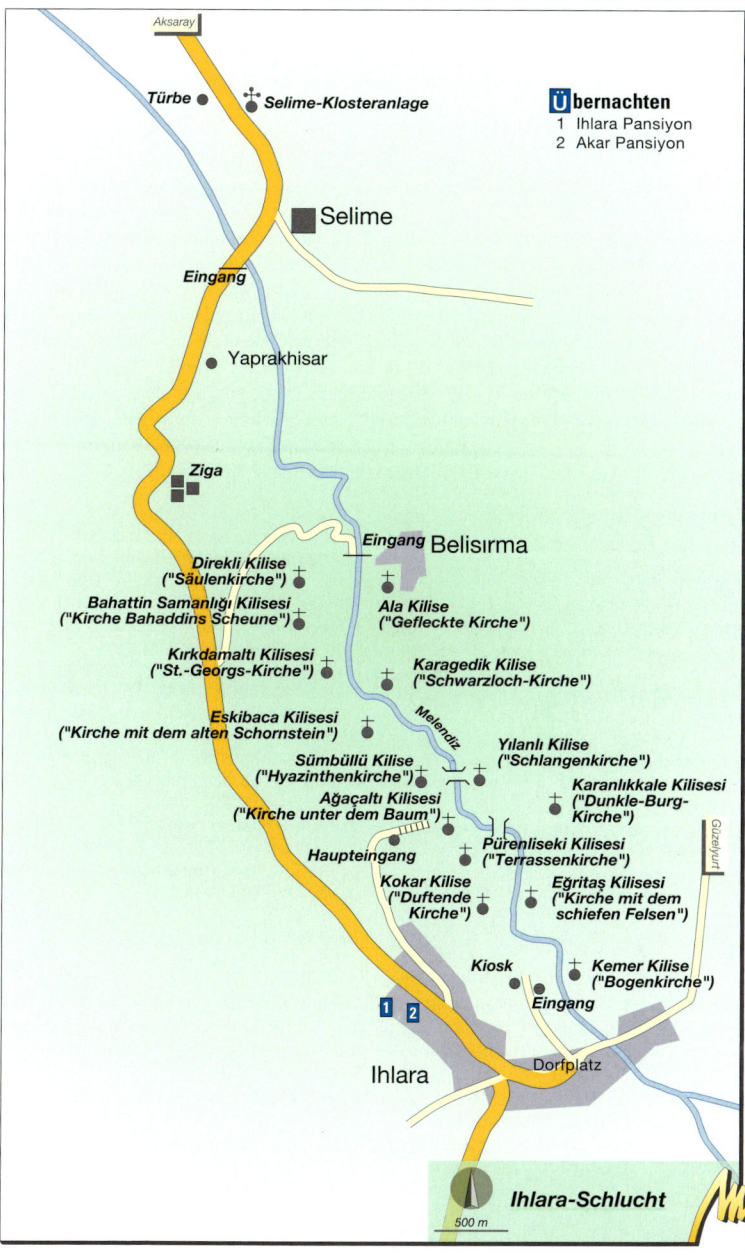

Aksaray

Türbe ✚ **Selime-Klosteranlage**

■ Selime

Eingang

Yaprakhisar

■■ Ziga

Eingang Belisırma

Direkli Kilise
("Säulenkirche")

Bahattin Samanlığı Kilisesi
("Kirche Bahaddins Scheune")

Ala Kilise
("Gefleckte Kirche")

Kırkdamaltı Kilisesi
("St.-Georgs-Kirche")

Karagedik Kilise
("Schwarzloch-Kirche")

Eskibaca Kilisesi
("Kirche mit dem alten Schornstein")

Melendiz

Yılanlı Kilise
("Schlangenkirche")

Sümbüllü Kilise
("Hyazinthenkirche")

Karanlıkkale Kilisesi
("Dunkle-Burg-
Kirche")

Ağaçaltı Kilisesi
("Kirche unter dem Baum")

Haupteingang

Pürenliseki Kilisesi
("Terrassenkirche")

Kokar Kilise
("Duftende
Kirche")

Eğritaş Kilisesi
("Kirche mit dem
schiefen Felsen")

Kiosk

Kemer Kilise
("Bogenkirche")

1 **2**

Eingang

Ihlara

Dorfplatz

Güzelyurt

Ihlara-Schlucht

500 m

Karte hintere Umschlagklappe außen

Kappadokien

Übernachten
1 Ihlara Pansiyon
2 Akar Pansiyon

Das Wasser hilft angeblich bei Rheuma-, Frauen- und Hautkrankheiten, gebadet wird in nach Geschlechtern getrennten Becken.

Im Felsendorf **Yaprakhisar** stößt man – weitab vom kappadokischen Kerngebiet – wieder auf Tuffsteinformationen. Hier war es insbesondere der über 3200 m hohe *Hasan Dağı* südlich der Ihlara-Schlucht, der die Landschaft unter seinem Ascheregen versenkte.

Bei der direkt an Yaprakhisar anschließenden Häuseransammlung **Selime**, gegenüber einer kleinen seldschukischen Türbe, versteckt sich im Tuffsteinabhang der Eingang zu einer Klosteranlage aus dem 8. Jh. Reiseführer binden ihren Gruppen gerne den Bären auf, dass das Kloster bereits als Kulisse für eine *Star Wars*-Episode diente. Auf jeden Fall zählt der über mehrere Etagen angelegte Komplex zu den größten Klosteranlagen Kappadokiens. Recht weit oben am Hang – der Weg durch kleine Tunnel und Bögen ist für jeden zu meistern – versteckt sich die dreischiffige Hauptkirche mit schlecht erhaltenen Fresken aus dem 10. oder 11. Jh. Durch einen engen, steilen Tunnelstieg ist das Kloster zudem mit dem darüber liegenden Felsplateau verbunden – kein Zuckerschlecken, sondern nur mit Taschenlampe, Wagemut, Stand- und Trittfestigkeit machbar (im Sommer tägl. 8–18.30 Uhr, im Winter bis 17 Uhr, Eintritt 2,60 €, mit dem Ticket für das Ihlara-Tal kostenlos).

Information/Verbindungen/Sonstiges

- *Telefonvorwahl* 0382.
- *Verbindungen* Von Ihlara fahren von 7–15 Uhr alle 2 Std. Minibusse über **Yaprakhisar** nach Aksaray (45 km nordwestlich der Schlucht, → Routen nach Kappadokien/Aksaray, S. 249), Sa/So sehr eingeschränkt. Die Minibusse fahren nicht hinab nach **Belisırma**! Nach Güzelyurt nur Do und Mo Dolmuşe. Wer aus Zentralkappadokien anreisen möchte, leiht sich am besten ein Fahrzeug oder schließt sich einer **organisierten Tour** an.
- *Öffnungszeiten/Zugänge* Tägl. 8–18.30 Uhr, im Winter bis 16 Uhr. Bei Dunkelheit darf sich niemand in der Schlucht aufhalten – die Jandarma patrouilliert! Es gibt **vier Ein-**

gänge, die allesamt gebührenpflichtig sind. Einer davon befindet sich im **Dorf Ihlara**. Um ihn zu finden, nimmt man vom Dorfplatz bei der hinteren Atatürkbüste (der Platz hat zwei!) den schmalen Weg links bergauf (anfangs betoniert, dann gepflastert). Er verläuft stets parallel zur Schlucht. Nach ca. 450 m erreicht man einen Kiosk. An ihm führt eine Treppe vorbei am Kassenhäuschen hinab in die Schlucht. Der **Haupteingang** ist von Ihlara-Dorf mit „Ihlara Vadisi" ausgeschildert.

Weitere Eingänge befinden sich in **Belisırma** etwa in der Mitte der Schlucht und nahe der Brücke in **Yaprakhisar** am Nordende des Cañon. Eintritt stets 2,70 €.

Übernachten/Camping/Essen & Trinken (siehe Karte S. 243)

Es gibt nur wenige Unterkünfte (vorrangig in Ihlara-Dorf) und die sind generell recht schlicht. Deutlich netter übernachtet man in Güzelyurt (s. o.) – für Selbstfahrer der bessere Standort. In Belisırma bieten mehrere Restaurants sehr gutes Essen und Campingmöglichkeiten – simpel, aber von Lesern wegen der Idylle immer wieder gelobt.

Ihlara Pansiyon (1), Besitzer Ahmet aus München ist nur im Sommer da, in der Vor- und Nachsaison werden an der Rezeption Französisch und Englisch gesprochen. 14 einfache, aber saubere Teppichbodenzimmer mit Balkon und Du/WC. DZ 22 €. Am Ortsrand von Ihlara-Dorf in Richtung Aksaray, ✆/☎ 0382/4537077.

Akar Pansiyon (2), am Ortsrand von Ihlara-Dorf in Richtung Aksaray. Einfache, aber geräumige und saubere Zimmer, hinten raus im motelähnlichen Anbau ruhiger. Zurückhaltend-freundlicher Service. Lebensmittelladen und kleines Restaurant für die Gäste. Touren in die Schlucht werden angeboten. DZ mit Balkon und Du/WC 22 €. Atatürk Cad., ✆ 4537018, ☎ 4537511.

Kappadokische Kirchenkunst

Durch die Schlucht – die interessantesten Kirchen

Für eine gemütliche Durchwanderung der gesamten Schlucht, begleitet von Vogel-gezwitscher und Froschgequake, sollte man mit Kirchenbesichtigungen rund einen Tag einkalkulieren. Ein Verlaufen ist schlicht unmöglich. Wer in Ihlara-Dorf Quartier bezogen hat, fährt am besten mit dem morgendlichen Aksaray-Bus (erkundigen Sie sich nach der genauen Abfahrtszeit!) bis Yaprakhisar und läuft von dort durch die Schlucht zurück. Ein Taxi kostet für die gleiche Strecke ca. 10 €. Für die Besichtigung der Kirchen empfiehlt sich eine Taschenlampe.

Um die 150 Kirchen und Kapellen werden rechts und links des Melendiz-Flusses zwischen Ihlara und Selime vermutet, bislang wurde jedoch erst ein kleiner Teil davon entdeckt. So manche Kirchen sind mit Fresken geschmückt, ihre Pracht reicht jedoch nicht an die Kirchen im Göreme Open Air Museum heran. Da es nicht allzu viele Brücken über den Fluss gibt, muss man – will man die Kirchen in ihrer Reihenfolge von Süd nach Nord bzw. andersrum abklappern – immer wieder ein Stück auf der einen Flussseite vor- oder zurücklaufen, um mit den Kirchen auf der anderen Seite fortfahren zu können. Die sehenswertesten Kirchen sind ausgeschildert, die wichtigsten im Überblick:

Ağaçaltı Kilisesi („Kirche unter dem Baum"): Sie gilt als die älteste Kirche des Tals. Ihre Kuppel, vermutlich im 7. Jh. von einer noch ungeübten Hand in Pastellfarben ausgemalt, zeigt die Auferstehungsszene – es handelt sich dabei also um ein vorikonoklastisches Werk, das den Bilderstreit überdauert hat. Dies lässt vermuten, dass das abgeschiedene Tal in den Kirchenstreit weniger involviert war, zumal die Fresken in keiner Beziehung zur zeitgenössischen Kunst Konstantinopels stehen.

Sümbüllü Kilise (Hyazinthenkirche): Sie ist eine der wenigen Kirchen des Tals, die eine in den Fels gemeißelte, breite Fassade besitzt. Im Parterre war sie einst mit nichtfigurativer Malerei ausgeschmückt. Im eigentlichen Kirchenraum darüber – den Gang hinauf müssen Sie sich mit der Taschenlampe suchen – findet man auch Reste figurativer Fresken aus dem 10. Jh.

Yılanlı Kilise (Schlangenkirche): Dabei handelt es sich um die größte und aufgrund der gut erhaltenen, farbenfrohen Fresken auch um die schönste Kirche des Tals. Die Fresken stammen aus der zweiten Hälfte des 9. Jh., dem Ende der ikonoklastischen Krise. Neben zahlreichen Heiligen und Märtyrern erkennt man eine Engelsgestalt mit einer Waage, mit der das Gewicht der Sünden gemessen wird. Das mögliche Urteil wird auf Augenhöhe linker Hand präsentiert: Vier nackte Sünderinnen werden von Schlangen umzingelt. Von dieser Darstellung erhielt die Kirche ihren Namen.

Kokar Kilise („Duftende Kirche"): Diese besitzt Fresken, die auf das Ende des 9. Jh. datiert werden. In der Mitte der bemalten Decke erkennt man ein großes Kreuz mit der segnenden Hand Gottes. Etwas nördlich der Kirche, auf der gleichen Flussseite, liegt die *Pürenliseki Kilise (Terrassenkirche)*, deren Fresken jedoch schon stark in Mitleidenschaft gezogen sind.

Kırkdamaltı Kilisesi (St.-Georgs-Kirche): Sie ist eine der wenigen Kirchen des Tals, deren Entstehungszeit (1283–1295) aufgrund von Inschriften genau datiert werden konnte. Unter den Darstellungen findet sich auch die Abbildung eines byzantinischen Geistlichen in seldschukischer Tracht. Dies wird als Zeugnis für die wechselseitige Toleranz der Religionen in damaliger Zeit interpretiert.

Der Weg ist das Ziel – Routen nach Kappadokien

Die meisten Individualreisenden, die von der Südküste einen Ausflug nach Kappadokien unternehmen, wünschen sich einen abwechslungsreichen Rundkurs. Kappadokien ist aber nicht Rom, und kaum eine Route führt direkt ans Ziel. Lassen Sie also den Weg das Ziel sein – alle vorgeschlagenen Routen sind landschaftlich überaus reizvoll, führen über Pässe, durch enge Täler und weite Ebenen. Unterkunftsmöglichkeiten finden Sie in allen größeren Städten. Falls man eine Übernachtung einplant, sollte man jedoch bedenken, dass die motorisierte Hotelsuche in türkischen Großstädten nach Einbruch der Dunkelheit mehr als nur nervenaufreibend sein kann.

Route 1: Manavgat – Tinaztepe Mağarası (Seydişehir) – Konya – Aksaray – Nevşehir

Die Standardroute von den Touristenzentren der Riviera nach Kappadokien beträgt rund 460 km.

Tinaztepe Mağarası: Die Tropfsteinhöhle liegt rund 110 km nordöstlich von Manavgat nahe der Nationalstraße 696 Richtung Seydişehir/Konya und ist ein Wunder aus Stalagmiten und Stalaktiten. Sie wurde 1970 von einem Team um den französischen Meeresforscher Jacques Cousteau und den Bergsteiger Reinhold Messner erforscht. 230 Millionen Jahre brauchte sie, um so auszusehen wie heute. Begehbar ist

Gläubige am Grab von Celaleddin Rumi

die Höhle auf einer Länge von 1,5 km, Stege führen über einen unterirdischen See (tägl. 8.30–22 Uhr, im Winter bis 20 Uhr, Eintritt 5,30 €, Türken zahlen die Hälfte, ausgeschildert).

Konya (ca. 974.000 Einwohner): Die religiös-konservative „Sittenwächterin" des Landes macht den Eindruck, als wäre sie von der freizügig-liberalen Küstenregion nicht knapp 250, sondern mehrere tausend Kilometer entfernt.

Konya, auf über 1000 m gelegen, ist eine Industrie- und Messestadt und besitzt als Wirtschaftszentrum eines weiten Umlands einen besuchenswerten Basar. Dazu ist Konya ein Pilgerziel. Gläubige zieht es vor allem in das *Mevlana-Kloster*, die bedeutendste Sehenswürdigkeit Konyas. Hier steht der Sarg des Mystikers Celaleddin Rumi (1207–1273), Gründer des auch „Orden der Tanzenden Derwische" genannten Mevlanaordens. Seine Lehre umfasste hellenistisches, christliches, buddhistisches und vor allem islamisches Gedankengut. Höchstes religiöses Ziel der Mevlevis ist die Vereinigung der Seele mit dem Göttlichen, mit Allah. Dieses Ziel wird durch einen ekstatischen, „Sema" genannten Tanz erreicht, der von einem kleinen Orchester und einem Männerchor begleitet wird. Dabei drehen sich die Derwische in wallender Tracht (die weißen Gewänder symbolisieren Leichentücher, die roten, nach oben verjüngten Hüte Grabsteine) um den Vortänzer und um die eigene Achse. Der Vortänzer dreht sich in die andere Richtung. So entsteht ein sich bewegendes „Sternbild", das man in Konya (von Folkloretänzern vorgeführt) beim Mevlanafestival Mitte Dezember und bei regelmäßigen Derwischzeremonien während der Sommermonate sehen kann. 1925 wurde der Orden unter Atatürk verboten, das Kloster säkularisiert und zum Museum deklariert. Ein heiliger Ort, in dem der Geist der Derwische weiterlebt, ist es für viele Gläubige geblieben: Fromme Muslime küssen das Portal des sakralen Grabbaus und knien vor dem versilberten Türchen nieder, das den Besucher von Mevlanas Sarkophag trennt (im Sommer Di–So 9–19.30 Uhr, Mo ab 10 Uhr, im Winter bis 18 Uhr, Eintritt 1,10 €). Direkt neben

Karte hintere Umschlagklappe außen

Kappadokien

dem Kloster befindet sich die *Selimiye-Moschee,* eine klassisch-osmanische Kuppelmoschee mit zwei schlanken Minaretten. Gebetsnische und Kanzel der zwischen 1566 und 1574 errichteten Moschee sind aus massivem Marmor.

Wie das Mevlanakloster stammen auch viele weitere Bauwerke der Stadt aus seldschukischer Zeit, als Konya Hauptstadt des Sultanats der Rum-Seldschuken war. Insbesondere auf und rund um den Burghügel im Westen der Stadt sind diese zu finden. Zu den interessantesten Sehenswürdigkeiten gehören die *Alaeddin-Moschee* direkt auf dem Hügel, westlich davon die *İnce-Minare-Medrese,* heute ein Museum für seldschukische Bildhauerei und Schnitzkunst (tägl. außer Mo 9–12 Uhr und 13.30–17.30 Uhr, Eintritt 1,60 €) und nördlich davon die *Büyük-Karatay-Medrese,* welche ein sehenswertes Fayencenmuseum beherbergt (tägl. außer Mo 9–12 und 13.30–17.30 Uhr, Eintritt 1,60 €).

Das *Archäologische Museum* Konyas findet man neben der *Sahip-Ata-Moschee* an der gleichnamigen Straße südlich des Burghügels. Es besitzt u. a. ein paar sehenswerte römische Sarkophage und interessante Funde aus Çatalhüyük 50 km südöstlich von Konya, einem Schutthügel, der aus jahrtausendelanger Besiedelung entstand. Die darin entdeckten Wohnstätten gehören zu den ältesten der Menschheit (tägl. außer Mo 9–12.30 und 13.30–17 Uhr, Eintritt 1,60 €).

● *Information* An der Mevlana Cad. nahe der Selimiye-Moschee. Mo–Sa 8.30–18.30 Uhr, im Winter verkürzt und Sa geschl. ✆ 0332/3534020, www.konyakultur.gov.tr.

● *Verbindungen* **Bus**: Busbahnhof ca. 10 km nördlich des Zentrums. Die Straßenbahn *(tramvay,* Abfahrtsstelle ca. 300 m abseits des Busbahnhofs) mit der Aufschrift „Alaaddin" bringt Sie in ca. 30 Min. zum Burghügel. Busse fahren von Konya in alle größeren Städte der Türkei.

Zug: Bahnhof (✆ 0332/3223670) ab vom Schuss im Südwesten der Stadt, Stadtbusverbindungen vom Alaaddin Bul. südwestlich des Burghügels, Aufschrift „İstasyon". Anschlüsse nach Adana, Karaman und İstanbul.

● *Übernachten* **** **Otel Selçuk**, nahe der Alaaddin Cad. und dem Burghügel. Gepflegtes Haus. 83 freundliche Zimmer mit alkoholfreier Minibar, Föhn und Klimaanlage. Sauna und Fitnessraum dürfen umsonst benutzt werden. DZ 75 €, EZ 44 €. Babalık Sok. 4, ✆ 0332/3532525, www.otelselcuk.com.tr.

Busfahrt auf staubigen Straßen ...

Am Sultanhanı

Otel Ankara, eine Empfehlung in der billigeren Kategorie. Zentral gelegenes Haus mit 16 ordentlichen, sehr sauberen Zimmern von ausreichender Größe auf 3 Etagen. DZ 32 €. Hükümet Alanı 2 (Mevlana Cad.), ✆ 0332/3504248, ✆ 3504158.

● *Essen & Trinken* Der Fastenmonat Ramazan wird in Konya streng befolgt – in dieser Zeit bleiben viele Lokale geschlossen!

Hacı Bey, in einer Parallelstraße zum Alaaddin Bul. (südlich des Hügels). Gepflegtes, fast gemütliches und natürlich alkoholfreies Lokal auf 2 Etagen. Lahmacun und verschiedene Kebabs, dazu Frühstück. Mimar Muzaffer Cad. 67, ✆ 0332/3514287.

Meşhur Hacı Şaban Kebap Evi, schräg gegenüber dem Mevlana-Kloster an der Şehit Nazim Bey Cad., Eingang von einer Seitengasse. Nettes Dachterrassenlokal mit Gerichten, die nicht auf jeder Karte stehen: Forelle im Tontopf oder *Beyti Kebap* – Hackfleisch im weichen Teig, übergossen mit Yoghurt und Tomatensauce. Mittlere Preisklasse. ✆ 0332/3534396.

Sultanhanı: Inmitten der öden Hochebene zwischen Konya und Aksaray, einer einstigen Karawanenroute, liegen mehrere Hane. Der größte und besterhaltene ist der 1229 erbaute *Sultanhanı,* benannt nach dem seldschukischen Sultan Alaeddin Keykobat (tägl. 8–18 Uhr, Eintritt 1,70 €). Durch ein prächtiges, mit Ornamenten geschmücktes Portal betritt man den Innenhof, in dessen Mitte sich eine Moschee auf vier Pfeilern erhebt. In den Hallen links waren Küchen, das Bad und Verkaufsläden untergebracht. Die drei Räumlichkeiten rechts des Hofes sowie der gewaltige, fünfschiffige Wintersaal mit seinen 32 Säulen dienten u. a. den Tieren als Nachtlager. Das heutige Dorf um die Karawanserei ist alles andere als spannend.

● *Übernachten/Camping* **Kervan Pension-Camping**, von Lesern immer wieder gelobte Familienpension mit bunt gestrichenen, sauberen Zimmern, alle mit privaten Bädern. Gute Küche. Im „Garten" (eher ein schattenloser Hof) kann gecampt werden, ordentliche Sanitäranlagen. Nicht mit der „Kervansaray Pension" verwechseln! DZ 22 €, Campen für 2 Pers. mit Wohnmobil 6 €. ✆ 0382/2422325, kervancamping @mnyet.com.

Aksaray (ca. 152.000 Einwohner): Die verkehrsgünstig gelegene Stadt bietet wenig Attraktives. Das Gros der ausländischen Besucher stellen Ingenieure aus Wörth, die für die LKW-Produktion von *Mercedes Benz Türk* entsandt wurden. Wer zufällig

Karte hintere Umschlagklappe außen

Kappadokien

dienstags in Aksaray strandet, kann über den Wochenmarkt bummeln. Ansonsten bietet sich ein Besuch des 2006 eröffneten *Museums* an, das nur ca. 800 m vom Busbahnhof entfernt liegt und so die Wartezeit auf den nächsten Bus verkürzen kann. Highlight sind einige Mumien aus dem Ihlara-Tal (s. o., tägl. außer Mo 8.30–12 und 13–17 Uhr, Eintritt 1,60 €).

Im Stadtzentrum selbst gibt es nur wenig Spannendes zu entdecken. Die *Zinciriye-Medrese* aus dem Jahr 1345 mit einem beachtenswerten Portal wurde zuletzt umfangreich restauriert und war geschlossen. Einen Blick kann man in die *Ulu Cami* gegenüber dem Rathaus *(Belediye)* werfen. Im Inneren der Moschee, die zu Anfang des 15. Jh. errichtet wurde, ist ein fein aus Holz gearbeiteter Minbar zu sehen. Das *Eğri Minare* („Schiefes Minarett") scheint wie der berühmte italienische Turm die Gesetze der Statik zu verhöhnen. Das 1221 bis 1236 errichtete Ziegelsteinminarett mit Fayencendekor ist eines der wenigen Zeugnisse seldschukischer Baukunst in Aksaray – die Moschee daneben ist neueren Datums. Man findet das schiefe Minarett, indem man vom Rathaus auf das *Aksaray Lisesi*, einen großen Natursteinbau inmitten eines Parks, zuläuft und diesen auf seiner rechten Seite umgeht. Schon kurz darauf sieht man die Minarettspitze.

● *Information* Zentral in einem alten Stadthaus in der 800 Sok. 1, vom Hauptplatz ausgeschildert. Mo–Fr 8–17.30 Uhr. ☎ 0382/2 132474, www.aksaraykulturturizm.gov.tr.

● *Verbindungen* **Bus**bahnhof ca. 5 km außerhalb an der Straße nach Konya. Dolmuşe dorthin starten vom Zentrum. Regelmäßig nach Nevşehir (1½ Std.), Konya (über Sultanhanı, 2½ Std.) und Niğde (2 Std.). Die **Minibusse** nach Selime, Ihlara und Güzelyurt (nur bis zum Spätnachmittag) starten am *Eski Terminal*, dem alten Busbahnhof am Atatürk Bul., ca. 500 m südlich des Zentrums.

● *Übernachten/Camping* **Ağaçlı Turistik Tesisleri**, am westlichen Ortsausgang an der Straße nach Ankara/Nevşehir. Großes, einer Raststätte angegliedertes, grünes Areal. Angenehme, komfortable Zimmer, die Hälfte mit Balkon oder Terrasse (DZ 54 €). Pool. Campingmöglichkeiten (2 Pers.

mit Wohnmobil 12 €). Ankara – Adana – Asfaltı. ☎ 2152400, agacli@superonline.com.

*** **Hotel Üçyıldız**, direkt neben dem Rathaus *(Belediye)*. Glaspalast mit klimatisiertem Komfort. DZ 43 €. Bankalar Cad. 57, ☎ 0382/2140404, ☏ 2125003.

* **Otel Vadi**, ca. 150 m vom Hauptplatz mit *Vilayet* und Atatürk-Statue entfernt, hinter der dortigen Moschee schräg rechts halten. Kleines anständiges Haus mit 33 sauberen Teppichbodenzimmern. DZ 32 €. Vadi Sok. 13, ☎ 0382/2128200, ☏ 2128232.

● *Essen & Trinken* Hervorragenden İskender Kebap, Pide- und Grillvariationen bekommt man im einfachen **Şamdan İskender Kebap Salonu** in der Coğlak Cad. Zentral gelegen, ca. 200 m vom Hotel Üçyıldız entfernt. Alkohol in wenig ansprechendem Ambiente serviert das Restaurant des **Hotels Üçyıldız**.

Für Sehenswürdigkeiten auf der Strecke zwischen Aksaray und Nevşehir → Längs des Uzunyol, S. 203.

Route 2: Silifke – Mut – Karaman – Konya/Niğde – Nevşehir

Der erste Abschnitt dieser Route ist im Reiseteil unter „Im Hinterland von Silifke" (→ S. 147) beschrieben. Von Karaman bietet sich sowohl eine Fahrt über Konya (insgesamt ca. 475 km) als auch über Ereğli und Niğde ins Zielgebiet an (ca. 400 km). Für die Weiterfahrt über Konya → Route 1, für die über Niğde → Route 2.

Karaman/Binbirkilise: Karaman (123.000 Einwohner) ist ein angenehmer Ort für einen Zwischenstopp: Die Stadt ist leicht zu überschauen und wegen ihrer Lage auf rund 1000 m Höhe selbst im Sommer nicht allzu heiß. An oder nahe ihrer Haupt-achse, der İsmet Paşa Caddesi, findet man nahezu alle Hotels, Restaurants und Se-henswürdigkeiten – vom einzigen *Museum* bis zu den schönsten *Moscheen*. Rund 35 km nördlich von Karaman liegen die *Binbirkilise* („1001 Kirchen"). Die Anzahl der byzantinischen Kirchenruinen in einsamer Lage ist zwar märchenhaft übertrieben, ein Abstecher lohnt dennoch über alle Maßen. Nicht die Ruinen sind spektakulär, sondern ihre Lage auf einem Bergmassiv umgeben von einer weiten Ebene. Grandiosere Aussichten hat man nur selten.

• *Verbindungen* **Bus**bahnhof außerhalb des Zentrums nahe der Straße nach Konya, mit Dolmuşen vom Zentrum zu erreichen. Regelmäßig nach Konya, Silifke und Ereğli, von wo man weiter nach Niğde gelangt. Bahnhof ca. 1 km außerhalb des Zentrums, die Dolmuşe zum Busbahnhof passieren ihn. **Zug**verbindungen nach Konya, Adana und Osmaniye.

• *Anfahrt zu den Binbirkilise* Von Karaman Richtung Karapınar. Im Örtchen Dinek, ca. 25 km nördlich von Karaman, sind die Bin-birkilise bereits ausgeschildert. Das schmale asphaltierte Sträßchen führt ca. 10 km bis zum Dorf Madenşehri, wo die erste Kirchenruine unübersehbar hervor-ragt. Von Madenşehri bis zum einsamen Winzigdorf Üçkuyu (ausgeschildert) mit den Resten einer weiteren Kirche sind es noch 8 km. Von hier können Sie auf die Suche nach den 999 anderen Kirchen ge-hen. Keine Verbindung mit öffentlichen Verkehrsmitteln von Karaman.

• *Übernachten in Karaman* **Dilkent Otel**, an der Hauptstraße. 2008 eröffnet, auf Zwei-Sterne-Niveau. 20 beigefarbene Zim-mer mit Laminatboden. Freundlicher Ser-vice. DZ 43 €, EZ 26 €. 31. Sok. 21, ✆ 0338/2133900, 🖷 2139415.

** **Nas Otel**, daneben. In die Jahre gekom-men, aber sauber und freundlich. Zimmer mit TV und Minibar, teilweise recht geräu-mig. Der Muezzin ruft nebenan. DZ 37 €. İs-met Paşa Cad. 30, ✆ 0338/2138200, nas turizm@hotmail.com.

Ebenfalls an der Hauptstraße liegt das **Saray Otel**, eine wenig empfehlenswerte Billigabsteige.

• *Essen & Trinken in Karaman* **Akdeniz Dostlar**, in der schmalen Gasse gegenüber dem Saray Otel. Innen wie außen Korbmö-belbestuhlung. Riesige Auswahl: Eintöpfe, verschiedene Gerichte in der Tonpfanne *(Kiremit)*, *Saç Kavurma*, Kebabs etc. Teu-erstes Hg. 5,50 €. Wird von Lesern immer wieder gelobt. ✆ 0338/2128753.

Route 3: Tarsus – Pozantı – Niğde – Derinkuyu/Soğanlı-Tal

Die Route über die so genannte **Kilikische Pforte** beträgt rund 250 km. Schon im Altertum galt sie als eine der wichtigsten Taurusüberquerungen, auch Alexander der Große wählte sie. Die legendäre nur 20 m breite Schlucht *(Gülek Boğazı)* auf 1050 m Höhe etwa 65 km nördlich von Tarsus durchfährt man heute allerdings nur noch, wenn man die alte holprige Landstraße wählt. Noch vor der Schlucht passiert man auf der alten Straße, in der Nähe des Örtchens Çamalan, den **Alman Mezarlığı** („Deutscher Friedhof"). Ein Gedenkstein erinnert hier an die 41 Deutschen, die beim Bau der durch den Taurus führenden Bagdadbahn (→ S. 167) ihr Leben lie-ßen. Die meisten Reisenden entscheiden sich jedoch für die parallel zur Landstraße gebaute Autobahn von Tarsus nach Pozantı, durch die die wildromantische Berg-landschaft leider viel an Charme verloren hat.

Niğde (ca. 78.100 Einwohner): Die Provinzhauptstadt am südlichen Rand Kappado-kiens spielt nicht Großstadt, sondern präsentiert sich als ein grünes, ruhiges und freundliches Städtchen. Die Hauptachse Niğdes ist die İstiklal Caddesi, die in die Bankalar Caddesi übergeht. Das Zentrum wird von einer seldschukischen *Befesti-gungsanlage* überragt. Im Süden des Zitadellenhügels liegt die *Alaeddin-Moschee* aus dem Jahre 1223 mit einem reich verzierten Portal, das – eine Rarität in der isla-mischen Kunst – auch figürliche Darstellungen aufweist. Kunsthistoriker interpre-

Karte hintere Umschlagklappe außen

Kappadokien

Binbirkilise – tausendundeine Kirche

tieren den langhaarigen Frauenkopf (nur bei speziellem Lichteinfall zu sehen) als personifizierte Planetenzeichen.

Die *Hüdavent-Hatun-Türbe*, 1312 für die Tochter des Seldschukenfürsten Kılıçaslan IV. erbaut, befindet sich westlich der Bankalar Caddesi. Sie gilt als eines der schönsten seldschukischen Grabmäler überhaupt. Ihr oktogonaler Unterbau wird mittels einer Zwischenstufe elegant in ein 16-flächiges Pyramidendach übergeführt. Das Dekor zeigt neben geometrischen Formen auch Darstellungen von Pflanzen und Tieren. Einen Besuch wert ist zudem das *Museum* mit Funden aus der Umgebung, die bis ins Neolithikum zurückreichen. Es liegt westlich der İstiklal Caddesi und ist ausgeschildert (tägl. außer Mo 8–12 und 13–17 Uhr, Eintritt 1,60 €).

● *Information* **Tourist Information** im Kültür Merkezi an der Bor Cad. im Süden des Zentrums. Wenig Fremdsprachenkenntnisse. Mo–Fr 8–12.30 und 13.30–17.30 Uhr. ✆ 0388/2323393, www.nigdekulturturizm.gov.tr.

● *Verbindungen* **Bus/Dolmuş:** Der neue Busbahnhof an der Verbindungsstraße Mersin – Kayseri ca. 2 km abseits des Zentrums stand 2008 kurz vor seiner Eröffnung, eine Dolmuşverbindung soll eingerichtet werden. Regelmäßig nach Adana und Nevşehir. **Dolmuşe** nach Eski Gümüş (s. u.) starten von der *Köy Garajı* im Norden des Zentrums.

Zug: Bahnhof (✆ 0388/2339476) ca. 10–15 Gehmin. östlich des Zentrums. Verbindungen nach Adana und Kayseri (Boğazköprü).

● *Übernachten* ****** Grand Hotel Niğde,** bestes Haus der Stadt. Viel Schnickschnack (Sauna, Minibar ohne Bier, Fitnesscenter, Hamam). Tiefgarage. DZ 92 €, EZ 73 €. Hükümet Meydanı, ✆ 0388/2327000, www.grandhotelnigde.com.

Otel Şahiner, eine Empfehlung auch ohne Sterne. 35 sehr saubere Zimmer mit leichten Gebrauchsspuren, aber durchaus okay. Eigenes Restaurant. DZ 27 €. In einer Seitengasse der Bankalar Cad. (gegenüber der T.C. Ziraat Bankası), ✆ 0388/2322121, www.sahinerotel.com.

● *Essen & Trinken* **Saruhan Restaurant,** alkoholfreies Restaurant in einem alten Han. Empfehlenswert: *Lahmacun,* Pilzsauté, Gerichte in der Tonpfanne oder saftiger *Beyti Kebap.* Gepflegt, aber nicht teuer. Bor Cad. 13, ✆ 0388/2322172.

Gümüşler Manastırı: 9 km nordöstlich von Niğde beim Ort Eski Gümüş ("Altes Silber") liegt das besterhaltene Felsenkloster des kappadokischen Christentums.

Man betritt es durch ein schmales Tor, das bei Gefahr mit einem Stein geschlossen wurde. Der Innenhof, der sich im Felsgestein wie ein gewaltiger Lichtschacht ausnimmt, war früher vermutlich überdacht. Lisenen (pfeilerartige Mauerstreifen) und Kreuze gliedern die Wände. Vom Innenhof gelangt man zum Refektorium und zu diversen Lagerräumen – Wasser-, Wein- und Öldepots. Hauptattraktion ist die Klosterkirche. Vier mächtige, zylindrische und mit Blumenmotiven versehene Säulen tragen die Zentralkuppel. Einen statischen Zweck erfüllen diese Säulen nicht, sie dienen rein der Dekoration und sollen die Höhle kirchenähnlicher machen. Die Fresken stammen aus dem 10. und 11. Jh., wurden in der zweiten Hälfte des 20. Jh. restauriert und besitzen daher kräftige Farben. Schöne Malereien findet man insbesondere in der Apsis, darunter die Brustbilder der zwölf Apostel, deren Gesichter und Gewänder nahezu stereotyp sind (tägl. 9–12 und 13.30–18.30 Uhr, Eintritt 1,60 €).

Über die Nationalstraße 765 gelangen Sie von Niğde zur unterirdischen Stadt Derinkuyu (→ S. 237) und von dort weiter ins kappadokische Kerngebiet. Alternativ kann man, nach einem Abstecher in den Nationalpark Sultan Sazlığı (s. u.), über Yeşilhisar und das Soğanlı-Tal (→ S. 235) nach Zentralkappadokien gelangen.

Nationalpark Sultan Sazlığı: Das Naturparadies umfasst Süß- und Salzwasserseen, der größte ist der *Yay Gölü*, ein Nistplatz von rund 300 Vogelarten, darunter Pelikane, Kraniche, schwarze Störche und Weißkopfenten. In den letzten Jahren schwand das Wasser im See jedoch mehr und mehr dahin. Ein Tunnel, so die Planung, soll dem bedrohten Paradies künftig wieder mehr Wasser, ergo mehr Vögel und mehr Touristen bringen. Beste Zeit für Ornithologen sind das Frühjahr und der Herbst. Die Pension Sultan im Dorf *Ovaçiftliği* (s. u.) organisiert Bootsausflüge auf dem See. Dabei geht es in übergroßen Streichholzschachteln – so sehen die nach Gondelart mit Hilfe langer Stangen bewegten Stocherkähne jedenfalls aus – durch das Schilf (für 2 Pers. 50 €). Fußgänger sollten auf Schlangen achten.

● *Anfahrt* Die Abzweigung zum See ist von der Straße Niğde–Kayseri ausgeschildert. Mit öffentlichen Verkehrsmitteln ist die Anfahrt schwierig, da nur selten Dolmuşe in das am See gelegene Bauerndorf Ovaçiftliği verkehren.

● *Übernachten/Camping* **Sultan Pansion**, in Ovaçiftliği ausgeschildert. 14 leider recht unsaubere Zimmer mit Bad, Ausbau geplant. Auf dem Parkplatz kann gecampt werden. Im Restaurant wird Bier ausgeschenkt. Der Besitzer ist ein Vogelkenner. DZ 30 €, Campen für 2 Pers. 11 €. ✆ 0352/6585549, www.sultanbirding.com

Was haben Sie entdeckt?

Wenn Sie ein empfehlenswertes Hotel, ein gutes Restaurant oder einen idyllischen Strand entdeckt haben, lassen Sie es uns wissen. Auch für Kritik und Verbesserungsvorschläge sind wir dankbar. Schreiben Sie an:

Michael Bussmann/Gabriele Tröger
Stichwort „Türkische Riviera – Kappadokien"
c/o Michael Müller Verlag
Gerberei 19
91054 Erlangen
michael.bussmann@michael-mueller-verlag.de

Karte hintere Umschlagklappe außen

Kappadokien

Kleines Sprachlexikon

Herkunft und Aussprache

Das Türkische gehört zu den ural-altaischen Sprachen. Während der osmanischen Zeit wurde es mit unzähligen Wörtern aus dem Arabischen und Persischen verfremdet. Auch wenn Atatürk durch eine Sprachreform versuchte, die Sprache wieder zu „türkisieren", sind im Türkischen immer noch viele Fremd- und Lehnwörter aus dem Arabischen und Persischen zu finden. Das Türkische wird seit 1928 in lateinischen Buchstaben geschrieben. Die Schreibung älterer türkischer Namen beruht auf Transkription aus der arabischen Schrift. Dadurch wird man immer wieder auf Inkonsequenzen in der Schreibweise treffen.

Die Hauptbetonung liegt in der Regel auf der ersten Silbe. Vokale werden außer bei Fremdwörtern stets kurz gesprochen. Nur wenige der insgesamt 29 Buchstaben – Umlaute zählen im Türkischen als eigene Buchstaben – sind im Deutschen unbekannt oder werden anders ausgesprochen:

C, c wie Dsch (nie wie K!)

Ç, ç wie Tsch

ğ   nach dumpfen Vokalen ein schwach hörbares, gutturales G, nach hellen Vokalen hingegen ähnlich dem deutschen J

h   am Silbenende wie ein schwaches Ch

I, ı ein bei uns unbekannter Vokal; kehliges I, eine Art Mischung zwischen I und E

J, j wie J in Journal

Ş, ş wie Sch

V, v wird stets stimmhaft ausgesprochen wie W in Wiesel

Y,y wie deutsches J in ja

Z,z stimmhaftes S (nie Tz!)

> **Tipp:** Eine renommierte Adresse für Sprachkurse in İstanbul ist das **Tömer Language Teaching Center.** Erfahrene Lehrer, kleine Klassen und ein nettes Freizeitprogramm neben dem Kurs. Auch Privatstunden möglich. Ein vierwöchiger Kurs (verschiedene Levels) mit 20 Wochenstunden kostet 250 €, ein achtwöchiger Kurs 500 €. Kurse finden bis auf Februar und Juni das ganze Jahr über statt.
> Adresse: Halaskargazi Cad. 380, Şişli., ✆ 0212/2325832, www.ekavtomer.com.tr.

Grundlegende Wörter und Sätze

Evet/Hayır	*Ja/Nein*	İyi günler	*Guten Tag (auch als*
Teşekkür	*Danke/Bitte*		*Verabschiedung)*
ederim/Lütfen		İyi akşamlar	*Guten Abend*
Affedersiniz	*Entschuldigen Sie*	İyi geceler	*Gute Nacht*
	bitte	Nasılsın/Nasılsınız?	*Wie geht es*
Merhaba	*Hallo*		*dir/Ihnen?*
Allaha ısmarladık	*Auf Wiedersehen*	İyiyim	*Mir geht es gut.*
	(sagt der Gehende)	...var mı?	*Gibt es/Haben Sie...?*
Güle Güle	*Auf Wiedersehen*	Saat kaç?	*Wie viel Uhr ist es?*
	(sagt der Bleibende)	Büyük/Küçük	*Groß/Klein*
Hoşça kal	*Tschüss*	İyi/Kötü	*Gut/Schlecht*
Günaydın	*Guten Morgen*		

Unterwegs

Ortsbezeichnungen

Tren İstasyonu	*Bahnhof*
Garaj/Otogar	*Busbahnhof*
Havalimanı/Havaalanı	*Flughafen*
İskele	*Fähranlegestelle*
Saray	*Palast*
Sokak	*Gasse*
Cadde	*Straße*
Meydan	*Platz*
Cami	*Moschee*
Hisar	*Festung*
Kule	*Turm*
Kilise	*Kirche*
Müze	*Museum*
Banka	*Bank*
Hastane	*Krankenhaus*
Köprü	*Brücke*
Ada	*Insel*
Kütüphane	*Bibliothek*
Kitabevi	*Buchhandlung*
Eczane	*Apotheke*

Bakkal	*Krämerladen*
Süpermarket	*Supermarkt*
Pazar	*Wochenmarkt*
Çarşı	*Ständiger Markt*
Postane	*Post*
Seyahat acentası	*Reisebüro*

Zur Orientierung

Nerede...?	*Wo ist...?*
Ne zaman?	*Wann?*
Sağ	*Rechts*
Sol	*Links*
Doğru	*Geradeaus*
Otobüs	*Bus*
Tren	*Zug*
Araba	*Auto*
Taksi	*Taxi*
Vapur	*Fähre*
Yaya	*Zu Fuß*
Bilet	*Fahrkarte*
Varış/Kalkış	*Ankunft/Abfahrt*

Hinweise

Giriş	*Eingang*
Çıkış	*Ausgang*
Tuvalet	*Toilette*
Bay	*Herren*

Bayan	*Damen*
Açık/Kapalı	*Offen/Geschlossen*
Polis	*Polizei*
Girilmez	*Eintritt verboten*

Zahlen

Bir	*1*	Yirmi	*20*
İki	*2*	Yirmi bir	*21*
Üç	*3*	Otuz	*30*
Dört	*4*	Kırk	*40*
Beş	*5*	Elli	*50*
Altı	*6*	Altmış	*60*
Yedi	*7*	Yetmiş	*70*
Sekiz	*8*	Seksen	*80*
Dokuz	*9*	Doksan	*90*
On	*10*	Yüz	*100*
On bir	*11*	İki yüz	*200*
On iki	*12*	Bin	*1.000*
On üç	*13*	On bin	*10.000*
On dört	*14*	Yüz bin	*100.000*
On beş	*15*	Beş yüz bin	*500.000*
On altı	*16*	Bir milyon	*1.000.000*
On yedi	*17*	Beş milyon	*5.000.000*
On sekiz	*18*	Beş buçuk milyon	*5.500.000*
On dokuz	*19*	On milyon	*10.000.000*

Essen und Trinken

Allgemein

Afiyet olsun!	*Guten Appetit!*
Şerefe!	*Prost!*
Yemek listesi	*Speisekarte*
Bunu ismarlamadım	*Das habe ich nicht bestellt*
Hesap, lütfen!	*Zahlen, bitte!*
Kahvaltı	*Frühstück*
Öğle yemeği	*Mittagessen*
Akşam yemeği	*Abendessen*
Tabak	*Teller*
Çatal	*Gabel*
Bıçak	*Messer*
Kaşık	*Löffel*

Frühstück

Beyaz Peynir	*Schafskäse*
Kaşar Peynir	*Milder gelber Käse*
Bal	*Honig*
Reçel	*Marmelade*
Tereyağı	*Butter*
Yumurta	*Eier*
Ekmek	*Brot*
Şeker	*Zucker*
Tuz	*Salz*

Getränke

Kahve	*Kaffee*
Türk Kahvesi	*Türkischer Mokka*
Neskafe	*Nescafé*
Çay	*Tee*
Süt	*Milch*
Meşrubat	*Alkoholfreie Getränke*
Su	*Wasser*
Soda	*Mineralwasser mit Kohlensäure*
Meyve Suyu	*Fruchtsaft*
Ayran	*Getränk aus Joghurt, Wasser und Salz*
İçki	*Alkoholische Getränke*
Bira	*Bier*
Fıçı Bira	*Bier vom Fass*
Şarap	*Wein*
Beyaz Şarap	*Weißwein*
Kırmızı Şarap	*Rotwein*
Viski	*Whisky*
Votka	*Wodka*

Vorspeisen

Meze	*Türkische Vorspeise*
Ezme	*Creme aus Gemüse oder Joghurt, kann in den verschiedensten Varianten auftauchen*
Haydari	*Joghurtdip mit Minze und Knoblauch*
Humus	*Kichererbsenpüree*
Patlıcan Salatası	*Auberginensalat*
Zeytinyağlılar	*Kaltes Gemüse in Olivenöl, verschiedenste Variationen möglich*
Piyaz	*Salat aus Bohnen, Olivenöl und Zitrone*
Sigara Böreği	*Mit Schafskäse gefüllter, frittierter Blätterteig in Zigarrenform*
Çerkes Tavuğu	*„Tscherkessenhuhn" (Hühnerfleisch in Walnusssauce)*
Beyin Salatası	*Kalbshirnsalat*
Çiğ Köfte	*Frikadellenart aus rohem Hackfleisch und Weizengrütze*
Çorba	*Suppe*
Mercimek Çorbası	*Linsensuppe*
Yayla Çorbası	*Almsuppe (Joghurtsuppe mit Zitrone und Minze)*
Domates Çorbası	*Tomatensuppe*
Tavuk Çorbası	*Hühnersuppe*
İşkembe Çorbası	*Kuttelflecksuppe*

Hauptgerichte

Dolma	*Gefülltes Gemüse*
Yaprak Dolması	*Gefüllte Weinblätter*
Biber Dolması	*Gefüllte Paprikaschoten*
Patlıcan Dolması	*Gefüllte Auberginen*
Kabak Dolması	*Gefüllter Zucchini*
İmam bayıldı	*„Der İmam ist in Ohnmacht gefallen" (Gebackene Aubergine mit Zwiebeln und Tomate)*
Güveç	*Gemüseschmortopf, oft mit Fleischstückchen*
Köfte	*Hackfleischbällchen*
Hindi	*Putenfleisch*

Tavuk	*Huhn*
Piliç	*Brathuhn*
Sığır	*Rind*
Dana	*Kalb*
Kuzu	*Lamm*
Pirzola	*Kotelett (meist Lamm)*
Karışık Izgara	*Mixed Grill*
Şiş Kebap	*Spieß*
Adana Kebap	*Scharfer Hackfleischspieß*
Bursa Kebap	*Dönerfleisch mit Tomatensauce und Joghurt*
Tas Kebap	*Lammschmortopf*
Arnavut Çiğeri	*„Albanische Leber" (Leberstückchen)*

Fisch und Meeresfrüchte

Balık	*Fisch*
Barbunya	*Meerbarbe*
Levrek	*Seebarsch*
Lüfer	*Blaubarsch*
Kılıç	*Schwertfisch*
Sardalya	*Sardine*
Kalkan	*Steinbutt*
Hamsi	*Schwarzmeersardine*
Uskumru	*Makrele*
Dil Balığı	*Seezunge*
Midye	*Muscheln*
Yengeç	*Krebs*

Gemüse und Beilagen

Sebze	*Gemüse*
Bamya	*Okraschoten*
Kuru Fazulye	*Getrocknete Bohnen*
Taze Fazulye	*Grüne Bohnen*
Bezelye	*Erbsen*
Havuç	*Möhren*
Ispanak	*Spinat*
Karnıbahar	*Blumenkohl*
Lahana	*Kraut*
Domates	*Tomate*
Zeytin	*Olive*
Soğan	*Zwiebel*
Salatalık	*Gurke*
Sarmısak	*Knoblauch*
Salata	*Salat*
Çoban Salatası	*Hirtensalat (gemischter Salat mit Schafskäse)*
Yeşil Salata	*Grüner Salat*
Cacık	*Joghurtsauce mit Knoblauch und Gurke*

Makarna	*Nudeln*
Patates	*Kartoffeln*
Pilav	*Reis*
Bulgur	*Weizengrütze*
Yoğurt	*Joghurt*

Obst

Meyve	*Obst*
Armut	*Birne*
Elma	*Apfel*
Karpuz	*Wassermelone*
Kavun	*Honigmelone*
Üzüm	*Weintrauben*
Muz	*Banane*
Portakal	*Orange*
Ayva	*Quitte*
Çilek	*Erdbeeren*
İncir	*Feige*
Kayısı	*Aprikose*
Şeftali	*Pfirsich*
Kiraz	*Kirsche*
Vişne	*Sauerkirsche*
Nar	*Granatapfel*
Limon	*Zitrone*

Süßes

Tatlı	*Süßes Dessert jeder Art*
Sütlaç	*Gebackener Milchreis*
Baklava	*Gefüllter Blätterteig in Zuckersirup*
Tel Kadayıf	*Gebackene Teigfäden mit Walnüssen oder Pistazien, in Sirup getränkt*
Helva	*„Türkischer Honig"*
Lokum	*Gallertartiges Konfekt aus Stärke und Zucker, verschiedenartigste Varianten*
Dondurma	*Eis*
Kek	*Kuchen*
Pasta	*Torte*

Zwischendurch

Börek	*(Gefülltes) Blätterteiggebäck*
Gözleme	*„Türkischer Pfannkuchen" (gefüllt)*
Lahmacun	*Türkische Pizza*
Simit	*Sesamkringel*
Turşu	*Eingelegtes Gemüse*

Verlagsprogramm

Aktuelle Informationen
zu allen Reiseführern finden Sie im Internet unter
www.michael-mueller-verlag.de
Michael Müller Verlag GmbH, Gerberei 19, 91054 Erlangen
Tel. 0 91 31 / 81 28 08-0; Fax 0 91 31 / 20 75 41;

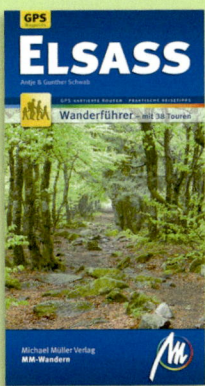
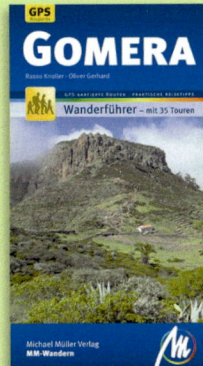
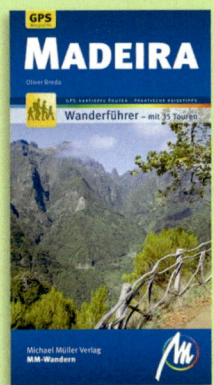
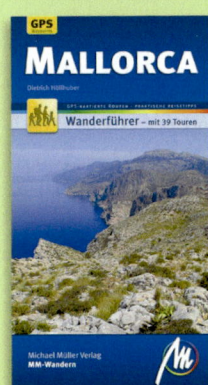

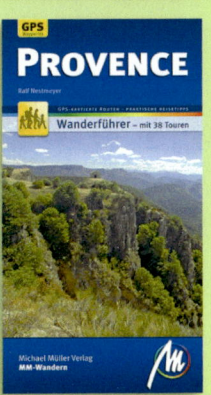
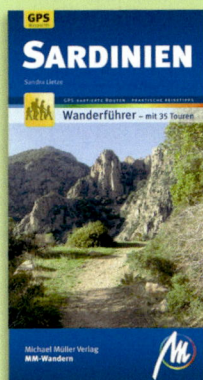
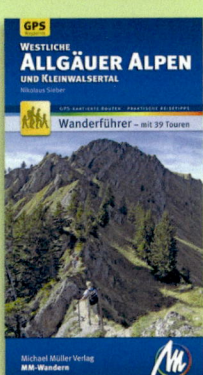

Register

Fischerstädtchen Yumurtalık

Bislang noch recht einsam – Strand von Gazipaşa